Levend Nederlands

Een cursus nederlands voor buitenlanders

Herziene uitgave

Department of Linguistics, University of Cambridge
Afdeling Toegepaste Taalwetenschap, Vrije Universiteit te Amsterdam

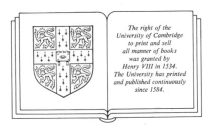

The right of the
University of Cambridge
to print and sell
all manner of books
was granted by
Henry VIII in 1534.
The University has printed
and published continuously
since 1584.

CAMBRIDGE UNIVERSITY PRESS
Cambridge
London New York New Rochelle
Melbourne Sydney

Published by the Press Syndicate of the University of Cambridge
The Pitt Building, Trumpington Street, Cambridge CB2 1RP
32 East 57th Street, New York, NY 10022, USA
296 Beaconsfield Parade, Middle Park, Melbourne 3206, Australia

First published 1975
Reprinted 1977, 1978 (twice), 1979, 1980 (twice), 1982, 1983
Revised edition 1984

Printed in Great Britain by
Spottiswoode Ballantyne Ltd
Colchester and London

Library of Congress catalogue card number: 83-27304

British Library cataloguing in publication data

Levend Nederlands - Herziene uit.
1. Dutch language - Grammar
I. Vrije Universiteit, Amsterdam Afdeling
Toegepaste Taalwetenschap
439.3′182′4   PF105

ISBN 0 521 27576 8

BB

Cover illustration reproduced
by kind permission of
ANP Foto, Amsterdam

De cursus bestaat uit:

het boek
ISBN 0 521 27576 8

zeven banden met het volledige oefenmateriaal
ISBN 0 521 23963 X

vijf cassettes met een verkorte versie van het oefenmateriaal
ISBN 0 521 26462 6

Inhoud

		pagina	
Voorwoord			iv
Inleiding			vi
Aanbevolen lectuur			viii
A guide for the self-study student			x
Guide à l'usage de l'étudiant autodidacte			xi
Una guía para el estudiante autodidacta			xiii
Anleitung für den Gebrauch im Selbstunterricht			xv
Pedoman belajar tanpa guru			xvi
Les 1.	Fonetiek en spelling		1
Les 2.	Kennismaking		16
Les 3.	Mevrouw Bergsma ontmoet mevrouw Kooiman in het Vondelpark		23
Les 4.	Op bezoek bij Kees Bergsma		31
Les 5.	Mevrouw Kooiman komt op bezoek bij Els de Vries-Bergsma		40
Les 6.	Op een terrasje: John King gaat op een Amsterdams terrasje zitten		48
Les 7.	Els en Jaap gaan naar Rotterdam		56
Les 8.	In de bibliotheek: John King zoekt een boek in de bibliotheek		64
Les 9.	Na college		72
Les 10.	Mevrouw Bergsma gaat op bezoek bij haar vader		81
Les 11.	Boodschappen doen		90
Les 12.	Op de receptie		99
Les 13.	Afspraak voor de film		108
Les 14.	Televisie kijken		117
Les 15.	Anneke gaat uit		126
Les 16.	Kamers zoeken		134
Les 17.	Johns nieuwe auto		142
Les 18.	Kees vindt een nieuwe kamer		150
Les 19.	Bezoek aan een ziekenhuis		158
Les 20.	Dokter Van Duin		166
Les 21.	Het nieuwe huis van Els en Jaap		174
Les 22.	Op de kamer van Kees		183
Les 23.	John is ziek		192
Les 24.	Afscheid		200
Onregelmatige en sterke werkwoorden			208
Grammaticale index			210
Woordindex			211
Antwoorden op het huiswerk			220

Voorwoord

Deze cursus is het resultaat van een jarenlange intensieve en toegewijde samenwerking tussen een aantal Engelse en Nederlandse wetenschapsmensen en docenten, met aanmoediging en financiële steun van het Nederlandse Ministerie van Onderwijs en Wetenschappen.

Het initiatief tot het ontwikkelen van een cursus van deze aard is uitgegaan van de gezamenlijke docenten Nederlands aan Engelse universiteiten. Bij monde van de heer P. K. King, lecturer in Dutch aan de Universiteit van Cambridge, heeft deze Universiteit blijk gegeven van het voornemen een audio-visuele cursus Nederlands samen te stellen. Mede op grond van aanbevelingen van Prof. Dr. A. G. H. Bachrach in zijn kwaliteit van voorzitter van de Nederlandse afdeling der Gemengde Commissie van het Engels Nederlands Cultureel Verdrag heeft het Ministerie van Onderwijs en Wetenschappen positief gereageerd op een voorstel van de Universiteit van Cambridge om aan dit initiatief financiële steun te verlenen.

In oktober 1966 werd Drs. P. A. M. Seuren hiertoe als research-assistent benoemd. Na zijn vertrek in oktober 1967 werd de vervaardiging van de cursus anders opgezet en verder uitgevoerd op basis van een nauwe samenwerking tussen enerzijds het Department of Linguistics waarvan de directeur, de heer J. L. M. Trim, M.A., de uiteindelijke wetenschappelijke en financiële verantwoordelijkheid voor de cursus droeg, en anderzijds het Talenpracticum (later: Afdeling Toegepaste Taalwetenschap) van de Vrije Universiteit te Amsterdam onder het Hoofd van de Afdeling Dr. G. D. Jonker en diens opvolger Drs. J. F. Matter.

Een staflid van het Talenpracticum van de Vrije Universiteit, Mejuffrouw H. Bles, werd benoemd op de post in Cambridge. Zij werkte als cursusschrijfster nauw samen met Mejuffrouw Drs. E. B. Zuidema (thans Mevrouw Willemse-Zuidema), eveneens staflid van het Talenpracticum van de Vrije Universiteit. Na het huwelijk van Mejuffrouw Bles en haar vertrek naar Oslo zette Mejuffrouw Zuidema het schrijven van de cursus voort en herzag de dialogen en oefeningen aan de hand van de ervaringen die met de cursus in de praktijk in Cambridge en aan de Vrije Universiteit waren opgedaan. Mejuffrouw Zuidema is de voornaamste creatieve kracht achter de cursus zoals die nu tot stand is gekomen.

In 1969 werd een aantal personen uitgenodigd aan het testen van de cursus mee te werken, opdat gebruik zou kunnen worden gemaakt van ervaringen met de cursus opgedaan in zoveel mogelijk verschillende onderwijssituaties. Deze waren: A. Alpress, Thurrock Technical College, Grays; J. Hol, University of Kent, Canterbury; Mrs. J. Hutchinson, Glasgow University; M. J. Rigelsford, Liverpool University; Dr. A. J. M. van Seggelen, Université de Strasbourg; Drs. J. W. de Vries, Universitas Indonesia, Djakarta.

Wij zijn grote dank verschuldigd aan de besturende instanties van deze onderwijsinstellingen, maar wel in het bijzonder aan de genoemde collega's voor hun toegewijde en onschatbare medewerking.

In 1971 en 1972 werd in Cambridge en Amsterdam een serie bijeenkomsten gehouden, waaraan de cursussamenstellers, adviseurs en testers deelnamen. Op deze bijeenkomsten werd al het materiaal zorgvuldig beoordeeld, geamendeerd en tenslotte goedgekeurd. Het bestaande materiaal werd op grond van de ervaringen uit de testperiode aanzienlijk uitgebreid met materiaal dat was ontworpen om de flexibiliteit van de cursus te vergroten en deze beter geschikt te maken voor een brede scala van studenten. Het klassieke audio-visuele materiaal dat was opgebouwd volgens de methodes zoals die ontwikkeld zijn door het CREDIF — waarmee deze cursus duidelijk verwantschap vertoont — werd gecombineerd met materiaal dat geschikt is voor een meer cognitieve of meer directe methode.

Bij een taal als het Nederlands die weliswaar op grote schaal wordt geleerd, maar door betrekkelijk kleine aantallen studenten met sterk uiteenlopende behoeften en achtergronden, leiden overwegingen van praktische aard veeleer tot één veelzijdige, flexibele cursus dan tot een serie verschillende cursussen voor verschillende doelgroepen.

Om soortgelijke redenen wordt de cursus geheel in het Nederlands gepresenteerd waarbij niet op moedertalen wordt teruggevallen, behalve dan in de handleiding t.b.v. zelfstudie. Op deze wijze zal de cursus aan een zo groot mogelijke internationale vraag kunnen voldoen.

Gedurende de revisieperiode werden de voorstellen die door alle deelnemers aan het project werden gedaan, evenals die van andere, door het Ministerie geraadpleegde, deskundigen, besproken en overgenomen als ze daar voor in aanmerking kwamen. Daardoor is het vrijwel ondoenlijk ook maar iemand speciaal te noemen. Niettemin moeten we hier het volgende vermelden:

In Cambridge heeft de heer P. K. King het leeuwedeel van het project voor zijn rekening genomen. Niet alleen nam hij het initiatief tot het project, maar vanaf dat eerste moment heeft hij er een belangrijk deel van zijn tijd en energie aan gewijd. Van zijn hand is een groot deel van het exploitatie-materiaal.

De heer W. A. Bennett, Assistant Director of Research in de Toegepaste Taalwetenschap, gaf deskundige adviezen op het gebied van de audio-visuele methodes, en verzorgde de handleiding voor de gebruikers.

In Amsterdam ontwierp Drs. T. J. R. van Dijk, samen met de heer J. H. Hulstijn, de grammaticale commentaren en de tableaus voor de oefeningen.

De tekenaar, Drs. E. Tiggelaar, voldeed steeds gewillig en opgewekt aan de hoge eisen, die bij dit voor hem ongewone werk werden gesteld.

De Afdeling Internationale Betrekkingen van het Nederlandse Ministerie van Onderwijs en Wetenschappen was van begin tot eind standvastig en royaal in de steun aan het project.

De adviseur van het Ministerie, Drs. H. Schutte, Hoofd van het Instituut voor Toegepaste Taalwetenschap van de Universiteit van Amsterdam, gaf voortdurend wijze adviezen.

Radio Nederland Wereldomroep te Hilversum nam welwillend de taak op zich de cursus op de band te doen inspreken. Het inspreken geschiedde onder de voortreffelijke regie van Mevrouw J. M. Kal en met de onschatbare hulp van de technicus de heer E. Zander, in de volgende rolverdeling: Ilse Wessel: Anneke, + oefeningen; Bert Steinkamp: o.a. Jaap; Jan Belien: Kees Bergsma; Hans Kramer: John King, + oefeningen; Meta Waal: o.a. Els de Vries; Manda v. Buuren: o.a. Mevr. Kooiman, + oefeningen; Bas Kramer: Wim de Vries; Betty v.d. Laan: o.a. Mevr. Bergsma; Ton v.d. Horst: o.a. opa Bergsma.

Tenslotte zijn we zeer verplicht aan de Cambridge University Press, in het bijzonder aan de heer A. du Plessis voor zijn steun en aanmoediging, en aan Mejuffrouw G. M. Dijkema, secretaresse van de Afdeling Toegepaste Taalwetenschap, voor de ontelbare uren die zij aan de totstandkoming van dit project heeft gegeven.

We vertrouwen erop dat de CAMVU-cursus van nut zal zijn voor docenten en studenten in het Nederlands, waar zij ook mogen zijn.

J. L. M. Trim, M.A.
Drs. J. F. Matter

Voorwoord bij de tweede herziene uitgave

In de acht jaar die zijn verstreken sinds het tot stand komen in 1975 van *Levend Nederlands*, is gebleken dat de cursus in een zeer grote behoefte voorziet. Tienduizenden, overal ter wereld, hebben via *Levend Nederlands* voor het eerst kennis gemaakt met het Nederlands en met Nederland.

Onze eigen ervaringen alsmede die van andere docentgebruikers, gevoegd bij nieuwere inzichten op het gebied van vreemde-taalverwerving en -onderwijs, hebben ons overtuigd van de wenselijkheid tot een grondige herziening van *Levend Nederlands* over te gaan. Ons stond daarbij voor ogen om, zonder de grondgedachte van de cursus aan te tasten, het materiaal beter dienstbaar te maken aan de communicatieve behoefte van de lesnemer enerzijds en aan diens zelfwerkzaamheid anderzijds.

De belangrijkste veranderingen behelzen de volgende punten:
- De lijst aanbevolen lectuur is gewijzigd en uitgebreid
- Vereenvoudiging en verduidelijking van de aanwijzingen voor gebruik bij zelfstudie
- Het aanvullen en moderniseren van vocabulaire-lijsten
- Vervanging van het materiaal voor de vrije conversatie
- Vernieuwing en uitbreiding van de huiswerkopgaven
- De grammatica die in de eerste editie uitsluitend gericht was op gebruik door de lesgever, is geheel herschreven en bruikbaar gemaakt voor de lesnemer

- De tableaux van de beschrijving van de structuuroefeningen zijn vervallen

Bij de herziening van *Levend Nederlands* zijn een groot aantal mensen betrokken geweest. Voor een deel zijn dat degenen die ook meewerkten aan de totstandkoming van de cursus in 1974. Hun voortdurende belangstelling voor en betrokkenheid bij de cursus zij hier met dank vermeld. Van degenen die zich meer direct met de advisering rond de herziening hebben beziggehouden willen wij noemen: Marijke Huizinga, Jan H. Hulstijn en Folkert Kuiken. De herziening als zodanig werd toevertrouwd aan Alice van Kalsbeek, die zich in korte tijd met een grote inzet en een grote nauwkeurigheid van haar taak heeft gekweten. De voorbereiding van het manuscript werd uitstekend verzorgd door Mark van Ras. De instructies voor zelfstudie werden herzien door: Michael Hannay, Michèle Clerx-Maisonneuve, Xavier Bogantes, R. van Dijk, S. Roels-Sianturi en Dra. Astuti Hendrato verbonden aan PN Balai Pustaka.

Wij verwachten dat de cursus door de ondergane veranderingen meer nog dan vroeger zal bewijzen een betrouwbaar instrument te zijn bij de verwerving van *Levend Nederlands*.

Amsterdam, Londen, juni 1983

J.L.M.T.
J.F.M.

Inleiding

Het doel van deze cursus is volwassenen van wie de moedertaal een andere taal is dan het Nederlands, de Nederlandse omgangstaal te leren.

Het Nederlands is de voertaal van deze cursus, die zo opgezet is, dat de lesnemer zijn eigen taal niet hoeft te gebruiken. Het is dus zeer gewenst dat de lesgever eventuele aanwijzingen en verklaringen zoveel mogelijk in het Nederlands geeft, *vooral* tijdens het 'exploitatiestadium'.

Daar iedere les voortbouwt op de inhoud van de voorafgaande lessen, is het raadzaam de gegeven volgorde van de stof te handhaven en de onderstaande gebruiksaanwijzingen te volgen. Het is niettemin goed mogelijk de cursus aan te passen aan de verschillende en specifieke behoeften en ervaringen van lesnemers en lesgevers.

De cursus bestaat uit 24 lessen:

Les 1:   Fonetiek en spelling
Les 2-24: Gesprek
           Aanvullende fonetiek
           Samenvatting van het gesprek
           Oefeningen
           Exploitatiestof
           Grammatica

HET GELUIDSMATERIAAL

Een gedeelte van het materiaal staat op cassettes: Les 1 in zijn geheel en van les 2-24 het gesprek, de aanvullende fonetiek, de samenvatting en de oefeningen. Op de cassettebandjes zijn, behalve bij les 1 en bij de aanvullende fonetiek, geen pauzes aangebracht. De lesgevers dienen kopieën van de oorspronkelijke opnamen te maken en daarop - bij het gesprek en de oefeningen - pauzes aan te brengen. Ook kopieën die bestemd zijn voor individuele studenten kunnen op deze wijze bewerkt worden.

Voor de gesprekken gaat men daarbij per les als volgt te werk:

(a) kopieer het gesprek zoals dit op de oorspronkelijke opname voorkomt;

(b) zet daarachter nogmaals een kopie van het gesprek, maar breng nu zoveel pauze tussen iedere zin (= regel uit het boek waar een plaatje bij hoort) aan als nodig is om die zin twee maal rustig te herhalen.

Bij de pauzering van de oefeningen kan men het best als volgt te werk gaan:

De eerste regel (= stimulus + respons) van iedere oefening dient als voorbeeld. Na de eerste respons op de opname brengt u een pauze aan die voldoende is om er de respons twee maal rustig in te herhalen. Dan volgt de nieuwe stimulus, waarna u een pauze invoegt die weer groot genoeg is om er de verwachte respons twee maal in te geven. Daarop volgt de modelrespons en vervolgens weer een pauze, waarna de nieuwe stimulus volgt. Bij een klein aantal oefeningen (b.v. les 4 oef. 1) is het raadzaam de eerste twee stimuli en de daarbij behorende responsen als voorbeeld zonder pauze te geven, omdat daar twee ver-

schillende structuren worden geoefend. Bij de bespreking van het gebruik van de oefeningen zijn we ervan uitgegaan dat de opnamen op bovenstaande wijze zijn bewerkt.

Er is ook een set van vier cassettes in de handel, waarop van iedere les de dialoog, de aanvullende fonetiek en de eerste drie structuuroefeningen van iedere oefening staan.

LES 1

De eerste les bestaat uit oefeningen om Nederlandse woorden te leren onderscheiden, uitspreken en spellen. Het is raadzaam deze les pas te doen nadat er een aantal lessen zijn doorgewerkt. Les 1 kan ook worden gebruikt in gedeelten verspreid over de cursus of, waar nodig, ter controle en verbetering van uitspraak en spelling.

De les bestaat uit korte zinnen waarin de aandacht gevestigd wordt op het onderscheiden van groepen woorden die duidelijk verschillen van betekenis, maar die slechts op één punt in klank verschillen (b.v.: een pit, een pet, een put). Bij elk woord hoort een tekening. De lesnemer moet van elk woord dat hij hoort vaststellen bij welk plaatje het past en vervolgens een serie woorden met dergelijke klankverschillen uitspreken.

Er zijn drie stemmen te horen: de eerste (de 'commentator') geeft inlichtingen en instructies; de tweede (de 'modelspreker') zegt de te herhalen woorden en de te beantwoorden vragen; de derde (de 'voorbeeldige lesnemer') komt alleen in het begin af en toe voor om de rol van de lesnemer te demonstreren.

Er zijn bovendien twee signalen te horen: een hoge toon, die betekent: 'kijk naar het volgende plaatje'; een lage toon, die betekent: 'geen plaatje'. In het laatste geval moet de lesnemer niet naar een plaatje kijken, maar alleen naar de commentator luisteren. Er is geen signaal voor de respons van de lesnemer; *alles* wat de 'model-spreker' zegt, vereist een respons.

Op dezelfde manier leert de lesnemer de geschreven woorden lezen en spellen.

LES 2 TOT EN MET 24

Het gesprek

Het gesprek vormt de basis van elke les. Het bestaat doorgaans uit 70 à 72 regels, en bij elke regel hoort een plaatje dat de betekenis ervan duidelijk maakt.

Voordat de lesgever het materiaal gaat gebruiken, moet hij het grondig bestuderen.

Als het geluidsmateriaal op de hiervoor beschreven wijze is bewerkt, bevinden zich daarop twee versies van ieder gesprek; één in een betrekkelijk normaal tempo (de eerste vier lessen hebben een tempo dat duidelijk onder het normale ligt; de latere lessen benaderen heel dicht een natuurlijk tempo) en één waarin na iedere gesproken regel een pauze is opengelaten waarin de zojuist gehoorde zin herhaald kan worden. Nu is de eerste, snelle versie van het gesprek vaak te hoog van tempo om tegelijkertijd de lesnemer de gelegenheid te geven de informatie van de plaatjes tot zich door te laten dringen. Het is daarom beter dat, bij het afdraaien van deze versie, de lesnemers luisteren, en eventueel de tekst lezen. Daarna draait de lesgever de gepauzeerde versie af, waarbij de lesnemers tegelijkertijd naar de plaatjes kijken.

Daarna begint een grondige behandeling van het gesprek. Dat kan op de volgende manier:

(a) Begin weer bij de eerste regel van het gesprek (gepauzeerde versie); laat die horen en laat het bijbehorende plaatje zien, maar laat de lesnemers ditmaal de regel herhalen, groepsgewijze of individueel. Als er een talenpracticum is kan de opname tegelijkertijd overgespeeld worden op de cassettes van de lesnemers.

(b) Laat de lesnemers zelf werken met de cassettes: luisteren en iedere zin herhalen. Ze kunnen hierbij naar de plaatjes en de tekst in het boek kijken. De lesgever kan de antwoorden van de lesnemers corrigeren en vragen beantwoorden.

(c) Voor het geval er geen talenpracticum is: laat het gesprek nog eens horen en de plaatjes zien. Laat de lesnemers de zinnen herhalen. Stop af en toe om eventuele vragen te beantwoorden.

Aanvullende fonetiek

Na elk gesprek worden er korte aanwijzingen gegeven over bijzonderheden op het gebied van uitspraak en spelling, die in de eerste les niet behandeld zijn omdat ze aan zeer bepaalde woorden of woordcombinaties eigen zijn.

Grammatica

Nadat de lesnemers zich geoefend hebben in het naspreken van de zinnen uit het gesprek, kan het gesprek regel voor regel worden besproken. Een van de lesnemers kan steeds een aantal regels voorlezen. De lesgever geeft uitleg van idioom en grammaticale onderwerpen. Hij kan dit doen aan de hand van de Grammatica in het boek. De grammaticale overzichten in het boek zijn bedoeld voor de lesnemers en zijn daarom kort en schematisch gehouden. De cijfers tussen haakjes verwijzen naar de regels in de dialoog. De lesgever kan eventueel gebruik maken van een van de grammatica's die genoemd worden onder **Aanbevolen Lectuur**. De grammatica kan ook in gedeelten verspreid over de les behandeld worden. Na het bespreken van de grammatica worden de grammaticale onderwerpen met behulp van de oefeningen in praktijk gebracht. Op de oefenfase volgt dan de exploitatiefase. De overgang kan bijvoorbeeld worden gemaakt met behulp van de samenvatting.

Samenvatting

De samenvatting kan na de behandeling van de grammatica gedaan worden. Er zijn geen aparte plaatjes om de samenvatting te illustreren, maar de plaatjes uit het boek kunnen hiervoor gebruikt worden. De samenvatting kan ook in het exploitatiestadium gebruikt worden, b.v. als dictee of leesstuk.

Oefeningen

Met de structuuroefeningen kan de lesnemer Nederlandse zinnen leren maken volgens patronen die hij in het gesprek gehoord heeft.

Daar de oefeningen uiteraard moeten voorzien in de behoeften van alle lesnemers, zal het aantal ervan voor sommigen van hen te groot zijn. Daarom zijn deze oefeningen geclassificeerd als A, B en C. Als er niet genoeg tijd is om alle oefeningen door te nemen of als ervaring en kennis van de lesnemers het toelaten, kan men volstaan met de B- en C- oefeningen, en de betrekkelijk eenvoudige A- oefeningen laten vervallen. Snelle of enigszins gevorderde lesnemers kunnen soms volstaan met de C- oefeningen. Naar de eenvoudiger oefeningen wordt boven de moeilijker oefening verwezen met de nummers van de les gevolgd door de nummers van de oefening in die les: 13.4,6; 14.2 betekent dus: oefeningen 4 en 6 in les 13 en oefening 2 in les 14.

De opzet van een oefening is als volgt: de lesnemer hoort eerst een modelstimulus, zonder pauze gevolgd door een modelrespons (soms twee modelstimuli en twee modelresponsen). Daarna volgt een pauze waarin de lesnemer de respons kan herhalen en/of waarin hij zich moet realiseren welke verandering de stimulus ondergaan heeft. Na dit model begint de eigenlijke oefening. De lesnemer hoort steeds een stimulus die overeenkomt met de modelstimulus. Dan volgt een pauze waarin hij een respons moet geven die overeenkomt met de modelrespons; vervolgens hoort hij de respons zoals die moet luiden, waarna nogmaals een pauze volgt waarin hij de zojuist gehoorde respons kan herhalen. Dit proces herhaalt zich een aantal malen. De pauzes hebben een lengte die voor een vlotte spreker groot genoeg is om de respons twee maal te geven.

Er komt nog een ander soort oefening voor. Deze wordt op de band aangekondigd met 'substitutie-oefening'. De gang van zaken is bij dit soort oefeningen als volgt: de lesnemer hoort eerst een modelzin. Daarna een stimulus die bestaat uit één enkel woord of uit een woordgroep. Dan volgt een pauze waarin hij de zojuist gehoorde woordgroep moet substitueren in de modelzin, d.w.z. een met de zojuist gehoorde woordgroep overeenstemmende woordgroep in de modelzin wordt vervangen door de zojuist gehoorde. Het patroon van de zin blijft dus hetzelfde, slechts een deel van de zin wordt vervangen (dat hoeft niet altijd hetzelfde syntactische deel te zijn). Vervolgens hoort de lesnemer het correcte antwoord, waarna nogmaals een pauze volgt, zodat hij de gelegenheid krijgt het correcte antwoord te herhalen. Dit juiste antwoord dient weer als uitgangspunt voor de volgende substitutie, enz.

Aangezien het geven van voldoende praktijk in de uitspraak en de intonatie van Nederlandse zinnen een belangrijke functie van de oefeningen is, moet men hier voortdurend nauwkeurig op letten.

EXPLOITATIE

Het spreekt vanzelf dat de cursus de lesnemers ertoe wil brengen deel te nemen aan conversatie in het Nederlands. Bij de overgang van het stadium van gesprek en oefening naar een vrijer gebruik van de taal, dient de lesgever met zorg te werk te gaan. Hij moet - b.v. aan de hand van de samenvatting en de plaatjes - vragen en discussies aanmoedigen, als de lesnemers met het basisgesprek vertrouwd zijn geraakt.

Aanvullende woordenlijst

Tijdens de exploitatie kan de lesgever de woordenlijst gebruiken, die voortborduurt op het basisvocabulair van de gesprekken en de oefeningen. Het vocabulair dat in de woordenlijst wordt aangeboden staat echter geheel los van het basisvocabulair van de gesprekken en de oefeningen. In de woordindex hebben de woorden die alleen in deze lijsten voorkomen dan ook een aparte verwijzing.

Vragen over het gesprek en Conversatie

De Vragen over het gesprek kunnen direkt na het behandelen van de dialoog gedaan worden. Hiermee kan tegelijkertijd gecontroleerd worden of de lesnemer de inhoud van de dialoog begrepen heeft. In de Conversatie worden de onderwerpen uit de dialoog toegespitst op de persoonlijke situatie van de lesnemer of in een algemener kader geplaatst.

De vragen kunnen klassikaal gedaan worden of twee aan twee, waarna twee lesnemers rapporteren.

De lesgever kan de lesnemers ook vragen korte scenes uit het gesprek uit te beelden of met behulp van de plaatjes parallelle situaties te beschrijven.

Huiswerk

Het huiswerk toetst in de eerste plaats of de lesnemer de grammaticale regels begrepen heeft en die foutloos kan toepassen. Ditmaal echter niet mondeling zoals in de oefeningen

(en de conversatie), maar schriftelijk. Oefening in de spelling van het Nederlands kan zo een belangrijk nevendoel van het huiswerk worden. Het verdient dan ook aanbeveling gemaakte spelfouten zorgvuldig te corrigeren en eventueel te bespreken. Om de lesnemer meer lees- en schrijfvaardigheid te laten opdoen, kan de lesgever ze aanmoedigen opstellen te maken.

GRAMMATICALE INDEX

De grammaticale index bevat een alfabetisch overzicht van grammaticale punten met verwijzing naar de lessen waarin ze voorkomen, alsmede een alfabetische lijst van woorden, met name voor de lesnemer die minder vertrouwd is met grammaticale termen.

WOORDINDEX

De woordindex geeft een alfabetische lijst van alle woorden die in de gesprekken en oefeningen voorkomen, met verwijzing naar de eerste les waarin ze voorkomen. Woorden die uitsluitend in de aanvullende woordenlijsten voorkomen zijn eveneens opgenomen; de aanduiding bestaat in dat geval uit een nummer dat de les aangeeft, gevolgd door een *w*. Hetzelfde geldt voor woorden die uitsluitend in de samenvatting of in het huiswerk voorkomen: in die gevallen wordt het nummer dat de les aangeeft gevolgd door een *s* respectievelijk een *h*.

Aanbevolen lectuur

Hieronder volgt een bescheiden - en dus enigszins willekeurige - greep uit lectuur die we kunnen aanbevelen. Onder het hoofd **Grammatica's** staan werken vermeld die in de eerste plaats bedoeld zijn als achtergrondinformatie voor de lesgever. Het is ondoenlijk een opsomming te geven van alle bruikbare woordenboeken Nederlands-vreemde taal en vreemde taal-Nederlands. We beperken ons daarom tot het noemen van

enkele uitgevers van zulke woordenboeken; daarnaast vermelden we enkele eentalige Nederlandse woordenboeken. Vervolgens vermelden we enkele werken die als aanvulling op *Levend Nederlands* geschreven zijn. Onder het hoofd **Romans, verhalen e.d.** vindt de lesnemer boeken die hij zonder al te grote problemen zal kunnen lezen als hij de cursus heeft doorgewerkt.

Grammatica's

✛ B. C. Donaldson, *Dutch Reference Grammar*, Nijhoff, 's Gravenhage, 1981.

C. H. den Hertog, *Nederlandse Spraakkunst*, ingeleid en bewerkt door H. Hulshof, 3de druk, Versluys, Amsterdam, 1973.

E. Rijpma en F. G. Schuringa, *Nederlandse Spraakkunst*, bewerkt door Jan van Bakel, 22ste druk, Wolters-Noordhoff, Groningen, 1969.

D. C. Tinbergen, *Nederlandse Spraakkunst*, opnieuw bewerkt door F. Lulofs en W. W. F. Voskuilen, 13de druk, Tjeenk Willink, Zwolle, 1962–63.

N. v.d. Toorn-Danner, *Basisgrammatica van het Nederlands als vreemde taal*, Koninklijk Instituut voor de Tropen, Amsterdam.

Woordenboeken

Enkele uitgevers van woordenboeken Nederlands-vreemde taal en vreemde taal-Nederlands:

Van Goor Zonen, Den Haag/Brussel.

Het Spectrum (Prisma), Utrecht/Antwerpen.

Wolters-Noordhoff, Groningen.

Enkele Nederlandstalige woordenboeken:

J. H. van Dale, *Nieuw handwoordenboek der Nederlandse taal*, 9de druk, Utrecht, 1982.

M. J. Koenen en J. B. Drewes, *Verklarend handwoordenboek der Nederlandse taal*, 27ste druk, Groningen, 1982.

M. J. Koenen en J. B. Drewes, *Wolters' Ster Woordenboek Nederlands. Kleine Koenen*, 1ste druk, Groningen, 1983.

A. Weijnen, *Spectrum Nederlands Woordenboek*, Utrecht/Antwerpen, 4de druk, 1979.

Aanvullend materiaal bij *Levend Nederlands*

Jan H. Hulstijn en Michael Hannay, *An English self-study supplement to Levend Nederlands*, VU Boekhandel/Uitgeverij, Amsterdam, 1981.

Jan H. Hulstijn en Marijke W. M. Schellart-Huizinga, *Oefenmateriaal behorend bij Levend Nederlands*, VU Boekhandel/Uitgeverij, Amsterdam, 1983.

Alice van Kalsbeek en Marijke W. M. Schellart-Huizinga, *Supplemento para el estudio auto-didactico Levend Nederlands*, VU Boekhandel/Uitgeverij, Amsterdam, 1980.

J. Locher-Steinz en L. Voorrips-Kleinveld, *Supplément français pour l'autodidacte*, VU Boekhandel/Uitgeverij, Amsterdam, 1983.

Romans, verhalen e.d.

J. M. A. Biesheuvel, *Brommer op zee*. De Harmonie.
Slechte mensen. De Harmonie.

Herman Pieter de Boer, *De kellnerin en andere verhalen*, Elsevier.
Het papieren badpak, De Fontein.

Godfried Bomans, *Kopstukken*, Elsevier.
Wonderlijke nachten, Elsevier.

Remco Campert, *Het leven is vurrukkulluk*, De Bezige Bij.
Fabeltjes vertellen, De Harmonie.

S. Carmiggelt, *Een stoet van dwergen*, De Arbeiderspers.
Duiven melken, De Arbeiderspers.

Drie stukken. Werkteater. Van Gennep.

A. Frank, *Het achterhuis*, Querido.

Maarten 't Hart, *Het vrome volk*, De Arbeiderspers.

Heere Heeresma, *Een dagje naar het strand*, Erven Thomas Rap.
Zwaarmoedige verhalen voor bij de centrale verwarming, Erven Thomas Rap.

M. van Keulen, *Bleekers zomer*, Erven Thomas Rap.

Dirk Ayelt Kooiman, *De grote stilte*, De Harmonie.

Kees van Kooten, *De ergste treitertrends*, De Bezige Bij.
Veertig. Drie verhalen, De Bezige Bij.

Guus Kuyer, *Eend voor eend*, Querido.

Hannes Meinkema, *En dan is er koffie*, Elsevier.

Doeschka Meysing, *Utopia*, Querido.

Marga, Minco, *Het bittere kruid*, Bert Bakker.
De val, Bert Bakker.

Ethel Portnoy, *Broodje Aap*, De Harmonie.

J. Waasdorp, *Welkom in zee*, Meulenhoff.

Jan Wolkers, *Gesponnen suiker*, Meulenhoff.
Serpentina's Petticoat, Meulenhoff.

A guide for the self-study student

This course is intended to provide practice in the understanding, production and use of educated colloquial Dutch.

Dutch is the only language used in the course, which has been planned to make it unnecessary for you to use your native language at any point. This guide is intended to suggest how *the individual student* should make use of the course material.

The course builds up progressively. You are advised to keep, in general, to the order of the material as given and to follow the procedure suggested in this guide. Nevertheless individuals vary considerably in their learning styles and habits, and may find a different order which suits them better. Although the Grammar section has been placed at the end of each lesson, it is expected that the student may want to consult it earlier from time to time in the course of the lesson.

The course consists of 24 lessons:

Lesson 1:   Phonetics and spelling
Lessons 2–24:   Dialogue
                Supplementary phonetics and spelling
                Dialogue summary
                Exercises
                Exploitation material
                Grammar

LESSON 1

This lesson provides you with practice in discriminating between Dutch sounds and in pronouncing and spelling words containing them. It is advisable to start your studies with Lesson 2 and to do Lesson 1 after you have covered a number of the other lessons.

You are asked in Lesson 1 to listen to sets (usually pairs) of Dutch words differing only in one sound but quite distinct in meaning. A visual cue which has already been associated with one of the words in a pair is then presented and you are asked to select the correct word from the pair. You are then asked to repeat the words, paying careful attention to their pronunciation.

You will hear three voices on the tape for this lesson: the commentator, who introduces the topic; the instructor, who calls on you for your responses; and, at the beginning of the lesson, a voice representing 'you', the student. There are also two audio signals on the tape: a high note as a signal to look at the next visual cue on the page; a low note as a signal that you should stop looking at the book and listen to the commentator.

Practice in spelling and reading written words proceeds along the same lines, throughout lesson 1.

LESSONS 2–4

Dialogue

The dialogue forms the basis of each lesson. It normally has 70–72 lines, each illustrated by a picture. You can use a sheet of paper to cover up the pictures lower down the page if you find these distracting. When working with the dialogue you should proceed as follows:

(1) Listen to the dialogue on the tape and look at the pictures or follow the text in the book. This first run-through is only to give an understanding of the dialogue *as a whole.*

(2) Look at the first picture and at the corresponding line of text. Now switch on the tape and listen to the first sentence. If pauses have been made in the recording, you should repeat the sentence in the pause. If not, you should stop the recorder and then repeat the sentence. Continue like this through the whole dialogue. Don't worry if the meaning of all sentences is not totally clear at this stage; and don't hesitate to respond because you have picked up only some, but not all, of the sounds of the sentence played to you. You will get better with practice.

(3) At the end of the dialogue stop the tape and rewind to the beginning in order to listen to your own voice or to repeat the sentences once again. It is important that you notice the often considerable differences between what you hear on the tape and the written text in the book; make careful comparisons of pronunciation and spelling. You can go through this stage as often as you think useful.

(4) When you have familiarised yourself with the dialogue in this way, you should be able to repeat the sentences from the tape correctly without reading the text simultaneously. Cover the text of the dialogue with a piece of paper, listen to the sentence on the tape, repeat the sentence and then uncover the same sentence in the text to check whether you have succeeded in understanding and repeating all the words correctly.

Grammar

(5) After having gone through the dialogue you may proceed to the 'Grammar' section at the end of the lesson. This survey treats the grammatical teaching points covered in the dialogue. The numbers between round brackets indicate the lines in the dialogue with 'r' standing for 'regel' (= line).

(6) Read the dialogue line by line and see if you really understand every word. Look up new words in the dictionary.

(7) At this stage the dialogue should no longer present any difficulties to you. Listen to the dialogue once again. You should now be capable of understanding and repeating all sentences without looking at the text.

Supplementary phonetics and spelling

This section involves a number of helpful hints on the tape concerning exceptional cases of spelling and pronunciation. The voice on the tape usually says:

'*Let op de uitspraak van* . . . ') ('pay attention to the pronunciation of . . .')

'*Herhaal*' ('repeat')

Then you may repeat what is said on the tape. Carefully compare the pronunciation with the spelling (see the text in the book) and your pronunciation with the voice on the tape.

Exercises

These exercises provide practice in forming Dutch sentences based on patterns which have been introduced in the dialogue and which are explained in the 'Grammar' sections. In the exercises you are asked to change the composition of sentences (transformation exercises) or to replace items in sentences on a particular pattern (substitution exercises). You will first hear an example consisting of the original sentence (Stimulus) and the response required (Response). Then in the exercise proper you hear other sentences parallel to the Stimulus, to which you must give the correct Response yourself. It is necessary to decide what has happened to the original example in order to be able to produce the same kind of Response the next time. If the tape has been provided with pauses, you will have in each case a pause for you to make your Response. If there are no pauses provided, you will have to stop the recorder to give the appropriate Response. Then a model Response follows as a guide to the correctness of your Response. After this, another pause is needed in which the Response can be spoken again. This activity continues to the end of the exercise.

To summarise, each exercise item consists of:
1. stimulus from the tape
2. pause for you to respond
3. correct response from the tape
4. pause for you to repeat the correct response (not so)

Exercises are classified A, B and C. 'A' exercises are relatively simple, 'B' and 'C' exercises are more difficult.

Summary

(1) You may listen to the summary. You may wish to look at the pictures again while listening, but since the summary deals with a situation which you understand well from the dialogue there should be no problem about the meaning of the summary *as a whole*. You should not be disconcerted at finding new words in the summary. They will in no way interfere with your understanding.

(2) The summary may be read through quickly, again with concern only for the meaning as a whole.

(3) The summary may also be used as a dictation passage: listen to the tape and try to write down what you hear. Check what you have written with the text in the book.

Exploitation

The exploitation material is intended to encourage you to put into practice the Dutch you have learnt. Since the **Huiswerk** is concerned with the written use of Dutch, spelling is important and should be carefully checked. Specimen answers to **Huiswerk** are provided at the back of the book. Both in the case of the open-ended **Huiswerk** questions and the oral exploitation exercises (**Vragen over het gesprek** and **Conversatie**) if you are lucky enough to know a Dutch speaker you can check your answers with him or her.

Guide à l'usage de l'étudiant autodidacte

Ce cours se propose de fournir un entraînement à la compréhension, à la production et à l'usage du néerlandais courant.

Le néerlandais est la seule langue utilisée dans le cours, qui a été conçu de manière à rendre inutile tout usage de votre langue maternelle. Le but de ce guide est de fournir à l'étudiant autodidacte des indications concernant l'utilisation du matériel d'étude.

Le course s'élabore progressivement. Il vous est recommandé de vous en tenir, en général, à la progression et à la méthode proposées dans ce guide. Néanmoins vous pouvez très bien adapter le matériel à vos besoins et à votre expérience particuliers. Bien que la grammaire se trouve à la fin de chaque leçon, vous êtes libre de la consulter plus tôt en travaillant la leçon.

Le cours est composé de 24 leçons:
Leçon 1:   Phonétique et orthographe
Leçon 2 à 24: Dialogue
             Phonétique complémentaire et orthographe
             Résumé de dialogue
             Exercices
             Matériel d'exploitation
             Grammaire

LEÇON 1

Cette leçon vous propose un entraînement pour distinguer les sons néerlandais et prononcer et orthographier les mots qui les contiennent. Il est opportun de commencer par la leçon 2 et

Guide à l'usage de l'étudiant autodidacte

de revenir à la leçon 1 après avoir étudié à fond un certain nombre de leçons.

Dans la leçon 1, on vous demande d'écouter des suites (généralement des paires) de mots néerlandais lesquels ne diffèrent que d'un seul son, mais qui sont distincts quant à leur signification. Une image, précédemment associée à un des mots d'une paire, est alors présentée et on vous demande de choisir le mot exact de la paire. On vous demande ensuite de reproduire les mots en distinguant leur prononciation.

Sur la bande de cette leçon vous entendrez trois voix: le commentateur, qui introduit le sujet; l'instructeur, qui vous invite à répondre et qui donne lui-même une réponse modèle; et au début de la leçon, une voix qui vous représente. En outre il y a deux signaux sonores sur la bande: un son aigu se fera entendre pour signaler qu'il faut regarder l'image suivante sur la page; un son grave indiquera que vous devez lever les yeux de votre livre et écouter le commentateur.

Une feuille de papier suffira à recouvrir les images qui se trouvent plus bas sur la page, et qui pourraient distraire votre attention.

L'entraînement à l'orthographe et la lecture des mots écrits se poursuit en suivant les mêmes directives tout au long de la leçon 1.

LEÇON 2-24

Dialogue

Le dialogue constitue la base de chaque leçon. Il contient normalement 70–72 lignes, chacune étant illustrée à l'aide d'une image. Vous pouvez utiliser une feuille de papier pour recouvrir les rangées d'images qui se trouvent plus bas sur la page et qui pourraient distraire votre attention. Les étapes que vous devez suivre en travaillant le dialogue sont les suivantes:

(1) Ecoutez le dialogue sur la bande et regardez les images. Ce premier passage est destiné uniquement à aider à une compréhension du dialogue *dans son ensemble.*

(2) Faites démarrer de nouveau la bande. Regardez un instant la première image. Ecoutez la première séquence, en regardant la ligne correspondante dans le texte. Si des pauses ont été pratiquées dans l'enregistrement, vous devez les utiliser pour répéter les séquences; sinon vous devez arrêter votre bande et répéter la séquence pendant le temps d'arrêt. Vous procédez d'un bout à l'autre du dialogue de cette façon. Vous ne devez pas vous inquiéter si à ce stade le sens de toutes les séquences n'est pas également clair. Grâce à l'entraînement ultérieur on peut espérer une plus grande clarté. Vous ne devez pas non plus hésiter à répondre lorsque vous n'avez saisi que quelques sons de la séquence que vous écoutez.

(3) A la fin du dialogue, arrêtez la bande et rembobinez jusqu'au début, afin d'écouter votre enregistrement ou d'écouter à nouveau les phrases à répéter. Faites attention aux différences souvent très grandes entre ce que vous entendez sur la bande et ce qui est écrit dans le livre: comparez avec soin la prononciation et l'orthographe. Répétez cette manière de procéder aussi souvent que cela vous semble nécessaire.

(4) Lorsque vous avez appris à utiliser le dialogue de cette façon, vous devez être apte à répéter correctement les phrases de la bande sans regarder le texte. Cachez le texte à l'aide d'une feuille de papier, écoutez la phrase de la bande, répétez cette phrase et enlevez la feuille de papier qui recouvre la phrase du texte, afin de contrôler si vous avez compris tous les mots et si vous les avez correctement répétés.

Grammaire

(5) Après avoir étudié à fond le dialogue, vous passez à la grammaire à la fin de la leçon dans le livre. Il s'agit d'un aperçu dans lequel les sujets grammaticaux du dialogue sont traités. Les chiffres entre parenthèses indiquent les lignes du dialogue, où le 'r' signifie 'regel' (= ligne).

(6) Lisez le dialogue phrase par phrase et regardez si vous comprenez effectivement chaque mot. Cherchez les mots nouveaux dans le dictionnaire.

(7) A ce stade le dialogue ne doit plus poser aucun problème. Ecoutez encore une fois le dialogue. Maintenant vous devez être apte à comprendre et à répéter toutes les phrases sans regarder le texte.

Phonétique complémentaire et orthographe

Il s'agit d'un certain nombre d'instructions sur la bande concernant des exceptions dans l'orthographe et la prononciation. La voix sur la bande dit:

'*Let op de uitspraak van . . .* ' ('attention à la prononciation de . . .')

'*Herhaal*' ('répétez')

Vous devez alors répéter ce qui est dit sur la bande. Comparez avec soin la prononciation avec l'orthographe (consultez le texte dans le livre) et votre prononciation avec la voix de la bande.

Exercices

Les exercices fournissent un entraînement à la formulation de phrases néerlandaises sur des modèles qui ont été introduits dans le dialogue et qui sont expliqués dans la grammaire. Dans les exercices on vous demande de changer la construction des phrases ou de remplacer des éléments dans des phrases suivant un modèle donné. Vous écouterez d'abord un example constitué de la phrase (ou des phrases) originale(s) (Stimulus) et de la réponse requise (Respons). Vous devez déterminer la modification subie par la phrase primitive dans la réponse proposée, puis vous devez procéder de manière analogue, en écoutant une ou plusieurs autres phrases, et donner le même genre de réponse. Si des pauses ont été pratiqées dans la bande, vous aurez chaque fois une pause pour la réponse que vous devrez faire. Sinon, vous arrêterez votre bande pour pouvoir donner votre réponse. Celle-ci est suivie d'une réponse-modèle qui sert à corriger votre réponse. Vient ensuite une autre pause au cours de laquelle la réponse correcte peut être répétée. Cette activité se poursuit jusqu'à la fin de l'exercice.

Résumé: chaque item des exercices se compose de:

1. stimulus de la bande
2. pause pour vous permettre de répondre
3. réponse correcte de la bande
4. pause pour vous permettre de répéter la réponse correcte

Les exercices sont classés A, B, C; ce sont des degrés de difficulté. Les exercices 'A' sont relativement simples. B et C sont plus difficiles.

Résumé

(1) Lorsque vous avez fini de travailler le dialogue, vous pouvez écouter le résumé. Vous pouvez choisir de regarder de nouveau les images en écoutant, mais comme le résumé se rapporte à une situation que vous comprenez bien à partir du dialogue, vous ne devriez pas avoir de problème quant à la compréhension du résumé *dans son ensemble.* Vous ne devez pas vous laisser déconcerter en trouvant des mots nouveaux dans le résumé. Ils ne gêneront nullement votre compréhension.

(2) Le résumé peut être lu rapidement, avec le seul souci du sens global.

(3) On peut également l'utiliser comme exercice de dictée : écoutez la bande et essayez d'écrire ce que vous entendez. Contrôlez ce que vous avez écrit à l'aide du texte dans le livre.

Exploitation

Le matériel d'exploitation a pour but de vous encourager à vous servir du néerlandais.

Puisque le **Huiswerk** concerne l'usage écrit du néerlandais, l'orthographe est importante et doit être soigneusement contrôlée. Les réponses à titre d'exemple au **Huiswerk** sont fournies à la fin du livre. Comme dans le cas des questions ouvertes des **Huiswerk** et des exercices oraux d'exploitation (**Vragen over het gesprek** et **Conversatie**) vous pouvez juger prudent de chercher un aimable locuteur néerlandais sur qui vous pouvez éprouver vos réponses.

Una guía para el estudiante autodidacta

La finalidad de este curso es suministrar ejercicios prácticos para la comprensión y uso de la lengua holandesa culta.

El holandés es el único lenguaje usado en este curso; el cual planea hacerle a usted innesesario el uso de su idioma materno. Esta guía tiene unicamente la finalidad de sugerir la forma en que cada estudiante autodidacta utilizar el material.

El curso está diseñado para un aprendizaje progresivo, por lo tanto se le recomienda seguir el procedimiento sugerido lo más possible; pero usted puede adaptarlo a sus necesidades y experiencia según le convenga. La sección gramatical se encuentra al final de cada lección pero dicho orden no le imposibilita a que usted consulte primero la gramática.

El curso se compone de 24 lecciones:

Lección 1: Fonética y ortografía
Leccionón 2 a 24: Diálogo
Fonética y ortografía complementaria
Resumen del diálogo
Ejercicios
Deberes
Gramática

LECCIÓN 1

Esta lección ofrece, de una manera práctica, como distinguir los sonidos del idioma holandés y la pronunciación y ortografía de palabras que contienen dichos sonidos. Se recomienda iniciar el método con la lección 2 y continuar con la lección 1 después de haber estudiado otras lecciones.

En la primera lección se escuchan conjuntos (usualmente de dos palabras) que difieren únicamente en un sólo sonido, pero que tienen una significación distinta. Posteriormente se muestran algunos dibujos que ya han sido asociados con una de las dos palabras para que usted elija la palabra correcta en relación con el dibujo. Luego se deben pronunciar las palabras distinguiendo los sonidos.

En la cinta correspondiente a esta lección se escuchan tres voces: el comentarista: que introduce el tema; el instructor: que formula preguntas para ser respondidas; una voz que le representa al estudiante respondiendo a dichas preguntas. También hay dos señales en la cinta: un tono agudo que le avisa que usted debe fijarse en el dibujo y un tono grave que le indica que usted debe dejar de mirar este dibujo y escuchar la voz del comentador. Se puede usar un papel para tapar los dibujos de la parte inferior, ya que estos pueden distraer la atención.

Con los ejercicios de ortografía y lectura debe procederse de igual forma que con la lección 1.

LECCIÓN 2-24

Diálogo

El diálogo es la base de cada lección. Consta normalmente de 70 a 72 lineas, todas ellas ilustradas con un dibujo referente al tema. Se puede usar un papel para tapar los dibujos de la parte inferior, ya que estos pueden distraer la atención. Se le recomienda trabajar con el diálogo de la siguiente forma:

Una guía para el estudiante autodidacta

(1) Primeramente escuche el diálogo en la cinta y mire los dibujos correspondientes. Este ejercicio le dará *una idea general* del diálogo sin que importe la comprención o no del significado particular de las palabras.

(2) Observe el primer dibujo, lea la linea correspondiente, ponga la cinta y escuche la primera oración. En las pausas usted puede repetir las frases. Si no hay silencios puede parar el magnetofón y repetir la frase. Así debe estudiar todo el diálogo. No se preocupe si el significado de todas las oraciones no es totalmente claro a esta altura de su aprendizaje. Tampoco debe dudar en responder porque haya entendido sólo algunos sonidos de la frase escuchada, con la práctica podrá hacerlo cada vez mejor.

(3) Al final del diálogo debe retroceder la cinta hasta el inicio. De esta forma escuchará su propia voz y podrá repetir las frases más de una vez. Es muy importante que usted atienda cuidadosamente la pronunciación con respecto al texto y que haga todo el esfuerzo posible por notar las diferencias entre la ortografía y la pronunciación. Usted puede repetir esta parte de la lección cuantas veces le parezca útil.

(4) Cuando usted conozca mejor el diálogo puede tratar de repetir las frases de la cinta sin leer simultaneamente el texto. Cubra el texto del diálogo, escuche la frase en la cinta, repita y luego descubra el texto para percatarse de que usted logró entender y pronunciar todas las palabras correctamente.

Gramática

(5) Después de estudiar el diálogo pase a la parte gramatical al final de la lección. Esta sección analiza las cuestiones gramaticales referentes al diálogo. Las cifras entre paréntesis se refieren a las lineas del diálogo, donde 'r' quiere decir 'regel' (= linea).

(6) Lea el diálogo linea por linea y trate de comprender cada palabra; las palabras no conocidas búsquelas en el diccionario.

(7) Si ha seguido metodicamente estos pasos, el diálogo no le planteará problemas. Escuche otra vez el diálogo, usted deberá entender todas las frases y repetirlas sin mirar el texto.

Fonética y orthografía complementaria

En la cinta se dan algunas instrucciones referentes a casos extraordinarios de ortografía y pronunciación.

La voz en la grabación normalmente dirá:
'*Let op de uitspraak van . . .*' ('fijese en la pronunciación de . . .')
'*Herhaal*' ('repita')
Entonces usted puede repetir lo que se ha dicho en la cinta. Se le recuerda que hay que comparar cuidadosamente la pronunciación con la ortografía (vea el texto en el libro). Concentrese en su voz comparandola con la voz gravada.

Ejercicios

Los ejercicios dan la posibilidad de practicar la forma de componer oraciones en holandés basadas en los modelos ya introducidos en el diálogo. La explicación de estos modelos la encontrará en la parte gramatical. En este tipo de ejercicios se trata de cambiar la estructura de las oraciones o de sustituir una palabra o grupos de palabras en una determinada oración según un modelo específico. Primero usted escuchará un ejemplo que consiste en la oración original (Stimulus) y la respuesta correcta (Respons), luego oirá otras oraciones a las que debe responder en la forma requerida. Es necesario entender la oración original del ejemplo para poder estructurar el mismo tipo de repuesta otra vez. La cinta tiene pausas en los cuales usted deberá dar la respuesta; si no hay silencios debe parar el magnetofón para responder oportunamente. A continuación viene una respuesta modelo que le servirá como guía para medir la exactitud de su respuesta, posteriormente viene otro silencio en el que usted debe responder una vez más. De esta manera debe proceder hasta terminar el ejercicio. Resumen de lo anterior; cada ejercicio consiste en:
1. stimulus de la cinta
2. silencio para que usted responda
3. respuesta correcta de la cinta
4. silencio para que usted repita la respuesta correcta

Los ejercicios estan clasificados A, B y C de acuerdo a su complejidad. Los ejercicios A son los más difíciles.

Resumen

(1) Usted puede escuchar el resumen sin ver los dibujos esforzandose en comprender *de forma general* su significado. Se da por entendido que usted conoce bien el diálogo y que por lo tanto no tendrá problemas con la comprensión del resumen. No debe desconcertarle el hecho de que aparezcan nuevas palabras, estas no perturbarán la comprensión del resumen.

(2) Se le recomienda repasar rápidamente el resumen preocupandose por la comprensión general.

(3) Usted puede usar el resumen como dictado, escuchando la cinta y escribiendo lo que oye, luego compare lo que escribió con el texto del libro.

Deberes

Este material tiene por finalidad estimularle en el uso del holandés.

La finalidad del **Huiswerk** es la práctica escrita del holandés. Por lo tanto debe dárcele suma importancia a la ortografía, la cual debe controlarse cuidadosamente. Las respuestas correctas del **Huiswerk** pueden encontrarse al final del libro. Con respecto a los cuestionarios abiertos del **Huiswerk** o los ejercicios de explotación oral (**Vragen over het gesprek** y **Conversatie**) usted puede buscar un Holandés que quiera ayudarle a corregir sus respuestas.

Anleitung für den Gebrauch im Selbstunterricht

Der Kurs liefert Übungsmaterial für das Verstehen, Sprechen, Schreiben und den Gebrauch der Umgangssprache gebildeter Holländer.

Im Kurs wird nur Holländisch gebraucht, und das Ganze ist so angelegt, dass Sie nie auf Ihre Muttersprache zurückzugreifen brauchen. Die vorliegende Anleitung soll dem Schüler, der allein lernt, zeigen, wie er das Kursmaterial benutzen kann.

Die Einteilung des Lehrmaterials ist sorgfältig durchdacht. Wir raten Ihnen im Allgemeinen das Material in der vorgegebenen Reihenfolge durchzuarbeiten und sich an das in dieser Anleitung beschriebene Lernverfahren zu halten. Es ist jedoch sehr wohl möglich, das Material mit Ihren eigenen Bedürfnissen und Erfahrungen in Einklang zu bringen. Obschon die Grammatik am Ende der Lektion steht, ist es die Absicht, diese schon während Ihrer Beschäftigung mit der Lektion zu Rate zu ziehen.

Der Kurs besteht aus 24 Lektionen:

Lektion 1 : Phonetik und Rechtschreibung
Lektion 2-24: Dialog
Ergänzende Übungen zur Phonetik und Rechtschreibung
Zusammenfassung des Dialogs
Übungen
Material zur weiteren Anwendung
Grammatik

LEKTION 1

In dieser Lektion lernen Sie, zwischen verschiedenen holländischen Lauten zu unterscheiden und die Aussprache und Rechtschreibung von Wörtern, die diese Laute enthalten, zu üben. Wir raten Ihnen, mit der ersten Lektion erst anzufangen, nachdem Sie einige Lektionen durchgearbeitet haben.

In der ersten Lektion werden Sie aufgefordert, sich Gruppen (gewöhnlich Paare) holländischer Wörter anzuhören, die sich nur in einem Laut unterscheiden, aber eine völlig andere Bedeutung haben.

Dann wird ein Bild gezeigt, das zu einem der genannten Wörter passt, und Sie werden aufgefordert, das dem Bild entsprechende Wort auszuwählen. Dann sprechen Sie die Wörter nach, so dass der Unterschied in der Aussprache deutlich ist.

Auf dem Band für diese Lektion hören Sie drei Stimmen: den Ansager, der den Lehrstoff einführt; den Lehrer, der Sie auffordert, Ihre Antwort zu geben, und der selber die Musterantwort gibt; am Anfang der Lektion hört man eine Stimme, die Sie selbst, den Lerner, repräsentiert. Im Laufe dieses Abschnitts hören Sie zwei verschiedene Tonsignale. Wenn Sie einen hohen Ton hören, sehen Sie das nächste Bild in der Reihe an. Wenn Sie einen tiefen Ton hören, sollten Sie kein Bild ansehen, sondern einfach zuhören.

Da die Bilder weiter unten auf der Seite Sie ablenken könnten, sollten Sie sie mit einem Blatt Papier abdecken. Rechtschreibung und lautes Lesen werden in Lektion 1 auf entsprechende Weise geübt.

LEKTION 2-24

Dialog

Der Dialog bildet die Basis jeden Abschnitts. Gewöhnlich umfasst er 70 bis 72 Zeilen, wobei jede Zeile sich auf eins der Bilder bezieht. Sie können ein Blatt Papier dazu benutzen, die Bilderreihen, die weiter unten auf der Seite erscheinen, abzudecken, damit sie Sie nicht ablenken. Sie arbeiten den Dialog in folgenden Phasen durch:

(1) Sie hören sich den Dialog einmal von Anfang bis Ende an und versuchen ihn mit Hilfe der Bilder *im grossen und ganzen* zu verstehen.

(2) Schauen Sie sich das erste Bild und die entsprechende Zeile im Text an. Lassen Sie daraufhin das Band laufen und hören Sie die erste Zeile an. Wenn Pausen auf dem Band aufgenommen sind, wiederholen Sie die Zeile. Wenn das Band ohne Pausen läuft, halten Sie das Band dann einen Augenblick an. Arbeiten Sie den ganzen Dialog in dieser Weise durch. Machen Sie sich keine Sorgen, wenn Ihnen zu diesem Zeitpunkt die Bedeutung einiger Zeilen noch nicht ganz klar ist.

Weitere Übung wird Sie bald zu grösserer Klarheit führen. Geben Sie immer eine Antwort, auch wenn Sie nur einige Laute der abgespielten Zeile ins Bewusstsein aufgenommen haben.

(3) Am Ende des Dialogs stoppen Sie das Band und lassen es zum Anfang zurücklaufen. Sie können jetzt die Sätze entweder noch einmal nachsprechen oder das Gesprochene abhören. Vergleichen Sie Aussprache und Rechtschreibung sorgfältig miteinander. Wiederholen Sie dieses Verfahren so oft, wie es Ihnen nützlich erscheint.

(4) Wenn Sie sich den Dialog auf diese Weise zu eigen gemacht haben, sollten Sie imstande sein, die Sätze auf Band richtig zu wiederholen, ohne im Text nachzusehen. Sie legen ein Blatt Papier auf den Text, hören sich den Satz auf dem Band an, wiederholen diesen und nehmen das Blatt wieder weg, um zu prüfen, ob Sie alle Wörter verstanden und richtig wiederholt haben.

Grammatik

(5) Nachdem Sie den Dialog durchgearbeitet haben, wenden Sie sich der Grammatik am Ende der Lektion zu. In diesem Lernabschnitt finden Sie eine Übersicht, in der die zu übenden grammatischen Schwierigkeiten aus dem Dialog behandelt werden. Die eingeklammerten Nummern korrespondieren mit den Zeilennummern des Dialogs wo 'r' 'regel' (= Zeile) bedeutet.

(6) Lesen Sie den Dialog Zeile für Zeile und prüfen Sie, ob Sie wirklich jedes Wort verstehen. Schlagen Sie neue Wörter im Wörterbuch nach.

Pedoman belajar tanpa guru

(7) Jetzt darf Ihnen der Dialog keine Schwierigkeiten mehr bereiten. Hören Sie sich noch einmal den Dialog auf dem Band an. Sie sollten jetzt alle Sätze verstehen und wiederholen können, ohne im Text nachzusehen.

Ergänzende Übungen zur Phonetik und Rechtschreibung

Es sind dies einige Hinweise auf dem Band in bezug auf aussergewöhnliche Fälle der Rechtschreibung und Aussprache. Die Stimme auf Band sagt:

'*Let op de uitspraak van . . .* ' ('achten Sie auf die Aussprache . . .')

'*Herhaal*' ('wiederholen Sie')

Dann wiederholen Sie, was Sie auf Band hören. Vergleichen Sie sorgfältig die Aussprache mit der Rechtschreibung (siehe den Text im Buch) und Ihre Antwort mit der Stimme auf dem Band.

Übungen

Durch die Übungen lernen Sie, holländische Sätze auf der Basis von Satzmustern zu bilden, die im Dialog eingeführt wurden und die in der Grammatik erläutert werden. In den Übungen soll der Schüler die Zusammenfassung von Sätzen ändern oder Teile von Sätzen nach einem bestimmten Muster ersetzen. Zuerst hören Sie ein Beispiel, das aus dem ursprünglichen Satz (oder den ursprünglichen Sätzen) (Stimulus) und der Musterantwort (Respons) besteht. Jetzt müssen Sie entscheiden, wie das Original verändert worden ist, um die Antwort zu erzeugen. Sobald Sie dann einen anderen Satz oder andere Sätze hören, nehmen Sie dieselbe Veränderung vor, um dieselbe Art von Antwort hervorzubringen. Wenn auf dem Band nach jedem Satz Pausen aufgenommen sind, geben Sie in diesen Pausen Ihre Antwort, anderfalls halten Sie das Band für einen Augenblick an. Darauf folgt eine Musterantwort, die Ihnen anzeigt, ob die eigene Antwort richtig war, und eine Pause, währenddessen Sie die richtige Antwort wiederholen können. Diese Tätigkeit setzen Sie bis zum Ende der Übung fort.

Zusammenfassend: jedes Übungsitem enthält:
1. Stimulus auf dem Band
2. Pause zum Antworten
3. richtige Antwort auf dem Band
4. Pause zum Wiederholen der richtigen Antwort

Es gibt A-, B-, und C-Übungen. Dies sind Schwierigkeitsstufen. A-Übungen sind verhältnismässig leicht, B- und C-Übungen sind schwieriger.

Zusammenfassung des Dialogs

(1) Wenn Sie den Dialog und die Übungen in der angegebenen Weise durchgearbeitet haben, hören Sie sich dessen Zusammenfassung an. Vielleicht wollen Sie wieder auf die Bilder sehen, während Sie der Zusammenfassung zuhören. Da die Zusammenfassung sich oben mit einer Situation befasst, die Sie vom Dialog schon gut kennen, sollte es Ihnen nicht schwer fallen, die Bedeutung der Zusammenfassung *als Ganzes* zu verstehen. Lassen Sie sich nicht aus der Fassung bringen, wenn in der Zusammenfassung neue Wörter auftauchen. Diese werden Ihrem Verständnis in keiner Weise im Wege stehen.

(2) Die Zusammenfassung können Sie schnell durchlesen, und wieder sollten Sie sich nur für den Sinn des Ganzen interessieren.

(3) Sie können die Zusammenfassung auch für Diktatübungen verwenden: hören Sie sich das Band an und versuchen Sie, aufzuschreiben, was Sie hören. Vergleichen Sie Ihre Schreibweise mit dem Text im Buch.

Weitere Anwendung

Das Anwendungsmaterial soll Sie zum Gebrauch des Holländischen anspornen. Da das **Huiswerk** sich mit dem Gebrauch des geschriebenen Holländisch befasst, ist die Rechtschreibung wichtig und sollte immer sorgfältig geprüft werden. Am Ende des Buches befinden sich Musterantworten für das **Huiswerk**. Für die offenen Endfragen der Hausaufgaben, für die mündlichen Übungsaufgaben (**Vragen over het gesprek**) und gesteuerte Gespräche (**Conversatie**) suchen Sie sich am besten einen freundlichen Holländer, an dem Sie Ihre Antworten ausprobieren können.

Pedoman belajar tanpa guru

Tujuan kursus ini ialah agar kita dapat mengerti dan menggunakan dengan baik bahasa Belanda dalam pergaulan.

Kursus ini hanya menggunakan bahasa Belanda yang disusun demikian rupa, sehingga Anda tidak perlu memakai bahasa-ibu Anda sendiri. Pedoman ini memberikan petunjuk bagai-mana Anda harus memakai bahan pelajaran dalam kursus ini.

Setiap pelajaran merupakan lanjutan dari pelajaran sebe-lumnya. Karena itu Anda dianjurkan, seberapa dapat, mengi-kuti urutan pelajaran dan mematuhi petunjuk yang diberikan dalam pedoman ini. Namun, setiap orang mempunyai cara dan kebiasaan belajar yang berbeda-beda, sehingga ia mungkin akan memilih urutan lain, yang disenangi dan dirasa lebih cocok baginya sendiri. Meskipun Tatabahasa selalu ditempat-kan pada akhir setiap pelajaran, diduga bahwa Anda mungkin ingin melihatnya sewaktu-waktu sebelum menyelesaikan pelajaran tersebut.

Kursus ini terdiri atas 24 pelajaran.

Pelajaran 1:   Fonetik dan ejaan
Pelajaran 2-24:   Percakapan
                     Tambahan catatan fonetik dan ejaan
                     Ringkasan percakapan
                     Latihan
                     Penerapan bahan pelajaran
                     Tatabahasa

PELAJARAN 1

Pelajaran ini melatih Anda membedakan bunyi-bunyi bahasa Belanda, mengucapkan dan mengeja kata-kata. Sebaiknya Anda mulai dengan Pelajaran 2, dan baru mempelajari Pelajaran 1 setelah Anda mengerjakan beberapa pelajaran lainnya.

Dalam Pelajaran 1 Anda akan mendengar satu rangkaian kata-kata Belanda yang hanya berbeda dalam satu bunyi saja, tetapi artinya sangat berlainan. Sebuah gambar menyertai kata-kata tersebut, dan Anda diminta memilih kata yang cocok dengan gambar itu. Kemudian Anda harus mengulang mengucapkannya dengan memperhatikan lafalnya.

Pada rekaman pelajaran ini Anda akan mendengar tiga suara: suara seorang yang menguraikan pokok pelajaran; suara seorang pelatih yang meminta Anda untuk memberikan tang-gapan; dan pada awal pelajaran ada suara lagi sebagai pengganti Anda selaku murid. Pada rekaman juga ada dua nada suara: nada tinggi menandakan bahwa Anda harus melihat gambar yang ada dalam buku, sedangkan nada rendah memberikan pertanda bahwa Anda harus mendengarkan tanpa melihat buku lagi.

Latihan ejaan dan membaca kata-kata yang tertulis diberikan dalam seluruh Pelajaran 1 ini.

PELAJARAN-PELAJARAN 2–24

Percakapan

Percakapan merupakan dasar setiap pelajaran, yang umumnya terdiri atas 70–72 baris, masing-masing disertai gambar.

Anda dapat menggunakan sehelai kertas untuk menutup gambar-gambar yang di bawahnya, jika ini Anda rasakan meng-ganggu. Untuk mempelajari sebuah percakapan caranya adalah sebagai berikut:

(1) Dengarkan percakapan yang ada pada rekaman, sambil melihat gambar-gambarnya. Lakukan ini hingga selesai, agar Anda memahami percakapan tersebut secara keseluruhan.

(2) Perhatikan gambar pertama dan baris yang mengikuti-nya. Hidupkanlah rekaman dan dengarkan kalimat pertama. Jika suara pada rekaman berhenti, maka Anda harus mengu-lang kalimat tersebut. Tetapi apabila tidak berhenti, Anda harus mematikan rekaman, lalu mengulang kalimatnya. Teruskan cara ini sampai percakapan tersebut selesai.

Anda tidak perlu khawatir, apabila pada tingkatan ini Anda tidak dapat menangkap arti seluruh kalimatnya, dan jangan ragu-ragu memberikan jawaban walau hanya dapat

menangkap sebagian saja dari seluruh kalimat yang ada pada rekaman. Latihan-latihan akan membuat Anda terbiasa juga.

(3) Hentikan rekaman, bila percakapan selesai, dan putarlah kembali dari permulaan untuk dapat mendengar suara Anda sendiri atau untuk mengulang sekali lagi kalimat-kalimatnya. Yang penting adalah bahwa Anda dapat meng-enali perbedaan yang besar antara apa yang Anda dengar dari rekaman dengan apa yang tertulis dalam buku.

Bandingkan dengan seksama perbedaan antara percakapan dan ejaan. Anda dapat melakukan ini berulang-ulang, sepan-jang Anda rasa masih perlu.

(4) Apabila Anda sudah terbiasa dengan percakapan tersebut, Anda tentu akan dapat mengulangi kalimat-kalimat dalam rekaman dengan tepat, tanpa melihat naskah percakapannya. Tutupilah naskahnya dengan sehelai kertas, dengarkan kalimat dalam rekaman, ulangi kalimat ini, lalu angkatlah kertas penutupnya untuk memeriksa apakah Anda sudah dapat memahami dan berhasil mengulang seluruh kata-kata itu dengan benar.

Tatabahasa

(5) Sesudah mempelajari percakapan, Anda dapat terus mulai dengan Tatabahasa yang ada pada akhir pelajaran. Bagian ini menjelaskan tatabahasa yang ada pada percakapan tadi. Angka-angka di dalam tanda kurung menunjukkan baris percakapan, dan *r* berarti 'regel' (= baris).

(6) Bacalah percakapan ini baris demi baris dan usahakan-lah agar Anda benar-benar dapat memahami setiap kata. Carilah arti kata-kata baru dalam kamus.

(7) Pada tingkat ini percakapan seharusnya tidak lagi merupakan kesulitan bagi Anda. Dengarkanlah percakapan tersebut sekali lagi. Sekarang Anda harus sudah dapat mengerti dan mengulang semua kalimat tanpa melihat naskahnya lagi.

Tambahan catatan fonetik

Bagian ini terdiri atas sejumlah petunjuk dalam rekaman yang menyangkut hal-hal yang sangat perlu diperhatikan, yang bertalian dengan masalah ejaan dan ucapannya. Suara dalam rekaman biasanya berkata:
'Let op de uitspraak van . . .' 'Perhatikan cara mengucap-kan . . .'
'Herhaal' ('Ulangilah').
Maka Anda harus mengulangi apa yang dikatakan dalam rekaman. Bandingkan dengan seksama ucapan dengan ejaan-nya (lihatlah naskahnya dalam buku), serta ucapan Anda dengan suara yang ada pada rekaman.

Latihan

Latihan ini bertujuan agar Anda dapat menyusun kalimat-kalimat dalam bahasa Belanda, berdasarkan pola yang sudah Anda kenal dari percakapan dan dijelaskan pada bagian Tatabahasa. Dalam latihan-latihan Anda diminta untuk me-ngubah susunan kalimat atau mengganti bagian-bagian dalam kalimat menurut pola tertentu. Mula-mula Anda akan men-dengar suatu contoh, terdiri atas satu kalimat dengan tang-gapan yang tepat. Pada kertas latihan Anda jumpai kalimat lain yang serupa dengan kalimat pertama, dan Anda harus memberikan tanggapan Anda sendiri. Perlu diingat benar

Pedoman belajar tanpa guru

kalimat contoh tadi, agar kelak Anda dapat memberikan jawaban yang benar.

Jikalau suara dalam rekaman berhenti sebentar, Anda harus memberikan tanggapan pada saat-saat yang lowong itu. Apabila suara dalam rekaman tidak berhenti, Anda harus mematikan rekaman untuk dapat memberikan jawaban yang tepat. Lalu suatu tanggapan akan terdengar, untuk mengetahui kebenaran jawaban Anda. Sesudah itu suara pada rekaman akan berhenti lagi untuk memberi kesempatan kepada Anda guna mengulang tanggapan Anda lagi. Cara ini berlangsung sampai pada akhir latihan.

Untuk jelasnya, setiap latihan terdiri atas:

1. stimulus dari rekaman
2. saat terluang dalam rekaman yang memberi Anda kesempatan untuk menanggapi
3. jawaban yang benar dari rekaman
4. istirahat lagi, agar Anda dapat mengulang jawaban yang benar.

Latihan-latihan dibagi menjadi golongan-golongan A, B, dan C. Latihan A termasuk yang mudah, sedangkan B dan C agak lebih sulit.

Ringkasan

(1) Anda dengarkan ringkasan. Mungkin Anda masih ingin melihat gambar-gambarnya lagi sewaktu mendengarkan, akan tetapi karena ringkasan tersebut mencakup hal-hal yang sudah Anda ketahui melalui percakapan, tentu Anda tidak menemui kesulitan untuk memahami *keseluruhan* ringkasan. Seharusnya tidak lagi ada bagian yang membuat Anda tidak mengerti, meskipun mungkin akan Anda jumpai kata-kata baru dalam ringkasan itu.

(2) Seluruh ringkasan sebaiknya dibaca dengan cepat, sekali lagi semata-mata hanya untuk menangkap pengertian seutuhnya.

(3) Ringkasan juga dapat menjadi bahan dikte: dengarkan rekaman, lalu cobalah menuliskan apa yang Anda dengar. Cocokkan yang Anda tulis itu dengan naskah dalam buku.

Penerapan bahan pelajaran

Penerapan bahan pelajaran bertujuan untuk mendorong Anda agar berani berbahasa Belanda. Karena **Huiswerk** (Perkerjaan Rumah) menekankan agar bahasa tertulis Anda benar, maka soal ejaan menjadi sangat penting dan selalu harus diperiksa dengan sekasama. Jawaban yang betul untuk **Huiswerk** terdapat di bagian akhir buku. Bila Anda kenal orang yang mahir berbahasa Belanda, kepadanya Anda dapat menanyakan apakah jawaban atas pertanyaan **Huiswerk** dan latihan percakapan Anda (**Vragen over het gesprek** dan **Conversatie**) sudah betul.

Les 1: Fonetiek en spelling

4

8

12

16

20

24

28

32

36

1

Les1

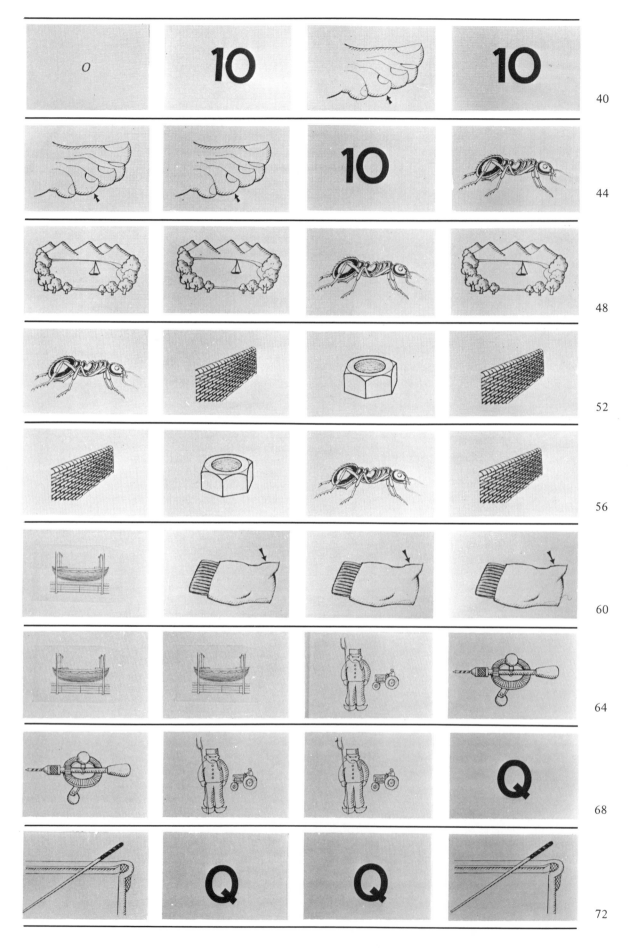

40

44

48

52

56

60

64

68

72

2

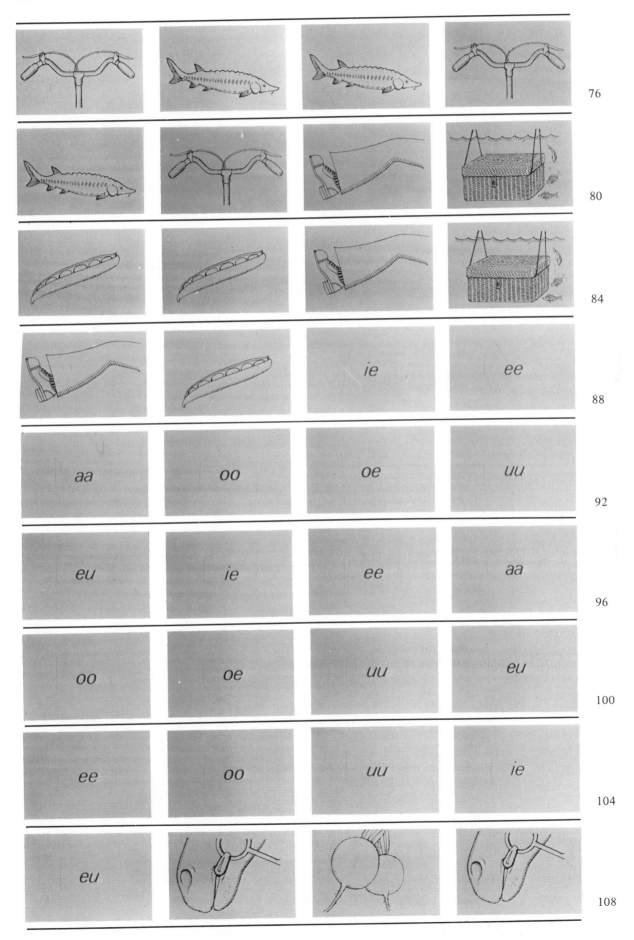

76

80

84

88

92

96

100

104

108

Les 1

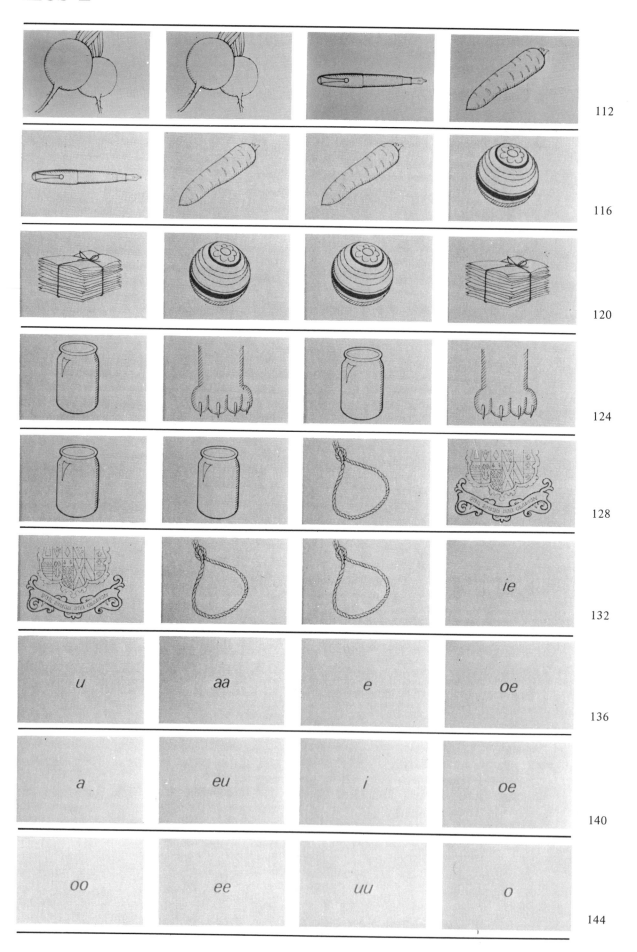

112

116

120

124

128

132

136

140

144

4

Les 1

ie				148
				152
ei	*ij*		*peil*	156
	pijl	*ui*	*ou*	160
au	*ouw*	*auw*	*ei ij* *ui* *ou au ouw auw*	164
				168
	aai	*ooi*	*oei*	172
ieuw	*eeuw*	*uw*		176
			e	180

een	*lijk*	*dig*		184
				188
				192
	p	*b*	*t*	196
d	*k*	*einde*	*eind*	200
ie oe eu	*ee*	*wee*	*weet*	204
weten	*aa oo uu*	*a o u*	*la* / *la ten*	208
laat	*zo* / *zo nen*	*zoon*	*nu* / *hu ren*	212
huur	*lat* / *lat ten*	*met*	*boot*	216

Les 1

dok	kap	bieten	pitten	220
beter	dook	kapen	bed	224
taak	dik	kat	post	228
kip	taken	katten	beden	232
bedden				236
		f	ff	240
v	wij leven ik leef	even	fiets	244
fles	effen	lief	vee	248
fee	vader	af	van	252

7

Les 1

telefoon	even	lieve	tafel	256
vuil	vies	fijn	**C**	260
	C	C	s	264
ss	z	wij lezen ik lees	ezel	268
plas	lessen	buizen	huizen	272
reuzen	mazen	baas	zaal	276
samen	besef	zee	loze	280
los	zaai	saai	g	284
gg	ch	geest	begin	288

Les 1

vlaggen	lachen	noch	mug	292
nog	zacht	laag	loochen	296
zaagt	biggen	biechten	maagden	300
mochten	mogen	morgen	algen	304
logen	*h*	*heel*		308
				312
				316
				320
ng	*m* *n*	*mm* *nn*	*even*	324

9

Les 1

man	namen	mannen	naam	328
binnen	klimmen	namen	langskomen	332
tuinen	honger	mens	samen	336
kammen	kiemen	kimmen	neemt	340
				344
w	wie	r	raar	348
l	lelijk	j	jij	352
wr	wreed			356
				360

10

Les 1

364

368

372

376

langs

stuk

kon

380

mand

dorp

gulden

haar

384

meubels

keer

schoenen

vriend

388

zwart

hoog

kleur

spijt

392

luisteren

trouw

mooi

gracht

396

Les 1

schrijven	dokter	graag	nieuwsgierig

400

natuurlijk	fantastisch	*huur*	*spreekt*

404

hard	*lees*	*geloven*	*ga*

408

uw	*spoor*	*kloppen*	*brief*

412

blijf	*schrijver*	*achter*	*hoek*

416

groen	*keuken*	*weer*	*bruid*

420

pakje	*gauw*	*geweldig*	*drinken*

424

zitten	*bellen*	*bestellen*

Commentaar

Zoals de uitspraak van alle talen zo kent ook die van het Nederlands vele schakeringen: regionale verschillen, sociale verschillen in gesprekssituaties, en sociale verschillen tussen gesprekspartners onderling. De uitspraak die door de meeste Nederlanders als de juiste beschouwd wordt, en die in regionaal, sociaal en stilistisch opzicht het meest neutraal is, wordt Algemeen Beschaafd Nederlands genoemd. Men zou kunnen zeggen dat dit ABN een afspiegeling is van de uitspraak van de stadsbevolking voor zover die een middelbare-schoolopleiding heeft genoten en behoort tot de 'middle-class'.

In deze cursus beperken we ons tot het ABN zoals dat gesproken wordt ten noorden van de grote rivieren. Enigszins afwijkende normen gelden voor het 'Zuidnederlands', dat in de Nederlandstalige gebieden van België gesproken wordt. Het noordelijke ABN is evenwel niet uniform en er heerst grote onenigheid ten aanzien van een aantal details. Het ligt niet in onze bedoeling een oordeel te vellen over varianten (waarvan er enkele in de Gesprekken te horen zijn). Met inachtneming hiérvan, kan men zeggen dat de stem van de 'model spreker' een uitspraak vertegenwoordigt waarnaar een buitenlander zich kan richten.

De volgende varianten, wijd verbreid onder de sprekers van (ruim genomen) het ABN, verdienen echter vermelding:

(1) De *r* kan hetzij met de tongpunt, hetzij met het achterste gedeelte van de tong uitgesproken worden.

(2) Veel ABN-sprekers maken verschil tussen een stemhebbende intervocalische *g/gg* en een stemloze intervocalische *ch* (*vlaggen* versus *lachen*). Dit verschil komt in de Randstad (het verstedelijkte westen van Nederland) vrijwel niet voor, en wordt in les 1 dan ook niet gemaakt.

(3) Er heerst nogal wat onenigheid ten aanzien van de uitspraak van *f* en *v*, en, in mindere mate, ten aanzien van de uitspraak van *s* en *z*. In de meer conservatieve praktijk, die in les 1 gevolgd wordt, zijn *v* en *z* betrekkelijk zacht en stemhebbend, terwijl *f* en *s* betrekkelijk scherp en stemloos zijn. De fonetische realisatie verandert echter vaak al naar gelang de context. Werkelijke opposities zijn schaars.

De uitspraak van *f*, *v*, *s* en *z* kan als volgt worden weergegeven:

(3.1) *In losstaande woorden* (N.B. de samenstellende delen van samengestelde woorden worden in les 1 steeds behandeld als aparte woorden; b.v. *loodgieter* wordt behandeld als *lood #gieter*).

(3.1.1) *Aan het begin van een woord* zijn noch *f* en *s*, noch *v* en *z* stemhebbend; *v* en *z* hebben een betrekkelijk zachte en *f* en *s* een betrekkelijk scherpe frictie.

(3.1.2) *In het midden van een woord* komen *v* en *z* alleen voor na ongedekte klinkers, liquidae en nasalen. Ze zijn stemhebbend en hebben een zachte frictie. *f* en *s*, die stemloos zijn en een scherpe frictie hebben, komen meestal voor na gedekte klinkers (in dat geval worden ze gespeld als *ff* en *ss*) en in bepaalde medeklinkercombinaties. In deze positie contrasteren ze met *v* en *z* in betrekkelijk weinig woorden.

(3.1.3) *Aan het eind van een woord* komen alleen *f* en *s* voor. Ze zijn stemloos en hebben scherpe frictie. Dit is het gevolg van de regel dat stemhebbende plosieven en fricatieven aan het eind van een woord vervangen worden door hun stemloze

equivalenten (zie het grammaticale commentaar van les 2, II, 3.3).

(3.2) *In de uitspraak van tot zinnen verbonden woorden* (inclusief samengestelde woorden) worden de contrasten tussen *f*, *s* en *v*, *z* verder gereduceerd door assimilatieregels (zie ook grammaticaal commentaar les 2, II, 3.3). Aan het begin van een woord worden *v* en *z* met scherpe frictie uitgesproken na welke voorafgaande plosief of fricatief dan ook. Aan het eind van een woord zijn *f* en *s* stemhebbend voor *b*- en *d*-.

Veel sprekers, in het bijzonder in Amsterdam, maken geen verschil tussen *f*, *s* en *v*, *z*, in welke positie dan ook. Hun fricatieve fonemen (die men met de symbolen F, S en CH kan aangeven) worden als volgt gerealiseerd:

Aan het begin van een woord zijn F, S en CH stemloos. Ze hebben een betrekkelijk scherpe frictie na een voorafgaande plosief of fricatief (aan het eind van het voorafgaande woord), en in alle overige gevallen een half scherpe, half zachte frictie.
In het midden van een woord zijn F, S en CH een beetje stemhebbend na een ongedekte klinker, liquida of nasaal, maar in alle overige gevallen zijn ze stemloos en scherp.
Aan het eind van een woord (ook in medeklinkercombinaties) zijn F, S en CH stemloos en scherp, tenzij ze gevolgd worden door een woord dat begint met een *b* of een *d*.

(4) Sommige ABN-sprekers maken een verschil tussen twee varianten van de ongedekte *o*, b.v. *mos* [mɔs] 'gebruik' versus *mos* [mos] 'soort plantje'. In deze cursus is met dit verschil geen rekening gehouden.

Les 1 biedt een systematische inleiding op de spraakklanken van het Nederlands en de manier waarop ze gewoonlijk gespeld worden. De methode die men bij het behandelen van deze les kan volgen, wordt beschreven in de Inleiding.

Les 1 is bedoeld als een in hoge mate vereenvoudigde gids bij de uitspraak. Alleen losstaande, eenvoudige woorden komen aan de orde; aan contextuele fonetiek en onregelmatigheden in de spelling (b.v. in vreemde woorden) wordt hier nog voorbijgegaan. Dergelijke zaken worden in de Aanvullende Fonetiek van latere lessen aan de orde gesteld.

De spelling, in les 1 en in alle overige lessen, komt overeen met de officiële Woordenlijst van de Nederlandse Taal. Er wordt in Nederland en België gedacht aan een nieuwe herziening van de spelling; intussen vinden vereenvoudigde wijzen van spelling (zoals diktaat voor dictaat, buro voor bureau) meer en meer ingang, hoewel ze niet officieel zijn.

De Nederlandse spraakklanken die in les 1 behandeld worden, staan in onderstaande tabel. De eerste kolom geeft een omschrijving van de klank. In de tweede kolom staat het symbool dat voor die spraakklank gehanteerd wordt; de symbolen uit deze kolom liggen zo dicht mogelijk bij de spellingsymbolen van de vierde kolom. De derde kolom biedt het symbool dat overeenkomt met de transcriptieprincipes van de

↑ IPA [ə] is *ongerond*; zijn geronde equivalent is [ө].

Commentaar

International Phonetic Association. De vierde kolom laat de manier(en) zien waarop de klank in kwestie doorgaans gespeld wordt. In de laatste kolom staan enkele woorden (in gewone spelling gedrukt) waarin de spraakklank voorkomt.

I. KLINKERS (Vocalen)

	spraakklank	IPA-symbool	spelling	voorbeelden (in gewone spelling)
(a) gedekte klinkers				
half gesloten, voor, ongerond	i	ɪ	i	pit, missen, bit
half open, voor, ongerond	e	ɛ	e	pet, hebben, pen
open, achter, ongerond	a	ɑ	a	mat, bakken, bal
half open, achter, gerond	o	ɔ	o	mot, fokker, pot
↑ half gesloten, midden, gerond	u	ə	u	put, lus
(b) ongedekte klinkers				
gesloten, voor, gespreid	ie	i:	ie	tien, mieren, biet
half gesloten, voor, gespreid	ee	e:	e, ee	teen, leren, been, peen, ree
open, voor, ongerond	aa	a:	a, aa	laat, laten, ga, baal
half gesloten, achter, gerond	oo	o:	o, oo	boor, sloop, boon, poot
gesloten, achter, gerond	oe	u:	oe	moer, sloep, boer
gesloten, voor, gerond	uu	y:	u, uu	muur, stuur, buren
half gesloten, voor, gerond	eu	ɸ:	eu	keu, steur, beun, leus
(c) tweeklanken (diftongen) (dalend, aan het eind gesloten)				
voor, ongerond	ei	ɛi	ij, ei	bijt, rij, bij, pijl, peil, ei
achter, gerond	ou	au	ou, au, ouw, auw	bout, gauw, vrouw
voor, gerond	ui	œy	ui	buit
(d) 'oneigenlijke tweeklanken'				
	aaie	a:i	aai	baai, fraai
	ooie	o:i	ooi	mooi
	oeie	u:i	oei	boei
	ieoe	i:u	ieuw	nieuw
	eeoe	e:u	eeuw	leeuw
	uuoe	y:u	uw	luw
(e) neutraal, gereduceerd, onbeklemtoond	ə	ə	e	je, ze, het

II. MEDEKLINKERS (Consonanten)

	spraakklank	IPA-symbool	spelling	voorbeelden (in gewone spelling)
(a) plosieven (occlusieven)				
stemloos, bilabiaal	p	p	p, pp, b	pak, koppen, heb
stemloos, alveolaar	t	t	t, tt, d	tak, latten, bed
stemloos, velaar	k	k	k, kk	pak, hek, bakken
stemhebbend, bilabiaal	b	b	b, bb	bak, big, hebben
stemhebbend, alveolaar	d	d	d, dd	dak, bedden

14

	spraakklank	IPA-symbool	spelling	voorbeelden (in gewone spelling)
(b) fricatieven (spiranten)				
stemloos, scherp, labiodentaal	f	f	f, ff	fat, tafel, leef, effen
stemloos, scherp, alveolaar	s	s	s, ss, sch	saai, lessen, reis, praktisch
velaar	ch	x	g, gg, ch	gevel, liggen, toch, acht, heg, verschil
zacht, labiodentaal	v	v	v	vat, leven, vorm
zacht, alveolaar	z	z	z	zee, reizen
glottaal	h	h	h	hei, hevel
(c) nasalen				
bilabiaal	m	m	m, mm	man, namen, kammen
alveolaar	n	n	n, nn	naam, mannen, mens
velaar	ng	ŋ	ng, n	kling, klink
(d) liquidae en overige medeklinkers				
alveolaar, lateraal	l	l	l, ll	lelijk, luit
alveolaar (tongpunt-r); ook wel uvulaar (huig-r)	r	r, R	r, rr	raar, ruit, raatje, graatje
labiale, frictieloze continuant	w	ʋ	w	wie, worm, wig
palatale semivocaal	j	j	j, d	jij, goede

Opgemerkt zij nog dat de verschillen tussen 'ongedekte' en 'gedekte' klinkers ook wel anders betiteld worden: b.v. gespannen/ongespannen, lang/kort, zwak gesneden/sterk gesneden. Daar gedekte klinkers altijd kort en ongespannen zijn en abrupt afgesneden worden door een volgende medeklinker, is deze inconsistentie in terminologie hoofdzakelijk te wijten aan de verschillende combinatorische varianten van ongedekte klinkers.

(a) Vooral aan het eind van een woord of lettergreep worden *ee, oo,* en *eu* enigszins gediftongeerd in de richting van respectievelijk *ie, oe* en *uu;* b.v. *zee, lenen, zo, zonen, reu, beunen.*

(b) Als ze gevolgd worden door een stemloze plosief, worden *ie* en *oe* (*uu* vrijwel nooit) korter uitgesproken, maar hun kwaliteit blijft gelijk; b.v. *riet, boek, fuut.*

(c) Als ze gevolgd worden door een *r,* zijn alle ongedekte klinkers werkelijk lang en gespannen. De kwaliteit van *ee* en *oo* ligt in dat geval dichter bij die van respectievelijk *ie* en *oe;* maar ze blijven duidelijk verschillen van *ie* en *oe;* b.v. *mier, meer, maar, boor, boer.*

Les 1 is gebaseerd op 31 groepen van twee of drie onderling contrasterende woorden; en wel in de volgende volgorde: pit-pet-put; mat-mot; tien-teen; mier-meer; mier-muur-moer; sloep-sloop; boer-boor; Q-keu; stuur-steur; been-beun-boon; bit-biet; pen-peen; bal-baal; pot-poot; lus-leus; bijt-buit-bout; (spelling contrast van) peil-pijl; ree-rij; baai-bij; pak-bak; tak-dak; fat-vat; C-zee; hei-ei; hevel-gevel; heg-hek; kling-klink; worm-vorm; luit-ruit; wig-big; gaatje-raatje-graatje.

Les 2

Kennismaking: Op de boot van Harwich naar Hoek van Holland
KB: Kees Bergsma   JK: John King

KB. Ik woon in Amsterdam.

JK. Bent u student?

KB. Ja, ik ben student.   3

KB. Ik studeer Engels.

JK. Studeert u Engels?

JK. Hé, dat is mijn taal.   6

KB. Uw taal?

KB. Bent u dan geen Nederlander?

JK. Nee, ik ben Engelsman.   9

KB. Uw Nederlands is heel goed, meneer.

JK. Dank u.

JK. Mijn moeder is Nederlandse.   12

KB. O, is uw moeder geen Engelse?

JK. Nee, mijn moeder is Nederlandse

JK. en mijn vader is Engelsman.   ˙15

JK. U bent Nederlander, hè?

KB. Ja, ik ben Nederlander.

KB. Bent u ook student?   18

JK. Nee, ik ben journalist.

KB. Werkt u in Nederland?

JK. Ja, ik werk in Amsterdam.   21

KB. Woont u ook in Amsterdam?

JK. Ja, in de Leidsestraat.

KB. Ik woon op de Hoofdweg.   24

KB. Komt u eens langs!

JK. Wat zegt u?

KB. Komt u eens langs!   27

16

Les 2

JK. Ja, graag.

KB. Ik ben Kees Bergsma,

KB. mijn adres is: Hoofdweg 2, Amsterdam. 30

JK. Dank u wel, meneer Bergsma.

JK. Mijn naam is John King.

JK. Ik kom gauw eens langs. 33

Aanvullende fonetiek

Let op de uitspraak van *ik* met *ben*.
Herhaal: ik . . . ben . . . ik ben . . . ik ben Engelsman . . . ik
blijf . . . zakdoek . . . opbellen . . . voetbal . . . dit boek . . .
afdeling . . . verloofde . . . verhuisde . . .
Let op het verschil in de uitspraak van de letter *j* in *journalist*
en *John.*
Herhaal: journalist . . . John . . .

Samenvatting

Kees Bergsma is Nederlander. John King is Engelsman. Hij
spreekt goed Nederlands, want zijn moeder is Nederlandse.
Kees Bergsma woont in Amsterdam, en John King woont
ook in Amsterdam.

John King vraagt: 'Bent u student?' Kees Bergsma is
student en John King is journalist.

Kees Bergsma zegt: 'Komt u eens langs!' en John King
antwoordt: 'Ik kom gauw eens langs'.

Oefeningen

1 A
bent u student?
    ja, ik ben student

bent u Engelsman?
    ja, ik ben Engelsman

bent u John King?
    ja, ik ben John King

bent u Nederlandse?
    ja, ik ben Nederlandse

bent u Kees Bergsma?
    ja, ik ben Kees Bergsma

bent u Nederlander?
    ja, ik ben Nederlander

bent u Engelse?
    ja, ik ben Engelse

bent u journalist?
    ja, ik ben journalist

bent u student?
    ja, ik ben student

2 A
ik ben student
    ja, u bent student

ik ben Nederlander
    ja, u bent Nederlander

ik ben Engelse
    ja, u bent Engelse

ik ben John King
    ja, u bent John King

ik ben journalist
    ja, u bent journalist

ik ben Nederlandse
    ja, u bent Nederlandse

ik ben Kees Bergsma
    ja, u bent Kees Bergsma

ik ben Engelsman
    ja, u bent Engelsman

ik ben student
    ja, u bent student

3 B (2.2)
ik woon in Amsterdam
    ja, u woont in Amsterdam

ik studeer Engels
    ja, u studeert Engels

ik werk in Nederland
    ja, u werkt in Nederland

ik woon in de Leidsestraat
    ja, u woont in de Leidsestraat

ik werk op de Hoofdweg
    ja, u werkt op de Hoofdweg

Les 2

ik studeer Nederlands
    ja, u studeert Nederlands

ik woon in Amsterdam
    ja, u woont in Amsterdam

4 A

substitutie-oefening

ik woon in Nederland	op de Hoofdweg
ik woon op de Hoofdweg	in Amsterdam
ik woon in Amsterdam	in de Leidsestraat
ik woon in de Leidsestraat	op de Hoofdweg
ik woon op de Hoofdweg	in Nederland
ik woon in Nederland	

5 B (2.1,2)

substitutie-oefening

ik ben Engelsman	Nederlander
ik ben Nederlander	student
ik ben student	Engelse
ik ben Engelse	Engelsman
ik ben Engelsman	u bent
u bent Engelsman	journalist
u bent journalist	Nederlandse
u bent Nederlandse	student
u bent student	Nederlander
u bent Nederlander	ik ben
ik ben Nederlander	Engelsman
ik ben Engelsman	

6 B (2.3,4)

substitutie-oefening

ik werk in Amsterdam	woon
ik woon in Amsterdam	studeer
ik studeer in Amsterdam	werk
ik werk in Amsterdam	u
u werkt in Amsterdam	woont
u woont in Amsterdam	studeert
u studeert in Amsterdam	

7 A (2.5,6)

ik ben student
    ik ben ook student

ik woon in Amsterdam
    ik woon ook in Amsterdam

ik werk in de Leidsestraat
    ik werk ook in de Leidsestraat

ik studeer Nederlands
    ik studeer ook Nederlands

ik woon op de Hoofdweg
    ik woon ook op de Hoofdweg

ik ben journalist
    ik ben ook journalist

ik studeer Engels
    ik studeer ook Engels

ik ben Engelsman
    ik ben ook Engelsman

ik ben student
    ik ben ook student

8 C (2.3,7)

bent u student?
    ja; bent u ook student?

woont u in Amsterdam?
    ja; woont u ook in Amsterdam?

bent u Nederlander?
    ja; bent u ook Nederlander?

werkt u in Nederland?
    ja; werkt u ook in Nederland?

studeert u Engels?
    ja; studeert u ook Engels?

woont u op de Hoofdweg?
    ja; woont u ook op de Hoofdweg?

bent u journalist?
    ja; bent u ook journalist?

werkt u in Amsterdam?
    ja; werkt u ook in Amsterdam?

studeert u Nederlands?
    ja; studeert u ook Nederlands?

bent u student?
    ja; bent u ook student?

9 B (2.1)

ik ben Nederlander
    ik ben geen Nederlander

ik ben journalist
    ik ben geen journalist

ik ben Engelsman
    ik ben geen Engelsman

ik studeer Engels
    ik studeer geen Engels

ik studeer Nederlands
    ik studeer geen Nederlands

ik ben Engelse
    ik ben geen Engelse

ik ben Nederlandse
    ik ben geen Nederlandse

ik ben student
    ik ben geen student

ik ben Nederlander
    ik ben geen Nederlander

10 C (2.1)

is Kees Bergsma Nederlander?
    ja, Kees Bergsma is Nederlander

woont Kees Bergsma in Amsterdam?
ja, Kees Bergsma woont in Amsterdam

is John King Engelsman?
ja, John King is Engelsman

woont John King in Amsterdam?
ja, John King woont in Amsterdam

is Kees Bergsma student?
ja, Kees Bergsma is student

studeert Kees Bergsma Engels?
ja, Kees Bergsma studeert Engels

is John King journalist?
ja, John King is journalist

woont Kees Bergsma op de Hoofdweg?
ja, Kees Bergsma woont op de Hoofdweg

woont John King in de Leidsestraat?
ja, John King woont in de Leidsestraat

is Kees Bergsma Nederlander?
ja, Kees Bergsma is Nederlander

11 C (2.9,10)

is meneer Bergsma Engelsman?
nee, meneer Bergsma is geen Engelsman

is meneer King Nederlander?
nee, meneer King is geen Nederlander

is meneer King student?
nee, meneer King is geen student

is meneer Bergsma journalist?
nee, meneer Bergsma is geen journalist

is meneer Bergsma Engelsman?
nee, meneer Bergsma is geen Engelsman

12 C (2.10)

mijn moeder is Nederlandse
o, is uw moeder Nederlandse?

mijn vader is Engelsman
o, is uw vader Engelsman?

mijn adres is Hoofdweg 2
o, is uw adres Hoofdweg 2?

mijn naam is Kees Bergsma
o, is uw naam Kees Bergsma?

mijn vader is journalist
o, is uw vader journalist?

mijn moeder is Nederlandse
o, is uw moeder Nederlandse?

13 B (2.10)

is uw vader Nederlander?
ja, mijn vader is Nederlander

is uw moeder Nederlandse?
ja, mijn moeder is Nederlandse

is uw adres Hoofdweg 2?
ja, mijn adres is Hoofdweg 2

is uw vader Engelsman?
ja, mijn vader is Engelsman

is uw naam John King?
ja, mijn naam is John King

is uw vader journalist?
ja, mijn vader is journalist

is uw moeder Engelse?
ja, mijn moeder is Engelse

is uw vader Nederlander?
ja, mijn vader is Nederlander

14 C (2.5,6,10)

bent u student?
ja, ik ben student

studeert u Engels?
ja, ik studeer Engels

is uw moeder Engelse?
ja, mijn moeder is Engelse

werkt u in Nederland?
ja, ik werk in Nederland

woont u in Amsterdam?
ja, ik woon in Amsterdam

is uw naam John King?
ja, mijn naam is John King

is uw adres Hoofdweg 2?
ja, mijn adres is Hoofdweg 2

bent u Nederlander?
ja, ik ben Nederlander

komt u eens langs?
ja, ik kom eens langs

bent u student?
ja, ik ben student

15 C (2.4,6,14)

substitutie-oefening

ik woon op de Hoofdweg	u
u woont op de Hoofdweg	in Amsterdam
u woont in Amsterdam	bent
u bent in Amsterdam	journalist
u bent journalist	ik
ik ben journalist	Nederlander
ik ben Nederlander	mijn vader
mijn vader is Nederlander	moeder
mijn moeder is Nederlandse	uw
uw moeder is Nederlandse	

Les 2

Aanvullende Woordenlijst: Nationaliteiten

land	man(+pl.)	vrouw	adjectief (taal)
Europa:			
Nederland	Nederlander, Nederlanders	Nederlandse	Nederlands
Engeland	Engelsman, Engelsen	Engelse	Engels
Denemarken	Deen, Denen	Deense	Deens
Zweden	Zweed, Zweden	Zweedse	Zweeds
Noorwegen	Noor, Noren	Noorse	Noors
Finland	Fin, Finnen	Finse	Fins
Duitsland	Duitser, Duitsers	Duitse	Duits
IJsland	IJslander, IJslanders	IJslandse	IJslands
Oostenrijk	Oostenrijker, Oostenrijkers	Oostenrijkse	Oostenrijks
Zwitserland	Zwitser, Zwitsers	Zwitserse	Zwitsers
Polen	Pool, Polen	Poolse	Pools
Hongarije	Hongaar, Hongaren	Hongaarse	Hongaars
Tsjecho-Slowakije	Tsjech(oslowaak), Tsjechen	Tsjechische	Tsjechisch
Roemenië	Roemeen, Roemenen	Roemeense	Roemeens
Joego-Slavië	Joegoslaaf, Joegoslaven	Joegoslavische	Joegoslavisch
Rusland	Rus, Russen	Russische/Russin	Russisch
België	Belg, Belgen	Belgische	Belgisch
Frankrijk	Fransman, Fransen	Fran(çai)se	Frans
Spanje	Spanjaard, Spanjaarden	Spaanse	Spaans
Portugal	Portugees, Portugezen	Portugese	Portugees
Italië	Italiaan, Italianen	Italiaanse	Italiaans
Griekenland	Griek, Grieken	Griekse	Grieks
Turkije	Turk, Turken	Turkse	Turks
Ierland	Ier, Ieren	Ierse	Iers
Bulgarije	Bulgaar, Bulgaren	Bulgaarse	Bulgaars
Albanië	Albanees, Albanezen	Albanese	Albanees
Afrika:			
Algerije	Algerijn, Algerijnen	Algerijnse	Algerijns
Tunesië	Tunesiër, Tunesiërs	Tunesische	Tunesisch
Marokko	Marokkaan, Marokkanen	Marokkaanse	Marokkaans
Egypte	Egyptenaar, Egyptenaren	Egyptische	Egyptisch
Ethiopië	Ethiopiër, Ethiopiërs	Ethiopische	Ethiopisch
Nigerië	Nigeriaan, Nigerianen	Nigeriaanse	Nigeriaans
Ghana	Ghanees, Ghanezen	Ghanese	Ghanees
Zuid-Afrika	Zuidafrikaner, Zuidafrikaners	Zuidafrikaanse	Zuidafrikaans
Azië:			
Indonesië	Indonesiër, Indonesiërs	Indonesische	Indonesisch
Japan	Japanner, Japanners	Japanse	Japans
China	Chinees, Chinezen	Chinese	Chinees
India	Indiër, Indiërs	Indiase	Indiaas
Perzië	Pers, Perzen	Perzische	Perzisch
Arabië	Arabier, Arabieren	Arabische	Arabisch
Israël	Israëli, Israëli's	Israëlische	Israëlisch
Amerika:			
Amerika (V.S.)	Amerikaan, Amerikanen	Amerikaanse	Amerikaans
Canada	Canadees, Canadezen	Canadese	Canadees
Mexico	Mexicaan, Mexicanen	Mexicaanse	Mexicaans
Brazilië	Braziliaan, Brazilianen	Braziliaanse	Braziliaans
Argentinië	Argentijn, Argentijnen	Argentijnse	Argentijns
Australië:			
Australië	Australiër, Australiërs	Australische	Australisch
Nieuw-Zeeland	Nieuwzeelander, Nieuwzeelanders	Nieuwzeelandse	Nieuwzeelands

De Nederlanders wonen in Nederland. Ze spreken Nederlands. De hoofdstad van Nederland is Amsterdam. Amsterdam ligt in Nederland. Nederland ligt in Europa. Een Nederlandse man is Nederlander, zijn vrouw is Nederlandse. De Engelsen wonen in Engeland. Ze spreken Engels. De hoofdstad van Engeland is Londen. Londen ligt in Engeland. Engeland ligt in Europa. Een Engelse man is Engelsman, zijn vrouw is Engelse. De Oostenrijkers wonen in Oostenrijk. Ze spreken Duits. De hoofdstad van Oostenrijk is Wenen. Wenen ligt in Oostenrijk. Oostenrijk ligt in Europa.

Vragen over het gesprek

Is Kees Bergsma Engelsman? Is John King Nederlander? Woont Kees Bergsma in Amsterdam? Is Kees Bergsma student? Woont John King in Amsterdam? Woont Kees Bergsma op de Hoofdweg? Is John King student? Werkt John King in Nederland?

Conversatie

Ben je Nederlander? Is je vader Engelsman? Is je moeder Nederlandse? Woon je in Amsterdam? Werk je in Nederland? Ben je student? Wat studeer je? Ben je journalist? Wat is je naam? Woon je in de Leidsestraat? Spreek je Engels? Wat is de hoofdstad van jouw land?

Huiswerk

1 *Vul de juiste vorm van het woord tussen ( ) in.*
Voorbeeld: John King . . . journalist. (zijn)
John King **is** journalist.

1. Mijn vader . . . journalist.	(zijn)
2. Hij . . . in Zweden.	(wonen)
3. Hij . . . Nederlander.	(zijn)
4. Mijn moeder . . . Zweedse.	(zijn)
5. Ze . . . Zweeds en Nederlands.	(spreken)
6. Ik . . . ook in Zweden.	(wonen)
7. Ik . . . geen journalist.	(zijn)
8. Ik . . . Zweeds.	(studeren)

2 *Maak zinnen. Begin met een woord met een hoofdletter.*
Voorbeeld: is – Mijn moeder – Nederlandse – geen
Mijn moeder is geen Nederlandse.
1. eens – langs – u – Komt – !
2. taal – uw – is – Wat – ?
3. Hé, – Kees – dat – is
4. heel goed – John – Nederlands – spreekt
5. journalist – u – geen – Bent – ?
6. Londen – van Engeland – de hoofdstad – is
7. ligt – in Europa – Zweden
8. ook – in Amsterdam – John – woont

3 *Beantwoord de volgende vragen:*
1. Komt u uit Zuid-Amerika?
2. Wat is uw moedertaal?
3. Woont u in Nederland?
4. Wat is uw adres?
5. Bent u student?
6. Studeert u in Amsterdam?

Grammatica

1 PRONOMINA

persoon (sg.)	pronomen personale	pronomen possessivum
1	*ik*	*mijn*
2 (formeel)	*u*	*uw*
(informeel)	*je*	*je*

ik woon in Amsterdam (r.1)
mijn naam is Kees Bergsma

u bent Engelsman
uw naam is John King (r.32)

woon je in Amsterdam?
is je moeder Nederlandse?

2 HET WERKWOORD (VERBUM)

2.1 Praesens (singularis)

	wonen	
1	*ik*	*woon*
2 (formeel)	*u*	*woont*
(informeel)	*je*	*woont*
3	*John*	*woont*

werken		
ik	*werk*	*in Nederland*
u	*werkt*	*in Nederland*
je	*werkt*	*in Nederland*
John King	*werkt*	*in Nederland*

Les 2

studeren

ik	studeer	Engels
u	studeert	Engels
je	studeert	Engels
Kees Bergsma	studeert	Engels

langskomen

ik	kom	eens langs
u	komt	eens langs
je	komt	eens langs
John King	komt	eens langs

zeggen

ik	zeg	:	'ja, graag'
u	zegt	:	'ja, graag'
je	zegt	:	'ja, graag'
John King	zegt	:	'ja, graag'

2.2 Zijn

(singularis)

1	ik	ben
2 (formeel)	u	bent
(informeel)	je	bent – ben je
3	John	is

*ik **ben** Engelsman* (r.9)
*u **bent** Nederlander* (r.16)

*dat **is** mijn taal* (r.6)
*John King **is** journalist*

*je **bent** Engelsman, hè?*
***ben** je student?*

3 ZINSSTRUCTUREN

3.1 Declaratieve zinnen

subject + persoonsvorm* (PV) + rest

ik	woon	in Amsterdam (r.1)
mijn moeder	is	Nederlandse (r.12)
ik	kom	gauw eens langs (r.33)

3.2 Vraagzinnen

(a) **PV + subject + rest**

studeert	u	Engels? (r.5)
werkt	u	in Nederland? (r.20)

*De persoonsvorm (PV) is de geconjugeerde vorm van het werkwoord
  (*ik* **ben** *student;* **werkt** *u in Nederland?*).

(b) **Vraagwoord + PV + subject**

wat	zegt	u? (r.26)
waar	woont	u?

(c) **subject + PV + rest + (hè)**

u	bent	Nederlander,	hè? (r.16)
u	bent	Nederlander?	

3.3 Imperatiefzinnen (formeel)

PV + subject + rest

komt	u	eens langs! (r.25)

4 HET ONBEPAALD LIDWOORD
(indefiniet artikel)

4.1 *Een* (spelling soms *'n*, uitspraak /ən/) en φ (= niet gerealiseerd)

een	φ
een student	water
een straat	melk
een Engelsman	Nederlands
een adres	Engels

ik woon in een straat
ik studeer Engels

4.2 Bij *zijn* + beroep of nationaliteit: geen lidwoord

ik ben journalist (r.19)
ik ben Engelsman (r.9)
mijn moeder is Nederlandse (r.14)
bent u ook student? (r.18)

5 GEEN

(a) negatie + *een*

is dat een student?	*dat is geen student*
is dat een straat?	*dat is geen straat*
is dat een Engelsman?	*dat is geen Engelsman*

(b) negatie + φ

bent u student?	*ik ben geen student*
studeert u Engels?	*ik studeer geen Engels*
is dat melk?	*dat is geen melk*

Les 3

Mevrouw Bergsma ontmoet mevrouw Kooiman in het Vondelpark

K: mevrouw Kooiman   B: mevrouw Bergsma

B. Dag mevrouw Kooiman.	
K. Dag mevrouw Bergsma.	
K. Hoe gaat het met u?	3
B. Goed, dank u.	
B. En met u?	
K. Ook goed.	6
K. En hoe gaat het met uw kinderen?	
B. Heel goed.	
B. Ik heb foto's bij me.	9
B. Kijk, dit is Kees.	
K. En wie is dat?	
B. Dat is een vriend van Kees.	12
K. En zijn dat uw dochters?	
B. Nee, dat zijn mijn buurmeisjes.	
B. Ik heb hier nog een foto.	15
B. Dat is mijn dochter.	
B. Ze heet Els.	
K. O, en wie zijn dat?	18
B. Dat zijn mijn kleinkinderen.	
K. Heeft Els drie kinderen?	
B. Nee, ze heeft twee kinderen:	21
B. een jongen	
B. en een meisje.	
K. Maar ze heeft nog een kind bij zich.	24
B. Dat is geen kind van Els,	
B. dat is een buurmeisje.	
B. Dit zijn haar kinderen:	27

Les 3

B. dit is Wim

B. en dat is Corrie.

K. Hé, wat leuk! 30

K. Ik heet ook Corrie.

K. En hoe heet haar buurmeisje?

B. Meta de Wit. 33

K. U hebt daar nog een foto, hè?

B. Ja, dat is Els nog een keer.

B. En dat is Jaap, haar man. 36

B. Hij heeft zijn fiets bij zich.

B. Hebt u ook foto's bij u?

K. Nee, ik heb geen foto's bij me. 39

B. Dat is jammer.

B. Hoe gaat het met uw kinderen?

K. Goed. 42

K. Mijn dochter is nu student.

B. O ja, wat studeert ze?

K. Nederlands. 45

B. Kees is ook student.

B. Hij studeert Engels,

B. in Amsterdam. 48

B. Studeert uw dochter ook in Amsterdam?

K. Nee, in Utrecht.

B. En wat doet uw zoon? 51

K. Hij is analist.

K. Hij werkt in een ziekenhuis.

K. O, het is al vier uur! 54

Les 3

K. Ik ga naar huis.

B. Tot ziens, mevrouw Kooiman.

K. Dag mevrouw Bergsma. 57

–

K. De groeten aan uw man.

Aanvullende fonetiek

Let op de uitspraak van *zijn fiets* en *mijn kamer*. Je schrijft *zijn* en *mijn* maar je zegt [zən] en [mən].
Herhaal: z'n fiets . . . z'n vriend . . . m'n kamer . . . m'n moeder . . . m'n vriend spreekt mijn taal . . . z'n zoon heeft zijn jas . . .

Samenvatting

Mevrouw Bergsma ontmoet mevrouw Kooiman in het Vondelpark. Mevrouw Bergsma heeft foto's bij zich. Ze zegt: 'Dit is mijn zoon, Kees, en dat is zijn vriend. En dit is mijn dochter. Ze heeft twee kinderen. Haar buurmeisje staat ook op de foto.' De man van Els staat op een andere foto: hij heeft daar een fiets bij zich. Mevrouw Kooiman heeft geen foto's bij zich. Dat is jammer. Ze heeft ook twee kinderen: een zoon en een dochter. Haar zoon is analist. Haar dochter woont in Utrecht en studeert Nederlands. Kees studeert ook, maar hij studeert Engels, in Amsterdam. Het is vier uur. Mevrouw Kooiman gaat naar huis. Ze zegt: 'Dag mevrouw Bergsma. De groeten aan uw man.'

Oefeningen

1 A

substitutie-oefening.

hoe gaat het met u?	uw man
hoe gaat het met uw man?	meneer King
hoe gaat het met meneer King?	uw buurmeisje
hoe gaat het met uw buurmeisje?	uw moeder
hoe gaat het met uw moeder?	uw kinderen
hoe gaat het met uw kinderen?	u
hoe gaat het met u?	

2 A (2.10)

is uw vader Engelsman?
   ja, hij is Engelsman

heeft Jaap een zoon?
   ja, hij heeft een zoon

woont uw zoon in Nederland?
   ja, hij woont in Nederland

heet uw zoon Kees?
   ja, hij heet Kees

werkt Kees in Amsterdam?
   ja, hij werkt in Amsterdam

is John journalist?
   ja, hij is journalist

studeert uw vriend Engels?
   ja, hij studeert Engels

is uw vader Engelsman?
   ja, hij is Engelsman

3 A

heeft Els twee kinderen?
   ja, ze heeft twee kinderen

is uw moeder Nederlandse?
   ja, ze is Nederlandse

woont uw dochter in Nederland?
   ja, ze woont in Nederland

heeft uw moeder een fiets?
   ja, ze heeft een fiets

werkt Corrie in Utrecht?
   ja, ze werkt in Utrecht

studeert uw buurmeisje Engels?
   ja, ze studeert Engels

heeft Els twee kinderen?
   ja, ze heeft twee kinderen

4 B (3.2,3)

is uw man journalist?
   ja, hij is journalist

heet uw buurmeisje Meta de Wit?
   ja, ze heet Meta de Wit

Les 3

heeft uw dochter twee kinderen?
    ja, ze heeft twee kinderen

is uw vriend student?
    ja, hij is student

werkt Meta in een ziekenhuis?
    ja, ze werkt in een ziekenhuis

studeert uw dochter Engels?
    ja, ze studeert Engels

is uw zoon analist?
    ja, hij is analist

woont Kees op de Hoofdweg?
    ja, hij woont op de Hoofdweg

woont Els in Amsterdam?
    ja, ze woont in Amsterdam

is meneer King Engelsman?
    ja, hij is Engelsman

woont uw moeder in Nederland?
    ja, ze woont in Nederland

is uw man journalist?
    ja, hij is journalist

heet uw buurmeisje Meta de Wit?
    ja, ze heet Meta de Wit

5 c (3.4; 2.9)

is uw moeder Engelse?
    nee, ze is geen Engelse

is uw zoon student?
    nee, hij is geen student

heeft Els kleinkinderen?
    nee, ze heeft geen kleinkinderen

is uw vader analist?
    nee, hij is geen analist

studeert uw man Engels?
    nee, hij studeert geen Engels

heeft Jaap foto's?
    nee, hij heeft geen foto's

heeft mevrouw Kooiman kinderen?
    nee, ze heeft geen kinderen

is meneer Kooiman journalist?
    nee, hij is geen journalist

heeft Wim een fiets?
    nee, hij heeft geen fiets

is uw moeder Engelse?
    nee, ze is geen Engelse

is uw zoon student?
    nee, hij is geen student

6 B

substitutie-oefening

dat is mijn dochter	zoon
dat is mijn zoon	kinderen
dat zijn mijn kinderen	kleinkinderen
dat zijn mijn kleinkinderen	dochters
dat zijn mijn dochters	taal
dat is mijn taal	vriend
dat is mijn vriend	foto's
dat zijn mijn foto's	kinderen
dat zijn mijn kinderen	dochter
dat is mijn dochter	

7 c (3.6)

dat is een fiets
    wat is dat?

dat zijn foto's
    wat zijn dat?

dat is een ziekenhuis
    wat is dat?

dat zijn kinderen
    wat zijn dat?

dat is een foto
    wat is dat?

dat zijn studenten
    wat zijn dat?

dat zijn adressen
    wat zijn dat?

dat is een fiets
    wat is dat?

8 c (3.6,7)

kijk! een kind
    wie is dat?

kijk! een jongen
    wie is dat?

kijk! drie kinderen
    wie zijn dat?

kijk! een student en een analist
    wie zijn dat?

kijk! een Engelsman
    wie is dat?

kijk! een mevrouw en een meneer
    wie zijn dat?

kijk! een kind
    wie is dat?

9 B

hebt u foto's bij u?
    ja, ik heb foto's bij me

hebt u uw zoon bij u?
> ja, ik heb mijn zoon bij me

hebt u een Engelsman bij u?
> ja, ik heb een Engelsman bij me

hebt u kinderen bij u?
> ja, ik heb kinderen bij me

hebt u een fiets bij u?
> ja, ik heb een fiets bij me

hebt u foto's bij u?
> ja, ik heb foto's bij me

10 B (3.9; 2.8)

Kees heeft foto's bij zich
> hebt u ook foto's bij u?

Jaap heeft een fiets bij zich
> hebt u ook een fiets bij u?

Els heeft kinderen bij zich
> hebt u ook kinderen bij u?

Corrie heeft een buurmeisje bij zich
> hebt u ook een buurmeisje bij u?

Kees heeft een Engelsman bij zich
> hebt u ook een Engelsman bij u?

Kees heeft foto's bij zich
> hebt u ook foto's bij u?

11 B (3.5,10)

heeft John foto's bij zich?
> nee, hij heeft geen foto's bij zich

heeft mevrouw Bergsma foto's bij zich?
> nee, ze heeft geen foto's bij zich

heeft uw dochter foto's bij zich?
> nee, ze heeft geen foto's bij zich

heeft uw buurmeisje foto's bij zich?
> nee, ze heeft geen foto's bij zich

heeft uw zoon foto's bij zich?
> nee, hij heeft geen foto's bij zich

heeft John foto's bij zich?
> nee, hij heeft geen foto's bij zich

12 B (3.9,10,11)

substitutie-oefening

Els heeft twee kinderen	u
u hebt twee kinderen	ik
ik heb twee kinderen	hij
hij heeft twee kinderen	mijn dochter
mijn dochter heeft twee kinderen	ze
ze heeft twee kinderen	Kees
Kees heeft twee kinderen	mijn buurmeisje
mijn buurmeisje heeft twee kinderen	Els
Els heeft twee kinderen	

13 C (3.9,10,11)

substitutie-oefening

Els heeft drie foto's bij zich	ik
ik heb drie foto's bij me	hij
hij heeft drie foto's bij zich	geen
hij heeft geen foto's bij zich	u
u hebt geen foto's bij u	fiets
u hebt geen fiets bij u	ze
ze heeft geen fiets bij zich	kinderen
ze heeft geen kinderen bij zich	Kees
Kees heeft geen kinderen bij zich	ik
ik heb geen kinderen bij me	

14 B

dit is mevrouw Kooiman
> en dat is haar moeder

dit is meneer Bergsma
> en dat is zijn moeder

dit is Els
> en dat is haar moeder

dit is mijn buurmeisje
> en dat is haar moeder

dit is Kees
> en dat is zijn moeder

dit is John King
> en dat is zijn moeder

dit is mevrouw Kooiman
> en dat is haar moeder

dit is meneer Bergsma
> en dat is zijn moeder

15 C (3.6,14)

dit is mevrouw Bergsma
> en dat zijn haar kinderen

dit is meneer Bergsma
> en dat zijn zijn kinderen

dit is Corrie
> en dat zijn haar kinderen

dit is Jaap
> en dat zijn zijn kinderen

dit is meneer Kooiman
> en dat zijn zijn kinderen

dit is een journalist
> en dat zijn zijn kinderen

dit is mevrouw Bergsma
> en dat zijn haar kinderen

dit is meneer Bergsma
> en dat zijn zijn kinderen

Les 3

16 A

substitutie-oefening

de groeten aan uw man	dochter
de groeten aan uw dochter	zoon
de groeten aan uw zoon	vader
de groeten aan uw vader	mevrouw Bergsma
de groeten aan mevrouw Bergsma	uw moeder
de groeten aan uw moeder	man
de groeten aan uw man	

Aanvullende woordenlijst

beroepen	
journalist(e)	bakken
redacteur/redactrice	groenteboer
uitgever/uitgeefster	schoenmaker
uitgeven	elektricien [ˈʃɛ̃]
analist(e)	loodgieter
analyseren	monteur
onderwijzer(es)	monteren
leraar/lerares	technicus
lesgeven	bouwvakker
hoogleraar, professor	bouwen
verpleger, broeder	timmerman
verpleegster, zuster	timmeren ↓
verplegen	metselaar 'bricklayer'
dokter, arts	metselen
tandarts	schilder(es)
predikant, dominee	schilderen
priester	aannemer 'contractor'
preken	makelaar 'broker'
maatschappelijk werker	notaris
maatschappelijk werkster	advocaat/advocate
jeugdleider/-leidster	rechter
bejaardenhelper/-helpster	ingenieur
ambtenaar	tekenaar/tekenares
bibliothecaris/-caresse	tekenen
secretaris/secretaresse	fotograaf/fotografe
(steno-)typist/-typiste	fotograferen
typen, stenograferen	chauffeur/chauffeuse
telefonist(e)	chaufferen, (auto) rijden
telefoneren, opbellen	conducteur/conductrice
receptionist(e)	gids
portier	schoonmaker/schoonmaakster
bankemployé	schoonmaken
boekhouder/-houdster	vuilnisman
boekhouden	tuinman (mv. -lieden, -lui)
bedrijfsleider/-leidster	tuinieren (ook tuinier 'gardener')
vertegenwoordiger/-ster	visser
vertegenwoordigen	vissen
verkoper/verkoopster	kweker, tuinder 'grower, nursery-man'
verkopen	landbouwer
winkelier	veearts
kapper/kapster	toneelspeler/-speelster
knippen	acteur, actrice
slager	toneelspelen, acteren
slachten	musicus [-z-]
bakker	musiceren [-z-]

hij timmert niet hoog = he will not set the Thames on fire

John is journalist. Hij werkt bij een krant. Hij schrijft artikelen over politiek en economie; hij schrijft ook over kunst en over sport.

Kees is student. Een student studeert aan een universiteit of hogeschool of academie. Hij heeft colleges en practica en hij doet tentamens en examens.

Een secretaresse werkt op kantoor. Ze telefoneert en schrijft brieven, ze ontvangt bezoekers en ze maakt notulen van vergaderingen.

Een onderwijzer geeft les op een basisschool. Hij leert de kinderen o.a. lezen, schrijven en rekenen, aardrijkskunde en geschiedenis, tekenen en zingen.

Een groenteboer verkoopt groente en aardappels en fruit. Hij verkoopt meestal ook soep in blik, en soms ook ijs en frisdrank.

'soft drink'

Vragen over het gesprek

Hoe gaat het met mevrouw Bergsma? Hoeveel kinderen heeft Els? Hoe heet de dochter van Els? Hoe heet de zoon van Els? Is Wim een meisje of een jongen? Wie heeft de foto's bij zich? Heeft mevrouw Kooiman kinderen? Waar studeert haar dochter? Wat doet haar zoon? Waar werkt haar zoon?

Conversatie

Heb je kinderen? Heb je een fiets bij je? Heb je een foto bij je? Heb je buurmeisjes? Heeft je vader twee kinderen? Hoe heten de kinderen van je moeder? Woont je moeder in Nederland? Waar is het Vondelpark? Waar ligt Utrecht? Hoe laat is het?

Huiswerk

1 *Vul een pronomen in.*

    Voorbeeld: Daar loopt . . . broer, . . . heet Louis.
                Daar loopt **mijn** broer, **hij** heet Louis.

    Situatie: In het Vondelpark

1.	Yvonne:	Hé, daar gaat Jaap.
2.	Kees:	Wie is dat?
3.	Yvonne:	Dat is . . . vriend.
4.		. . . is onderwijzer.
5.	Kees:	O, en wie heeft Jaap bij . . .?
6.	Yvonne:	Dat zijn . . . kinderen.
7.		. . . heten Meta en Wim.
8.		Meta werkt in Utrecht; . . . is bedrijfsleidster.
9.		. . . man werkt in Amsterdam; . . . is bejaarden-helper.
10.	Kees:	Wat leuk! . . . werk ook in Utrecht,
11.		en . . . vrouw werkt in Amsterdam.
12.	Yvonne:	O, dat is ook toevallig.
13.	Kees:	En wat doet Wim?
14.	Yvonne:	Wim is fotograaf. . . . werkt in Rotterdam.

2 *Beantwoord de volgende vragen:*
1. Hoe heet u?
2. Hoe heet uw buurman/buurvrouw?
3. Hebt u foto's bij u?
4. Hoe laat gaat u naar de cursus?
5. Hebt u Nederlandse vrienden?
6. Wat is uw beroep?
7. Wat doet een journalist?

3 *Maak de volgende zinnen af.*
   Voorbeeld: Ik heb hier . . .
   Ik heb hier **foto's van mijn kinderen.**
1. Ik heet . . . en . . .
2. Dit is mijn vriend en dat . . .
3. Wat jammer! . . .
4. Kijk, . . .
5. Hé, wat leuk! . . .

Grammatica

1 PRONOMINA

1.1 Derde persoon singularis

pronomen personale	pronomen possessivum
hij	*zijn*
ze	*haar*
het	*zijn*

en wat doet uw zoon? **hij** *is analist* (r.51-52)
dat is Jaap; hij heeft **zijn** *fiets bij zich* (r.36-37)

dat is mijn dochter; **ze** *heet Els* (r.16-17)
dat is Els; dit zijn **haar** *kinderen* (r.27)

hoe gaat **het** *met u?* (r.3)
o, **het** *is al vier uur!* (r.54)

1.2 Het pronomen reflexivum (singularis)

1e persoon	*ik heb geen foto's bij* **me** (r.39)
2e persoon (formeel)	*hebt u ook foto's bij* **u**? (r.38)
3e persoon	*ze heeft nog een kind bij* **zich** (r.24)
	hij heeft zijn fiets bij **zich** (r.37)

1.3 Overzicht

persoon	pronomen personale	possessivum	reflexivum
1	*ik*	*mijn*	*me*
2 (formeel)	*u*	*uw*	*u*
3	*hij*	*zijn*	*zich*
	ze	*haar*	*zich*
	het	*zijn*	*zich*

N.B. *mijn, zijn, haar, het* zonder accent:

spelling	semi-officiële spelling	uitspraak
mijn	*m'n*	/mən/
zijn	*z'n*	/zən/
haar	*d'r, 'r*	/dər/, /ər/
het	*'t*	/ət/

1.4 Vraagwoorden

wie (personen)
singularis : *wie* **heeft** *ze bij zich?*
   ze heeft haar kinderen bij zich
pluralis : *wie* **zijn** *dat?* (r.18)
   dat zijn mijn kleinkinderen (r.19)

wat (dingen)
singularis : *wat* **studeert** *ze?* (r.44)
   Nederlands (r.45)
pluralis : *wat* **doen** *de kinderen?*
   de kinderen studeren

2 WERKWOORDEN

2.1 *Hebben* en *zijn*

singularis	*zijn*		*hebben*	
1	*ik*	*ben*	*ik*	*heb*
2	*u*	*bent*	*u*	*hebt (ook: u heeft)*
	je	*bent - ben je*	*je*	*hebt - heb je*
3	*hij*	*is*	*hij*	*heeft*
	ze	*is*	*ze*	*heeft*
	het	*is*	*het*	*heeft*

2.2 Nieuwe werkwoorden

singularis	*doen*		*gaan*	
1	*ik*	*doe*	*ik*	*ga*
2	*u*	*doet*	*u*	*gaat*
	je	*doet - doe je*	*je*	*gaat - ga je*
3	*hij*	*doet*	*hij*	*gaat*
	ze	*doet*	*ze*	*gaat*
			het	*gaat*

singularis	*kijken*		*heten*	
1	*ik*	*kijk*	*ik*	*heet*
2	*u*	*kijkt*	*u*	*heet*
	je	*kijkt - kijk je*	*je*	*heet - heet je*
3	*hij*	*kijkt*	*hij*	*heet*
	ze	*kijkt*	*ze*	*heet*
	het	*kijkt*	*het*	*heet*

3 DE PLURALIS VAN SUBSTANTIEVEN

(a) De meeste substantieven die eindigen op: *-el, -em, -en,
-er, -e, -ie krijgen *-s* in de pluralis. Substantieven die
eindigen op: *-a, -o, -u* krijgen *'s* in de pluralis.

Nederlander	–	*Nederlanders*
jongen	–	*jongens*
dochter	–	*dochters*
meisje	–	*meisjes*
foto	–	*foto's*

(b) De meeste overige substantieven krijgen *-en* in de pluralis.

fiets	–	*fietsen*
student	–	*studenten*
man	–	*mannen*

(c) Een kleine groep substantieven krijgt *-eren* in de pluralis.

kind	–	*kinderen*
ei	–	*eieren*

4 DIT IS, DAT IS, DIT ZIJN, DAT ZIJN

Structuur van de zin:

dit *dat*	+ PV *zijn* + nominale constituent	
dit	*is*	*Kees* (r.10)
dat	*is*	*een vriend van Kees* (r.12)
dit	*is*	*mijn zoon*
dat	*zijn*	*mijn kleinkinderen* (r.19)
dit	*zijn*	*mijn foto's*
dat	*zijn*	*Jaap en Els*

„Gewoonten beginnen als spinnewebben, maar worden later tot scheepskabels", luidt een Spaans spreekwoord.

Gewoonten beginnen als spinrag, en worden tot kabeltouwen.

J. Dag meneer Bergsma.

K. Hé, meneer King. Dat is leuk!

K. Hoe gaat het met u? 3

J. Goed, dank u.

J. En met u?

K. Uitstekend! 6

K. Komt u binnen.

K. Dit is mijn kamer.

K. Doet u uw jas uit. 9

K. Gaat u zitten.

K. Wilt u een kopje koffie?

J. Ja, graag. 12

K. Alstublieft, meneer King.

J. Dank u wel.

J. Maar ik heet John. 15

J. Zegt u maar John.

K. Graag. Ik heet Kees.

K. Wil je suiker en melk in je koffie, John? 18

J. Een beetje melk en veel suiker alsjeblieft.

K. Hier is de suiker,

K. maar waar is de melk? 21

J. Daar is de melk.

K. O ja. Alsjeblieft.

J. Je woont hier fantastisch, zeg! 24

J. Woon je hier al lang?

K. Ja, ik woon hier al drie jaar.
(Anneke klopt)

K. Ja! Hé, dag Anneke! 27

Les 4

K. Kom binnen.

K. Je komt precies op tijd voor de koffie.

K. Hoe gaat het met je?   30

–

A. Goed.

K. Doe je jas uit.

K. Anneke, dit is John King.   33

–

K. John, dit is Anneke van Kampen.

K. Ze studeert Engels.

J. Dag juffrouw Van Kampen.   36

–

A. Zeg maar Anneke, hoor.

J. Graag, ik heet John.

K. Ga zitten, Anneke.   39

–

A. Ben je ook student, John?

J. Nee, ik ben journalist.

K. John komt uit Engeland.   42

–

A. Wat grappig:

A. ik ben Nederlandse en ik studeer Engels,

A. jij bent Engelsman en je spreekt Nederlands.
                                                               45

–

A. Hoe vind je Nederland?

J. Geweldig!

A. Waar woon je?   48

–

J. In de Leidsestraat.

A. Daar woon je leuk.

A. Ben je al lang in Amsterdam?   51

–

J. Bijna een half jaar.

J. En jij?

A. Ik ben in Amsterdam geboren.   54

–

Les 4

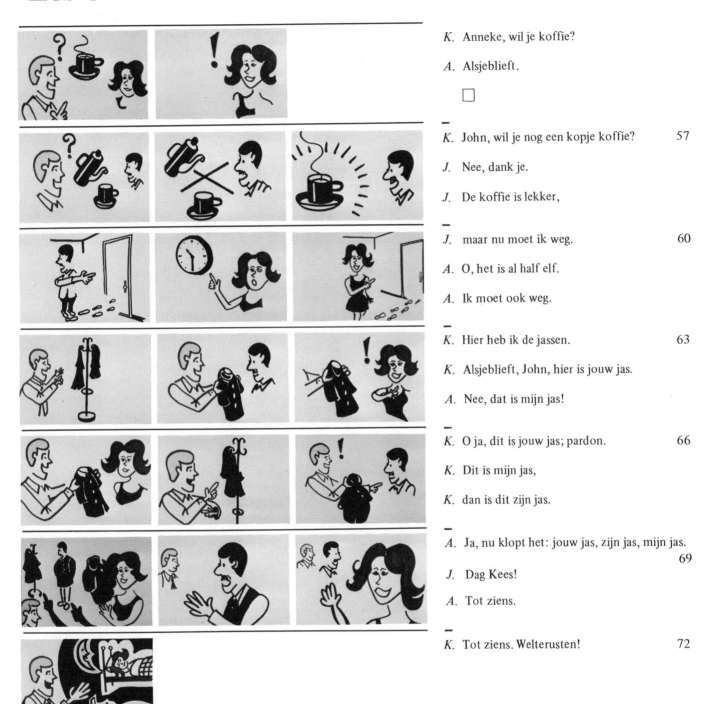

K. Anneke, wil je koffie?

A. Alsjeblieft.

☐

—

K. John, wil je nog een kopje koffie?   57

J. Nee, dank je.

J. De koffie is lekker,

—

J. maar nu moet ik weg.   60

A. O, het is al half elf.

A. Ik moet ook weg.

—

K. Hier heb ik de jassen.   63

K. Alsjeblieft, John, hier is jouw jas.

A. Nee, dat is mijn jas!

—

K. O ja, dit is jouw jas; pardon.   66

K. Dit is mijn jas,

K. dan is dit zijn jas.

—

A. Ja, nu klopt het: jouw jas, zijn jas, mijn jas.
   69

J. Dag Kees!

A. Tot ziens.

—

K. Tot ziens. Welterusten!   72

Aanvullende fonetiek

Let op de uitspraak van *is* met *je*.
Herhaal: is . . . je . . . is je . . . hier is je fiets . . . meisjes . . . ijsje . . . lees je veel? . . . plaatsje . . . jasje . . . terrasje . . . tasje . . . roosje . . . zusje . . . pensioen . . . alsjeblieft . . .

Samenvatting

John King komt op bezoek bij Kees Bergsma. Hij doet natuurlijk zijn jas uit en drinkt een kopje koffie, met veel suiker en weinig melk. Kees zegt nu niet meer 'meneer King', maar 'John' en dus ook 'jij' in plaats van 'u'. Anneke van Kampen komt ook op bezoek. Ze studeert Engels, net als Kees. Kees zegt tegen Anneke: 'John komt uit Engeland'. Hij is journalist en woont in Amsterdam. Hij woont er nu bijna een half jaar. Anneke vindt de situatie erg grappig: zij is Nederlandse en studeert Engels, John is Engelsman en spreekt Nederlands.

   Om half elf gaat Anneke weg, en dan vertrekt John ook. Kees geeft de jas van Anneke aan John, maar Anneke vertrekt toch met haar jas en John met zijn jas. Kees zegt: 'Welterusten!'

Les 4

Oefeningen

1 A

wilt u een kopje koffie, meneer King?
    alstublieft!

wil je een kopje koffie, John?
    alsjeblieft!

wilt u suiker in de koffie, juffrouw King?
    alstublieft!

nog een kopje koffie, Jaap?
    alsjeblieft!

wil je koffie, Kees?
    alsjeblieft!

een beetje melk, Els?
    alsjeblieft!

wilt u een kopje koffie, meneer King?
    alstublieft!

2 C (4.1)

kom binnen
    komt u binnen

ga zitten
    gaat u zitten

doe je jas uit
    doet u uw jas uit

zeg maar Kees
    zegt u maar Kees

zeg maar Anneke
    zegt u maar Anneke

kom binnen
    komt u binnen

3 C (2.7)

Kees woont in Amsterdam
    jij woont ook in Amsterdam, hè?

Kees studeert Engels
    jij studeert ook Engels, hè?

Kees woont in de Leidsestraat
    jij woont ook in de Leidsestraat, hè?

Kees is journalist
    jij bent ook journalist, hè?

Kees werkt op de Hoofdweg
    jij werkt ook op de Hoofdweg, hè?

Kees gaat zitten
    jij gaat ook zitten, hè?

Kees spreekt Nederlands
    jij spreekt ook Nederlands, hè?

Kees woont in Amsterdam
    jij woont ook in Amsterdam, hè?

4 B

ik woon in Amsterdam
    o, woon je in Amsterdam? ik ook

ik ben analist
    o, ben je analist? ik ook

ik heb een fiets
    o, heb je een fiets? ik ook

ik ga naar Utrecht
    o, ga je naar Utrecht? ik ook

ik studeer Engels
    o, studeer je Engels? ik ook

ik spreek Nederlands
    o, spreek je Nederlands? ik ook

ik kom precies op tijd
    o, kom je precies op tijd? ik ook

ik woon in Amsterdam
    o, woon je in Amsterdam? ik ook

5 C (4.4)

je spreekt Nederlands, hè?
    ja, spreek jij ook Nederlands?

je woont in Amsterdam, hè?
    ja, woon jij ook in Amsterdam?

je bent Engelsman, hè?
    ja, ben jij ook Engelsman?

je bent student, hè?
    ja, ben jij ook student?

je gaat naar Engeland, hè?
    ja, ga jij ook naar Engeland?

je spreekt Engels, hè?
    ja, spreek jij ook Engels?

je bent journalist, hè?
    ja, ben jij ook journalist?

je spreekt Nederlands, hè?
    ja, spreek jij ook Nederlands?

6 A (2.12; 3.6)

waar is mijn jas?
    hier is uw jas, meneer

waar is mijn kopje?
    hier is uw kopje, meneer

waar is mijn dochter?
    hier is uw dochter, meneer

waar zijn mijn kinderen?
    hier zijn uw kinderen, meneer

waar zijn mijn foto's?
    hier zijn uw foto's, meneer

waar is mijn jas?
    hier is uw jas, meneer

7 B (4.6)

waar is mijn koffie?
    hier is je koffie

waar is mijn jas?
    hier is je jas

waar is mijn foto?
    hier is je foto

waar is mijn buurmeisje?
    hier is je buurmeisje

waar is mijn fiets?
    hier is je fiets

waar is mijn kopje?
    hier is je kopje

waar is mijn koffie?
    hier is je koffie

8 B (3.6)

dit is mijn jas
    nee, dat is míjn jas

dit zijn mijn foto's
    nee, dat zijn míjn foto's

dit is mijn fiets
    nee, dat is míjn fiets

dit is mijn kopje
    nee, dat is míjn kopje

dit is mijn kamer
    nee, dat is míjn kamer

dit is mijn jas
    nee, dat is míjn jas

9 B

hier is je koffie
    nee, dat is jouw koffie

hier is je jas
    nee, dat is jouw jas

hier is je fiets
    nee, dat is jouw fiets

hier is je kopje
    nee, dat is jouw kopje

hier is je kamer
    nee, dat is jouw kamer

hier is je koffie
    nee, dat is jouw koffie

10 A (4.6)

waar is de suiker?
    daar is de suiker

waar is de koffie?
    daar is de koffie

waar is de melk?
    daar is de melk

waar is zijn kopje?
    daar is zijn kopje

waar zijn de kinderen?
    daar zijn de kinderen

waar zijn zijn foto's?
    daar zijn zijn foto's

waar is de suiker?
    daar is de suiker

11 B (4.10)

werkt Anneke daar?
    ja, daar werkt Anneke

woont u daar?
    ja, daar woon ik

woont John daar?
    ja, daar woont John

studeert u daar?
    ja, daar studeer ik

studeert uw dochter daar?
    ja, daar studeert mijn dochter

woont mevrouw Bergsma daar?
    ja, daar woont mevrouw Bergsma

werkt Anneke daar?
    ja, daar werkt Anneke

12 C (4.6,7; 3.13,15)

substitutie-oefening

nu heb ik mijn jas	je
nu heb je je jas	fiets
nu heb je je fiets	Kees
nu heeft Kees zijn fiets	ik
nu heb ik mijn fiets	foto's
nu heb ik mijn foto's	Anneke
nu heeft Anneke haar foto's	u
nu hebt u uw foto's	je
nu heb je je foto's	Meta
nu heeft Meta haar foto's	

13 C (4.12)

je moet nu weg, hè?
    ja, nu moet ik weg

je woont nu in Amsterdam, hè?
    ja, nu woon ik in Amsterdam

je studeert nu Nederlands, hè?
    ja, nu studeer ik Nederlands

je werkt nu in Engeland, hè?
    ja, nu werk ik in Engeland

je bent nu journalist, hè?
    ja, nu ben ik journalist

Les 4

je woont nu op de Hoofdweg, hè?
    ja, nu woon ik op de Hoofdweg

je moet nu weg, hè?
    ja, nu moet ik weg

14 A

Kees woont in Amsterdam
    woont Kees al lang in Amsterdam?

Corrie woont in Utrecht
    woont Corrie al lang in Utrecht?

mijn vriend studeert in Amsterdam
    studeert uw vriend al lang in Amsterdam?

John werkt in Nederland
    werkt John al lang in Nederland?

mijn moeder woont in Engeland
    woont uw moeder al lang in Engeland?

Kees woont in Amsterdam
    woont Kees al lang in Amsterdam?

15 B (4.4)

ik woon in Amsterdam
    woon je daar al lang?

ze woont in Utrecht
    woont ze daar al lang?

ik woon in de Leidsestraat
    woon je daar al lang?

ze woont op de Hoofdweg
    woont ze daar al lang?

ik werk in een ziekenhuis
    werk je daar al lang?

ze werkt in een ziekenhuis
    werkt ze daar al lang?

ik studeer in Engeland
    studeer je daar al lang?

ze studeert in Nederland
    studeert ze daar al lang?

ik woon in Amsterdam
    woon je daar al lang?

16 C (4.14,15)

woon je hier?
    ja, ik woon hier al een half jaar

werkt Kees in Utrecht?
    ja, hij werkt al een half jaar in Utrecht

woont Anneke in Engeland?
    ja, ze woont al een half jaar in Engeland

studeert je dochter daar?
    ja, ze studeert daar al een half jaar

werkt de analist in Utrecht?
    ja, hij werkt al een half jaar in Utrecht

studeert Wim in Amsterdam?
    ja, hij studeert al een half jaar in Amsterdam

werkt je vriend hier?
    ja, hij werkt hier al een half jaar

studeer je in Nederland?
    ja, ik studeer al een half jaar in Nederland

werkt Corrie daar?
    ja, ze werkt daar al een half jaar
woon je hier?
    ja, ik woon hier al een half jaar

17 A

hier is mijn buurmeisje
    hebt u nog een buurmeisje?
hier is een foto
    hebt u nog een foto?
hier is mijn jas
    hebt u nog een jas?
hier is een kopje
    hebt u nog een kopje?
hier is mijn zoon
    hebt u nog een zoon?
hier is een fiets
    hebt u nog een fiets?
hier is mijn buurmeisje
    hebt u nog een buurmeisje?

Aanvullende woordenlijst

studierichtingen	*wiskunde en*
de faculteiten:	*natuurwetenschappen*
letteren	wiskunde
Nederlands	natuurkunde
Frans	scheikunde, chemie
Italiaans	biologie
Spaans	astronomie, sterrenkunde
Duits	actuariaat
Engels	geologie
klassieke talen, oude talen	
geschiedenis	*economische wetenschappen*
kunstgeschiedenis	economie
archeologie	
algemene taalwetenschap	*sociale wetenschappen*
algemene literatuurwetenschap	psychologie
	sociologie
godgeleerdheid	politicologie
theologie	culturele antropologie
	pedagogiek, opvoedkunde
rechtsgeleerdheid	andragogie
rechten	
notariaat	*wijsbegeerte,*
	centrale
geneeskunde	*interfaculteit*
medicijnen	wijsbegeerte, filosofie

aardrijkskunde en		dertien	13
prehistorie		veertien	14
aardrijkskunde, geografie		vijftien	15
		zestien	16
diergeneeskunde		zeventien	17
diergeneeskunde,		achttien	18
veeartsenijkunde		negentien	19
		twintig	20
straten etc.		eenentwintig	21
in de Leidestraat		tweeëntwintig	22
in de Pepersteeg		dertig	30
aan/in/op de Kerklaan		veertig	40
op de Hoofdweg		vijftig	50
op het Leideplein		zestig	60
op/aan de Keizersgracht		zeventig	70
op/aan de Amsteldijk		tachtig	80
op/aan de Sloterkade		negentig	90
		honderd	100
		honderdeen	101
telwoorden		honderdtwee	102
een	1	tweehonderd	200
twee	2	driehonderd	300
drie	3	duizend	1000
vier	4	duizendeneen	1001
vijf	5	elfhonderd	1100
zes	6	twaalfhonderd	1200
zeven	7	tweeduizend	2000
acht	8	drieduizend	3000
negen	9	tienduizend	10 000
tien	10	elfduizend	11 000
elf	11	miljoen	1 000 000
twaalf	12		

Aan de Faculteit der Letteren studeer je een taal, geschiedenis of kunstgeschiedenis. Talen zijn bijv.: Engels, Duits, Nederlands, Frans, Spaans.

Bij kunstgeschiedenis bestudeer je vooral schilderkunst, beeldhouwkunst en bouwkunst (architectuur). Aan de Faculteit der Rechtsgeleerdheid studeer je rechten. Daar word je jurist: rechter, advocaat of notaris bijvoorbeeld.

Vragen over het gesprek

Hoe gaat het met meneer King?   Wat drinkt meneer King?   Woont Kees al lang op de Hoofdweg?   Wat studeert Anneke?   Hoe vindt John Nederland?   Woont John al lang in Nederland?   Woont Anneke al lang in Amsterdam?   Hoe vindt John de koffie?   Hoe laat gaan Anneke en John naar huis?

Conversatie

Hoe heet je?   Waar ben je geboren?   Waar woon je?   Woon je daar al lang?   Woon je in een straat of op een plein?   Hoe vind je Amsterdam?   Spreek je Engels?   Welke talen spreek je?   Waar spreken ze Spaans?   Waar is je jas?   Heb je je boek bij je?   Vind je koffie lekker?   Wil je suiker en melk in je koffie?   Welke Nederlandse namen ken je?   Hoe heet je buurman/buurvrouw?

Huiswerk

1   *Vul in:* wil *of* wilt.
   Voorbeeld: . . . je ook een kopje koffie, John?
         Wil je ook een kopje koffie, John?
   1. Ober: Goedemorgen.
   2. Anneke: Ik . . . graag koffie.
   3.   Wat . . . jij, John?
   4. John: Ik . . . ook koffie.
   5. Anneke: Twee koffie alstublieft.
   6. Ober: . . . u suiker en melk?
   7. John: Ik . . . geen melk; een beetje suiker graag.
   8. Anneke: Ik . . . alleen koffie.
   9.   Hè, lekker.

2   *Vul in:* je, u, uw.
   Voorbeeld: Dag Kees, hoe gaat het met . . .?
           Dag Kees, hoe gaat het met **je**?
   Situatie: Bij de hospita van Kees
   1. Hospita: Dag Kees, hoe gaat het met . . .?
   2. Kees: Goed, en met . . .?
   3. Hospita: Uitstekend, dank . . .
   4.   Hoe vind . . . het in Amsterdam?
   5. Kees: Erg leuk.
   6. Hospita: En hoe gaat het met . . . studie?
   7. Kees: Goed hoor. Maar ik moet wel hard werken.
   8. Hospita: Wil . . . niet even binnen komen?
   9. Kees: Nee, ik ga nu naar college.
   10.   Hier is . . . krant weer terug.
   11. Hospita: O ja, dank . . . wel.
   12.   Wacht even, Kees.
   13.   Ik heb post voor . . .
   14.   Als . . . blieft.
   15. Kees: Dank . . . wel.
   16.   Tot ziens, mevrouw De Vries.
   17. Hospita: Dag Kees.

3   *Maak zinnen. Begin met een woord met een hoofdletter.*
   Voorbeeld: daar - Woont - u - al lang?
           Woont u daar al lang?
   1. een krant -- Mevrouw De Vries - heeft
   2. drinkt - een kopje koffie - Anneke
   3. al een half jaar - in Utrecht - Hij werkt
   4. De kinderen - 'welterusten' - zeggen
   5. mijn jas - Mag - alstublieft - ik - ?
   6. hier - u - Hoe lang - werkt - al - ?
   7. precies op tijd - komt - Hij - op college
   8. gauw - weg - moet - Ik
   9. geboren - u - bent - Waar - ?
   10. morgen - Hij - op bezoek - komt

Les 4

Grammatica

1 PRONOMINA

1.1 Tweede persoon singularis

pronomen personale	pronomen possessivum
je (zonder accent)	*je* (zonder accent)
jij (met accent)	*jouw* (met accent)

Anneke, wil je koffie? (r.55)
ik ben Nederlandse, jij bent Engelsman (r.44-45)
ben je al lang in Amsterdam? (r.51)
bijna een half jaar; en jij? (r.52-53)

doe je jas uit (r.32)
o ja, dit is jouw jas (r.66)
ja, nu klopt het: jouw jas, zijn jas, mijn jas (r.69)

1.2 Overzicht

	pronomen personale		pronomen possessivum	
persoon	zonder accent	met accent	zonder accent	met accent
1	*ik*	*ik*	*mijn* /mən/	*mijn*
2	*je*	*jij*	*je*	*jouw*
	u	*u*	*uw*	*uw*
3	*hij*	*hij*	*zijn* /zən/	*zijn*
	ze	*zij*	*haar* /dər/	*haar*
	het /ət/		*zijn* /zən/	*zijn*

1.3 Gebruik van *u* en *je*

u gebruik je: 1. om respect/autoriteit uit te drukken
2. als je iemand niet goed kent
3. als iemand *u* tegen jou zegt
4. als iemand zich met zijn achternaam voorstelt

je zeg je: 1. tegen iemand die je goed kent
2. tegen jonge mensen
3. meestal tegen ouders of familieleden
4. als iemand zich met zijn voornaam voorstelt

2 WERKWOORDEN

2.1 Tweede persoon singularis

wonen	*je woont*	–	*woon*	*je?*
werken	*je werkt*	–	*werk*	*je?*
studeren	*je studeert*	–	*studeer*	*je?*
komen	*je komt*	–	*kom*	*je?*
doen	*je doet*	–	*doe*	*je?*
gaan	*je gaat*	–	*ga*	*je?*
heten	*je heet*	–	*heet*	*je?*
vinden	*je vindt*	–	*vind*	*je?*

je woont hier fantastisch, zeg! (r.24)
daar woon je leuk (r.50)
ben je al lang in Amsterdam? (r.51)

2.2 Willen

singularis			
1		*ik*	*wil*
2 (informeel)		*je*	*wilt* (ook: *je wil*) *–wil je?*
(formeel)		*u*	*wilt*
3		*hij*	*wil*
		ze	*wil*
		het	*wil*

3 INVERSIE

De structuur van een declaratieve zin is:

subject	+	PV	+	rest
ik		*ga*		*morgen naar Amsterdam*
je		*woont*		*hier leuk*

Als er een woord (of woordgroep) vóór de PV komt, komt het subject áchter de PV:

X	+	PV	+	subject	+	rest
morgen		*ga*		*ik*		*naar Amsterdam*
hier		*woon*		*je*		*leuk*

Overzicht (N.B. De PV komt *altijd* op de tweede plaats)

(X) of (subject)	+ PV +	(subject)	+	rest
de melk	*is*			*daar*
daar	*is*	*de melk* (r.22)		
ik	*heb*			*de jassen hier*
hier	*heb*	*ik*		*de jassen* (r.63)
het	*klopt*			*nu*
nu	*klopt*	*het* (r.69)		

N.B. Woorden als *o, hé, ja, en, maar, want* veroorzaken geen inversie.

maar ik heet John (r.15)
nee, ik ben journalist (r.41)
o, het is al half elf (r.61)

4 IMPERATIEF

(a) formeel

PV	+	subject	+	rest
gaat		*u*		*zitten* (r.10)
doet		*u*		*uw jas uit* (r.9)

(b) informeel

PV	+	(infinitief)	+	rest
ga		*zitten,*		*Anneke!* (r.39)
doe				*je jas uit!* (r.32)

5 HET BEPAALDE LIDWOORD

Het Nederlands heeft twee bepaalde lidwoorden: *de* en *het*.
De komt o.a. vóór: – substantieven die een persoon aanduiden
  (behalve *meisje*, *kind*)
  – alle substantieven in de pluralis
Het komt o.a. vóór diminutiva in de singularis.

singularis	diminutief	pluralis
de student	*het studentje*	*de studenten*
de dochter	*het dochtertje*	*de dochters*
de man	*het mannetje*	*de mannen*
het meisje	–	*de meisjes*
het kind	*het kindje*	*de kinderen*
de jongen	*het jongetje*	*de jongens*
de jas	*het jasje*	*de jassen*
het huis	*het huisje*	*de huizen*
het boek	*het boekje*	*de boeken*

6 TIJD EN PLAATS

Volgorde in de zin:

	1 *tijd*	2 *plaats*
ben je	*al lang*	*in Nederland?*
ik woon	*nu*	*in de Leidsestraat*
ik ga	*morgen*	*naar Amsterdam*

N.B. Bij *hier, daar, er*:

	1 *plaats*	2 *tijd*
woon je	*hier*	*al lang?* (r.25)
ja, ik woon	*hier*	*al drie jaar* (r.26)

Les 5

Mevrouw Kooiman komt op bezoek bij Els de Vries-Bergsma

K: mevrouw Kooiman   E: Els de Vries   W: Wim de Vries

K. Dag mevrouw De Vries.

E. Dag mevrouw Kooiman.

E. Hoe gaat het met u?   3

—

E. Komt u binnen.

E. Wilt u een kopje thee?

K. Graag.   6

—

E. Alstublieft.

K. Dank u wel.

E. Wilt u een koekje?   9

—

K. Ja, graag. Dank u wel.

K. Bent u alleen?

K. Zijn de kinderen niet thuis?   12

—

E. Nee, ze spelen bij de buren.

E. Kijk, daar zijn ze,

E. in de tuin.   15

—

E. Het meisje op het gras is een buurmeisje.

E. En daar zitten Wim en Corrie.

K. Ik zie Corrie niet.   18

—

K. O ja, daar zit ze,

K. onder de boom.

K. Spelen de kinderen vaak bij de buren?   21

—

E. Ja, heel vaak.

E. Wij hebben geen tuin,

E. en de buren wel.   24

—

E. Wij wonen boven.

K. U hebt toch een balkon?

E. Ja, maar het balkon is niet erg groot.   27

—

Les 5

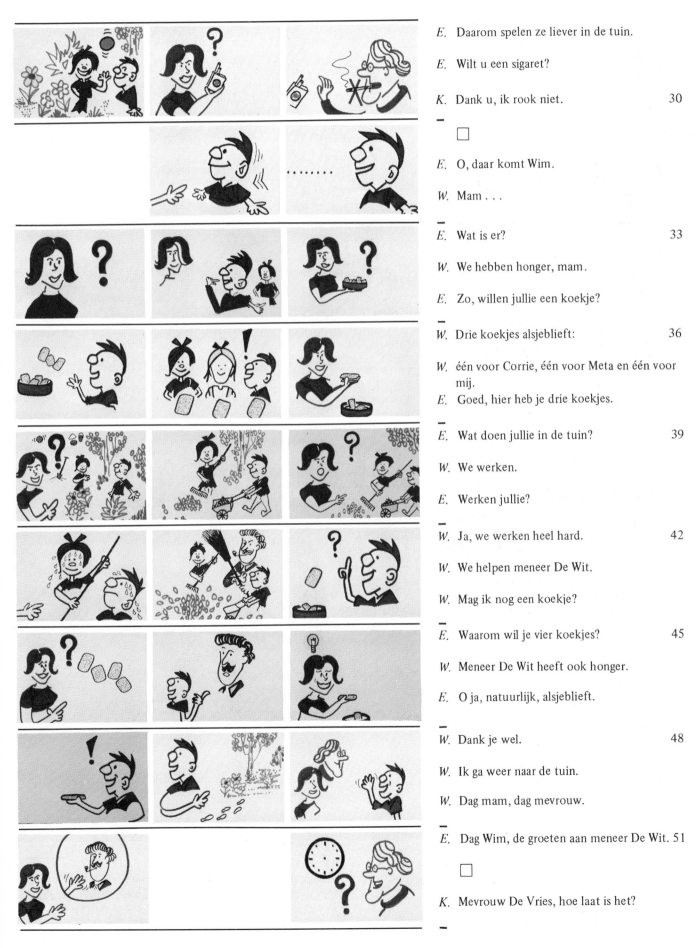

E. Daarom spelen ze liever in de tuin.

E. Wilt u een sigaret?

K. Dank u, ik rook niet.   30

☐

E. O, daar komt Wim.

W. Mam . . .

E. Wat is er?   33

W. We hebben honger, mam.

E. Zo, willen jullie een koekje?

W. Drie koekjes alsjeblieft: 36

W. één voor Corrie, één voor Meta en één voor mij.
E. Goed, hier heb je drie koekjes.

E. Wat doen jullie in de tuin?   39

W. We werken.

E. Werken jullie?

W. Ja, we werken heel hard.   42

W. We helpen meneer De Wit.

W. Mag ik nog een koekje?

E. Waarom wil je vier koekjes?   45

W. Meneer De Wit heeft ook honger.

E. O ja, natuurlijk, alsjeblieft.

W. Dank je wel.   48

W. Ik ga weer naar de tuin.

W. Dag mam, dag mevrouw.

E. Dag Wim, de groeten aan meneer De Wit. 51

☐

K. Mevrouw De Vries, hoe laat is het?

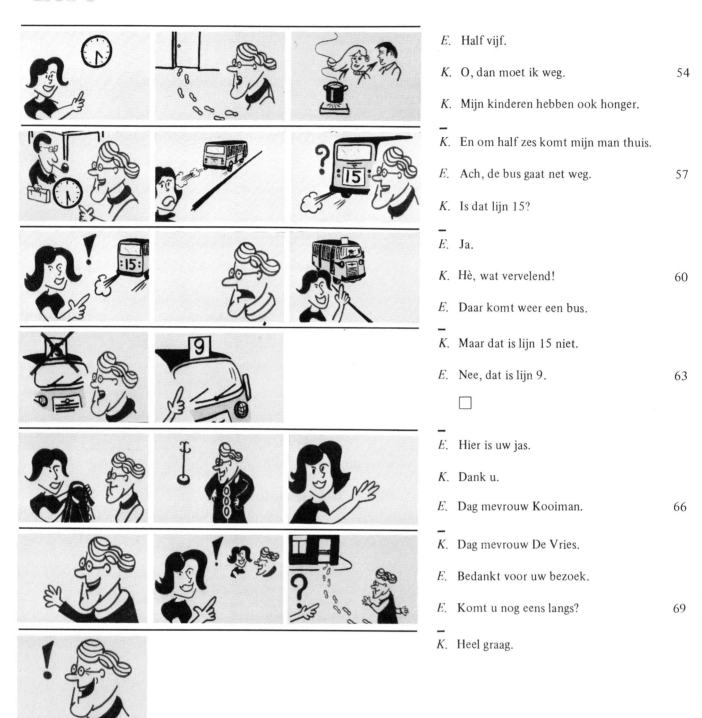

E.	Half vijf.
K.	O, dan moet ik weg.
K.	Mijn kinderen hebben ook honger.
K.	En om half zes komt mijn man thuis.
E.	Ach, de bus gaat net weg.
K.	Is dat lijn 15?
E.	Ja.
K.	Hè, wat vervelend!
E.	Daar komt weer een bus.
K.	Maar dat is lijn 15 niet.
E.	Nee, dat is lijn 9.
E.	Hier is uw jas.
K.	Dank u.
E.	Dag mevrouw Kooiman.
K.	Dag mevrouw De Vries.
E.	Bedankt voor uw bezoek.
E.	Komt u nog eens langs?
K.	Heel graag.

Line numbers (right margin): 54, 57, 60, 63, 66, 69.

Aanvullende fonetiek

U hebt gemerkt dat *e-n* meestal de klank [ə] heeft: spele(n) de kindere(n) vaak bij de bure(n).
Herhaal: ze spelen bij de buren . . . wij wonen boven . . . we hebben honger . . . laten zien . . . even kijken . . . tenminste . . . buitenland . . . eigenlijk . . . woordenboek . . . ziekenhuis . . . Londen . . . gisteren . . . lappendeken . . .
Maar vóór een [ə] hoor je de *n* vaak wel:
Herhaal: we hebben een tuin . . . hier zitten een jongen en een meisje . . . hier liggen een mes en een schaar . . . we hebben het kind bij ons . . .

Samenvatting

Mevrouw Kooiman komt op bezoek bij Els de Vries — Bergsma. Ze krijgt een kopje thee en een koekje. Ze vraagt: 'Zijn de kinderen niet thuis?' Dat klopt: ze spelen in de tuin van de buren. Daar spelen ze vaak, want zelf hebben ze geen tuin. Ze hebben wel een balkon, maar het balkon is nogal klein. Wim komt binnen en vraagt om vier koekjes: één voor Corrie, één voor Meta, één voor meneer De Wit en één voor zichzelf, want ze hebben honger. Ze werken hard in de tuin: ze helpen meneer De Wit. Om half vijf moet mevrouw Kooiman weg, want haar kinderen hebben ook honger en om half zes komt haar man thuis. De bus gaat net weg, dat is vervelend! Mevrouw De Vries bedankt mevrouw Kooiman voor haar bezoek en vraagt: 'Komt u nog eens langs?' 'Heel graag' is het antwoord.

Oefeningen

1 B (2.7; 3.2)

ik zit in de tuin
    mijn vriend zit ook in de tuin

ik heb honger
    mijn vriend heeft ook honger

ik ben analist
    mijn vriend is ook analist

ik woon in Amsterdam
    mijn vriend woont ook in Amsterdam

ik werk in Utrecht
    mijn vriend werkt ook in Utrecht

ik zit in de tuin
    mijn vriend zit ook in de tuin

2 A (5.1)

ik heb een tuin
    de buren hebben ook een tuin

ik heb een balkon
    de buren hebben ook een balkon

ik heb honger
    de buren hebben ook honger

ik zit op het gras
    de buren zitten ook op het gras

ik speel in de tuin
    de buren spelen ook in de tuin

ik werk in Amsterdam
    de buren werken ook in Amsterdam

ik studeer Nederlands
    de buren studeren ook Nederlands

ik heb een tuin
    de buren hebben ook een tuin

3 A

we hebben honger
    o, hebben jullie honger

we helpen meneer De Wit
    o, helpen jullie meneer De Wit

we werken in de tuin
    o, werken jullie in de tuin

we spelen met het buurmeisje
    o, spelen jullie met het buurmeisje

we zijn Nederlanders
    o, zijn jullie Nederlanders

we hebben honger
    o, hebben jullie honger

4 C (5.1,2,3)

substitutie-oefening

de kinderen spelen in de tuin	hij
hij speelt in de tuin	zit
hij zit in de tuin	we
we zitten in de tuin	onder de boom
we zitten onder de boom	ik
ik zit onder de boom	Wim en Corrie
Wim en Corrie zitten onder de boom	op het gras
Wim en Corrie zitten op het gras	jullie
jullie zitten op het gras	spelen
jullie spelen op het gras	het buurmeisje
het buurmeisje speelt op het gras	je
je speelt op het gras	u
u speelt op het gras	de kinderen
de kinderen spelen op het gras	

5 A

daar zit een meisje
    ja, ik zie het meisje

daar is een huis
    ja, ik zie het huis

daar is een balkon
    ja, ik zie het balkon

daar is gras
    ja, ik zie het gras

daar zit een meisje
    ja, ik zie het meisje

6 A

daar is een tuin
    waar is de tuin?

daar komt een bus
    waar komt de bus?

daar zit een student
    waar zit de student?

daar spelen kinderen
    waar spelen de kinderen?

daar zijn foto's
    waar zijn de foto's?

daar is een tuin
    waar is de tuin?

Les 5

7 B (5.5,6)

daar is een huis
    ja, we zien het huis

daar is gras
    ja, we zien het gras

daar zijn kinderen
    ja, we zien de kinderen

daar zijn jassen
    ja, we zien de jassen

daar is een boom
    ja, we zien de boom

daar is een ziekenhuis
    ja, we zien het ziekenhuis

daar zijn koekjes
    ja, we zien de koekjes

daar is een huis
    ja, we zien het huis

8 C (3.12)

substitutie-oefening

we hebben honger	meneer De Wit
meneer De Wit heeft honger	ik
ik heb honger	u
u hebt honger	jullie
jullie hebben honger	de kinderen
de kinderen hebben honger	je
je hebt honger	we
we hebben honger	

9 A

is het balkon groot?
    nee, het balkon is niet groot

roken ze vaak?
    nee, ze roken niet vaak

is haar Nederlands goed?
    nee, haar Nederlands is niet goed

is dat leuk?
    nee, dat is niet leuk

werken jullie hard?
    nee, we werken niet hard

is de jas groot?
    nee, de jas is niet groot

zijn de foto's goed?
    nee, de foto's zijn niet goed

is het balkon groot?
    nee, het balkon is niet groot

10 A

is dat lijn 15?
    nee, dat is lijn 15 niet

ziet u Corrie?
    nee, ik zie Corrie niet

is dat uw tuin?
    nee, dat is mijn tuin niet

is dat meneer De Wit?
    nee, dat is meneer De Wit niet

zijn dat uw buren?
    nee, dat zijn mijn buren niet

helpen ze meneer Bergsma?
    nee, ze helpen meneer Bergsma niet

bent u meneer Kooiman?
    nee, ik ben meneer Kooiman niet

is dat lijn 15?
    nee, dat is lijn 15 niet

11 B (5.10; 3.5)

is dat een jas?
    nee, dat is geen jas

is dat de jas?
    nee, dat is de jas niet

is dat melk?
    nee, dat is geen melk

is dat lijn 9?
    nee, dat is lijn 9 niet

zijn dat jassen?
    nee, dat zijn geen jassen

zijn dat de jassen?
    nee, dat zijn de jassen niet

is dat gras?
    nee, dat is geen gras

zijn dat de buurmeisjes?
    nee, dat zijn de buurmeisjes niet

is dat een buurmeisje?
    nee, dat is geen buurmeisje

zijn dat de kinderen?
    nee, dat zijn de kinderen niet

is dat Corrie?
    nee, dat is Corrie niet

is dat een jas?
    nee, dat is geen jas

12 B

zit Corrie op het balkon?
    nee, ze zit niet op het balkon

werkt Wim in de tuin?
    nee, hij werkt niet in de tuin

werkt u in het ziekenhuis?
    nee, ik werk niet in het ziekenhuis

studeren jullie in Amsterdam?
>nee, we studeren niet in Amsterdam

wonen uw kinderen in Utrecht?
>nee, ze wonen niet in Utrecht

zit Corrie op het balkon?
>nee, ze zit niet op het balkon

13 C (5.9,11,12)

ziet u Corrie?
>nee, ik zie Corrie niet

wil je melk in je koffie?
>nee, ik wil geen melk in mijn koffie

is dat het ziekenhuis?
>nee, dat is het ziekenhuis niet

werkt meneer Kooiman hard?
>nee, meneer Kooiman werkt niet hard

gaat u naar de tuin?
>nee, ik ga niet naar de tuin

is dat uw huis?
>nee, dat is mijn huis niet

woont Corrie in de Leidsestraat?
>nee, Corrie woont niet in de Leidsestraat

is het balkon groot?
>nee, het balkon is niet groot

heb je foto's bij je?
>nee, ik heb geen foto's bij me

komt de bus bij uw huis?
>nee, de bus komt niet bij mijn huis

rookt mevrouw Bergsma?
>nee, mevrouw Bergsma rookt niet

is dat lijn 9?
>nee, dat is lijn 9 niet

zie je een bus?
>nee, ik zie geen bus

is dat uw jas?
>nee, dat is mijn jas niet

ziet u Corrie?
>nee, ik zie Corrie niet

14 B (5.1,2; 4.11)

Corrie speelt op het balkon
>ja, daar speelt ze vaak

de kinderen spelen op het gras
>ja, daar spelen ze vaak

Corrie zit op het gras
>ja, daar zit ze vaak

de kinderen zitten in de tuin
>ja, daar zitten ze vaak

ze werken in de tuin
>ja, daar werken ze vaak

ze zit op het gras
>ja, daar zit ze vaak

ze zitten op het balkon
>ja, daar zitten ze vaak

Corrie speelt op het balkon
>ja, daar speelt ze vaak

15 B (5.14)

komt uw man om half zes thuis?
>ja, om half zes komt mijn man thuis

gaan de kinderen om vier uur naar de tuin?
>ja, om vier uur gaan de kinderen naar de tuin

moet u om half vijf weg?
>ja, om half vijf moet ik weg

komt u om drie uur langs?
>ja, om drie uur kom ik langs

moeten de kinderen om vijf uur weg?
>ja, om vijf uur moeten de kinderen weg

komt uw man om half zes thuis?
>ja, om half zes komt mijn man thuis

16 C (5.14,15)

kijk, ik heb drie koekjes
>hier is nog een koekje, dan heb je vier koekjes

kijk, ik heb twee kopjes
>hier is nog een kopje, dan heb je drie kopjes

kijk, ik heb een foto
>hier is nog een foto, dan heb je twee foto's

kijk, ik heb vier jassen
>hier is nog een jas, dan heb je vijf jassen

kijk, ik heb drie koekjes
>hier is nog een koekje, dan heb je vier koekjes

17 C (5.15)

komt uw man om half zes thuis?
>nee, hij komt om half zeven thuis

gaat u om elf uur naar het ziekenhuis?
>nee, ik ga om twaalf uur naar het ziekenhuis

gaat uw buurmeisje om twee uur weg?
>nee, ze gaat om drie uur weg

wilt u om half elf een kopje koffie?
>nee, ik wil om half twaalf een kopje koffie

gaat u om vijf uur naar de buren?
>nee, ik ga om zes uur naar de buren

komt uw man om half zes thuis?
>nee, hij komt om half zeven thuis

Les 5

Aanvullende woordenlijst

het vervoer	het hefschroefvliegtuig
eigen vervoer:	de straaljager
de auto	
rijden	*de klok*
de motor	de dag (= 24 uur)
de brommer, bromfiets	het uur (= 60 minuten)
de fiets	het half uur (= 30 minuten)
fietsen	het kwartier (= 15 minuten)
de scooter	de minuut (= 60 seconden)
	de seconde
openbaar vervoer:	de klok
de trein	het horloge
de bus	het uurwerk
de tram	de wekker
de taxi	aflopen, ratelen
het vliegtuig	de kleine wijzer
vliegen	de grote wijzer
de boot	de secondewijzer
varen	lopen, tikken, slaan
de pont	achterlopen
de metro	vóórlopen
de helikopter,	

Kees heeft geen auto. Daarom gaat hij vaak met de trein, en ook wel eens met het vliegtuig. Hij heeft wel een fiets, dus hij gaat niet zo vaak met de bus of met de tram. Hij fietst graag. Hij rijdt ook wel eens in de auto van zijn vader of op de brommer van zijn vriend. Naar het station neemt hij soms een taxi, en naar Amsterdam-Noord gaat hij met de pont. De pont vaart over het IJ. In Rotterdam neemt hij de metro.

Eén dag duurt 24 uur. Een uur bestaat uit 60 minuten en een minuut uit 60 seconden. Vijftien minuten is een kwartier, en 30 minuten is een half uur.

Vragen over het gesprek

Wil mevrouw Kooiman een kopje thee? Is mevrouw De Vries alleen thuis? Waar zijn de kinderen? Hebben de buren ook kinderen? Waar zit Corrie? Heeft mevrouw De Vries een tuin? Spelen de kinderen graag op het balkon? Rookt mevrouw Kooiman? Wat doen de kinderen in de tuin? Wat vraagt Wim? Hoe laat moet mevrouw Kooiman weg? Hoe gaat ze naar huis?

Conversatie

Heb je een tuin? Wat zie je in een tuin? Werk je graag in de tuin? Wil je een sigaret? Of liever een koekje? Hoe laat eet je? Hoe laat is het nu? Hoe laat ga je naar huis? Vind je de cursus leuk? Spreek je al een beetje Nederlands? Rijdt er een bus hier in X? Hoe laat komt hij?

Huiswerk

1 *Vul de juiste vorm van het woord tussen ( ) in.*
Voorbeeld: Jet . . . naar huis (gaan)
Jet **gaat** naar huis.

1. Jet . . . in de Leidsestraat. (wonen)
2. Ze . . . in een ziekenhuis. (werken)
3. Het ziekenhuis . . . op de Apollolaan. (staan)
4. Ze . . . op de fiets naar haar werk. (gaan)
5. Haar twee kinderen . . . ook mee. (gaan)
6. Die . . . in de crèche van het ziekenhuis. (spelen)
7. Om vijf uur . . . ze samen weer naar huis. (fietsen)
8. Dan . . . Jet nog eten koken, (moeten)
9. want ze . . . geen man. (hebben)
10. Om zes uur . . . ze de kinderen: (roepen)
11. 'Waar . . . jullie?' (zijn)
12. 'Ik . . . boven', zegt Jan. (zijn)
13. 'En waar . . . Marieke?' (zijn)
14. 'Ik . . . hier ook', zegt Marieke. (zijn)
15. 'Komen jullie eten? Of . . . jullie geen honger?' (hebben)
16. 'Natuurlijk . . . we honger, mam'. (hebben)
17. Ze . . . gauw naar beneden. (komen)

2 *Vul een prepositie in.*
Voorbeeld: Bas gaat . . . de trein . . . Groningen.
Bas gaat **met** de trein **naar** Groningen.

1. Bas gaat . . . bezoek . . . een vriendin . . . Groningen.
2. Hij gaat . . . de trein.
3. De trein vertrekt . . . half acht . . . het Centraal Station.
4. Het station is niet ver . . . zijn huis.
5. Bas loopt . . . zijn buurman . . . het station.
6. Die moet ook . . . Groningen.
7. Ze komen . . . 7.15 u . . . het station aan.
8. De trein vertrekt precies . . . tijd.
9. . . . de trein ontmoeten ze nog een kennis.
10. Na tweeënhalf uur komen ze . . . Groningen aan.

3 *Beantwoord ontkennend.*
Voorbeelden: Woon je in Groningen?
Nee, ik woon **niet** in Groningen.
Heb je een fiets?
Nee, ik heb **geen** fiets.

1. Heb je een tuin?
2. Ben je morgen thuis?
3. Heb je een auto?
4. Kom je vaak in Engeland?
5. Is dat het station?
6. Ga je met de trein?
7. Werk je hard?
8. Rook je?
9. Wil je melk?
10. Doe je je jas uit?
11. Zijn de kinderen thuis?
12. Heeft de buurman een balkon?
13. Heb je honger?

Grammatica

1 PRONOMINA

De pronomina in de pluralis (als subject) zijn:

persoon	zonder accent	met accent
1	we	wij
2 (informeel)	jullie	jullie
(formeel)	u	u
3	ze	zij

we hebben honger, mam (r.34)
willen jullie een koekje? (r.35)
ze spelen bij de buren (r.13)
wij hebben geen tuin, maar zij hebben wel een tuin (r.23)

2 WERKWOORDEN

persoon		*werken*		*zien*
sg. 1	ik	werk	ik	zie
2 (informeel)	je	werkt, werk je	je	ziet, zie je
(formeel)	u	werkt	u	ziet
3	hij	werkt	hij	ziet
	ze	werkt	ze	ziet
	het	werkt	het	ziet
pl. 1	we	werken	we	zien
2 (informeel)	jullie	werken	jullie	zien
(formeel)	u	werkt	u	ziet
3	ze	werken	ze	zien

	hebben		*zijn*		*willen*
1 ik	heb	ik	ben	ik	wil
2 je	hebt, heb je?	je	bent, ben je?	je	wilt, wil je?
u	hebt, u heeft	u	bent	u	wilt
3 hij	heeft	hij	is	hij	wil
ze	heeft	ze	is	ze	wil
het	heeft	het	is	het	wil
1 we	hebben	we	zijn	we	willen
2 jullie	hebben	jullie	zijn	jullie	willen
u	hebt, u heeft	u	bent	u	wilt
3 ze	hebben	ze	zijn	ze	willen

3 NEGATIE

3.1 *Geen* is een combinatie van: negatie + onbepaald lidwoord (zie les 2). In alle andere gevallen gebruiken we *niet* om een zin of zinsdeel te ontkennen.

ik heb een boek	*ik heb geen boek*
ik heb het boek	*ik heb het boek niet*
ik heb boeken	*ik heb geen boeken*
ik heb de boeken	*ik heb de boeken niet*

3.2 De plaats van *niet* in de zin (bij zinsnegatie).
Niet komt *nà*:
1. PV: *ik rook niet* (r.30)
2. object: *ik zie Corrie niet* (r.18)
3. tijdsbepaling: *ik zie Corrie morgen niet*
4. *er, hier, daar*:   *Corrie is er niet*
5. *dat is/dat zijn* + X: *dat is Corrie niet*

Niet komt *vóór*:
1. prepositie: *nee, we studeren niet in Amsterdam*
2. adjectief
  (+ adverbium):   *het balkon is niet groot*
      het balkon is niet erg groot (r.27)
3. adverbium (behalve
  een van tijd):   *ik werk niet hard*
      zijn de kinderen niet thuis? (r.12)

Les 6

Op een terrasje: John King gaat op een Amsterdams terrasje zitten
J: John King   o: ober   p: politieman; hij zit ook op het terrasje   v: voorbijgangster

J.	Is deze plaats vrij?
p.	Ja, ik geloof het wel.
J.	Ober!	3
o.	Ik kom bij u, meneer.
J.	Eén koffie, alstublieft.
o.	Goed meneer.	6
	☐
o.	Alstublieft.
J.	Dank u.
J.	Hoeveel krijgt u?	9
o.	Tachtig cent alstublieft.
J.	Inclusief?
o.	Natuurlijk meneer.	12
J.	Alstublieft.
o.	Dank u wel.
	☐
v.	Pardon meneer,	15
v.	weet u de Emmastraat?
p.	Eens kijken . . .
p.	De Emmastraat . . .	18
p.	O ja, de Emmastraat.
p.	Bent u met de auto?
v.	Nee, ik ben niet met de auto.	21
v.	Is de Emmastraat ver weg?
p.	Ja, in Zuid.
v.	Dan ga ik wel met de bus.	24
v.	Kan dat?

48

Les 6

p. Nee, alleen met de tram:

p. lijn 2 of lijn 16. 27

v. Waar is de tramhalte?

p. Lijn 16 stopt bij de Dam

p. en lijn 2 stopt bij het postkantoor. 30

v. Bij welk postkantoor?

p. Het hoofdpostkantoor,

p. achter het paleis. 33

v. En bij welke halte is de Emmastraat?

p. Halte Emmastraat.

v. O, dat is niet moeilijk. 36

v. Dank u wel.

p. Tot uw dienst.

☐

J. U bent zeker Amsterdammer? 39

J. U weet zo goed de weg.

p. Nee, ik ben geen Amsterdammer,

p. ik kom uit Rotterdam. 42

p. Maar ik ben hier bij de politie.

J. Hebt u nu vakantie?

p. Nee, ik heb vanmorgen vrij, 45

p. maar vanmiddag heb ik dienst.

J. Hebt u altijd 's middags dienst?

p. Nee, mijn diensten zijn onregelmatig: 48

p. soms werk ik 's morgens,

p. soms werk ik 's middags,

p. soms werk ik 's avonds, 51

Les 6

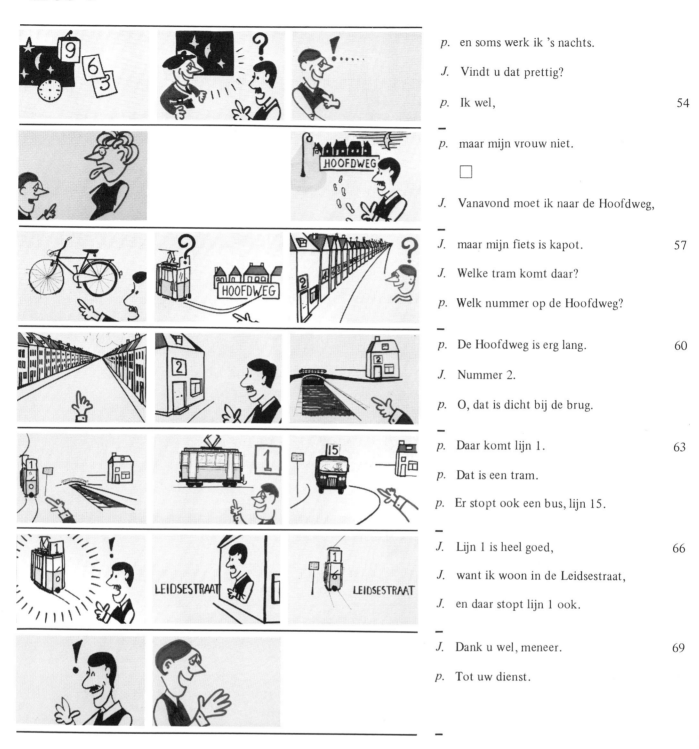

p. en soms werk ik 's nachts.

J. Vindt u dat prettig?

p. Ik wel,　　　　　　　　　54

p. maar mijn vrouw niet.

□

J. Vanavond moet ik naar de Hoofdweg,

J. maar mijn fiets is kapot.　　　57

J. Welke tram komt daar?

p. Welk nummer op de Hoofdweg?

p. De Hoofdweg is erg lang.　　　60

J. Nummer 2.

p. O, dat is dicht bij de brug.

p. Daar komt lijn 1.　　　　　63

p. Dat is een tram.

p. Er stopt ook een bus, lijn 15.

J. Lijn 1 is heel goed,　　　　66

J. want ik woon in de Leidsestraat,

J. en daar stopt lijn 1 ook.

J. Dank u wel, meneer.　　　　69

p. Tot uw dienst.

Aanvullende fonetiek

Let op de uitspraak van *weet* met *je*.
Herhaal: weet . . . je . . . weet je . . . weet je wat? . . . een
beetje melk . . . met je . . . tafeltje . . . kwartje . . . kaartje . . .
plaatje . . . retourtje . . . netjes . . .
Let op het verschil tussen *plaatsje* en *plaatje*:
plaatsje . . . plaatje . . . dat is een leuk plaatsje . . . dat is een
leuk plaatje . . .

Samenvatting

John King gaat naar een terrasje. Hij vraagt: 'Is deze plaats
vrij?' Zijn buurman zegt: 'Ik geloof het wel.' John bestelt
een kopje koffie en betaalt de ober 80 cent. Dan vraagt een
voorbijgangster de weg naar de Emmastraat. Ze moet met de
tram of de bus, want ze heeft geen auto: lijn 2 of lijn 16 tot
de halte Emmastraat. Lijn 2 heeft hier een halte bij het
postkantoor, en lijn 16 bij de Dam. John begint een gesprek

met zijn buurman: 'U bent zeker Amsterdammer, want u weet zo goed de weg!' Dat blijkt niet waar: de man komt uit Rotterdam, maar hij werkt bij de politie. Zijn diensten zijn onregelmatig: hij heeft vanmorgen vrij, maar hij heeft vanmiddag en vanavond dienst. Hij vertelt John wat over zijn werk. Dan informeert John naar de trams naar de Hoofdweg. Hij moet vanavond naar de Hoofdweg, maar zijn fiets is kapot. 'Bij nummer 2', zegt de politieman, 'komen een tram en een bus: lijn 1 en lijn 15.' John vindt lijn 1 heel goed, want lijn 1 stopt ook in de Leidsestraat en daar woont John. Hij bedankt voor de inlichting en de agent antwoordt: 'Tot uw dienst.'

Oefeningen

1 A

daar is de tram
  welke tram?

daar is de zoon
  welke zoon?

daar is de halte
  welke halte?

daar is de fiets
  welke fiets?

daar is de tram
  welke tram?

2 A

daar is het postkantoor
  welk postkantoor?

daar is het nummer
  welk nummer?

daar is het balkon
  welk balkon?

daar is het ziekenhuis
  welk ziekenhuis?

daar is het postkantoor
  welk postkantoor?

3 A (6.1)

daar zijn de jassen
  welke jassen?

daar zijn de kopjes
  welke kopjes?

daar zijn de jongens
  welke jongens?

daar zijn de trams
  welke trams?

daar zijn de jassen
  welke jassen?

4 B (6.1,2,3)

ik zie de foto's
  welke foto's?

ik zie de bus
  welke bus?

ik zie het huis
  welk huis?

ik zie de student
  welke student?

ik zie de namen
  welke namen?

ik zie het ziekenhuis
  welk ziekenhuis?

ik zie de foto's
  welke foto's?

5 C (2.5; 3.6; 5.3)

substitutie-oefening

ik ben in de tuin
mijn vader en moeder zijn
 in de tuin
u bent in de tuin
mijn vriend is in de tuin

mijn vader en moeder

u
mijn vriend
je

je bent in de tuin
meneer King is in de tuin
jullie zijn in de tuin
ik ben in de tuin

meneer King
jullie
ik

6 B (5.11)

zie je de tram?
  nee, ik zie de tram niet

zie je Corrie?
  nee, ik zie Corrie niet

zie je de journalist?
  nee, ik zie de journalist niet

zie je het gras?
  nee, ik zie het gras niet

zie je de kinderen?
  nee, ik zie de kinderen niet

zie je een tram?
  nee, ik zie geen tram

zie je een journalist?
  nee, ik zie geen journalist

zie je gras?
  nee, ik zie geen gras

zie je kinderen?
  nee, ik zie geen kinderen

zie je de tuin?
  nee, ik zie de tuin niet

zie je een student?
  nee, ik zie geen student

zie je de analist?
  nee, ik zie de analist niet

zie je koekjes?
  nee, ik zie geen koekjes

zie je de tram?
  nee, ik zie de tram niet

7 A

hebt u vanmiddag vrij?
  nee, vanmiddag heb ik dienst

hebt u vanavond vrij?
  nee, vanavond heb ik dienst

hebt u vannacht vrij?
  nee, vannacht heb ik dienst

hebt u vanmorgen dienst?
  nee, vanmorgen heb ik vrij

hebt u vanavond dienst?
  nee, vanavond heb ik vrij

hebt u vanmiddag dienst?
  nee, vanmiddag heb ik vrij

Les 6

8 C (2.8)

vanavond heb ik dienst
    hebt u altijd 's avonds dienst?

vanavond heb ik vrij
    hebt u altijd 's avonds vrij?

vanavond ga ik naar huis
    gaat u altijd 's avonds naar huis?

vanmiddag heb ik dienst
    hebt u altijd 's middags dienst?

vanmiddag heb ik vrij
    hebt u altijd 's middags vrij?

vanmiddag ga ik naar huis
    gaat u altijd 's middags naar huis?

vanmorgen heb ik dienst
    hebt u altijd 's morgens dienst?

vanmorgen heb ik vrij
    hebt u altijd 's morgens vrij?

vanmorgen ga ik naar huis
    gaat u altijd 's morgens naar huis?

vannacht heb ik dienst
    hebt u altijd 's nachts dienst?

vannacht heb ik vrij
    hebt u altijd 's nachts vrij?

vannacht ga ik naar huis
    gaat u altijd 's nachts naar huis?

vanavond ga ik naar Amsterdam
    gaat u altijd 's avonds naar Amsterdam?

vanmiddag ga ik naar Utrecht
    gaat u altijd 's middags naar Utrecht?

vanmorgen ga ik naar Rotterdam
    gaat u altijd 's morgens naar Rotterdam?

vannacht ga ik naar Engeland
    gaat u altijd 's nachts naar Engeland?

9 C (6.8; 4.4)

soms ga ik 's morgens met de fiets
    ga je vanmorgen ook met de fiets?

soms ga ik 's morgens met de auto
    ga je vanmorgen ook met de auto?

soms moet ik 's avonds naar de Hoofdweg
    moet je vanavond ook naar de Hoofdweg?

soms moet ik 's avonds naar de Leidsestraat
    moet je vanavond ook naar de Leidsestraat?

soms werk ik 's middags in de tuin
    werk je vanmiddag ook in de tuin?

soms werk ik 's middags in het ziekenhuis
    werk je vanmiddag ook in het ziekenhuis?

soms werk ik 's nachts in Rotterdam
    werk je vannacht ook in Rotterdam?

soms moet ik 's nachts naar het ziekenhuis
    moet je vannacht ook naar het ziekenhuis?

soms ga ik 's morgens met de tram
    ga je vanmorgen ook met de tram?

soms werk ik 's middags bij de buren
    werk je vanmiddag ook bij de buren?

soms moet ik 's avonds naar mijn moeder
    moet je vanavond ook naar je moeder?

soms ga ik 's nachts met de bus
    ga je vannacht ook met de bus?

10 B (5.7)

daar komt een tram
    ja, ik zie de tram

daar staat een paleis
    ja, ik zie het paleis

daar stopt een auto
    ja, ik zie de auto

daar spelen kinderen
    ja, ik zie de kinderen

daar is een bushalte
    ja, ik zie de bushalte

daar staat een postkantoor
    ja, ik zie het postkantoor

daar stoppen trams
    ja, ik zie de trams

daar staat een nummer
    ja, ik zie het nummer

daar zijn koekjes
    ja, ik zie de koekjes

daar staat suiker
    ja, ik zie de suiker

daar staat een paleis
    ja, ik zie het paleis

daar komt een tram
    ja, ik zie de tram

11 C (6.4; 5.14)

mevrouw Bergsma zit in de tuin
    in welke tuin zit ze?

Wim en Corrie gaan met de bus
    met welke bus gaan ze?

Meta woont bij het postkantoor
    bij welk postkantoor woont ze?

Els werkt in het ziekenhuis
    in welk ziekenhuis werkt ze?

de kinderen spelen met de auto's
in welke auto's spelen ze?

mevrouw Bergsma zit in de tuin
in welke tuin zit ze?

12 A (3.4; 5.12)

woont Kees bij de brug?
ja, hij woont dicht bij de brug

wonen Els en Jaap bij het postkantoor?
ja, ze wonen dicht bij het postkantoor

woont mevrouw King bij de Dam?
ja, ze woont dicht bij de Dam

woont Anneke bij het ziekenhuis?
ja, ze woont dicht bij het ziekenhuis

woont John bij de tramhalte?
ja, hij woont dicht bij de tramhalte

woont Kees bij de brug?
ja, hij woont dicht bij de brug

13 A (5.9)

is dat moeilijk?
nee, dat is niet moeilijk

is dat prettig?
nee, dat is niet prettig

is de Emmastraat ver weg?
nee, de Emmastraat is niet ver weg

is dat goed?
nee, dat is niet goed

is deze plaats vrij?
nee, deze plaats is niet vrij

bent u alleen?
nee, ik ben niet alleen

werken jullie hard?
nee, we werken niet hard

woont Kees daar leuk?
nee, Kees woont daar niet leuk

is de koffie lekker?
nee, de koffie is niet lekker

is je fiets kapot?
nee, mijn fiets is niet kapot

is dat moeilijk?
nee, dat is niet moeilijk

14 A (5.1)

heb je honger?
ja, en Kees heeft ook honger

ben je met de auto?
ja, en Kees is ook met de auto

ben je Amsterdammer?
ja, en Kees is ook Amsterdammer

heb je 's morgens vrij?
ja, en Kees heeft ook 's morgens vrij

heb je vakantie?
ja, en Kees heeft ook vakantie

ga je naar de Hoofdweg?
ja, en Kees gaat ook naar de Hoofdweg

woon je in de Emmastraat?
ja, en Kees woont ook in de Emmastraat

heb je honger?
ja, en Kees heeft ook honger

15 C (6.4; 3.13)

substitutie-oefening

welk huis heb je?	auto
welke auto heb je?	Kees
welke auto heeft Kees?	ziet
welke auto ziet Kees?	koekjes
welke koekjes ziet Kees?	Meta en Corrie
welke koekjes zien Meta en Corrie?	foto
welke foto zien Meta en Corrie?	hebben
welke foto hebben Meta en Corrie?	nummer
welk nummer hebben Meta en Corrie?	je
welk nummer heb je?	

Aanvullende woordenlijst

het postkantoor

de brief
schrijven, posten
de briefkaart
de ansichtkaart
de verhuiskaart
de postzegel
het posttarief
aangetekend ⎫
per expresse ⎬ ver-
per luchtpost ⎭ zenden
het drukwerk
de speciale postzegels
kinderzegels
zomerzegels
Europazegels
het stempel
de telegraaf
het telegram
het pakje
als brief verzenden
de telefoon
lokaal
interlokaal
de postwissel
de cheque

de giro
storten
uitbetalen
de spaarbank
het spaarbankboekje
overschrijven
aantekenen
de P.T.T.

de dag

de morgen, ochtend
de (na)middag
de avond
de nacht

vanmorgen, vanochtend
vanmiddag
vanavond
vannacht
vandaag
's morgens, 's ochtends
's middags
's avonds
's nachts
overdag

Les 6

Op het postkantoor koop je postzegels, briefkaarten en ver-
huiskaarten. Op het postkantoor vind je ook de postgiro, de
postspaarbank en de telefoon. Je verzendt er pakjes en
telegrammen. Telegrammen gaan ook telefonisch. Het postkantoor is 's morgens en 's middags open, en soms ook
's avonds.

Vragen over het gesprek

Wat bestelt meneer King?   Wat kost de koffie?   Wat vraagt
de dame?   Is de Emmastraat ver weg?   Gaat de dame met de
bus?   Met welke lijn gaat ze?   Waar stopt lijn 22?   Waar
stopt lijn 16?   Is de man naast John een Amsterdammer?
Wat doet die man?   Heeft hij vakantie?   Wanneer heeft hij
dienst?   Heeft hij altijd 's middags en 's avonds dienst?   Vindt
de politieagent dat prettig?   Welke tram komt er bij de
Hoofdweg?   Komt er ook een bus?   Welke tram stopt er in
de Leidsestraat?

Conversatie

Kom je uit Rotterdam?   In welke straat woon je?   Hoe kom
je daar?   Heb je een fiets?   Ben je nu met de fiets? – of hoe
anders?   Zijn er veel fietsen hier in de stad?   Is er hier een
postkantoor?   Hoeveel port moet er op een brief?   En op
een ansichtkaart?   Heb je nu vakantie?   Heb je vanavond
dienst?   Werk je 's morgens, 's middags of 's avonds?   Rijdt
er een tram bij jou in de straat?   Vind je dat prettig?   Hoeveel kost de koffie hier?   Is dat inclusief?

Huiswerk

1   *Vul in:* welk *of* welke.
   Voorbeeld: Met . . . bus gaat u?
                  Met **welke** bus gaat u?
   Situatie: Op straat
1. John: Pardon mevrouw, ik zoek de Kerkstraat.
2. Politieagente: . . . straat, zegt u?
3. John: De Kerkstraat.
4. Politieagente: . . . nummer?
5. John: Nummer 67, naast het café.
6. Politieagente: . . . café?
7. John: Café De Blauwe Engel.
8. Politieagente: O, dat is ver weg.
9. John: Dan ga ik wel met de bus.
10.   . . . bus komt daar?
11. Politieagente: Lijn 15.

12. John: Bij . . . halte moet ik uitstappen?
13. Politieagente: Halte Kerkstraat.
14. John: Dank u wel, mevrouw.
15. Politieagente: Tot uw dienst.

2   *Vul de juiste vorm van het woord tussen ( ) in:*
   Voorbeeld: Ik . . . honger (hebben)
                  Ik **heb** honger.
   Situatie: Na het werk
1. Jaap: . . . je ook zo'n dorst?   (hebben)
2. Paul: Ja, ik . . . wel iets drinken.   (willen)
3. Jaap: . . . je even mee naar mijn huis?   (gaan)
4. Paul: Ja, dat . . . goed.   (zijn)
   (bij Jaap en Els thuis)
5. Jaap: . . . je een biertje?   (willen)
6. Paul: Nee, overdag . . . ik geen bier.   (drinken)
7.   . . . mij maar wat anders.   (geven)
8. Jaap: Jij . . . morgen zeker ook dienst?   (hebben)
9. Paul: Ja, morgenochtend
10. Jaap: O, dan . . . ik vrij.   (hebben)
11. Els: Jullie . . . het toch maar makkelijk: (hebben)
12.   je . . . een halve dag   (werken)
13.   en dan . . . je weer een halve dag vrij.   (hebben)
14.   Nee, dan ik!
15. Jaap: Hoezo? Jij . . . thuis,   (zijn)
16.   jij . . . altijd vakantie.   (hebben)
17. Els: Vakantie? Ik . . . altijd dienst,   (hebben)
18.   24 uur van de dag.
19. Jaap: Nou, ik . . . wel met je ruilen, hoor.   (willen)
20. Els: Ja, dat . . . je altijd.   (zeggen)
21.   . . . het maar eens!   (doen)

3   *Beantwoord de volgende vragen:*
1. Woon je dichtbij een station?
2. Ga je altijd met de bus?
3. Stopt de bus bij jou in de straat?
4. Hoe laat ga je 's morgens uit bed?
5. Wat doe je vanmiddag?
6. Ga je morgen met de trein?
7. Wat ga je vanavond doen?
8. Heb je vandaag dienst?
9. Ga je vaak naar een café?
10. Is het postkantoor 's middags open?
11. Rijdt de bus ook 's nachts?
12. Schrijf je vaak brieven?

Grammatica

1   *WELK/WELKE*

Welk wordt gebruikt in combinatie met *het*-woorden.
Welke wordt gebruikt in combinatie met – *de*-woorden,
                                        – alle woorden in de
                                          pluralis.

het	nummer	welk	nummer
de	nummers	welke	nummers
de	tram	welke	tram
de	trams	welke	trams
het	meisje	welk	meisje
de	meisjes	welke	meisjes

bij welk postkantoor? (r.31)
welk nummer op de Hoofdweg? (r.59)
en bij welke halte is de Emmastraat? (r.34)

2 DIENST EN VRIJ

2.1 Dienst

(a) 'tot uw dienst': reactie op bedanken

dank u wel (r.37)
tot uw dienst (r.38)

(b) 'dienst hebben' = 'werken', meestal van mensen die een uniform dragen tijdens hun werk

mijn diensten zijn onregelmatig (r.48)
maar vanmiddag heb ik dienst (r.46)

De structuur van de zin *ik heb dienst* is:

zo ook:	subject · +	PV hebben +	X
	ik	*heb*	*vrij*
	ik	*heb*	*honger*
	ik	*heb*	*dorst*

2.2 Vrij

(a) *is deze plaats vrij?* (r.1)

(b) *nee, ik heb vanmorgen vrij* (r.45)

*ik **heb** vrij: ik hoef niet te werken*
          negatie: *ik heb **geen** vrij*

*ik **ben** vrij:* 1. *ik hoef niet te werken*
         2. *ik ben onafhankelijk*
         negatie: *ik ben **niet** vrij*

2.3 Negatie

ik heb dienst	*ik heb **geen** dienst*
ik heb vrij	*ik heb **geen** vrij*
ik heb dorst	*ik heb **geen** dorst*
ik heb honger	*ik heb **geen** honger*

Les 7

Els en Jaap gaan naar Rotterdam

J: Jaap   E: Els   K: Kees   l: lokettist   c: conducteur

J. Els, ben je klaar?

J. We moeten weg.

J. Anders missen we de trein.   3

—

E. Ja, ik kom zo.

E. Ik zie mijn handschoenen niet.

J. Kom nou!   6

—

J. Het is zeker een half uur naar het station,

J. en over veertig minuten gaat de trein!

E. Ja schat, ik ben al klaar.   9

—

J. Hè, hè!

☐

J. Net op tijd:

—

J. daar is de tram al.   12

E. Zie je: ik ben altijd precies op tijd.

J. Vrouwen!

—

☐

(op het station)

J. Twee retour Rotterdam, alstublieft.   15

l. Welk station in Rotterdam, meneer?

—

J. Centraal station.

☐

J. Pardon meneer,   18

—

J. op welk spoor komt de trein naar Rotterdam?

c. De stoptrein staat klaar op spoor 4,

c. de sneltrein komt op spoor 6.   21

—

J. Hoe laat vertrekt de sneltrein?

c. Om half negen precies.

J. Dank u wel.   24

—

56

E. Jaap, hier staat een trein naar Rotterdam.

E. Is dat onze trein?

J. Nee, dat is onze trein niet,   27

—

J. dat is de stoptrein.

J. Wij gaan met de sneltrein.

☐

—

E. Zeg, daar staat Kees.   30

J. Welnee, dat is Kees niet.

J. Kees heeft geen hoed.

—

E. De man met de hoed bedoel ik niet.   33

E. Daar staat hij.

J. Waar dan?

—

E. Voor de wachtkamer.   36

E. Kijk, nu praat hij met de conducteur.

J. O ja. Kees!

—

K. Hé!   39

J. Wat doe jij hier?

K. Ik wacht op twee jongens uit België.

—

K. Hun zusje is een vriendin van Anneke.   42

K. Ze komen met de trein van kwart voor negen.

J. Spreken ze Nederlands of Frans?

—

K. Nederlands; ze komen uit Antwerpen.   45

K. Maar wat doen jullie hier?

E. We gaan naar Rotterdam.

—

K. Wat zoeken jullie daar nou toch?   48

E. O, Jaap moet naar een vergadering,

E. en ik ga naar het museum.

—

Les 7

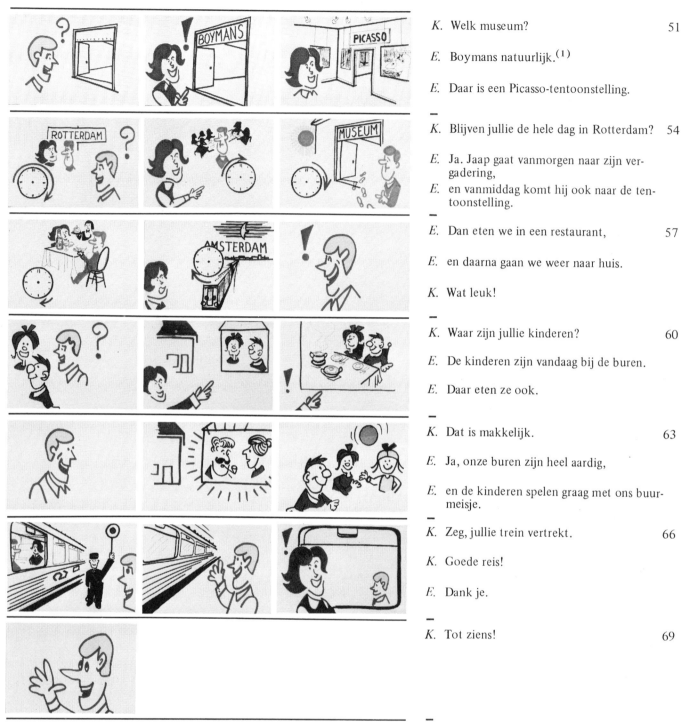

K. Welk museum?   51

E. Boymans natuurlijk.[1]

E. Daar is een Picasso-tentoonstelling.

K. Blijven jullie de hele dag in Rotterdam?   54

E. Ja. Jaap gaat vanmorgen naar zijn vergadering,

E. en vanmiddag komt hij ook naar de tentoonstelling.

E. Dan eten we in een restaurant,   57

E. en daarna gaan we weer naar huis.

K. Wat leuk!

K. Waar zijn jullie kinderen?   60

E. De kinderen zijn vandaag bij de buren.

E. Daar eten ze ook.

K. Dat is makkelijk.   63

E. Ja, onze buren zijn heel aardig,

E. en de kinderen spelen graag met ons buurmeisje.

K. Zeg, jullie trein vertrekt.   66

K. Goede reis!

E. Dank je.

K. Tot ziens!   69

(1) officieel: museum Boymans–van Beuningen

Aanvullende fonetiek

Let op de uitspraak van *vind* met *je*.
Herhaal: vind . . . je . . . vind je . . . hoe vind je Nederland? . . . mandje . . . handje . . . mondje . . . vond je . . .
eindje . . . tientje . . . keukentje . . . wil je . . . zul je . . .
voel je . . . woon je . . . meen je . . . oranje . . . dank je . . .
pakje . . . drankje . . . plekje . . . beekje . . . zoek je . . .
Let op het verschil tussen *beetje* en *beekje:*
beekje . . . beetje . . .

een bakje vol water . . . een badje vol water . . . zoek je een
zoetje? . . .

Samenvatting

Els en Jaap gaan naar Rotterdam. Els ziet haar handschoenen
niet, en daardoor missen ze bijna een tram. Ze zijn net op tijd
bij de halte. Op het station neemt Jaap twee retours naar
Rotterdam. Hij kijkt niet op de borden, maar vraagt aan een

conducteur: 'Op welk spoor komt de trein naar Rotterdam?'
De stoptrein op spoor 4, de sneltrein op spoor 6. Ze gaan niet
met de stoptrein, maar met de sneltrein. De sneltrein vertrekt
precies om half negen.

Opeens ziet Els Kees voor de wachtkamer. Hij praat met
de conducteur. Hij informeert zeker naar de treinen uit
België, want hij wacht op twee jongens uit Antwerpen. Dat
zijn kennissen van Anneke. Ze komen met de trein van kwart
voor negen. Kees vraagt naar de plannen van Jaap en Els. Ze
gaan naar Rotterdam: Jaap naar een vergadering en Els naar
een tentoonstelling. Kees vindt Rotterdam niet erg interessant, want hij is Amsterdammer. Hij vraagt aan Els en Jaap:
'Waar hebben jullie je kinderen?' Hun kinderen zijn bij de
buren en eten daar ook, want hun ouders komen pas
's avonds thuis. Zij eten in Rotterdam, in een restaurant.

Oefeningen

1 B (6.14)

ik praat met de buren
    Kees praat ook met de buren

ik wacht op de tram
    Kees wacht ook op de tram

ik zeg: welterusten!
    Kees zegt ook: welterusten!

ik wacht op de analist
    Kees wacht ook op de analist

ik studeer hard
    Kees studeert ook hard

ik ga naar huis
    Kees gaat ook naar huis

ik praat met de buren
    Kees praat ook met de buren

2 C (7.1)

Kees studeert Engels
    ik studeer ook Engels

Kees woont op de Hoofdweg
    ik woon ook op de Hoofdweg

Kees ziet een halte
    ik zie ook een halte

Kees gaat naar België
    ik ga ook naar België

Kees wacht op de analist
    ik wacht ook op de analist

Kees zit op het balkon
    ik zit ook op het balkon

Kees komt thuis
    ik kom ook thuis

Kees spreekt Frans
    ik spreek ook Frans

Kees praat met de buren
    ik praat ook met de buren

Kees studeert Engels
    ik studeer ook Engels

3 A

Kees gaat naar België
    o, gaat hij naar België?

Kees studeert Nederlands
    o, studeert hij Nederlands?

Kees zit in de tuin
    o, zit hij in de tuin?

Kees werkt in een ziekenhuis
    o, werkt hij in een ziekenhuis?

Kees is student
    o, is hij student?

Kees spreekt Frans
    o, spreekt hij Frans?

Kees gaat naar België
    o, gaat hij naar België?

4 B (7.3; 4.13)

hij staat voor de wachtkamer
    ja, nu staat hij voor de wachtkamer

hij praat met de conducteur
    ja, nu praat hij met de conducteur

hij komt naar het museum
    ja, nu komt hij naar het museum

hij woont in België
    ja, nu woont hij in België

hij heeft een hoed
    ja, nu heeft hij een hoed

hij mist de trein
    ja, nu mist hij de trein

hij moet weg
    ja, nu moet hij weg

hij staat voor de wachtkamer
    ja, nu staat hij voor de wachtkamer

5 B (7.4; 6.8)

Jaap is vanavond thuis
    is hij altijd 's avonds thuis?

Jaap is vanavond bij zijn vriendin
    is hij altijd 's avonds bij zijn vriendin?

Jaap gaat vannacht naar het ziekenhuis
    gaat hij altijd 's nachts naar het ziekenhuis?

Jaap is vanmiddag in het museum
    is hij altijd 's middags in het museum?

Les 7

Jaap gaat vanmorgen naar het station
    gaat hij altijd 's morgens naar het station?

Jaap heeft vanmiddag dienst
    heeft hij altijd 's middags dienst?

Jaap is vanmiddag weg
    is hij altijd 's middags weg?

Jaap werkt vannacht in het postkantoor
    werkt hij altijd 's nachts in het postkantoor?

Jaap is vanavond thuis
    is hij altijd 's avonds thuis?

6 C (7.5; 4.14)

Wim zit in de tuin
    zit hij al lang in de tuin?

Anneke zit in de tuin
    zit ze al lang in de tuin?

Meta en Wim zitten in de tuin
    zitten ze al lang in de tuin?

Jaap staat voor de wachtkamer
    staat hij al lang voor de wachtkamer?

Jaap en Kees staan bij de bushalte
    staan ze al lang bij de bushalte?

Anneke studeert in Amsterdam
    studeert ze al lang in Amsterdam?

Kees en Jaap studeren in Amsterdam
    studeren ze al lang in Amsterdam?

de jongens wonen in Antwerpen
    wonen ze al lang in Antwerpen?

John woont in de Leidsestraat
    woont hij al lang in de Leidsestraat?

Kees woont op de Hoofdweg
    woont hij al lang op de Hoofdweg?

Wim zit in de tuin
    zit hij al lang in de tuin?

7 A (6.15)

daar staat ons huis
    welk huis bedoel je?

daar staat onze foto
    welke foto bedoel je?

daar staan onze kinderen
    welke kinderen bedoel je?

daar staat ons kind
    welk kind bedoel je?

daar staat ons restaurant
    welk restaurant bedoel je?

daar staat onze trein
    welke trein bedoel je?

daar staat onze auto
    welke auto bedoel je?

daar staat ons huis
    welk huis bedoel je?

8 A (7.7)

daar is de trein
    dat is onze trein

daar is de tram
    dat is onze tram

daar is de conducteur
    dat is onze conducteur

daar is de bus
    dat is onze bus

daar is het buurmeisje
    dat is ons buurmeisje

daar is het kind
    dat is ons kind

daar is het huis
    dat is ons huis

daar is het restaurant
    dat is ons restaurant

daar zijn de kinderen
    dat zijn onze kinderen

daar zijn de foto's
    dat zijn onze foto's

daar zijn de koekjes
    dat zijn onze koekjes

9 C (7.7,8; 3.6)

ziet u de tuin?
    welke tuin? o, dat is onze tuin

ziet u de kinderen?
    welke kinderen? o, dat zijn onze kinderen

ziet u het huis?
    welk huis? o, dat is ons huis

ziet u de jassen?
    welke jassen? o, dat zijn onze jassen

ziet u het balkon?
    welk balkon? o, dat is ons balkon

ziet u de auto?
    welke auto? o, dat is onze auto

ziet u de foto's?
    welke foto's? o, dat zijn onze foto's

ziet u het adres?
    welk adres? o, dat is ons adres

ziet u het kopje?
    welk kopje? o, dat is ons kopje

ziet u het nummer?

welk nummer? o, dat is ons nummer

ziet u de tuin?

welke tuin? o, dat is onze tuin

10 A (2.12; 3.6)

daar staat ons huis

o, is dat uw huis?

daar staat onze dochter

o, is dat uw dochter?

daar staan onze kinderen

o, zijn dat uw kinderen?

daar staat ons buurmeisje

o, is dat uw buurmeisje?

daar staan onze vrienden

o, zijn dat uw vrienden?

daar staat onze auto

o, is dat uw auto?

daar staat ons huis

o, is dat uw huis?

11 B (7.9)

is dat uw buurmeisje?

ja, dat is ons buurmeisje

is dat uw tuin?

ja, dat is onze tuin

zijn dat uw kopjes?

ja, dat zijn onze kopjes

is dat uw huis?

ja, dat is ons huis

is dat uw zoon?

ja, dat is onze zoon

zijn dat uw kinderen?

ja, dat zijn onze kinderen

zijn dat uw foto's?

ja, dat zijn onze foto's

is dat uw balkon?

ja, dat is ons balkon

zijn dat uw koekjes?

ja, dat zijn onze koekjes

is dat uw buurmeisje?

ja, dat is ons buurmeisje

12 C

is dat het huis van Els en Jaap?

ja, dat is hun huis

zijn dat de buren van Wim en Corrie?

ja, dat zijn hun buren

is dat het balkon van meneer en mevrouw King?

ja, dat is hun balkon

is dat de tuin van de buren?

ja, dat is hun tuin

zijn dat de jassen van Meta, Anneke en Corrie?

ja, dat zijn hun jassen

is dat de auto van Kees en Wim?

ja, dat is hun auto

is dat het huis van Els en Jaap?

ja, dat is hun huis

13 C (7.4; 6.6)

gaat Jaap vanavond weg?

nee, vanavond gaat hij niet weg

heeft Jaap vanavond dienst?

nee, vanavond heeft hij geen dienst

eet Jaap vanavond in het restaurant?

nee, vanavond eet hij niet in het restaurant

gaat Jaap vanavond naar het museum?

nee, vanavond gaat hij niet naar het museum

wil Jaap vanavond koffie?

nee, vanavond wil hij geen koffie

heeft Jaap vanavond foto's bij zich?

nee, vanavond heeft hij geen foto's bij zich

gaat Jaap vanavond met de trein?

nee, vanavond gaat hij niet met de trein

komt Jaap vanavond thuis?

nee, vanavond komt hij niet thuis

gaat Jaap vanavond naar Els?

nee, vanavond gaat hij niet naar Els

heeft Jaap vanavond dienst?

nee, vanavond heeft hij geen dienst

gaat Jaap vanavond weg?

nee, vanavond gaat hij niet weg

14 B (5.17)

gaan de kinderen om vier uur weg?

nee, ze gaan om drie uur weg

komt Wim om half zes thuis?

nee, hij komt om half vijf thuis

vertrekt Corrie om negen uur?

nee, ze vertrekt om acht uur

komt de student om kwart voor acht?

nee, hij komt om kwart voor zeven

eten de buren om zeven uur?

nee, ze eten om zes uur

komen jullie om drie uur thuis?

nee, we komen om twee uur thuis

Les 7

moet Jaap om kwart voor negen naar een vergadering?
> nee, hij moet om kwart voor acht naar een vergadering

gaat Els om half twaalf naar de tentoonstelling?
> nee, ze gaat om half elf naar de tentoonstelling

gaan de kinderen om vier uur weg?
> nee, ze gaan om drie uur weg

Aanvullende woordenlijst

de spoorwegen

het spoorboekje	overstappen
de ingang	de wachtkamer
de uitgang	het spoor
het loket	het perron
de lokettist(e)	de stationschef
het kaartje	de conducteur
de eerste klas	de vertrektijd
de tweede klas	de vertraging
de enkele reis	de restauratie
het retour(tje)	de slaapwagen
het weekendretour	het rijtuig
het avondretour	de locomotief
het abonnement	het portaal
half geld	de bank
het kinderkaartje	de zitplaats
de dagtocht	de staanplaats
de trein	het bagagenet
de sneltrein	niet roken
de stoptrein	de noodrem
de intercitytrein	
de goederentrein	de bewaakte overweg
de personentrein	de onbewaakte overweg
de D-trein	de overweg
de TEE-trein	de spoorbomen
instappen	het sein
uitstappen	het knipperlicht

Jaap pakt het spoorboekje. Hij zoekt een trein naar Rotterdam. Er gaan minstens vijf treinen per uur van Amsterdam naar Rotterdam. De reis duurt ongeveer een uur. Jaap neemt een retourtje, want hij gaat 's avonds weer terug. Een retour is één dag geldig.

In de trein controleert de conducteur de kaartjes. Bij de ingang en de uitgang van het station controleren ze de kaartjes niet. Kinderen tot 10 jaar reizen voor half geld; zij krijgen een kinderkaartje. Kinderen tot 3 jaar mogen gratis in de trein.

Vragen over het gesprek

Komt Els op tijd bij de trein?   Naar welk station in Rotterdam gaan Els en Jaap?   Op welk spoor komt de trein naar Rotterdam?   Hoe laat vertrekt de sneltrein?   Wat doet Kees op het station?   Waarom gaan Els en Jaap naar Rotterdam?   Waar zijn hun kinderen?   Naar welk museum gaat Els?

Conversatie

Ga je vaak met de trein?   Is het station dichtbij?   Hoe ga je naar het station?   Ben je altijd precies op tijd voor de trein?   Gaan er veel treinen naar de hoofdstad?   Is het eten in spoorwegrestaurants lekker?   Hoeveel wachtkamers zijn er op het station? Vind je reizen met de trein leuk? Weet je wat 'zwartrijders' zijn?   Heb je een spoorboekje?   Ga je wel eens naar een museum?   Welk museum vind je interessant?

Huiswerk

1 *Vul in:* mijn, haar, ons/onze, jullie/je, hun.
  Voorbeeld: Els en Jaap nemen . . . kinderen niet mee.
  Els en Jaap nemen **hun** kinderen niet mee.
  Situatie: Naar het museum
 1. Els en Jaap gaan met . . . vrienden, Paul en Maria,
 2. naar een museum.
 3. . . . kinderen zijn bij de buren.
 4. 'Waar hebben jullie . . . kinderen?' vraagt Jaap aan Paul.
 5. ' . . . kinderen zijn bij opa en oma,' zegt Paul.
 6. Els koopt kaartjes bij de ingang.
 7. Ze doet ze in . . . jaszak.
 8. . . . jassen geven ze af bij de garderobe.
 9. De portier wil . . . kaartjes zien.
 10. 'Heb jij . . . kaartjes?' vraagt Jaap aan Els.
 11. 'Nee, die zitten in . . . jaszak,' zegt Els.
 12. 'Meneer, kan ik . . . jas even krijgen?'
 13. De man geeft Els . . . jas weer terug.
 14. Dan kunnen ze naar binnen.

2 *Vul de juiste vorm van het woord tussen ( ) in.*
  Voorbeeld: John . . . naar het postkantoor.   (gaan)
  John **gaat** naar het postkantoor.
  Situatie: Op het postkantoor

 1. John: Ik . . . een pakje naar Engeland sturen.   (willen)
 2. Lokettist: . . . u het maar.   (geven)
 3. John: Hoeveel port . . . erop?   (moeten)
 4. Lokettist: *f* 4,25.
 5. John: Ik . . . ook 10 postzegels van *f* 0,70.   (willen)
 6. Lokettist: . . . u gewone zegels of kinderzegels?   (willen)
 7. John: Wat . . . dat, 'kinderzegels?'   (zijn)
 8. Lokettist: Dat . . . speciale zegels.   (zijn)
 9. John: O, ik . . . uit Engeland.   (komen)
 10.   Wij . . . geen kinderzegels.   (hebben)
 11.   . . . u maar gewone zegels.   (geven)
 12. Lokettist: U . . . goed Nederlands!   (spreken)
 13. John: Ja, ik . . . veel met Nederlanders.   (praten)
 14.   Hoeveel . . . u?   (krijgen)
 15. Lokettist: *f* 11,25 alstublieft.

3 *Beantwoord ontkennend.*
  Voorbeelden: Woon je in Antwerpen?
  Nee, ik woon **niet** in Antwerpen.
  Heb je vanavond dienst?
  Nee, ik heb vanavond **geen** dienst.
 1. Ga je vanavond naar een museum?
 2. Heb je vannacht een vergadering?
 3. Ga je morgen naar België?

4. Werk je bij de Spoorwegen?
5. Heb je een spoorboekje?
6. Reis je eerste klas?

7. Mag je gratis in de trein?
8. Heb je een abonnement?
9. Eet je vandaag in een restaurant?

Grammatica

1 PRONOMINA

1.1 Pronomen possessivum in de pluralis

le persoon: *ons* vóór *het*-woorden
           onze vóór – *de*-woorden
                  – alle woorden in de pluralis

het	*boek*	*ons*	*boek*	vgl.	*welk*	*boek*
de	*boeken*	*onze*	*boeken*		*welke*	*boeken*
de	*trein*	*onze*	*trein*		*welke*	*trein*
de	*treinen*	*onze*	*treinen*		*welke*	*treinen*

is dat onze trein? (r.26)
en de kinderen spelen graag met ons buurmeisje (r.65)

2e persoon: *jullie* of *je. Je* wordt gebruikt na het pronomen
           personale *jullie.*

waar zijn jullie kinderen? (r.60)
zien jullie je handschoenen niet?

3e persoon: *hun*

is dat het huis van Els en Jaap?
ja, dat is hun huis

1.2 Overzicht

persoon	pronomen personale (subject)	pronomen possessivum
1	*ik*	*mijn,* /mən/
2 (informeel)	*jij, je*	*jouw, je*
(formeel)	*u*	*uw*
3	*hij*	*zijn,* /zən/
	zij, ze	*haar,* /ər/, /dər/
	het /ət/	*zijn,* /zən/
1	*wij, we*	*ons, onze*
2 (informeel)	*jullie*	*jullie, je*
(formeel)	*u*	*uw*
3	*zij, ze*	*hun*

2 WERKWOORDEN

	vinden			*wachten*	
1	*ik*	*vind*	*ik*	*wacht*	
2	*je*	*vindt, vind je?*	*je*	*wacht, wacht je?*	
	u	*vindt*	*u*	*wacht*	
3	*hij*	*vindt*	*hij*	*wacht*	
	ze	*vindt*	*ze*	*wacht*	
	het	*vindt*	*het*	*wacht*	

	vinden			*wachten*	
1	*we*	*vinden*	*we*	*wachten*	
2	*jullie*	*vinden*	*jullie*	*wachten*	
	u	*vindt*	*u*	*wacht*	
3	*ze*	*vinden*	*ze*	*wachten*	

	praten			*zitten*	
1	*ik*	*praat*	*ik*	*zit*	
2	*je*	*praat, praat je?*	*je*	*zit, zit je?*	
	u	*praat*	*u*	*zit*	
3	*hij*	*praat*	*hij*	*zit*	
	ze	*praat*	*ze*	*zit*	
	het	*praat*	*het*	*zit*	
1	*we*	*praten*	*we*	*zitten*	
2	*jullie*	*praten*	*jullie*	*zitten*	
	u	*praat*	*u*	*zit*	
3	*ze*	*praten*	*ze*	*zitten*	

3 *NU* EN *NOU*

(a) *nu*: 'op dit moment'

nu ga ik naar huis

(b) *nou*

1. ongeduld: *kom nou!* (r.6)
2. verbazing: *wat zoeken jullie daar nou toch?* (r.48)
3. denkpauze in een zin: *nou . . . dat zit zo*
4. 'nu': *nou ga ik maar weg*

4 *PRATEN* EN *SPREKEN*

(a) als synoniemen (*spreken* is formeler)

hij praat met de conducteur
hij spreekt met de conducteur
hij praat over de Picasso-tentoonstelling
hij spreekt over de Picasso-tentoonstelling

(b) verschillende betekenissen

hij praat veel over zijn kinderen
hij spreekt goed Engels
een politicus spreekt vaak voor een groot publiek
die man praat de hele dag
met wie spreek ik? (telefoongesprek)
kan ik mevrouw Kooiman spreken? (aan de telefoon)
ik praat nog wel even met haar

Les 8

In de bibliotheek: John King zoekt een boek in de bibliotheek
J: John King   b: bibliothecaresse 1   c: bibliothecaresse 2   m: een mevrouw; zij zoekt ook een boek

J. Goedemiddag juffrouw.

b. Dag meneer, kan ik u helpen?

J. Ik zoek een boek over Amsterdam,   3

—

J. over de geschiedenis van Amsterdam.

b. Van welke schrijver, meneer?

J. Van Van den Hoek Ostende.   6

—

b. En wat is de titel?

J. 'Amsterdam vroeger en nu'.

J. Hebt u dat boek?   9

—

b. Een ogenblikje alstublieft.

b. Ja, dat boek hebben we, meneer.

b. Hier hebt u het nummer.   12

—

b. Het boek staat in die kast.

J. Welke kast?

b. Daar rechts.   15

—

b. Die juffrouw helpt u wel.

J. Dank u wel, juffrouw.

□

—

c. Welk nummer zoekt u, meneer?   18

J. Dit nummer, juffrouw.

J. Het is een boek over Amsterdam.

—

c. Dat boek staat in deze kast, meneer.   21

c. Kijk, de nummers staan op de boeken.

c. Daar links staan ook boeken over
    Amsterdam.

J. Dat is interessant: 24

J. deze boeken ken ik.

J. Dit boek is heel oud.

—

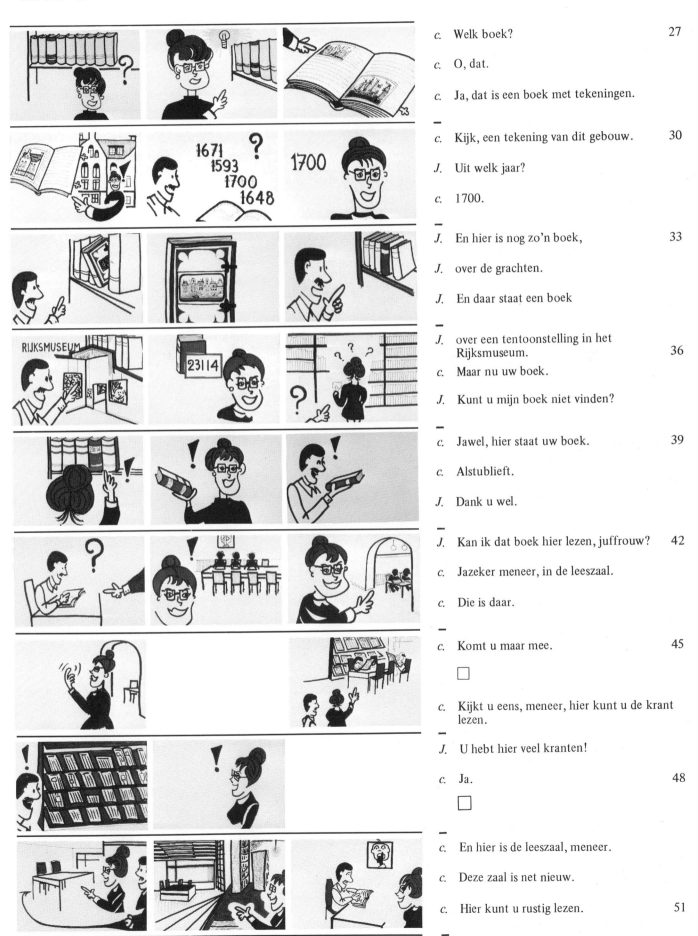

c. Welk boek?   27

c. O, dat.

c. Ja, dat is een boek met tekeningen.

—

c. Kijk, een tekening van dit gebouw.   30

J. Uit welk jaar?

c. 1700.

—

J. En hier is nog zo'n boek,   33

J. over de grachten.

J. En daar staat een boek

—

J. over een tentoonstelling in het
    Rijksmuseum.   36

c. Maar nu uw boek.

J. Kunt u mijn boek niet vinden?

—

c. Jawel, hier staat uw boek.   39

c. Alstublieft.

J. Dank u wel.

—

J. Kan ik dat boek hier lezen, juffrouw?   42

c. Jazeker meneer, in de leeszaal.

c. Die is daar.

—

c. Komt u maar mee.   45

    ☐

c. Kijkt u eens, meneer, hier kunt u de krant
    lezen.

—

J. U hebt hier veel kranten!

c. Ja.   48

    ☐

—

c. En hier is de leeszaal, meneer.

c. Deze zaal is net nieuw.

c. Hier kunt u rustig lezen.   51

—

Les 8

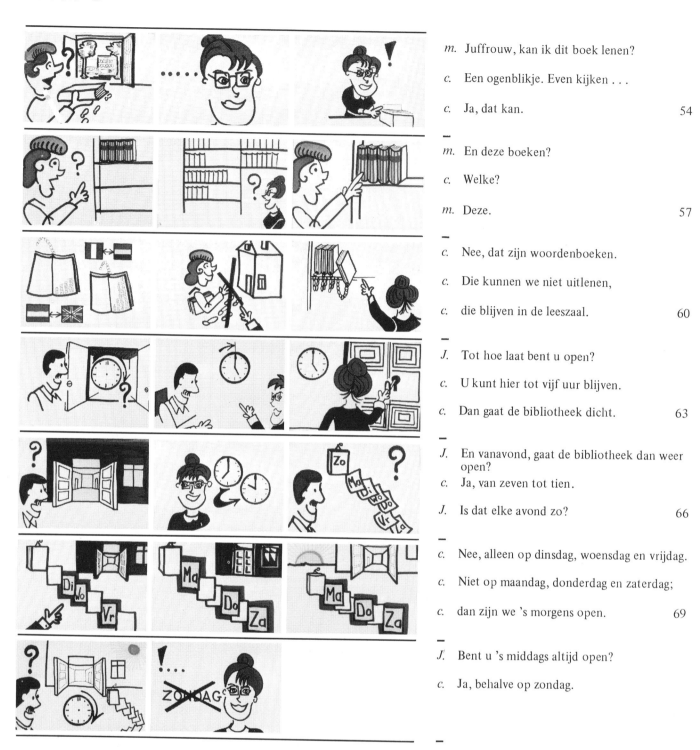

m. Juffrouw, kan ik dit boek lenen?

c. Een ogenblikje. Even kijken . . .

c. Ja, dat kan.   54

---

m. En deze boeken?

c. Welke?

m. Deze.   57

---

c. Nee, dat zijn woordenboeken.

c. Die kunnen we niet uitlenen,

c. die blijven in de leeszaal.   60

J. Tot hoe laat bent u open?

c. U kunt hier tot vijf uur blijven.

c. Dan gaat de bibliotheek dicht.   63

J. En vanavond, gaat de bibliotheek dan weer open?

c. Ja, van zeven tot tien.

J. Is dat elke avond zo?   66

---

c. Nee, alleen op dinsdag, woensdag en vrijdag.

c. Niet op maandag, donderdag en zaterdag;

c. dan zijn we 's morgens open.   69

J. Bent u 's middags altijd open?

c. Ja, behalve op zondag.

Aanvullende fonetiek

Let op de uitspraak van *niet* met *thuis*.
Herhaal: niet . . . thuis . . . niet thuis . . . ik kom . . . weggaan
. . . erg groot . . . al lang . . . kom maar . . . lijn negen . . .
innemen . . . motorraces . . . naar Rotterdam . . . gasstel . . .
Let op de spelling van *zo* met *een*. Je zegt [zoon] en je schrijft
zo'n.

Samenvatting

John King gaat naar de bibliotheek. Hij zoekt een boek over
de geschiedenis van Amsterdam: 'Amsterdam vroeger en nu'.
De auteur is Van den Hoek Ostende. De juffrouw zoekt het
nummer in de catalogus. Het boek staat in de kast rechts.
Daar staan nog meer boeken over Amsterdam: er staat onder
andere een boek uit 1700 en boeken over de grachten en over

het Rijksmuseum. John mag 'Amsterdam vroeger en nu'
lenen, want het is geen woordenboek of naslagwerk, maar hij
gaat liever met het boek naar de leeszaal. De juffrouw brengt
hem daar.

De leeszaal is net nieuw. Het is er erg rustig. John kan er
tot vijf uur blijven. Dan gaat de bibliotheek dicht. Op
dinsdag, woensdag en vrijdag gaat de leeszaal 's avonds weer
open, en wel van zeven tot tien. Op andere werkdagen is de
bibliotheek 's morgens open. 's Middags is hij altijd open,
behalve zondags.

Oefeningen

1 A

substitutie-oefening

kan ik dit boek lenen?	deze boeken
kan ik deze boeken lenen?	een boek over bomen
kan ik een boek over bomen lenen?	deze kranten
kan ik deze kranten lenen?	een boek over Amsterdam
kan ik een boek over Amsterdam lenen?	een boek over de geschiedenis van Amsterdam
kan ik een boek over de geschiedenis van Amsterdam lenen?	een boek over treinen
kan ik een boek over treinen lenen?	dit boek
kan ik dit boek lenen?	

2 B (8.1)

substitutie-oefening

hier kunt u rustig lezen	de studenten
hier kunnen de studenten rustig lezen	de analist
hier kan de analist rustig lezen	jullie
hier kunnen jullie rustig lezen	ik
hier kan ik rustig lezen	we
hier kunnen we rustig lezen	je
hier kun je rustig lezen	hij
hier kan hij rustig lezen	u
hier kunt u rustig lezen	

3 A (7.8)

zie je die zaal?
  welke zaal bedoel je?

zie je dat nummer?
  welk nummer bedoel je?

zie je die nummers?
  welke nummers bedoel je?

zie je dat restaurant?
  welk restaurant bedoel je?

zie je die leeszaal?
  welke leeszaal bedoel je?

zie je dat station?
  welk station bedoel je?

zie je die bomen?
  welke bomen bedoel je?

zie je dat boek?
  welk boek bedoel je?

zie je die zaal?
  welke zaal bedoel je?

4 B

hier is het boek
  bedoel je dit boek?

daar is het boek
  bedoel je dat boek?

hier is het restaurant
  bedoel je dit restaurant?

daar is het postkantoor
  bedoel je dat postkantoor?

daar is het kopje
  bedoel je dat kopje?

hier is het huis
  bedoel je dit huis?

hier is het boek
  bedoel je dit boek?

5 B

hier is de boom
  bedoel je deze boom?

daar is de boom
  bedoel je die boom?

hier is de schrijver
  bedoel je deze schrijver?

daar is de koffie
  bedoel je die koffie?

daar is de krant
  bedoel je die krant?

hier is de bus
  bedoel je deze bus?

hier is de boom
  bedoel je deze boom?

6 B (8.4,5)

hier is het boek
  bedoel je dit boek?

hier zijn de boeken
  bedoel je deze boeken?

daar is het boek
  bedoel je dat boek?

daar zijn de boeken
  bedoel je die boeken?

hier is de krant
  bedoel je deze krant?

Les 8

hier zijn de kranten
    bedoel je deze kranten?

daar is de krant
    bedoel je die krant?

daar zijn de kranten
    bedoel je die kranten?

hier is het boek
    bedoel je dit boek?

7 C (8.6)

hier zijn de analisten
    bedoel je deze analisten?

hier is de analist
    bedoel je deze analist?

hier is het nummer
    bedoel je dit nummer?

hier zijn de nummers
    bedoel je deze nummers?

daar is de straat
    bedoel je die straat?

daar zijn de straten
    bedoel je die straten?

daar is het adres
    bedoel je dat adres?

daar zijn de adressen
    bedoel je die adressen?

hier is de krant
    bedoel je deze krant?

daar zijn de kopjes
    bedoel je die kopjes?

hier zijn de studenten
    bedoel je deze studenten?

hier zijn de boeken
    bedoel je deze boeken?

hier zijn de analisten
    bedoel je deze analisten?

8 C (8.1; 7.6)

substitutie-oefening

in deze kast staat een boek
    over Amsterdam   veel boeken over treinen
in deze kast staan veel
    boeken over treinen   een boek over het museum
in deze kast staat een boek
    over het museum   boeken over trams
in deze kast staan boeken
    over trams   boeken over bomen
in deze kast staan boeken
    over bomen   een boek met een tekening
                  van dit gebouw

in deze kast staat een boek
    met een tekening
    van dit gebouw   een boek over Amsterdam
in deze kast staat een boek
    over Amsterdam

9 B (8.7)

ik zoek een nummer
    zoek je dit nummer?

ik zoek een krant
    zoek je deze krant?

ik zoek een boek
    zoek je dit boek?

ik zoek een gebouw
    zoek je dit gebouw?

ik zoek een tram
    zoek je deze tram?

ik zoek een huis
    zoek je dit huis?

ik zoek een student
    zoek je deze student?

ik zoek een kast
    zoek je deze kast?

ik zoek een bushalte
    zoek je deze bushalte?

ik zoek een nummer
    zoek je dit nummer?

ik zoek een krant
    zoek je deze krant?

10 A (7.1,2,6)

substitutie-oefening

ik zit in de leeszaal   de studenten
de studenten zitten in de leeszaal   je
je zit in de leeszaal   meneer King
meneer King zit in de leeszaal   werkt
meneer King werkt in de leeszaal   deze juffrouw
deze juffrouw werkt in de leeszaal   de bibliotheek
deze juffrouw werkt in de bibliotheek ik
ik werk in de bibliotheek   ben
ik ben in de bibliotheek   die juffrouw
die juffrouw is in de bibliotheek

11 C (5.13; 6.6)

gaat Kees naar Rotterdam?
    nee, die gaat niet naar Rotterdam

leent Anneke een woordenboek?
    nee, die leent geen woordenboek

zit Els in de tuin?
    nee, die zit niet in de tuin

hebben Wim en Els een auto?
    nee, die hebben geen auto

rookt mevrouw Bergsma?
    nee, die rookt niet

praten Jaap en Meta met de conducteur?
    nee, die praten niet met de conducteur

hebben de buren kinderen?
    nee, die hebben geen kinderen

gaat Kees naar Rotterdam?
    nee, die gaat niet naar Rotterdam

12 C (8.6,12)

zoekt u deze boeken?
    nee, die zoek ik niet

bedoelt u deze schrijver?
    nee, die bedoel ik niet

leest u dit boek?
    nee, dat lees ik niet

krijgt u deze tekening?
    nee, die krijg ik niet

kent u deze man?
    nee, die ken ik niet

hebt u dit nummer?
    nee, dat heb ik niet

spreekt u deze talen?
    nee, die spreek ik niet

weet u deze straat?
    nee, die weet ik niet

zoekt u deze boeken?
    nee, die zoek ik niet

13 B (8.2)

ik zoek een boek
    kunt u dat boek niet vinden?

hij zoekt een boek
    kan hij dat boek niet vinden?

ze zoekt een boek
    kan ze dat boek niet vinden?

ze zoeken een boek
    kunnen ze dat boek niet vinden?

hij zoekt een woordenboek
    kan hij dat woordenboek niet vinden?

ze zoeken een woordenboek
    kunnen ze dat woordenboek niet vinden?

ze zoekt een woordenboek
    kan ze dat woordenboek niet vinden?

ik zoek een boek
    kunt u dat boek niet vinden?

14 C (8.7,14)

substitutie-oefening

kan ik dit boek lenen?	we
kunnen we dit boek lenen?	auto
kunnen we deze auto lenen?	die
kunnen we die auto lenen?	hij
kan hij die auto lenen?	boek
kan hij dat boek lenen?	lezen
kan hij dat boek lezen?	jullie
kunnen jullie dat boek lezen?	krant
kunnen jullie die krant lezen?	je
kun je die krant lezen?	u
kunt u die krant lezen?	

Aanvullende woordenlijst

de bibliotheek

de uitlening	de poëzie
de catalogus	de ballade
het boek	de literatuur
de krant	het sprookje
het tijdschrift	de fabel
het weekblad	de legende
het maandblad	de sage
de verschijningsdatum	het epos
de schrijver, auteur	de epiek
de uitgever	de lyriek
de uitgeverij	de bundel
de plaats	het handschrift, manuscript
het jaartal	de detective
de druk	de pocket
de editie	
de herziene druk	de kaft
de uitgebreide druk	de band
de leeszaal	de bladzijde, pagina
de studiezaal	de illustratie
de leestafel	de voetnoot
de boekenkast	de index
het kaartsysteem	het register
de fotocopie	de inhoud
het fotocopieerapparaat	het voorwoord
de jaargang	de epiloog
inbinden – ingebonden	de proloog
het losse nummer	de inleiding
de titel	het hoofdstuk
alfabetisch	
aanvragen	DE HOOFDLETTER
	de kleine letter
het boek	*cursief*
het verhaal	g e s p a t i e e r d
de roman	<u>onderstreept</u>
het korte verhaal	de alinea
de novelle	de kantlijn, marge
het gedicht	het citaat
het proza	het werk

Les 8

In de bibliotheek hebben ze boeken, kranten en tijdschriften. Je kunt in de leeszaal zitten en je kunt de boeken lenen.

de dagen van de week

zondag	woensdag	vrijdag
maandag	donderdag	zaterdag
dinsdag		

Kranten en tijdschriften kun je meestal niet lenen.

Er zijn studieboeken en romans. Verder zijn er boeken met verhalen, met gedichten, met platen, enz.

Een boek heeft een titel en meestal een schrijver. In de bibliotheek hebben de boeken ook een nummer. In de catalogus kun je dat nummer vinden. De boeken staan daar alfabetisch op schrijver.

Vragen over het gesprek

Welk boek zoekt John King?   Wie is de schrijver?   In welke kast staat dat boek?   Welke boeken over Amsterdam staan er in de kast?   Waar kan John zijn boek lezen?   Welke boeken kan hij niet lenen?   Hoe laat gaat de bibliotheek dicht?   Is de leeszaal 's avonds open?   Wanneer is de leeszaal 's morgens open?   Wanneer is de leeszaal dicht?

Conversatie

Heb je boeken bij je?   Wat voor boeken?   En je buurman/buurvrouw?   Waar is de bibliotheek in deze stad?   Komt daar een bus of een tram langs?   Wanneer is de bibliotheek open?   Kun je er kranten en tijdschriften lezen?   Wat moet je allemaal doen als je een boek wilt lenen?   Is er hier een leeszaal?   Studeer je daar vaak?   Kun je daar ook boeken lenen?   Mag je er roken?   Welke krant lees je meestal?   Lees je ook Nederlandse kranten?   Welke?   Welke Nederlandse tijdschriften ken je?   Heb je op dinsdag les?   Welke dag is het vandaag?

Huiswerk

1 *Vul in:* dit/dat, deze/die.
   Voorbeeld: Ga je naar . . . boekwinkel daar?
              Ga je naar **die** boekwinkel daar?
   Situatie: In een boekwinkel

1. Verkoopster: Goedemorgen. Kan ik u helpen?
2. Anneke: Ja. Ik zoek . . . tijdschrift met het interview met John King.
3. Verkoopster: . . . is De Tijd, hè?
4.   . . . verkoop ik niet.
5. Anneke: Waar kan ik . . . krijgen?
6. Verkoopster: In de kiosk.
7. Anneke: Waar is . . . kiosk?
8. Verkoopster: . . . is niet zo ver.
9.   Ziet u . . . gebouw daar?
10. Anneke: Bedoelt u . . . museum?
11. Verkoopster: Ja, . . . bedoel ik. Daar is het dichtbij.
12. Anneke: O, . . . vind ik wel.
13.   Heeft u ook kinderboeken?
14. Verkoopster: Ja, . . . liggen hier, op . . . tafel.
15. Anneke: Mag ik even kijken?
16. Verkoopster: Jazeker.
17. Anneke: . . . boek vind ik leuk, en . . . ook wel.
18.   Geeft u . . . twee maar.
19. Verkoopster: . . . kosten samen *f* 19,50.
20. Anneke: Alstublieft.
21. Verkoopster: Dank u wel, en tot ziens.
22. Anneke: Dag mevrouw.

2 *Vul de juiste vorm van* kunnen, kennen *of* weten *in.*
   Voorbeeld: . . . je morgenavond ook komen?
              Kun je morgenavond ook komen?
   Situatie: Telefoongesprek

1. Maria: Met Maria.
2. Els: Dag Maria, met Els.
3.   Morgen is er een vergadering over de
4.   vrouwenkrant.
5.   . . . je dan ook komen?
6. Maria: Dat . . . ik niet.
7.   . . . je even wachten, Els?
8.   Dan kijk ik in mijn agenda.
9.   Ik . . . 's middags wel, maar 's avonds niet.
10. Els: O, dan . . . Jos en Boukje niet.
11. Maria: Wie zijn dat? Die . . . ik niet.
12. Els: . . . je die niet?
13.   Dat zijn twee journalisten.
14.   Die . . . veel over kranten.
15. Maria: Dat . . . wij toch ook!
16. Els: Jazeker, maar zij . . . ook goed schrijven.
17. Maria: Dat is waar.
18.   Jammer Els, maar ik . . . echt niet.
19. Els: Dag Maria.
20. Maria: Dag Els.

3 *Maak de volgende zinnen af.*
   Voorbeeld: Je kunt hier . . .
              Je kunt hier **geen tijdschriften kopen.**

1. In de bibliotheek kun je . . .
2. Dat is interessant: . . .
3. Kijkt u eens . . .
4. Een ogenblikje . . .
5. Op werkdagen . . .
6. Is Jaap thuis? Nee, . . .
7. Vanmiddag . . . ,
8. daarna . . .
9. Ik vind Engels makkelijk, maar . . .

Grammatica

1 PRONOMEN DEMONSTRATIVUM

1.1 Vorm

De demonstrativa zijn: *dit, dat, deze, die*
Dit en *dat* worden gebruikt vóór of in plaats van *het*-woorden.
Deze en *die* worden gebruikt vóór of in plaats van:
– *de*-woorden
– alle woorden in de pluralis.

1.2 Betekenis

1.2.1 Afstand

Dit en *deze* corresponderen met het begrip 'hier, dichtbij'.
Dat en *die* corresponderen met het begrip 'daar, verderweg'.

	hier	*daar*
het boek	dit boek	dat boek
de tafel	deze tafel	die tafel
de boeken	deze boeken	die boeken
de tafels	deze tafels	die tafels

dit nummer, juffrouw (r.19)
die juffrouw helpt u wel (r.16)
deze zaal is net nieuw (r.50)
deze boeken ken ik (r.25)

1.2.2 Verwijzing

Die en *dat* kunnen verwijzen naar iets dat al genoemd is.

ik zoek Trouw; hebt u die krant?   ja, die krant heb ik

ik zoek een boek over Amsterdam (r.3)
hebt u dat boek? (r.9)   *ja, dat boek hebben we* (r.11)

1.2.3 Differentiatie

welke foto's zijn van u?   deze foto's of die foto's?

dit boek is wel interessant,   maar dat boek niet

1.2.4 Vervanging

Die en *dat* kunnen het pronomen personale van de 3e persoon vervangen.

(a) subjectfunctie
waar is Jaap? hij is naar een vergadering
         die is naar een vergadering
waar is Els? ze zit in de tuin
         die zit in de tuin
hebben Wim en Els een auto? nee, ze hebben geen auto
                nee, die hebben geen auto

(b) objectfunctie (zie les 9 § 1)
koop je brood? nee, dat koop ik niet
kent u mevrouw Kooiman? nee, die ken ik niet
hebt u onze boeken? ja, die heb ik

N.B. *die* en *dat* komen altijd op de eerste plaats in de zin

1.2.5 Zelfstandig gebruik

Die, dat, deze, en *die* kunnen ook zonder substantief gebruikt worden.

welk boek? o, dat (r.27–28)
welke? deze (r.56–57)
die kunnen we niet uitlenen (r.59)
welk boek is van jou: dit of dat?

2 WERKWOORDEN

2.1 *Kennen, weten, kunnen*

Let op het betekenisverschil tussen deze drie werkwoorden.

deze boeken ken ik (r.25)
ken je John King?
ik ken hem wel, maar ik weet niet waar hij woont
weet je de Emmastraat? (weet je waar de Emmastraat is?)
ken je de Emmastraat? (ben je er bekend?)
waar is Kees? dat weet ik niet

juffrouw, kan ik dit boek lenen? (r.52)   *ja, dat kan* (r.54)
ken je Nederlands? ik kan het lezen, maar ik kan het nog niet spreken

2.2 *Kunnen*

1	ik	kan
2	je	kunt, kun je? (ook: *je kan, kan je?*)
	u	kunt
3	hij	kan
	ze	kan
	het	kan
1	we	kunnen
2	jullie	kunnen
	u	kunt
3	ze	kunnen

3 AUXILIAIR + INFINITIEF

Als het predikaat bestaat uit: auxiliair + infinitief, gaat de infinitief naar het eind van de zin.

kunt u mijn boek niet vinden? (r.38)
hier kunt u rustig lezen (r.51)
u kunt hier tot vijf uur blijven (r.62)

4 *ELK/ELKE*

(zie *welk/welke*, les 6 § 1)
Elk(e) betekent 'ieder(e)'.
Elk wordt gebruikt voor *het*-woorden: *elk boek*
Elke wordt gebruikt voor *de*-woorden: *elke dag*

is dat elke avond zo? (r.66)

Les 9

Na college
A: Anneke *K: Kees*

A. Zeg Kees, heb jij het collegedictaat van gisteren?

K. Ja, ik heb het bij me.

A. Mag ik het van je lenen? 3

—

K. Natuurlijk, maar het is niet erg netjes.

K. Kun je het lezen?

A. Even kijken . . . 6

—

A. O ja, makkelijk!

A. Mag ik het tot dinsdag houden?

K. Je mag het gerust de hele week houden. 9

—

K. Ik gebruik het toch niet.

K. Zeg, ga jij nog koffie drinken?

A. Hoe laat is het? 12

—

K. Vijf voor elf.

A. Dan kan het nog wel even.

☐

—

K. Zoek je iets? 15

A. Ja, mijn portemonnee.

A. Ik heb hem altijd in mijn tasje,

—

A. maar nu kan ik hem niet vinden. 18

K. Heb je hem niet in je jaszak?

A. Nee, beslist niet; daar heb ik hem nooit.

—

K. Of tussen je dictaat? 21

A. Nee, ook niet.

K. Ligt hij niet thuis?

—

A. Dat hoop ik. 24

K. Anders moet je naar de politie gaan, hoor.

K. Misschien ligt hij bij 'Gevonden voorwerpen'.

—

Les 9

A. Ja, maar ik zal eerst thuis kijken.   27

A. Wil jij mijn koffie even betalen?

K. Natuurlijk. Ga maar vast zitten.

—

K. Ik haal de koffie wel.   30

☐

A. Zeg, is John ziek?

—

A. Ik zie hem nooit meer.

K. Nee, maar hij heeft het erg druk.   33

K. Zaterdag komt hij bij me eten.

—

K. Weet je wat, kom jij dan ook!

A. Zaterdag . . . even kijken . . .   36

A. Nee, ik heb nog niets.

—

A. Goed, dan kom ik.

K. Zou je zusje ook zin hebben?   39

K. Dan zijn we met z'n vieren, gezellig!

—

A. Marianne? Ik zal het haar vragen.

A. Maar hoe wil je dat doen met vier mensen?   42

A. Je hebt toch geen keuken?

—

K. O, dat is geen punt:

K. bij mij op de hoek verkopen ze kip aan het spit, en patat.   45

K. Ik zorg nog voor een schaal sla, en een paar flessen wijn,

K. en 'klaar is Kees'!

A. O, zo kan ik het ook.   48

K. Weet je wat, dan gaan we na het eten de stad in,

K. naar een film of zo,

K. en daarna kunnen we nog ergens iets drinken: 51

K. de café's zijn zaterdags toch tot 2 uur open.

—

Les 9

A. Dat is een idee!

K. Kook jij eigenlijk vaak zelf? 54

A. Nou, meestal kookt mijn moeder,

—

A. maar in het weekend doe ik het wel eens;

A. of Marianne – die kookt erg graag,
en goed! 57
A. En jij?

—

K. Ik eet vrijwel altijd in de mensa:

K. het eten is er wel niet zo lekker, 60

K. maar het is goedkoop en makkelijk.

—

A. Ik moet weg. Bedankt voor de koffie.

A. Morgen betaal ik wel voor jou. 63

K. Dat hoeft niet, hoor.

—

K. Tot zaterdag dan.

A. Hoe laat zullen we komen? 66

K. Kom maar om een uur of vijf,

—

K. dan kunnen we eerst nog een glas sherry
drinken.

K. Daarna moet ik wel even weg om het
eten te halen. 69
K. Niet lang, want ik bestel 's morgens twee
kippen,

—

K. dan liggen ze 's avonds voor me klaar

K. en kan ik ze zo afhalen, met de patat. 72

—

Aanvullende fonetiek

Let op de uitspraak van *dat* met *zijn*.
Herhaal: dat . . . zijn . . . dat zijn . . . dat zijn mijn kleinkinderen . . . hetzelfde . . . tot ziens . . . geldzaken . . . goed
zo! . . . wat zegt ze? . . . ik zal . . . opvolger . . . uitzicht . . .
op zoek . . . uitzoeken . . . ik zie . . . Annekes vriendin . . .
half vijf . . . afzetten . . . ons zusje . . . leeszaal . . . hij is
ziek . . .

Samenvatting

Na college vraagt Anneke aan Kees om het collegedictaat van
gisteren. Anneke mag het gerust lenen, maar het is niet erg
netjes. In de kantine gaan ze even koffie drinken. Daar mist
Anneke haar portemonnee; ze heeft hem altijd in haar tasje,
maar nu niet. Hij zit ook niet in haar jaszak of tussen haar
dictaat. Hopelijk ligt hij thuis. Anders moet ze naar
'Gevonden voorwerpen' gaan. Nu haalt en betaalt Kees de

koffie voor haar. Anneke vraagt naar John. Ze ziet hem nooit meer, hij is toch niet ziek? Nee, hij heeft het erg druk, vertelt Kees. Zaterdag komt John bij Kees eten, en Kees vraagt Anneke en haar zusje ook. Dan zijn ze met z'n vieren, dat is gezellig. Hij haalt het eten bij een snackbar op de hoek, want hij heeft geen eigen keuken. Anneke kookt niet vaak, meestal doet haar moeder het, en soms haar zusje. Die kan goed koken. Kees en Anneke maken een afspraak voor zaterdag een uur of vijf, dan kunnen ze voor het eten nog iets drinken.

Oefeningen

1 A (5.9,12)

ligt je portemonnee thuis?
> nee, hij ligt niet thuis

stopt de tram bij het paleis?
> nee, hij stopt niet bij het paleis

komt de trein op spoor 3?
> nee, hij komt niet op spoor 3

gaat de bus naar het station?
> nee, hij gaat niet naar het station

staat de leeszaal in de Leidsestraat?
> nee, hij staat niet in de Leidsestraat

is die taal moeilijk?
> nee, hij is niet moeilijk

woont meneer King in Engeland?
> nee, hij woont niet in Engeland

staat de kast in de leeszaal?
> nee, hij staat niet in de leeszaal

ligt je portemonnee thuis?
> nee, hij ligt niet thuis

2 A (5.9)

is het dictaat netjes?
> nee, het is niet erg netjes

is het balkon groot?
> nee, het is niet erg groot

is het boek oud?
> nee, het is niet erg oud

is het ziekenhuis ver weg?
> nee, het is niet erg ver weg

is het eten duur?
> nee, het is niet erg duur

is het station nieuw?
> nee, het is niet erg nieuw

is het dictaat netjes?
> nee, het is niet erg netjes

3 B (9.1,2)

het dictaat is netjes, hè?
> ja, het is netjes

de Hoofdweg is ver weg, hè?
> ja, hij is ver weg

het ziekenhuis is groot, hè?
> ja, het is groot

het boek heeft tekeningen, hè?
> ja, het heeft tekeningen

de trein gaat naar Rotterdam, hè?
> ja, hij gaat naar Rotterdam

het huis is oud, hè?
> ja, het is oud

de boom staat in de tuin, hè?
> ja, hij staat in de tuin

de Leidsestraat is lang, hè?
> ja, hij is lang

het kopje is nieuw, hè?
> ja, het is nieuw

de conducteur is aardig, hè?
> ja, hij is aardig

het dictaat is netjes, hè?
> ja, het is netjes

de Hoofdweg is ver weg, hè?
> ja, hij is ver weg

4 A

liggen de kippen klaar?
> ja, ze liggen klaar

gaan de trams naar de Hoofdweg?
> ja, ze gaan naar de Hoofdweg

zijn de foto's goed?
> ja, ze zijn goed

liggen de jassen in de kamer?
> ja, ze liggen in de kamer

zijn de tekeningen oud?
> ja, ze zijn oud

zijn uw diensten onregelmatig?
> ja, ze zijn onregelmatig

staan de tekeningen in dat boek?
> ja, ze staan in dat boek

liggen de kippen klaar?
> ja, ze liggen klaar

5 C (9.1,2,3,4)

stopt de tram in de Leidsestraat?
> nee, hij stopt niet in de Leidsestraat

zijn de café's open?
> nee, ze zijn niet open

staat het boek in de kast?
> nee, het staat niet in de kast

Les 9

zijn de handschoenen oud?
    nee, ze zijn niet oud

werkt John in het ziekenhuis?
    nee, hij werkt niet in het ziekenhuis

zitten de kinderen in de tuin?
    nee, ze zitten niet in de tuin

is dat eten goedkoop?
    nee, het is niet goedkoop

gaat de sneltrein naar Utrecht?
    nee, hij gaat niet naar Utrecht

staan de nummers op de boeken?
    nee, ze staan niet op de boeken

staat het paleis bij de brug?
    nee, het staat niet bij de brug

is de kip lekker?
    nee, hij is niet lekker

studeert Anneke in Rotterdam?
    nee, ze studeert niet in Rotterdam

spelen de kinderen in de tuin?
    nee, ze spelen niet in de tuin

staat de fiets op het balkon?
    nee, hij staat niet op het balkon

stopt de tram in de Leidsestraat?
    nee, hij stopt niet in de Leidsestraat

6 A (5.10)

gebruik jij deze portemonnee?
    nee, ik gebruik hem niet

lees jij deze krant?
    nee, ik lees hem niet

zoek jij deze fiets?
    nee, ik zoek hem niet

koop jij deze auto?
    nee, ik koop hem niet

gebruik jij deze portemonnee?
    nee, ik gebruik hem niet

7 A

heb jij dat boek?
    ja; wil jij het ook hebben?

koop jij dat woordenboek?
    ja; wil jij het ook kopen?

gebruik jij dit dictaat?
    ja; wil jij het ook gebruiken?

lees jij dit boek?
    ja; wil jij het ook lezen?

heb jij dat boek?
    ja; wil jij het ook hebben?

8 B (9.7)

mag ik het dictaat tot dinsdag houden?
    ja, je mag het ook tot woensdag houden

mag ik het boek tot vrijdag houden?
    ja, je mag het ook tot zaterdag houden

mag ik het woordenboek tot zondag houden?
    ja, je mag het ook tot maandag houden

mag ik het kopje tot donderdag houden?
    ja, je mag het ook tot vrijdag houden

mag ik het dictaat tot dinsdag houden?
    ja, je mag het ook tot woensdag houden

mag ik het boek tot zaterdag houden?
    ja, je mag het ook tot zondag houden

mag ik het dictaat tot maandag houden?
    ja, je mag het ook tot dinsdag houden

mag ik het woordenboek tot woensdag houden?
    ja, je mag het ook tot donderdag houden

mag ik het dictaat tot dinsdag houden?
    ja, je mag het ook tot woensdag houden

9 A (8.13)

Kees bestelt de flessen
    kan Marianne ze niet bestellen?

Kees haalt de kippen
    kan Marianne ze niet halen?

John koopt de koekjes
    kan Marianne ze niet kopen?

Wim helpt de buren
    kan Marianne ze niet helpen?

Els betaalt de handschoenen
    kan Marianne ze niet betalen?

John leent de boeken
    kan Marianne ze niet lenen?

Kees bestelt de flessen
    kan Marianne ze niet bestellen?

10 C (9.6,7,8,9)

zie jij John?
    nee, ik zie hem niet

ken jij dit boek?
    nee, ik ken het niet

help jij de buren?
    nee, ik help ze niet

heb jij de flessen wijn?
    nee, ik heb ze niet

weet jij het nummer?
    nee, ik weet het niet

zie jij mijn handschoenen?
    nee, ik zie ze niet

gebruik jij deze kopjes?
    nee, ik gebruik ze niet

koop jij deze krant?
    nee, ik koop hem niet

betaal jij de koffie?
    nee, ik betaal hem niet

zie jij John?
    nee, ik zie hem niet

11 A (5.10)

help jij Anneke van Kampen?
    nee, ik help haar niet

zie jij juffrouw Bergsma?
    nee, ik zie haar niet

help jij mevrouw King?
    nee, ik help haar niet

help jij die dame?
    nee, ik help haar niet

zie jij Corrie?
    nee, ik zie haar niet

help jij je moeder?
    nee, ik help haar niet

help jij Anneke van Kampen?
    nee, ik help haar niet

12 C (9.10,11)

ken je Kees al lang?
    nee, ik ken hem nu bijna een half jaar

ken je Corrie al lang?
    nee, ik ken haar nu bijna een half jaar

ken je mevrouw King al lang?
    nee, ik ken haar nu bijna een half jaar

ken je Wim en Els al lang?
    nee, ik ken ze nu bijna een half jaar

ken je onze buren al lang?
    nee, ik ken ze nu bijna een half jaar

ken je meneer King al lang?
    nee, ik ken hem nu bijna een half jaar

ken je mijn zusje al lang?
    nee, ik ken haar nu bijna een half jaar

ken je die studenten al lang?
    nee, ik ken ze nu bijna een half jaar

ken je mijn vriend al lang?
    nee, ik ken hem nu bijna een half jaar

ken je Kees al lang?
    nee, ik ken hem nu bijna een half jaar

13 C

substitutie-oefening

Kees zorgt voor een schaal sla	een glas melk
Kees zorgt voor een glas melk	een fles wijn
Kees zorgt voor een fles wijn	een kopje koffie
Kees zorgt voor een kopje koffie	een fles melk
Kees zorgt voor een fles melk	een glas sherry
Kees zorgt voor een glas sherry	een kopje thee
Kees zorgt voor een kopje thee	een schaal sla
Kees zorgt voor een schaal sla	

14 B (9.8; 4.13)

komen jullie vrijdag bij me eten?
    nee, zaterdag komen we bij je eten

komen jullie zondag bij me eten?
    nee, maandag komen we bij je eten

komen jullie dinsdag bij me eten?
    nee, woensdag komen we bij je eten

komen jullie zaterdag bij me eten?
    nee, zondag komen we bij je eten

komen jullie maandag bij me eten?
    nee, dinsdag komen we bij je eten

komen jullie woensdag bij me eten?
    nee, donderdag komen we bij je eten

komen jullie donderdag bij me eten?
    nee, vrijdag komen we bij je eten

komen jullie vrijdag bij me eten?
    nee, zaterdag komen we bij je eten

15 C (9.14)

zaterdag eten wij bij Kees
    maar zondag eet Kees bij jullie, hè?

zaterdag eet ik bij Anneke
    maar zondag eet Anneke bij jou, hè?

zaterdag eet Corrie bij ons
    maar zondag eten jullie bij Corrie, hè?

zaterdag eet hij bij John
    maar zondag eet John bij hem, hè?

zaterdag eten zij bij Meta en Els
    maar zondag eten Meta en Els bij hen, hè?

zaterdag eet u bij moeder
    maar zondag eet moeder bij mij, hè?

zaterdag eten jullie bij Wim
    maar zondag eet Wim bij ons, hè?

zaterdag eten wij bij Kees
    maar zondag eet Kees bij jullie, hè?

Aanvullende woordenlijst

maaltijden

het ontbijt	de lunch

Les 9

het diner
warm eten
de broodmaaltijd
het middageten

het brood
de boterham
het broodje
het stokbrood
het krentenbrood
de krentenbol
bruin brood
wit brood
het volkorenbrood
gesneden brood

de boter
de margarine
de halvarine

het (brood) beleg
de kaas
de worst
het vlees
de jam
de hagelslag
de pindakaas
de ham
het vlees
rundvlees
kalfsvlees
varkensvlees
het gehakt
de vis
het ei
de biefstuk
de lever
de jus
de saus
de aardappel
gebakken aardappels

gekookte aardappels
(patat)frites
de aardappelpuree
de groente
de sla
de kool
de andijvie
het witlof
de ui
de paprika
de worteltjes
de boontjes, sperziebonen
de erwtjes, doperwtjes
de tomaat
de asperges
de bloemkool
de zuurkool
de boerenkool
de spruitjes

de rijst
de macaroni
de spaghetti

de soep
tomatensoep
kippesoep
aspergesoep
champignonsoep
groentesoep
de bouillon

het voorgerecht
het nagerecht, dessert, toetje
de vla
de yoghurt
de pudding
het ijs
het fruit

De Nederlanders eten drie keer per dag: 's morgens tussen 7 en 9 uur ontbijten ze, tussen de middag (tussen 12 en 1 uur) gebruiken ze de lunch en 's avonds tussen 6 en 7 uur eten ze warm. Sommige mensen eten tussen de middag warm en 's avonds brood.

Het ontbijt is een broodmaaltijd. De lunch is meestal een broodmaaltijd, maar het kan ook een warme maaltijd zijn. Warm eten bestaat vaak uit aardappels (met jus), groente en vlees. Ook eet men wel rijst, macaroni, of zoiets. Soms eet men soep vooraf. Als dessert eet je fruit, pudding, yoghurt of vla. Veel mensen drinken daarna een kopje koffie.

's Morgens drinkt iedereen tussen 10 en 11 uur koffie, 's middags meestal thee. 's Avonds drinken de Nederlanders koffie of thee.

Vragen over het gesprek

Heeft Kees het dictaat van gisteren?   Wat vraagt Anneke?   Is het dictaat netjes?   Hoe lang wil Anneke het houden?

Hebben ze veel tijd om koffie te drinken?   Wat zoekt Anneke?   Waar heeft ze die altijd?   Wie betaalt nu de koffie?   Waarom ziet Anneke John niet meer?   Wanneer komt John bij Kees eten?   Kan Anneke dan ook komen?   Gaat Kees zelf koken?   Hoe heet het zusje van Anneke?   Wat gaan ze na het eten doen?   Met hoeveel mensen zijn ze?   Hoe laat komen ze zaterdag bij Kees?   Hoe is het eten in de mensa?

Conversatie

Heb je een dictaat/schrift bij je?   Waar is het?   Is het netjes?   Kan ik het lezen?   Hoe laat beginnen de colleges/lessen hier?   Waar is je portemonnee?   Heb je altijd een portemonnee bij je?   Wat doe je als je hem niet kunt vinden?   Ga je wel eens in een snackbar warm eten halen?   Is er hier ook zoiets als een mensa?   Is het eten daar lekker? – en goedkoop?   Hou je van kip? (etc.)   Wat eet je vanavond?   Waar ga je morgen eten?   Heb je het druk?   Wat ga je in het weekend doen?   Tot hoe laat zijn in deze stad de bioscopen en café's open?   Is er een café bij jou op de hoek?   Hoe heet dat?   Is het daar gezellig?

Huiswerk

1 *Vul een pronomen in.*
  Voorbeeld: Richard geeft een feestje.
       . . . nodigt Betty uit.
       Richard geeft een feestje.
       Hij nodigt Betty uit.
  Situatie: In de kantine
1. Richard: Hé Betty, dat is lang geleden, zeg!
2.   Hoe gaat het met . . .?
3. Betty: Goed, en met . . .?
4 Richard: O, lekker.
5.   Morgen geef ik een feestje.
6.   Kom je ook?
7. Betty: Morgen? Even kijken, o, ik heb mijn agenda niet bij . . .
8.   Maar ik denk . . . wel.
9.   Als ik niet kan, bel ik . . . nog wel op.
10. Richard: Goed. Misschien heeft je vriendin ook zin.
11. Betty: Joke? Ik zal . . . . . . vragen.
12.   Zeg, zal ik . . . helpen?
13. Richard: Nee hoor, dat hoeft niet.
14.   Joop gaat . . . al helpen.
15. Betty: Komt Joop ook?
16.   O, dan kom ik zeker.
17.   Hoe gaat het met . . .?
18. Richard: O, uitstekend.
19.   Ik zal . . . vragen of hij . . . wil afhalen.
20. Betty: Nou, als dat zou kunnen!
21.   Zeg, wat kan ik voor . . . meenemen?
22. Richard: O, niets. Alleen die plaat die je een keer van . . . geleend hebt.
23. Betty: Oké. Dat beloof ik . . .
24.   Tot morgen.
25. Richard: Tot morgen!

2 *Vul in:* zal, zult, zullen.

Voorbeeld: . . . ik je om 6 uur halen?

Zal ik je om 6 uur halen?

1. Om negen uur zei mijn vrouw:
2. '. . . we vanavond naar die science fictionfilm gaan?'
3. 'Goed', zei ik, 'ik . . . eens informeren hoe laat hij begint.
4. Maar je . . . zien dat hij uitverkocht is.'
5. 'Bel Eddy', zei mijn vrouw, 'die . . . het wel weten'.
6. Maar Eddy was niet thuis.
7. 'Hij . . . wel de stad in zijn', zei mijn vrouw.
8. 'Maar bij de bioscoop . . . ze het zeker weten'.
9. Helaas, de film was al uitverkocht.
10. '. . . we dan maar thuisblijven?' zei mijn vrouw.

3 *Maak zinnen. Begin met een woord met een hoofdletter.*

Voorbeeld: vertel - hem - Ik - het

Ik vertel het hem.

1. Ik - een fles wijn - aan Jan - geef
2. aan mijn ouders - Ik - een brief - schrijf
3. haar - Ik - leen - mijn dictaat
4. trakteert - Herman - op gebak - ons
5. een kaart - stuur - Ik - je
6. Mijn zus - het cadeautje - geeft - hem
7. me - Hij - vraagt - een vuurtje
8. goed nieuws - Ik - breng - je
9. het boek - me - Piet - geeft
10. wens - je - het beste - Ik

Grammatica

1 HET PRONOMEN PERSONALE

1.1 Overzicht

subjectvorm		objectvorm	
zonder accent	met accent	zonder accent	met accent
1 *ik*	*ik*	*me*	*mij*
2 *je*	*jij*	*je*	*jou*
u	*u*	*u*	*u*
3 *hij*	*hij*	*hem* /əm/	*hem*
ze	*zij*	*haar* /ər/, /dər/	*haar*
het /ət/	*(dat)*	*het* /ət/	*(dat)*
1 *we*	*wij*	*ons*	*ons*
2 *jullie*	*jullie*	*jullie*	*jullie*
u	*u*	*u*	*u*
3 *ze*	*zij*	*ze*	*(die)*

N.B. De spelling van *hem* (zonder accent) is soms *'m*.

1.2 Functies van de objectvormen

(a) direct object
*zeg, is **John** ziek? ik zie **hem** nooit meer* (r.31–32)
*heb jij **het** collegedictaat van gisteren? ja, ik heb **het** bij me* (r. 1–2)
*Anneke kan **mij** niet zien, maar ik kan **haar** wel zien*
*zou je zusje ook zin hebben? ik zal **het haar** vragen* (r.39,41)

(b) indirect object
*kan je **me** de wijn geven?*
*komt je zusje ook? ik zal het **haar** vragen*
*stuur je **ons** een kaart?*

(c) na preposities
*zaterdag komt hij bij **me** eten* (r.34)
*bij **mij** op de hoek verkopen ze kip* (r.45)
*mag ik het van **je** lenen?* (r.3)
*morgen betaal ik wel voor **jou*** (r.63)
***Jaap en Els** gaan naar Rotterdam*
*Kees ontmoet **ze** op het station en praat met **ze***

2 VOLGORDE VAN OBJECTEN IN DE ZIN

	indirect object	direct object	indirect object (+ prepositie)
ik geef	*het meisje*	*het boek*	
ik geef	*haar*	*het boek*	
ik geef		*het boek*	*aan het meisje*
ik geef		*het*	*aan haar*
ik geef		*het*	*haar*

3 HET FUTURUM

3.1 Het Nederlands heeft geen aparte werkwoordsvorm voor het futurum. We gebruiken daar meestal het *praesens* voor:

*ik **kom** morgen*
*morgen **betaal** ik wel voor jou* (r.63)

3.2 *Gaan + infinitief* gebruiken we bij:

1. een intentie of een plan
ga jij nog koffiedrinken? (r.11)

2. het begin van een actie
ga maar vast zitten (r.29)
nu gaan we boodschappen doen

3.3 *Zullen + infinitief* gebruiken we bij:

1. een belofte, een garantie
ik zal eerst thuis kijken (r.27)
ik zal het haar vragen (r.41)

2. een suggestie, een voorstel (meestal 1e persoon)
zal ik dat even doen?
zullen we weggaan?

Les 9

4 ZULLEN

1	*ik*	*zal*
2 (informeel)	*je*	*zult, zul je* (ook: *je zal, zal je*)
(formeel)	*u*	*zult* (ook: *u zal*)
3	*hij*	*zal*
	ze	*zal*
	het	*zal*
1	*we*	*zullen*
2 (informeel)	*jullie*	*zullen*
(formeel)	*u*	*zult* (ook: *u zal*)
3	*ze*	*zullen*

Les 10

Mevrouw Bergsma gaat op bezoek bij haar vader
L: mevrouw Bergsma (Lies)   V: vader

L. Dag vader.

V. Dag Lies, kom gauw binnen.

V. Wat ben je nat!   3

—

L. Het is zulk slecht weer:

L. het stormt, en het regent dat het giet.

L. U bent vandaag zeker nog niet buiten geweest?   6

V. Nee, ik mag niet eens naar buiten.

L. O nee? Waarom niet?

V. Ik ben pas ziek geweest.   9

—

L. Bent u ziek geweest?

L. Toch niet erg?

L. Bent u nu weer beter?   12

—

V. Ja, ik ben nu weer beter,

V. maar ik moet nog wel binnen blijven.

L. Hoe lang bent u ziek geweest?   15

—

L. Hebt u in bed gelegen?

V. Ja, vijf dagen.

L. Ach! Bent u erg alleen geweest?   18

—

V. Nee hoor. Ik heb bezoek gehad:

V. de dokter is twee keer geweest,

V. en gisteren is oom Jan bij me geweest.   21

—

L. Dat is fijn.

L. En u hebt zeker veel gelezen?

V. Ja, ik heb elke dag de krant gelezen,   24

—

V. en drie boeken, uit de bibliotheek.

L. En hebt u wel genoeg gegeten?

V. Gegeten? . . . O ja.   27

—

Les 10

L. Wilt u nu misschien iets eten?

V. Ja, eigenlijk wel.

L. Ik maak wel iets voor u.   30

—

L. Maar vader, u hebt niets in huis!

L. Er is geen brood, er is geen melk,

L. er zijn geen eieren, er zijn geen aardappels, niets!   33

—

L. Hebt u al die tijd niets gegeten?

V. Jawel,

V. maar nu is alles op. (op het band zegt de man nou)   36

—

L. Dan ga ik nu eerst even boodschappen doen,

L. en daarna gaan we gezellig samen eten.

☐

—

V. Nou, ik heb heerlijk gegeten.   39

V. En vertel eens, hoe is het thuis?

L. Goed. We zijn gisteren in Amsterdam geweest.

V. Wat hebben jullie daar gedaan?   42

L. Van alles.

L. Hans is naar een tentoonstelling geweest

—

L. en ik heb met Els en de kinderen boodschappen gedaan.   45

V. En wat heb je gekocht?

L. Een jurk, en een tasje, en schoenen

—

L. en een paar sokken voor Hans.   48

L. En 's avonds zijn we bij Kees geweest.

L. Bent u wel eens bij Kees geweest?

—

V. Nee, nog nooit.   51

V. Hoe gaat het met hem?

L. Goed. Hij werkt hard.

—

82

Les 10

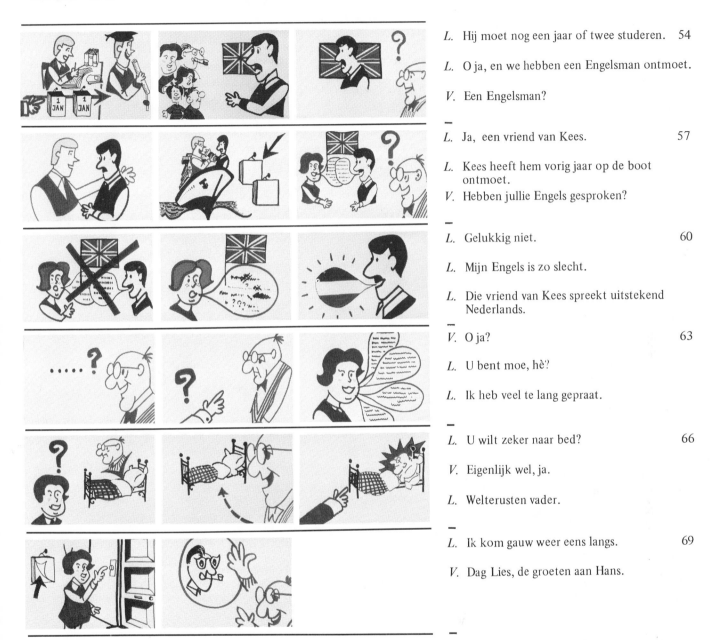

L. Hij moet nog een jaar of twee studeren.   54

L. O ja, en we hebben een Engelsman ontmoet.

V. Een Engelsman?

—

L. Ja, een vriend van Kees.   57

L. Kees heeft hem vorig jaar op de boot
    ontmoet.

V. Hebben jullie Engels gesproken?

—

L. Gelukkig niet.   60

L. Mijn Engels is zo slecht.

L. Die vriend van Kees spreekt uitstekend
   Nederlands.

—

V. O ja?   63

L. U bent moe, hè?

L. Ik heb veel te lang gepraat.

—

L. U wilt zeker naar bed?   66

V. Eigenlijk wel, ja.

L. Welterusten vader.

—

L. Ik kom gauw weer eens langs.   69

V. Dag Lies, de groeten aan Hans.

—

Aanvullende fonetiek

Let op de uitspraak van het woord e-e-n. Je zegt: [ən' les],
maar [les 'een]. En nu het woord e-e-n-s.
Je zegt [əs] met de betekenis *een keer*: komt u eens langs!
Herhaal: komt u eens langs . . .
Je zegt [eens] met de betekenis *één keer*: ééns in het jaar.
Herhaal: eens in het jaar . . .
Je zegt [niet 'eens] met de betekenis *ook niet* of *helemaal niet*.
Herhaal: ik mag niet eens naar buiten . . . willen jullie een
koekje? . . . twee koekjes — één voor Corrie en één voor mij
. . . kijk eens jongens! . . . je kijkt niet eens! . . .
Let op de uitspraak en de spelling van *niets*. Je schrijft
niets, maar je hoort meestal [niks].

Samenvatting

Mevrouw Bergsma komt bij haar vader op bezoek. Ze is erg
nat, want het regent dat het giet, en het stormt ook nog.
Vader zal met dit weer wel niet buiten zijn geweest. Dat
klopt; hij mag niet eens naar buiten, want hij is ziek geweest.
Hij heeft vijf dagen in bed gelegen en de dokter is twee keer
bij hem geweest, maar nu is hij weer beter; hij moet alleen
nog binnen blijven. Tijdens zijn ziekte heeft hij één keer
bezoek gehad: oom Jan is een keer bij hem geweest. Verder
heeft vader veel gelezen: de kranten en drie boeken uit de
bibliotheek. Hij heeft goed gegeten. Tenminste, dat zegt hij.
Maar nu is alles op. Daarom gaat Lies boodschappen doen, en
daarna kookt ze voor hem. Na het eten informeert vader naar

Les 10

de anderen, en Lies vertelt over een bezoek aan Amsterdam. Daar is ze gisteren met haar man geweest. Hans heeft een tentoonstelling bezocht, en zij heeft met Els en de kinderen gewinkeld. Ze hebben van alles gekocht: kleren, schoenen en een tasje. Daarna zijn ze naar Kees gegaan. Bij hem hebben ze kennis gemaakt met een Engelsman, een vriend van Kees. Maar ze hebben geen Engels gesproken, want die vriend spreekt uitstekend Nederlands.

Vader wordt moe van het gepraat van Lies. Hij wil eigenlijk naar bed. Daarom gaat Lies weg, maar ze belooft: 'Ik kom gauw weer eens langs.'

Oefeningen

1 A

heb je lang in Utrecht gewoond?
> ja, ik heb lang in Utrecht gewoond

heb je gisteren een tas gekocht?
> ja, ik heb gisteren een tas gekocht

hebben jullie lang gepraat?
> ja, we hebben lang gepraat

heb je een ei gekookt?
> ja, ik heb een ei gekookt

heb je lang in Utrecht gewoond?
> ja, ik heb lang in Utrecht gewoond

2 B (10.1)

ik werk vandaag in de tuin
> Kees heeft gisteren in de tuin gewerkt

ik leen vandaag een boek
> Kees heeft gisteren een boek geleend

ik koop vandaag een fiets
> Kees heeft gisteren een fiets gekocht

ik praat vandaag met vader
> Kees heeft gisteren met vader gepraat

ik kook vandaag aardappels
> Kees heeft gisteren aardappels gekookt

ik werk vandaag in de tuin
> Kees heeft gisteren in de tuin gewerkt

3 A

heb je al iets gelezen?
> nee, ik heb nog niets gelezen

heb je al iets gezien?
> nee, ik heb nog niets gezien

heb je al iets gedaan?
> nee, ik heb nog niets gedaan

heb je al iets gegeten?
> nee, ik heb nog niets gegeten

heb je al iets gevonden?
> nee, ik heb nog niets gevonden

heb je al iets gelezen?
> nee, ik heb nog niets gelezen

4 A (10.2; 5.8)

heb je bezoek?
> nee, ik heb gisteren bezoek gehad

heeft Kees bezoek?
> nee, hij heeft gisteren bezoek gehad

hebben jullie bezoek?
> nee, we hebben gisteren bezoek gehad

heeft Lies bezoek?
> nee, ze heeft gisteren bezoek gehad

hebben Kees en Els bezoek?
> nee, ze hebben gisteren bezoek gehad

heb je bezoek?
> nee, ik heb gisteren bezoek gehad

5 A (4.14)

is Kees bij de buren?
> nee, hij is vrijdag bij de buren geweest

zijn Wim en Hans in de tuin?
> nee, ze zijn vrijdag in de tuin geweest

is Lies naar Rotterdam?
> nee, ze is vrijdag naar Rotterdam geweest

zijn Els en Jaap naar het café?
> nee, ze zijn vrijdag naar het café geweest

is Anneke bij Kees?
> nee, ze is vrijdag bij Kees geweest

is Meta naar het station?
> nee, ze is vrijdag naar het station geweest

is Kees bij de buren?
> nee, hij is vrijdag bij de buren geweest

6 A (10.2,3)

waar hebt u boodschappen gedaan?
> ik heb in Amsterdam boodschappen gedaan

waar hebt u gestudeerd?
> ik heb in Amsterdam gestudeerd

waar hebt u kip gegeten?
> ik heb in Amsterdam kip gegeten

waar hebt u boeken geleend?
> ik heb in Amsterdam boeken geleend

waar hebt u Nederlands gesproken?
> ik heb in Amsterdam Nederlands gesproken

waar hebt u boodschappen gedaan?
> ik heb in Amsterdam boodschappen gedaan

7 c (10.4,6)

vandaag kook ik aardappels
  ik heb woensdag aardappels gekookt

vandaag lig ik in bed
  ik heb woensdag in bed gelegen

vandaag heb ik bezoek
  ik heb woensdag bezoek gehad

vandaag koop ik een fiets
  ik heb woensdag een fiets gekocht

vandaag doe ik boodschappen
  ik heb woensdag boodschappen gedaan

vandaag rook ik een sigaret
  ik heb woensdag een sigaret gerookt

vandaag lees ik een boek
  ik heb woensdag een boek gelezen

vandaag kook ik aardappels
  ik heb woensdag aardappels gekookt

8 A (9.8)

gaat Lies vrijdag boodschappen doen?
  nee, ze gaat zaterdag boodschappen doen

gaan Els en Jaap maandag samen eten?
  nee, ze gaan dinsdag samen eten

gaat Marianne donderdag wijn bestellen?
  nee, ze gaat vrijdag wijn bestellen

gaat Hans zaterdag een boek lenen?
  nee, hij gaat zondag een boek lenen

gaat Corrie dinsdag een fiets kopen?
  nee, ze gaat woensdag een fiets kopen

gaat Lies vrijdag boodschappen doen?
  nee, ze gaat zaterdag boodschappen doen

9 c (10.7,8)

gaan jullie morgen met Kees praten?
  nee, we hebben gisteren al met Kees gepraat

gaan jullie morgen kip eten?
  nee, we hebben gisteren al kip gegeten

gaan jullie morgen bij Meta spelen?
  nee, we hebben gisteren al bij Meta gespeeld

gaan jullie morgen een boek lezen?
  nee, we hebben gisteren al een boek gelezen

gaan jullie morgen boodschappen doen?
  nee, we hebben gisteren al boodschappen gedaan

gaan jullie morgen in Utrecht werken?
  nee, we hebben gisteren al in Utrecht gewerkt

gaan jullie morgen een boek lenen?
  nee, we hebben gisteren al een boek geleend

gaan jullie morgen Nederlands spreken?
  nee, we hebben gisteren al Nederlands gesproken

gaan jullie morgen eieren koken?
  nee, we hebben gisteren al eieren gekookt

gaan jullie morgen met Kees praten?
  nee, we hebben gisteren al met Kees gepraat

10 c (10.4,9; 7.13)

hij spreekt vandaag Nederlands
  gisteren heeft hij ook Nederlands gesproken

hij heeft vandaag bezoek
  gisteren heeft hij ook bezoek gehad

hij leest vandaag een boek
  gisteren heeft hij ook een boek gelezen

hij koopt vandaag brood
  gisteren heeft hij ook brood gekocht

hij is vandaag in Amsterdam
  gisteren is hij ook in Amsterdam geweest

hij doet vandaag boodschappen
  gisteren heeft hij ook boodschappen gedaan

hij is vandaag alleen
  gisteren is hij ook alleen geweest

hij is vandaag in de bibliotheek
  gisteren is hij ook in de bibliotheek geweest

hij leent vandaag een krant
  gisteren heeft hij ook een krant geleend

hij spreekt vandaag Nederlands
  gisteren heeft hij ook Nederlands gesproken

11 B (10.10)

gisteren heeft hij in bed gelegen
  vandaag ligt hij weer in bed

gisteren heeft hij patat gegeten
  vandaag eet hij weer patat

gisteren is hij ziek geweest
  vandaag is hij weer ziek

gisteren heeft hij Engels gesproken
  vandaag spreekt hij weer Engels

gisteren heeft hij een boek gekocht
  vandaag koopt hij weer een boek

gisteren heeft hij bezoek gehad
  vandaag heeft hij weer bezoek

gisteren is hij alleen geweest
  vandaag is hij weer alleen

gisteren heeft hij een krant gelezen
  vandaag leest hij weer een krant

gisteren is hij in Amsterdam geweest
  vandaag is hij weer in Amsterdam

gisteren heeft hij Nederlands gesproken
  vandaag spreekt hij weer Nederlands

Les 10

gisteren heeft hij een boek gelezen
  vandaag leest hij weer een boek

gisteren heeft hij boodschappen gedaan
  vandaag doet hij weer boodschappen

gisteren heeft hij in bed gelegen
  vandaag ligt hij weer in bed

12 C (10.8,10)

heb je boodschappen gedaan?
  nee, maar vanmiddag ga ik boodschappen doen

heb je de krant gelezen?
  nee, maar vanmiddag ga ik de krant lezen

hebben jullie samen gegeten?
  nee, maar vanmiddag gaan we samen eten

heb je een boek uit de bibliotheek geleend?
  nee, maar vanmiddag ga ik een boek uit de bibliotheek lenen

hebben jullie met het buurmeisje gespeeld?
  nee, maar vanmiddag gaan we met het buurmeisje spelen

heb je in een restaurant gegeten?
  nee, maar vanmiddag ga ik in een restaurant eten

heb je boodschappen gedaan?
  nee, maar vanmiddag ga ik boodschappen doen

13 B

heb je brood in huis?
  nee, er is geen brood in huis

heb je wijn in huis?
  nee, er is geen wijn in huis

heb je aardappels in huis?
  nee, er zijn geen aardappels in huis

heb je koffie in huis?
  nee, er is geen koffie in huis

heb je koekjes in huis?
  nee, er zijn geen koekjes in huis

heb je melk in huis?
  nee, er is geen melk in huis

heb je suiker in huis?
  nee, er is geen suiker in huis

heb je brood in huis?
  nee, er is geen brood in huis

14 C (10.13)

staat er geen paleis in Amsterdam?
  ja, er staat wel een paleis in Amsterdam

staat er geen boom in de tuin?
  ja, er staat wel een boom in de tuin

is er geen koffie in huis?
  ja, er is wel koffie in huis

staan er geen foto's in het boek?
  ja, er staan wel foto's in het boek

zit er geen suiker in je koffie?
  ja, er zit wel suiker in mijn koffie

staat er geen boek in de kast?
  ja, er staat wel een boek in de kast

zit er geen student in de leeszaal?
  ja, er zit wel een student in de leeszaal

is er geen wijn bij het eten?
  ja, er is wel wijn bij het eten

staat er geen paleis in Amsterdam?
  ja, er staat wel een paleis in Amsterdam

15 B

we gaan weg
  en wij moeten ook weg

we gaan naar huis
  en wij moeten ook naar huis

we gaan naar Rotterdam
  en wij moeten ook naar Rotterdam

ik ga naar bed
  en ik moet ook naar bed

ik ga naar buiten
  en ik moet ook naar buiten

ik ga naar het station
  en ik moet ook naar het station

ik ga weg
  en ik moet ook weg

16 B (9.10)

kun je je portemonnee niet vinden?
  nee, heb jij hem misschien gezien?

kun je je boek niet vinden?
  nee, heb jij het misschien gezien?

kun je je handschoenen niet vinden?
  nee, heb jij ze misschien gezien?

kun je je dictaat niet vinden?
  nee, heb jij het misschien gezien?

kun je je tekening niet vinden?
  nee, heb jij hem misschien gezien?

kun je je portemonnee niet vinden?
  nee, heb jij hem misschien gezien?

17 C (10.5,16; 9.12)

heb jij Wim wel eens gesproken?
  ja, ik heb hem vorig jaar in Amsterdam gesproken

heeft Anneke die tentoonstelling wel eens gezien?

ja, ze heeft hem vorig jaar in Amsterdam gezien

hebben Jaap en Els dat boek wel eens gelezen?

ja, ze hebben het vorig jaar in Amsterdam gelezen

hebben je ouders Corrie wel eens gesproken?

ja, ze hebben haar vorig jaar in Amsterdam gesproken

heeft John die woordenboeken wel eens geleend?

ja, hij heeft ze vorig jaar in Amsterdam geleend

heb ik je vriendin wel eens gezien?

ja, je hebt haar vorig jaar in Amsterdam gezien

heb jij Wim wel eens gesproken?

ja, ik heb hem vorig jaar in Amsterdam gesproken

Vader is ziek. Hij heeft koorts: 38.7 volgens de thermometer. Hij heeft hoofdpijn en pijn in zijn keel, en hij is erg verkouden. De dokter constateert griep, en vader moet een week in bed blijven. Hij krijgt medicijnen tegen de koorts. Het ziekenfonds betaalt een gedeelte van de medicijnen en de dokter.

Meneer de Vries verdient erg veel. Hij is niet in het ziekenfonds, hij heeft een ziekteverzekering.

Met kiespijn ga je naar de tandarts, voor een bril naar de oogarts.

Het lichaam van de mens bestaat uit het hoofd, de romp, twee armen en twee benen. Het heeft spieren en zenuwen.

De arm begint bij de schouder. Hij bestaat uit bovenarm, elleboog, onderarm, pols, hand en vijf vingers (inclusief pink en duim).

Aanvullende woordenlijst

ziekte
de dokter
de verpleegster, zuster
de koorts
de pijn
de verhoging
de temperatuur
de thermometer
de griep
de oorontsteking
hoesten
overgeven, braken
het spreekuur
het recept
de poeders
de tablet
de capsule
de pil
de drank, het drankje
het verband
het damesverband, maandverband
de pleister
de jodium
de apotheek
het ziekenfonds
de medicijn
de specialist
de jeuk
de uitslag
de zweer
de wond
de brandwond
het bloed
de snee
de E.H.B.O. (Eerste
  Hulp Bij Ongelukken)
de verzekering
verkouden
de hoofdpijn
de keelpijn etc.

flauwvallen
bewusteloos

lichaamsdelen
het hoofd (1)
de neus (2)
de mond (3)
de tong
de tand
de kies
het oor (4)
het oog (5)
de wang (6)
de kin (7)
de keel (8)
de nek (9)
de borst (10)
de rug (11)
de schouder (12)
het hart
de arm (13)
de elleboog (14)
de pols (15)
de hand (16)
de vinger (17)
de duim (18)
de pink (19)
de buik (20)
de maag
het been (21)
de dij, het dijbeen (22)
de knie (23)
het scheenbeen (24)
de enkel (25)
de hiel (26)
de voet (27)
de teen (28)
de spier
de zenuw
de rib

Vragen over het gesprek

Bij wie gaat mevrouw Bergsma op bezoek?   Is het mooi weer? Is vader vandaag buiten geweest?   Waarom mag hij niet naar buiten?   Is hij lang ziek geweest?   Is hij nu nog ziek?   Wie zijn er op bezoek geweest?   Heeft hij veel gelezen?   Heeft hij goed gegeten?   Heeft hij veel in huis?   Wat doet mevrouw Bergsma?   Vindt vader het eten lekker?   Waar is mevrouw Bergsma gisteren geweest?   Wat heeft ze daar gedaan?   Was ze alleen?   Wie is Hans?   Wat hebben ze gekocht?   Hoe is het met Kees?   Moet Kees nog lang studeren?

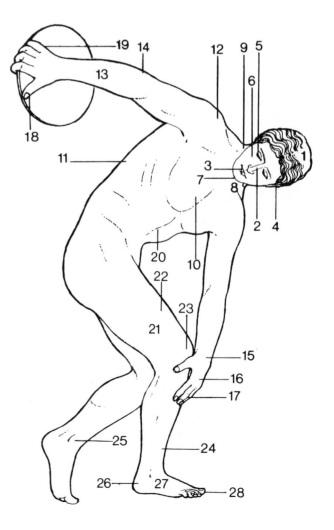

Les 10

Conversatie

Wat voor weer is het vandaag? Ben je vandaag al buiten geweest? Hou je van storm? Heeft het gisteren geregend? Wanneer ben je ziek geweest? Heb je toen in bed gelegen? Is de dokter geweest? Ben je lang ziek geweest? Heb je gisteren bezoek gehad? Wat heb je gisteren gedaan? Heb je vandaag al boodschappen gedaan? Wat heb je gekocht? Heb je vandaag de krant gelezen? Heb je deze week een boek gelezen? Wat heb je vanmorgen gegeten? Ben je student? Moet je nog lang studeren? Heb je altijd hard gewerkt? Heb je vandaag veel Nederlands gepraat? Ben je moe? Hoe laat ga je naar bed? Heb ik te lang gepraat?

Huiswerk

1 *Vul in: een perfectum van het werkwoord tussen ( ).*
Voorbeeld: Waar . . . jullie gisteren . . . (zijn)
        Waar **zijn** jullie gisteren **geweest**?

1. Eduard . . . gisteren met zijn vrienden een
   dagje uit . . . .   (zijn)
2. Ze . . . met de trein naar de Hoge Veluwe . . . (gaan)
3. Daar . . . ze heerlijk . . .   (wandelen)
4. en foto's . . .   (maken)
5. Ze . . . veel vogels . . .   (zien)
6. Het . . . gelukkig niet . . .   (regenen)
7. Ze . . . ook . . .   (verdwalen)
8. Peter . . . niet goed op het bord . . .   (kijken)
9. Heel lang . . . ze naar de weg . . .   (zoeken)
10. Na een paar uur . . . ze die weer . . .   (vinden)
11. Al die tijd . . . ze niemand . . .   (zien)
12. In een restaurant . . . ze pannekoeken . . .   (eten)
13. Daarna . . . ze weer naar huis . . .   (gaan)
14. Zo . . . ze toch een leuke dag . . .   (hebben)
15. Maar vannacht . . . Eduard slecht . . .   (slapen)
16. En vandaag heeft hij nog spierpijn.

2 *Vul in:* er is, er zijn, is er, zijn er, er
Voorbeeld: . . . . . . al een krant?
            Is er al een krant?
Situatie: Aan het ontbijt

1. Maria: Heb je de krant al gelezen?
2. Paul: Nee, die . . . . . . nog niet.
3.   En ik wil hem niet lezen ook.
4.   . . . staat toch niets leuks in.
5.   Elke dag hetzelfde:
6.   . . . . . . geen werk,
7.   . . . . . . geen huizen,
8.   . . . . . . geen geld,
9.   . . . . . . teveel kernwapens.
10. Maria: Vandaag staat . . . ook veel over sport in.
11. Paul: Ja, maar dat vind ik niet leuk.
12. Maria: . . . . . . nog koffie?
13. Paul: Nee, de koffie is op.
14.   En . . . . . . ook geen melk.
15.   . . . . . . niets in huis.
16. Maria: Jeetje, wat ben jij vervelend!
17.   Ik ga gauw weg.

3 *Maak de volgende zinnen af.*
Voorbeeld: Gisteren . . .
            Gisteren **ben ik naar Amsterdam geweest.**

1. En vertel eens . . .
2. Vorig jaar . . .
3. Volgende week . . .
4. Eigenlijk . . .
5. Ach! . . . . . .
6. Je hebt zeker . . .
7. Vorige week zaterdag . . .
8. Vannacht . . .
9. Afgelopen zondag . . .
10. Bent u wel eens . . .

Grammatica

1 HET PERFECTUM

Het perfectum is een verleden tijd.

1.1 Vorm

PV praesens van $\begin{matrix} hebben \\ zijn \end{matrix}$ + participium perfecti

ik heb	de krant gelezen	ik ben	ziek geweest
je hebt	de krant gelezen	je bent	ziek geweest
u hebt	de krant gelezen	u bent	ziek geweest
hij heeft	de krant gelezen	hij is	ziek geweest
we hebben	de krant gelezen	we zijn	ziek geweest
jullie hebben	de krant gelezen	jullie zijn	ziek geweest
u hebt	de krant gelezen	u bent	ziek geweest
ze hebben	de krant gelezen	ze zijn	ziek geweest

1.2 Vorm van het participium

1.2.1 'Zwakke' werkwoorden (= regelmatig)

participium: ge + stam + $\begin{matrix} t \\ d \end{matrix}$
– t als de stam eindigt op p, t, k, s, f, ch
– d in alle andere gevallen

infinitief	praesens	perfectum
werken	ik werk	ik heb gewerkt
koken	ik kook	ik heb gekookt
praten	ik praat	ik heb gepraat
wonen	ik woon	ik heb gewoond
lenen	ik leen	ik heb geleend
studeren	ik studeer	ik heb gestudeerd
spelen	ik speel	ik heb gespeeld

1.2.2 'Sterke' werkwoorden

Dit is een kleine groep van frequente werkwoorden, waarvan het perfectum niet volgens makkelijke regels gevormd wordt. Uit het hoofd leren dus.

infinitief	praesens	perfectum
lezen	*ik lees*	*ik heb gelezen*
doen	*ik doe*	*ik heb gedaan*
eten	*ik eet*	*ik heb gegeten*
vinden	*ik vind*	*ik heb gevonden*
spreken	*ik spreek*	*ik heb gesproken*
liggen	*ik lig*	*ik heb gelegen*

1.2.3 Onregelmatige werkwoorden

infinitief	praesens	perfectum
zijn	*ik ben*	*ik ben geweest*
hebben	*ik heb*	*ik heb gehad*
kopen	*ik koop*	*ik heb gekocht* (r.46)

Zie ook de lijst met onregelmatige en sterke werkwoorden op pagina 208.

1.3 Het auxiliair

(a) De meeste werkwoorden krijgen *hebben* als auxiliair.

hebt u in bed gelegen? (r.16)
ik heb bezoek gehad (r.19)
hebt u wel genoeg gegeten? (r.26)
wat hebben jullie daar gedaan? (r.42)
wat heb je gekocht? (r.46)

(b) Sommige werkwoorden krijgen *zijn* als auxiliair (zie verder les 12 §1.2).

ik ben pas ziek geweest (r.9)
Els is om tien uur weggegaan

1.4 Woordvolgorde van een zin in het perfectum

Het participium komt aan het eind van de zin. De PVauxiliair komt op de normale PV-plaats.

*we **hebben** gisteren al met Kees **gepraat***
*gisteren **hebben** we al met Kees **gepraat***

*u **bent** vandaag zeker nog niet buiten **geweest**?* (r.6)
***zijn** jullie gisteren naar Amsterdam **geweest**?*

2 *ER*

Wanneer het subject van de zin onbepaald is, zoals *een man, melk, kinderen,* krijgt de zin *er. Er* komt vóór de PV.

er loopt een man op straat
loopt er een man op straat?

er is geen brood, er is geen melk (r.32)
is er geen melk in huis?

er is wijn bij het eten vandaag
is er vandaag wijn bij het eten?

3 *ZULK(E)* EN *ZO'N*

Zulk(e) en *zo'n* zijn synoniemen. Ze betekenen: 'zodanig', 'van die soort'.
Gebruik *zulk(e)* bij – collectiva (b.v. *weer, melk*)
        – substantieven in de pluralis
         (b.v. *boeken*)
Zulk komt voor *het*-woorden: *zulk weer*
Zulke komt voor – *de*-woorden: *zulke melk*
        – alle woorden in de pluralis: *zulke boeken*

het is zulk slecht weer (r.4)

Gebruik *zo'n* bij niet-collectieve substantieven in de singularis.

zo'n boek
zo'n tafel
zo'n huis
zo'n man

Les 11

Boodschappen doen

A: Anneke   M: moeder   v: verkoper   l: lokettist 1   k: lokettist 2

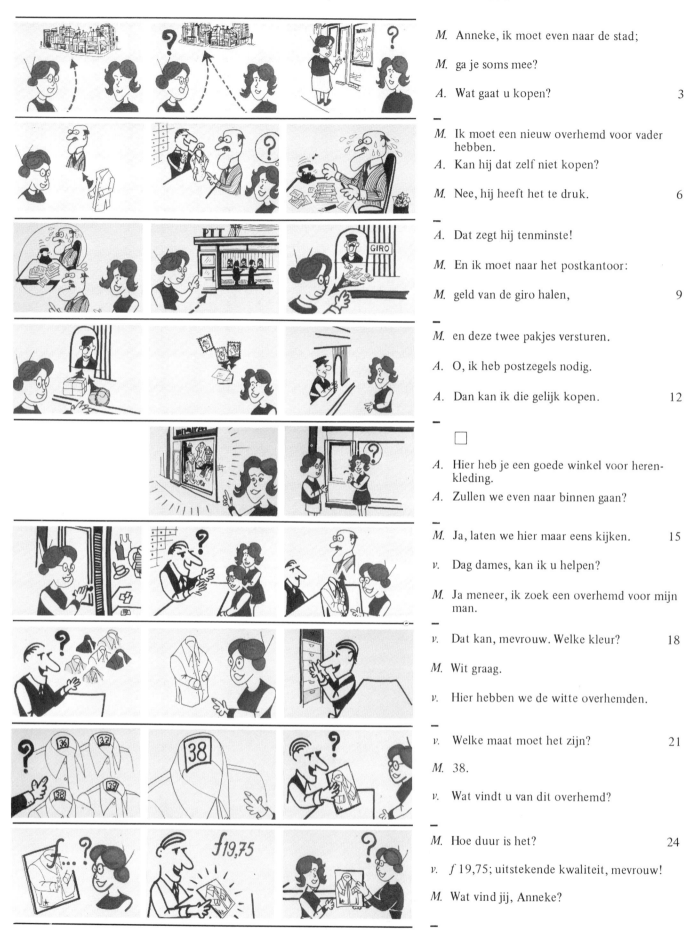

M. Anneke, ik moet even naar de stad;

M. ga je soms mee?

A. Wat gaat u kopen?   3

—

M. Ik moet een nieuw overhemd voor vader hebben.

A. Kan hij dat zelf niet kopen?

M. Nee, hij heeft het te druk.   6

—

A. Dat zegt hij tenminste!

M. En ik moet naar het postkantoor:

M. geld van de giro halen,   9

—

M. en deze twee pakjes versturen.

A. O, ik heb postzegels nodig.

A. Dan kan ik die gelijk kopen.   12

☐

A. Hier heb je een goede winkel voor heren-kleding.

A. Zullen we even naar binnen gaan?

M. Ja, laten we hier maar eens kijken.   15

v. Dag dames, kan ik u helpen?

M. Ja meneer, ik zoek een overhemd voor mijn man.

v. Dat kan, mevrouw. Welke kleur?   18

M. Wit graag.

v. Hier hebben we de witte overhemden.

v. Welke maat moet het zijn?   21

M. 38.

v. Wat vindt u van dit overhemd?

M. Hoe duur is het?   24

v. ƒ 19,75; uitstekende kwaliteit, mevrouw!

M. Wat vind jij, Anneke?

—

Les 11

A. Moet het nou echt wit zijn, moeder?   27

A. Waarom neemt u geen groen overhemd, of een geel?

A. Dat is tenminste modern.

―

v. Dit is ook een heel mooi overhemd;   30

v. dit kost f 24,95.

M. Mijn man met een groen overhemd?

―

M. Nee meneer, ik neem het witte.   33

v. Goed mevrouw, het witte overhemd.

v. Wenst u verder nog iets?

―

M. Nee, dank u.   36

v. U kunt aan de kassa betalen.

v. Die is beneden.

―

v. Daar krijgt u ook uw overhemd.   39

☐

A. Zo, hier is het postkantoor.

―

A. Geeft u mij die pakjes maar:

A. voor postzegels en pakjes moet je toch naar hetzelfde loket.   42

A. Maar voor geldzaken moet je naar loket 4.

―

M. Goed.

☐

l. Zegt u het maar, juffrouw.   45

―

A. Mag ik tien postzegels van 45.

A. Hebt u nog bijzondere zegels?

l. Ja, kinderzegels.   48

―

l. Maar die hebben een flinke toeslag — dat weet u?

A. Wat een vrolijke!

―

A. Geeft u me maar vijf kinderzegels van 45 en vijf gewone.   51

―

Les 11

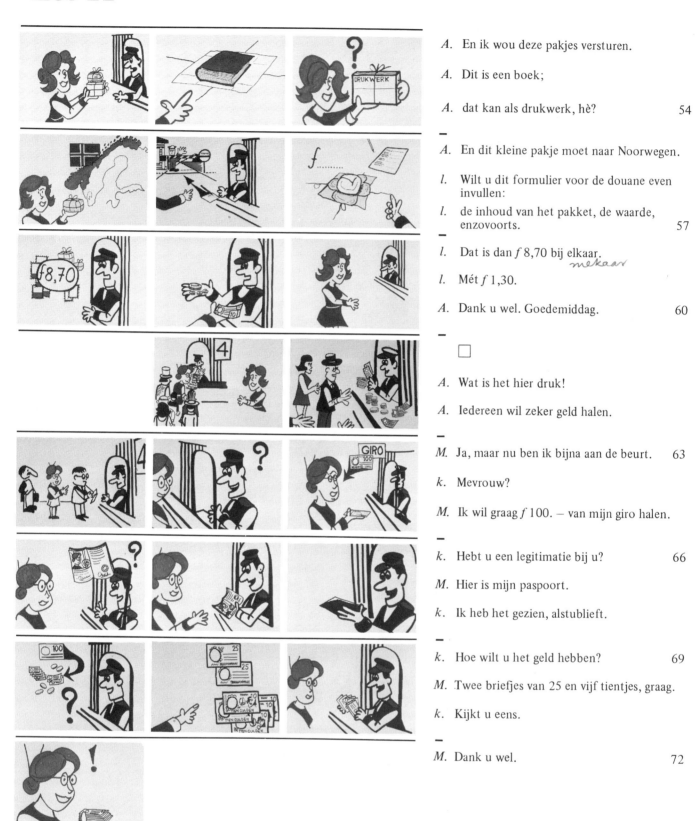

A. En ik wou deze pakjes versturen.

A. Dit is een boek;

A. dat kan als drukwerk, hè? 54

—

A. En dit kleine pakje moet naar Noorwegen.

l. Wilt u dit formulier voor de douane even invullen:

l. de inhoud van het pakket, de waarde, enzovoorts. 57

—

l. Dat is dan f 8,70 bij elkaar. *mekaar*

l. Mét f 1,30.

A. Dank u wel. Goedemiddag. 60

—

☐

A. Wat is het hier druk!

A. Iedereen wil zeker geld halen.

—

M. Ja, maar nu ben ik bijna aan de beurt. 63

k. Mevrouw?

M. Ik wil graag f 100. — van mijn giro halen.

—

k. Hebt u een legitimatie bij u? 66

M. Hier is mijn paspoort.

k. Ik heb het gezien, alstublieft.

—

k. Hoe wilt u het geld hebben? 69

M. Twee briefjes van 25 en vijf tientjes, graag.

k. Kijkt u eens.

—

M. Dank u wel. 72

—

Aanvullende fonetiek

Let op de uitspraak van *goede*. Je schrijft *goede*, maar je zegt [choejə].
Herhaal: een goede winkel . . . goedemiddag . . . goede-morgen . . . een rode jurk . . . rijden . . . gereden . . . goede reis . . .
Let op de uitspraak van *houden*. Je schrijft *houden* maar je hoort meestal [houə].
Herhaal: houden . . . daar houd ik niet van . . . een oude man . . .
Let op de uitspraak en de spelling van *bijzonder*. *Herhaal*: bijzonder . . .

Samenvatting

Moeder moet even naar de stad: ze moet een overhemd voor vader hebben en ze moet naar het postkantoor: ze wil twee pakjes versturen en ze moet naar de giro. Anneke moet ook naar het postkantoor. Daarom gaan ze samen naar de stad. Eerst gaan ze naar een winkel voor herenmode. Daar koopt moeder een wit overhemd voor vader, maat 38. Anneke wil graag een groen of een geel, maar die vindt moeder niet mooi. Ze betaalt aan de kassa, *f* 19,75, en krijgt daar ook haar pakje. Dan gaan ze naar het postkantoor. Anneke verstuurt de twee pakjes voor moeder, want ze moet postzegels hebben en die koop je aan hetzelfde loket. Anneke neemt tien postzegels van 45: vijf gewone en vijf kinderzegels. Daarna verstuurt ze de pakjes: het ene moet naar Noorwegen, het andere naar Groningen; dat is drukwerk. Dat kost bij elkaar *f* 8,70. Anneke betaalt met een tientje en krijgt *f* 1,30 terug. Moeder is ondertussen naar loket 4 gegaan. Daar is het erg druk, maar eindelijk is ze aan de beurt. Ze wil *f* 100.— van haar giro opnemen. De man achter het loket wil een legiti-matie zien, en moeder geeft hem haar paspoort. Haar rijbewijs zou ook goed zijn. Dan krijgt ze het geld: twee briefjes van 25 en vijf van 10.

Oefeningen

1 A

Kees kan het oude dictaat niet vinden
    nu koopt hij een nieuw dictaat

Els kan het oude tasje niet vinden
    nu koopt ze een nieuw tasje

vader kan het oude overhemd niet vinden
    nu koopt hij een nieuw overhemd

Corrie kan het oude kopje niet vinden
    nu koopt ze een nieuw kopje

Kees kan het oude dictaat niet vinden
    nu koopt hij een nieuw dictaat

2 A (11.1)

Kees koopt vaak een wit overhemd
    maar nu koopt hij een groen

Lies koopt vaak een wit kopje
    maar nu koopt ze een groen

Wim koopt vaak een wit dictaat
    maar nu koopt hij een groen

Meta koopt vaak een wit tasje
    maar nu koopt ze een groen

Kees koopt vaak een wit overhemd
    maar nu koopt hij een groen

3 A

de gele tafel is ook mooi
    maar ik wil een witte tafel

de gele portemonnee is ook mooi
    maar ik wil een witte portemonnee

de gele kast is ook mooi
    maar ik wil een witte kast

de gele jas is ook mooi
    maar ik wil een witte jas

de gele tafel is ook mooi
    maar ik wil een witte tafel

4 A (11.2,3)

zoekt Jaap een oude kast?
    nee, hij wil een nieuwe

zoekt Els een oude tafel?
    nee, ze wil een nieuwe

zoekt Meta een oude plank?
    nee, ze wil een nieuwe

zoeken je ouders een oude schaal?
    nee, ze willen een nieuwe

zoekt Jaap een oude kast?
    nee, hij wil een nieuwe

5 A (11.3)

hier zijn de grote tafels
    maar ik zoek kleine tafels

hier zijn de grote dictaten
    maar ik zoek kleine dictaten

hier zijn de grote woordenboeken
    maar ik zoek kleine woordenboeken

hier zijn de grote kopjes
    maar ik zoek kleine kopjes

hier zijn de grote tafels
    maar ik zoek kleine tafels

6 A (11.4,5)

Anneke neemt zeker groene kopjes?
    ja, ze neemt groene

Kees neemt zeker groene glazen?
    ja, hij neemt groene

Meta neemt zeker groene schalen?
    ja, ze neemt groene

Les 11

Wim en Corrie nemen zeker groene planken?
    ja, ze nemen groene

Anneke neemt zeker groene kopjes?
    ja, ze neemt groene

7 A (11.1)

daar staat een klein huis
    o ja, achter het grote huis

daar staat een klein boek
    o ja, achter het grote boek

daar staat een klein gebouw
    o ja, achter het grote gebouw

daar staat een klein glas
    o ja, achter het grote glas

daar staat een klein huis
    o ja, achter het grote huis

8 A (11.5)

Anneke zoekt eigenlijk een witte tafel
    maar ze koopt de groene, hè?

Kees zoekt eigenlijk witte sokken
    maar hij koopt de groene, hè?

Corrie zoekt eigenlijk witte handschoenen
    maar ze koopt de groene, hè?

Meta zoekt eigenlijk een witte jas
    maar ze koopt de groene, hè?

Anneke zoekt eigenlijk een witte tafel
    maar ze koopt de groene, hè?

9 B (11.1,3,5)

Kees heeft een grote kamer
    maar ik heb een kleine kamer

John wil een grote tuin
    maar ik wil een kleine tuin

Jaap koopt grote schoenen
    maar ik koop kleine schoenen

Meta heeft een groot balkon
    maar ik heb een klein balkon

Wim zoekt een grote kast
    maar ik zoek een kleine kast

Lies heeft grote foto's
    maar ik heb kleine foto's

Anneke koopt een groot huis
    maar ik koop een klein huis

moeder kookt een groot ei
    maar ik kook een klein ei

Els verstuurt een groot pakje
    maar ik verstuur een klein pakje

Kees heeft een grote kamer
    maar ik heb een kleine kamer

10 B (11.9)

ons huis is nieuw
    ja, jullie hebben een nieuw huis

onze tuin is groot
    ja, jullie hebben een grote tuin

ons balkon is klein
    ja, jullie hebben een klein balkon

onze bibliotheek is uitstekend
    ja, jullie hebben een uitstekende bibliotheek

onze kamer is gezellig
    ja, jullie hebben een gezellige kamer

ons kind is ziek
    ja, jullie hebben een ziek kind

onze taal is moeilijk
    ja, jullie hebben een moeilijke taal

onze leeszaal is oud
    ja, jullie hebben een oude leeszaal

ons huis is nieuw
    ja, jullie hebben een nieuw huis

11 C (11.9; 7.12)

dat gebouw is groot
    ja, dat is een groot gebouw

die fiets is kapot
    ja, dat is een kapotte fiets

die kamer is gezellig
    ja, dat is een gezellige kamer

dat pakje is klein
    ja, dat is een klein pakje

die overhemden zijn duur
    ja, dat zijn dure overhemden

dat meisje is aardig
    ja, dat is een aardig meisje

die kinderen zijn aardig
    ja, dat zijn aardige kinderen

dat kind is aardig
    ja, dat is een aardig kind

die jongen is rustig
    ja, dat is een rustige jongen

die jongens zijn rustig
    ja, dat zijn rustige jongens

dat huis is wit
    ja, dat is een wit huis

die huizen zijn wit
    ja, dat zijn witte huizen

dat gebouw is groot
    ja, dat is een groot gebouw

12 B (11.9)

kopen jullie nieuwe boeken?
    ja, koop jij ook een nieuw boek?

kopen jullie nieuwe kasten?
    ja, koop jij ook een nieuwe kast?

zoeken jullie nieuwe huizen?
    ja, zoek jij ook een nieuw huis?

kopen jullie nieuwe overhemden?
    ja, koop jij ook een nieuw overhemd?

nemen jullie nieuwe kopjes?
    ja, neem jij ook een nieuw kopje?

hebben jullie dure plaatsen?
    ja, heb jij ook een dure plaats?

hebben jullie groene auto's?
    ja, heb jij ook een groene auto?

maken jullie nieuwe tekeningen?
    ja, maak jij ook een nieuwe tekening?

kopen jullie nieuwe boeken?
    ja, koop jij ook een nieuw boek?

13 C (11.12)

substitutie-oefening

ik koop een nieuwe jas	kast
ik koop een nieuwe kast	glas
ik koop een nieuw glas	jurk
ik koop een nieuwe jurk	overhemd
ik koop een nieuw overhemd	woordenboek
ik koop een nieuw woordenboek	kopje
ik koop een nieuw kopje	hoed
ik koop een nieuwe hoed	huis
ik koop een nieuw huis	auto
ik koop een nieuwe auto	portemonnee
ik koop een nieuwe portemonnee	jas
ik koop een nieuwe jas	

14 C (11.2,4,6)

hij heeft een wit kopje
    ik heb een geel

hij heeft het witte kopje
    ik heb het gele

hij heeft witte kopjes
    ik heb gele

hij heeft de witte kopjes
    ik heb de gele

hij heeft een witte kast
    ik heb een gele

hij heeft de witte kast
    ik heb de gele

hij heeft witte kasten
    ik heb gele

hij heeft de witte kasten
    ik heb de gele

hij heeft een wit kopje
    ik heb een geel

15 A (8.7)

is dit boek van Anneke?
    nee, dat

zijn deze kopjes van Anneke?
    nee, die

is dit geld van Anneke?
    nee, dat

is dit pakje van Anneke?
    nee, dat

is deze jas van Anneke?
    nee, die

is dit kopje van Anneke?
    nee, dat

zijn deze boeken van Anneke?
    nee, die

is dit boek van Anneke?
    nee, dat

16 C (11.15)

zullen we deze jas kopen?
    ja, laten we die maar kopen

zullen we deze winkel proberen?
    ja, laten we die maar proberen

zullen we deze handschoenen nemen?
    ja, laten we die maar nemen

zullen we dit dictaat halen?
    ja, laten we dat maar halen

zullen we deze fiets lenen?
    ja, laten we die maar lenen

zullen we dit boek kopen?
    ja, laten we dat maar kopen

zullen we deze tram nemen?
    ja, laten we die maar nemen

zullen we deze jas kopen?
    ja, laten we die maar kopen

17 B

komt u ook buiten?
    nee, ik mag niet naar buiten

komt Kees ook binnen?
    nee, hij mag niet naar binnen

Les 11

komt Hans ook boven?

> nee, hij mag niet naar boven

komt u ook beneden?

> nee, ik mag niet naar beneden

komt Meta ook boven?

> nee, ze mag niet naar boven

komt u ook binnen?

> nee, ik mag niet naar binnen

komt Wim ook beneden?

> nee, hij mag niet naar beneden

komt u ook buiten?

> nee, ik mag niet naar buiten

18 C (11.16,17)

u kunt beneden aan de kassa betalen

> zullen we even naar beneden gaan?

er is boven koffie

> zullen we even naar boven gaan?

het is buiten mooi weer

> zullen we even naar buiten gaan?

er zijn binnen nog andere overhemden

> zullen we even naar binnen gaan?

de leeszaal is boven

> zullen we even naar boven gaan?

de kinderen spelen buiten

> zullen we even naar buiten gaan?

u kunt beneden aan de kassa betalen

> zullen we even naar beneden gaan?

Aanvullende woordenlijst

winkelen	ruilen
de winkel	teruggeven
de etalage	de zelfbediening
de afdeling	de toonbank
de verkoper	de kilo(gram)
de verkoopster	het pond
de kassa	het ons
de caissière	de gram
de rekening	de liter
de bon	het pak
de zegel	de doos
de koopzegel	de zak
de betaalcheque	de fles
de betaalpas	de pot
de prijs	het blik
de korting	de klant
de uitverkoop	
de avondverkoop	*kleuren*
de winkelsluiting	rood
de reclame	oranje
de klacht	geel

groen	grijs
blauw	zwart
violet	bruin
paars	beige
lila	licht-
rose	donker-
wit	

In een zelfbedieningswinkel heb je geen verkopers of verkoopsters. Er zijn alleen caissières. In andere winkels staan verkopers en verkoopsters. Zij helpen de klanten. Meestal moet je gewoon aan hen betalen, soms moet je naar een kassa om te betalen. Dat kan met contant geld of met betaalcheques. Bij betaling met een cheque moet je een betaalpasje hebben. Er zijn betaalcheques van de giro en van de banken. In de meeste winkels kun je zegels krijgen; soms zijn die gratis, bijvoorbeeld één bij ieder kwartje, en voor 200 zegels krijg je één gulden terug; andere moet je betalen: bij elke gulden kun je een zegel van 10 cent kopen en met die koopzegels kun je voordelig allerlei (meestal luxe) artikelen aanschaffen.

De kleuren van de Nederlandse vlag zijn rood-wit-blauw. Gras is groen, bloed is rood, de lucht boven Nederland is meestal grijs.

Vragen over het gesprek

Wat gaan moeder en Anneke kopen?   Welke kleur heeft het overhemd?   Welke maat?   Wat kost het?   Hoe vindt Anneke het overhemd?   Wat moet Annekes moeder in het postkantoor doen?   Hoeveel postzegels koopt Anneke?   Hoeveel betaalt ze?   En hoeveel geld krijgt ze terug?   Wat doet moeder bij loket 4?   Welke legitimatie heeft ze bij zich? Hoe wil ze het geld hebben?

Conversatie

Koop je wel eens een overhemd?   Voor wie?   Heb je een groen overhemd?   Welke maat kleren heb je?   Welke kleur hebben je schoenen? (etc.)   Vind je het leuk om kleren te kopen?   Koop je vaak dingen op de markt?   Zo ja, wat? Wat kost een pond rijst?   Wat zijn kinderzegels?   Koop je wel eens bijzondere zegels?   Is er een postkantoor dichtbij jouw huis?   Vertel eens iets over de post in jouw land (het kantoor, het vervoer, bezorging).   Hoeveel kost een brief per luchtpost naar je familie?   Waarom moet je een formulier invullen bij een pakje naar het buitenland?   Geldzaken – wat betekent dat?   Haal je wel eens geld van het postkantoor? Wat kun je als legitimatie gebruiken?

Huiswerk

1 Vul de juiste vorm van het woord tussen ( ) in.
   Voorbeeld: John gaat een ... (nieuw) stoel kopen.
> John gaat een **nieuwe** stoel kopen.

   Situatie: Boodschappen doen
   1. John: Hoi Kees, ga je mee naar de stad?
   2.   Het is nu zulk ... (mooi) weer.
   3. Kees: Ja, dat is een ... (goed) idee, John.

4.   Wat ga je kopen?
5. John: Ik moet een . . . (nieuw) stoel hebben.
6.   Bart is gisteren door m'n stoel gezakt.
7.   Het was ook zo'n . . . (oud)
8. Kees: Wat voor stoel wil je?
9. John: Een . . . (wit), want ik houd erg van . . . (wit)
10. Kees: O ja. Hé, ik weet een . . . (leuk) winkel met
11.   tweedehands meubels, zullen we daar heen gaan?
12. John: Ja, dat is goed, want ik wil niet zo'n . . . (duur)
13. Kees: Moet je verder nog iets?
14. John: Ja, ik wil ook . . . (nieuw) gordijnen.
15. Kees: Welke kleur?
16. John: . . . (blauw)
17. Kees: Dat zijn de modekleuren, hè? . . . (wit) en . . .
     (blauw)
18.   Vijf jaar geleden waren het . . . (bruin) en . . .
     (oranje)
19.   Iedereen had wel een . . . (bruin) muur in z'n
     kamer.
20.   En nu moet alles weer . . . (wit) worden.
21. John: In Nederland dan zeker. In Engeland niet hoor.
22.   Ik vind het gewoon . . . (leuk) kleuren,
23.   of het nou mode is of niet,
24. Kees: Zeg, voor gordijnen kunnen we beter naar de
     markt gaan.
25.   Daar zijn de stoffen heel . . . (goedkoop)
26. John: Oké, dan gaan we daar eerst even kijken.

2 *Vul in:* zal, zullen, *of* laten.
     Voorbeeld: . . . ik je even helpen?
          Zal ik je even helpen?
     Situatie: Een zondagmiddag
  1. Irma: Zeg Jan, . . . we gaan fietsen?
  2. Jan: Ja, . . . we dat doen.

3.   Misschien wil Leo ook wel mee.
4.   . . . ik hem even bellen?
5. Irma: Ja, bel maar even.
6.   Dan . . . ik alvast de fietsen buiten zetten.
7.   O jee, ik heb een lekke band.
8.   Wat . . . we nou doen?
9. Jan: Nou, . . . we die eerst maar plakken.
10.   Dan . . . ik Leo nog maar niet bellen.
11. Irma: Nee, wacht nog maar even.

3 *Beantwoord de volgende vragen:*
 1. Wat kun je bij jou in de straat kopen?
 2. Ga je morgen naar de stad?
 3. Spaar je postzegels?
 4. Heb je betaalcheques?
 5. Heb je een legitimatie bij je?
 6. Welke kleuren heeft de vlag van jouw land?
 7. Is de lucht vandaag blauw?
 8. Heb je witte schoenen?
 9. Woon je in een oud huis?
10. Welke kleuren vind je mooi?
11. Moet je in Nederland veel formulieren invullen?

4 *Maak de volgende zinnen af.*
     Voorbeeld: Geeft u me . . .
          Geeft u me **dat rode overhemd maar.**
 1. Wat vind je . . .
 2. Hier hebben we . . .
 3. Ik wil graag . . .
 4. Ik wou . . .
 5. In een supermarkt . . .
 6. Hoeveel . . .

Grammatica

1 HET ADJECTIEF

1.1 Het adjectief komt na een subject en een PV. In dit geval krijgt het nooit een *-e*

de tafel is mooi
het huis is oud

1.2 Het adjectief komt voor een substantief. Meestal krijgt het een *-e* aan het eind. Geen *-e* als het vóór een *het*-woord (singularis) en tegelijk nà *een, geen, veel, weinig*, etc. staat.

	het-woorden		*de*-woorden	
singularis	het mooie	huis	de mooie	tafel
	een mooi	huis	een mooie	tafel
	mooi	weer	mooie	poëzie
pluralis	de mooie	huizen	de mooie	tafels
	mooie	huizen	mooie	tafels

ik moet een nieuw overhemd voor vader hebben (r.4)
hier hebben we de witte overhemden (r.20)
hier heb je een goede winkel voor herenkleding (r.13)
hebt u nog bijzondere zegels? (r.47)
veel helder water
weinig helder water

Let op de spelling van het adjectief:

een	geel	huis	een	rood	huis	een	wit	huis
het	gele	huis	het	rode	huis	het	witte	huis
de	gele	huizen	de	rode	huizen	de	witte	huizen
	gele	huizen		rode	huizen		witte	huizen

1.3 Adjectieven zonder substantief

Het adjectief volgt dezelfde regels als onder 1.2.

waarom neemt u geen groen overhemd, of een geel? (r.28)
ik neem het witte (r.33)
wat een vrolijke! (r.50)
geeft u me maar vijf kinderzegels van 45 en vijf gewone (r.51)

Les 11

2 WERKWOORDEN

2.1 *Zal ik, zullen we*

De 1e persoon singularis en pluralis van *zullen* + infinitief drukt een voorstel uit:

zal ik komen?
zullen we naar binnen gaan? (r.14)

2.2 *Laten we*

De 1e persoon pluralis van *laten* + infinitief drukt een aansporing of een wens uit:

laten we gaan
laten we de rest morgen maar doen

zullen we even naar binnen gaan? (r.14)
ja, laten we hier maar eens gaan kijken (r.15)

Les 12

Op de receptie

K: Kees   J: John   B: Bert   ML: Marie-Louise   o: ober   M: mevrouw Van Mierlo

K.	Hallo John, waar ga jij naartoe?
J.	Ik ga naar de Valeriusstraat.
K.	Hé, daar ga ik ook naartoe. 3
K.	Daar heb ik een receptie.
K.	Een vriend van mij trouwt vandaag.
J.	Dat weet ik: ik ga ook naar die receptie. 6
J.	Hij is om half vijf begonnen, hè?
K.	Ja. Ken je mijn vriend dan?
J.	Nauwelijks. Maar ik ken Marie-Louise, zijn verloofde. 9
K.	Zijn vrouw!
J.	We hebben bij dezelfde krant gewerkt.
J.	Je vriend ken ik pas kort: 12
J.	ik heb hem twee dagen geleden voor het eerst ontmoet.
K.	Ben je wel eens op een Nederlandse bruiloft geweest?
J.	Nee, nog nooit. 15
J.	Hoe gaat het eigenlijk op zo'n receptie?
K.	Heel eenvoudig:
K.	je loopt naar het bruidspaar toe, 18
K.	je geeft ze een hand,
K.	en je zegt gewoon 'hartelijk gefeliciteerd',
K.	en dan feliciteer je de ouders ook. 21
J.	Is dat alles?
K.	Ja.
K.	Kijk, daar staat het bruidspaar; 24
K.	het is nog niet erg druk.

99

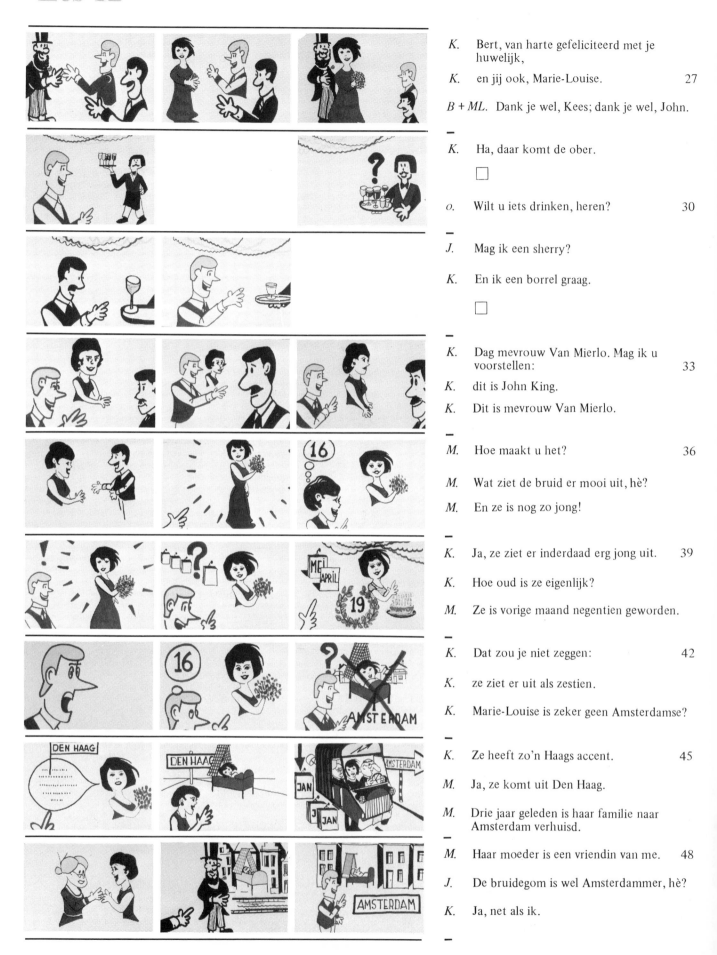

K.	Bert, van harte gefeliciteerd met je huwelijk,
K.	en jij ook, Marie-Louise. 27
B + ML.	Dank je wel, Kees; dank je wel, John.
—	
K.	Ha, daar komt de ober.
☐	
o.	Wilt u iets drinken, heren? 30
—	
J.	Mag ik een sherry?
K.	En ik een borrel graag.
☐	
K.	Dag mevrouw Van Mierlo. Mag ik u voorstellen: 33
K.	dit is John King.
K.	Dit is mevrouw Van Mierlo.
—	
M.	Hoe maakt u het? 36
M.	Wat ziet de bruid er mooi uit, hè?
M.	En ze is nog zo jong!
—	
K.	Ja, ze ziet er inderdaad erg jong uit. 39
K.	Hoe oud is ze eigenlijk?
M.	Ze is vorige maand negentien geworden.
—	
K.	Dat zou je niet zeggen: 42
K.	ze ziet er uit als zestien.
K.	Marie-Louise is zeker geen Amsterdamse?
—	
K.	Ze heeft zo'n Haags accent. 45
M.	Ja, ze komt uit Den Haag.
M.	Drie jaar geleden is haar familie naar Amsterdam verhuisd.
M.	Haar moeder is een vriendin van me. 48
J.	De bruidegom is wel Amsterdammer, hè?
K.	Ja, net als ik.
—	

Les 12

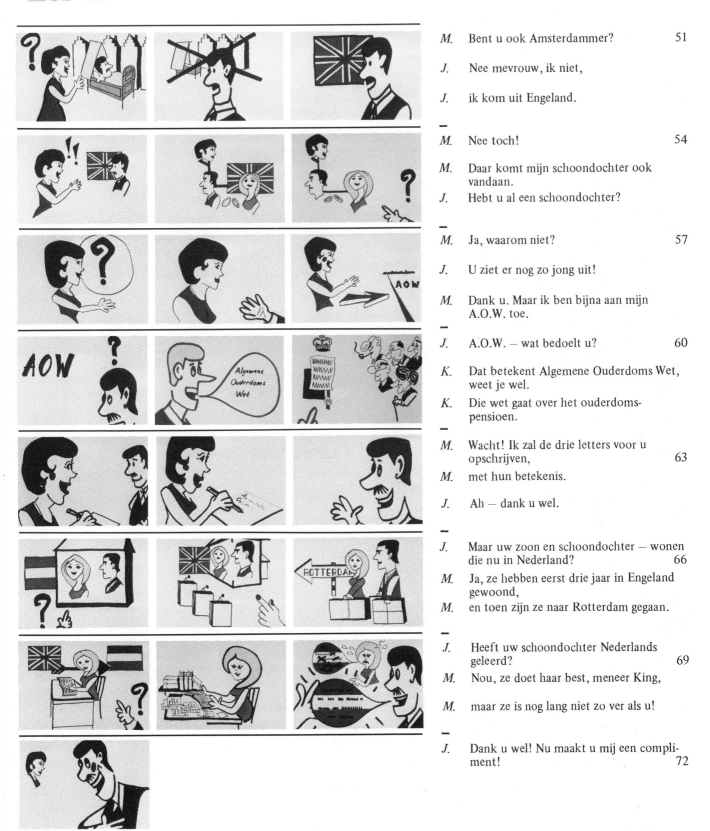

M.	Bent u ook Amsterdammer?	51
J.	Nee mevrouw, ik niet,	
J.	ik kom uit Engeland.	
M.	Nee toch!	54
M.	Daar komt mijn schoondochter ook vandaan.	
J.	Hebt u al een schoondochter?	
M.	Ja, waarom niet?	57
J.	U ziet er nog zo jong uit!	
M.	Dank u. Maar ik ben bijna aan mijn A.O.W. toe.	
J.	A.O.W. – wat bedoelt u?	60
K.	Dat betekent Algemene Ouderdoms Wet, weet je wel.	
K.	Die wet gaat over het ouderdoms-pensioen.	
M.	Wacht! Ik zal de drie letters voor u opschrijven,	63
M.	met hun betekenis.	
J.	Ah – dank u wel.	
J.	Maar uw zoon en schoondochter – wonen die nu in Nederland?	66
M.	Ja, ze hebben eerst drie jaar in Engeland gewoond,	
M.	en toen zijn ze naar Rotterdam gegaan.	
J.	Heeft uw schoondochter Nederlands geleerd?	69
M.	Nou, ze doet haar best, meneer King,	
M.	maar ze is nog lang niet zo ver als u!	
J.	Dank u wel! Nu maakt u mij een compliment!	72

Les 12

Aanvullende fonetiek

Let op de uitspraak van *post* met *kantoor.*
Herhaal: post . . . kantoor . . . postkantoor . . . hoofdkantoor
. . . postzegel . . . dichtbij . . . de wachtkamer . . . rechtsaf . . .
achtste les . . . rechtdoor . . . feestje . . . moest je lang
wachten? . . .
Let op de uitspraak van *komt* met *de.*
Herhaal: komt . . . de . . . komt de . . . komt de trein . . . Ze
neemt de bus . . . ontdekken . . .

Samenvatting

John en Kees ontmoeten elkaar in de buurt van de Valeriusstraat. Ze blijken op weg te zijn naar dezelfde receptie: een
vriend van Kees trouwt met een vroegere collega van John.
John heeft de bruidegom een paar dagen geleden voor het
eerst ontmoet. Kees vertelt over de gewoontes op een Nederlandse trouwreceptie. Het is heel eenvoudig: je gaat naar het
bruidspaar toe, geeft ze een hand en feliciteert ze, en je
feliciteert de ouders ook. Dat is alles.

De receptie is om half vijf begonnen, maar het is nog niet
erg druk. Kees en John feliciteren de bruid en de bruidegom
en hun ouders, en ze drinken iets. Dan komt mevrouw Van
Mierlo naar hen toe. Kees stelt John aan haar voor, en ze
praten wat over de bruid: ze ziet er mooi uit, ze is nog jong
en ze heeft een Haags accent. Dat kan best, want ze komt uit
Den Haag, vertelt mevrouw Van Mierlo. Ze vertelt ook over
haar Engelse schoondochter. John is verbaasd dat ze al een
schoondochter heeft, want ze ziet er nog zo jong uit. Toch is
ze al bijna aan haar A.O.W. toe. John kent deze afkorting
niet en Kees en mevrouw Van Mierlo leggen hem de
betekenis uit: Algemene Ouderdoms Wet.

Oefeningen

1 B (10.2)

Els praat met de buren
    gisteren heeft ze ook met de buren gepraat

Anneke studeert
    gisteren heeft ze ook gestudeerd

Marie-Louise werkt hard
    gisteren heeft ze ook hard gewerkt

het regent
    gisteren heeft het ook geregend

Corrie leent een boek
    gisteren heeft ze ook een boek geleend

Jaap wacht op de tram
    gisteren heeft hij ook op de tram gewacht

het stormt
    gisteren heeft het ook gestormd

meneer De Wit werkt in de tuin
    gisteren heeft hij ook in de tuin gewerkt

Marianne speelt op het gras
    gisteren heeft ze ook op het gras gespeeld

John rookt een sigaret
    gisteren heeft hij ook een sigaret gerookt

Els praat met de buren
    gisteren heeft ze ook met de buren gepraat

2 B (12.1; 10.10)

ik moet een overhemd voor vader kopen
    maar u hebt al een overhemd voor hem gekocht

ik ga iets voor mijn dochter kopen
    maar u hebt al iets voor haar gekocht

ik ga met de analist praten
    maar u hebt al met hem gepraat

ik wil met de kinderen spelen
    maar u hebt al met ze gespeeld

ik wil iets eten
    maar u hebt al iets gegeten

ik wil iets voor u doen
    maar u hebt al iets voor me gedaan

ik moet een overhemd voor vader kopen
    maar u hebt al een overhemd voor hem gekocht

3 A

Kees heeft een Engelsman ontmoet
    ik heb nog nooit een Engelsman ontmoet

Kees heeft wijn besteld
    ik heb nog nooit wijn besteld

Kees heeft een pakje verstuurd
    ik heb nog nooit een pakje verstuurd

Kees heeft *f* 100. – betaald
    ik heb nog nooit *f* 100. – betaald

Kees heeft een woordenboek gebruikt
    ik heb nog nooit een woordenboek gebruikt

Kees heeft de geschiedenis van Amsterdam verteld
    ik heb nog nooit de geschiedenis van Amsterdam
    verteld

Kees heeft een Engelsman ontmoet
    ik heb nog nooit een Engelsman ontmoet

4 A (10.5)

wanneer bent u naar Engeland gegaan?
    ik ben vorige week naar Engeland gegaan

wanneer ben je uit België gekomen?
    ik ben vorige week uit België gekomen

wanneer is Kees naar Den Haag verhuisd?
    hij is vorige week naar Den Haag verhuisd

wanneer zijn Lies en Els naar Rotterdam vertrokken?
    ze zijn vorige week naar Rotterdam vertrokken

wanneer is de tentoonstelling begonnen?
hij is vorige week begonnen

wanneer is Jaap ziek geweest?
hij is vorige week ziek geweest

wanneer is Anneke negentien geworden?
ze is vorige week negentien geworden

wanneer zijn jullie thuis gebleven?
we zijn vorige week thuis gebleven

wanneer bent u naar Engeland gegaan?
ik ben vorige week naar Engeland gegaan

5 B (10.10)

hij heeft toch geen bezoek?
nee, maar hij heeft wel bezoek gehad

zijn verloofde is toch niet ziek?
nee, maar ze is wel ziek geweest

hij ligt toch niet in bed?
nee, maar hij heeft wel in bed gelegen

hij is toch niet in Rotterdam?
nee, maar hij is wel in Rotterdam geweest

zijn fiets is toch niet kapot?
nee, maar hij is wel kapot geweest

het is toch geen slecht weer?
nee, maar het is wel slecht weer geweest

het regent toch niet?
nee, maar het heeft wel geregend

John rookt toch niet?
nee, maar hij heeft wel gerookt

Kees praat toch niet met de buren?
nee, maar hij heeft wel met de buren gepraat

hij heeft toch geen bezoek?
nee, maar hij heeft wel bezoek gehad

6 C (12.2,3,4,5)

begint de tentoonstelling vandaag?
nee, hij is gisteren begonnen

speelt Anneke vandaag bij haar vriendin?
nee, ze heeft gisteren bij haar vriendin gespeeld

blijven Kees en John vandaag de hele dag thuis?
nee, ze zijn gisteren de hele dag thuis gebleven

werkt vader vandaag in de tuin?
nee, hij heeft gisteren in de tuin gewerkt

bestelt moeder vandaag wijn?
nee, ze heeft gisteren wijn besteld

verhuizen jullie vandaag naar de Hoofdweg?
nee, we zijn gisteren naar de Hoofdweg verhuisd

lees je vandaag een boek over Amsterdam?
nee, ik heb gisteren een boek over Amsterdam gelezen

eten jullie vandaag kip?
nee, we hebben gisteren kip gegeten

komen Wim en Corrie vandaag thuis?
nee, ze zijn gisteren thuis gekomen

speelt Anneke vandaag bij haar vriendin?
nee, ze heeft gisteren bij haar vriendin gespeeld

begint de tentoonstelling vandaag?
nee, hij is gisteren begonnen

7 A

John gaat naar de Valeriusstraat
daar gaat Kees ook naartoe

John gaat naar een receptie
daar gaat Kees ook naartoe

John komt van een receptie
daar komt Kees ook vandaan

John komt uit de bibliotheek
daar komt Kees ook vandaan

John komt uit Engeland
daar komt Kees ook vandaan

John gaat naar het station
daar gaat Kees ook naartoe

John komt uit Den Haag
daar komt Kees ook vandaan

John gaat naar de Valeriusstraat
daar gaat Kees ook naartoe

8 C (12.7)

ik ga naar Amsterdam
hé, daar ga ik ook naartoe

ik woon in Nederland
hé, daar woon ik ook

ik ga naar de Valeriusstraat
hé, daar ga ik ook naartoe

ik kom uit Utrecht
hé, daar kom ik ook vandaan

ik woon in Zuid
hé, daar woon ik ook

ik woon in de Emmastraat
hé, daar woon ik ook

ik ga naar het station
hé, daar ga ik ook naartoe

ik kom uit Den Haag
hé, daar kom ik ook vandaan

ik kom uit de Valeriusstraat
hé, daar kom ik ook vandaan

ik woon in Rotterdam
hé, daar woon ik ook

ik ga naar Amsterdam
hé, daar ga ik ook naartoe

Les 12

9 C (4.12; 7.10,11,12)

substitutie-oefening

Kees feliciteert jullie met jullie huwelijk   Bert en
                                    Marie-Louise

Kees feliciteert Bert en Marie-Louise
   met hun huwelijk   Bert

Kees feliciteert Bert met zijn huwelijk   u

Kees feliciteert u met uw huwelijk   ons

Kees feliciteert ons met ons huwelijk   je

Kees feliciteert je met je huwelijk   me

Kees feliciteert me met mijn huwelijk   jullie

Kees feliciteert jullie met jullie huwelijk

10 C (12.5)

zijn Bert en John Amsterdammers?
      Bert is wel Amsterdammer, maar John niet

zijn Corrie en Wim meisjes?
      Corrie is wel een meisje, maar Wim niet

zijn John en Kees journalist?
      John is wel journalist, maar Kees niet

roken Jaap en Hans?
      Jaap rookt wel, maar Hans niet

hebben Meta en Els een tuin?
      Meta heeft wel een tuin, maar Els niet

hebben Anneke en Kees foto's bij zich?
      Anneke heeft wel foto's bij zich, maar Kees niet

gaan Meta en jij naar de receptie?
      Meta gaat wel naar de receptie, maar ik niet

spreken mevrouw Van Mierlo en mevrouw De Wit Engels?
      mevrouw Van Mierlo spreekt wel Engels, maar
      mevrouw De Wit niet

zijn Lies en Kees in Utrecht geweest?
      Lies is wel in Utrecht geweest, maar Kees niet

zijn Bert en John Amsterdammers?
      Bert is wel Amsterdammer, maar John niet

11 C

is de bruid jong?
      ik weet het niet; ze ziet er wel jong uit

is mevrouw Van Mierlo jong?
      ik weet het niet; ze ziet er wel jong uit

is dat woordenboek nieuw?
      ik weet het niet; het ziet er wel nieuw uit

is die tekening oud?
      ik weet het niet; hij ziet er wel oud uit

is die wijn lekker?
      ik weet het niet; hij ziet er wel lekker uit

is de bruid jong?
      ik weet het niet; ze ziet er wel jong uit

12 B

John en Bert werken bij een krant
      werken ze bij dezelfde krant?

Kees en John gaan naar een receptie
      gaan ze naar dezelfde receptie?

Els en Jaap gaan naar een museum
      gaan ze naar hetzelfde museum?

Els en Anneke zitten op een balkon
      zitten ze op hetzelfde balkon?

Wim en Meta gaan naar een bruiloft
      gaan ze naar dezelfde bruiloft?

John en Els gaan naar een bibliotheek
      gaan ze naar dezelfde bibliotheek?

Kees en Wim praten met een buurmeisje
      praten ze met hetzelfde buurmeisje?

John en Bert werken bij een krant
      werken ze bij dezelfde krant?

13 A (9.12)

heb je al lang vakantie?
      nee, ik heb pas twee dagen vakantie

ga je al lang met de bus?
      nee, ik ga pas twee dagen met de bus

ben je al lang in Rotterdam?
      nee, ik ben pas twee dagen in Rotterdam

ben je al lang ziek?
      nee, ik ben pas twee dagen ziek

woon je al lang in Nederland?
      nee, ik woon pas twee dagen in Nederland

werk je al lang bij de krant?
      nee, ik werk pas twee dagen bij de krant

ben je al lang getrouwd?
      nee, ik ben pas twee dagen getrouwd

heb je al lang vakantie?
      nee, ik heb pas twee dagen vakantie

14 B

feliciteert Kees het bruidspaar en de ouders?
      ja, hij feliciteert eerst het bruidspaar en dan de ouders

gaat John naar Den Haag en Rotterdam?
      ja, hij gaat eerst naar Den Haag en dan naar
      Rotterdam

koopt Corrie een jurk en een tasje?
      ja, ze koopt eerst een jurk en dan een tasje

gaat Jaap naar een vergadering en een tentoonstelling?
      ja, hij gaat eerst naar een vergadering en dan naar een
      tentoonstelling

gaan jullie met de tram en de bus?
      ja, we gaan eerst met de tram en dan met de bus

feliciteert Kees het bruidspaar en de ouders?
    ja, hij feliciteert eerst het bruidspaar en dan de ouders

15 c (12.14)

heeft Kees in Engeland en in Rotterdam gewoond?
    ja, hij heeft eerst in Engeland gewoond en toen is hij naar Rotterdam gegaan

heeft Wim in Utrecht en in Amsterdam gewoond?
    ja, hij heeft eerst in Utrecht gewoond en toen is hij naar Amsterdam gegaan

heeft Kees in Engeland en in België gewoond?
    ja, hij heeft eerst in Engeland gewoond en toen is hij naar België gegaan

heeft John op de Hoofdweg en in de Leidsestraat gewoond?
    ja, hij heeft eerst op de Hoofdweg gewoond en toen is hij naar de Leidsestraat gegaan

heeft Jaap in Antwerpen en in Amsterdam gewoond?
    ja, hij heeft eerst in Antwerpen gewoond en toen is hij naar Amsterdam gegaan

heeft meneer King in België en in Engeland gewoond?
    ja, hij heeft eerst in België gewoond en toen is hij naar Engeland gegaan

heeft de bruidegom in de Valeriusstraat en in de Emmastraat gewoond?
    ja, hij heeft eerst in de Valeriusstraat gewoond en toen is hij naar de Emmastraat gegaan

heeft Kees in Engeland en in Rotterdam gewoond?
    ja, hij heeft eerst in Engeland gewoond en toen is hij naar Rotterdam gegaan

Aanvullende woordenlijst

de familie
(van Kees)

grootvader x grootmoeder   grootvader x grootmoeder

(tante x) oom — (oom x) tante — vader x moeder — (tante x) oom — (oom x) tante

neef nicht neef nicht **Kees** neef nicht neef nicht

schoonvader x schoonmoeder

(schoonzus x) broer — (zwager x) zus — **Kees** x vrouw — schoonzus x zwager — zwager x schoonzus

neef nicht neef nicht kinderen nicht neef neef nicht

Kees x vrouw

schoondochter x zoon   dochter x schoonzoon

kleindochter kleinzoon   kleindochter kleinzoon

de grootvader, opa }
de grootmoeder, oma } grootouders
de oom
de tante
de neef
de nicht
de vader }
de moeder } ouders
de broer
de zus

het gezin

de zoon }
de dochter } kinderen
de kleinzoon }
de kleindochter } kleinkinderen
de man }
de vrouw } echtpaar

de schoonvader }
de schoonmoeder } schoonouders
de zwager
de schoonzus
de schoonzoon
de schoondochter

105

Les 12

De broer van mijn moeder is mijn oom. De broer van mijn vader is ook een oom van mij.

De dochter van mijn oom is mijn nicht. 'Nicht' betekent ook: de dochter van mijn broer of zus.

De kinderen van mijn kinderen zijn mijn kleinkinderen; de kinderen van mijn kleinkinderen zijn mijn achterkleinkinderen. De ouders van mijn grootouders zijn mijn overgrootouders.

Vragen over het gesprek

Waar gaat John naartoe? Wie gaat daar ook naartoe? Hoe laat is de receptie begonnen? Ontmoet Kees John vóór of ná half vijf? Waar heeft Marie-Louise gewerkt? Kent John de bruidegom ook? Is John wel eens op een Nederlandse bruiloft geweest? Wat moet je doen op een receptie? Is het druk op de receptie? Wie ontmoeten ze daar? Is de bruid oud? Is Marie-Louise Amsterdamse? Waarom vraagt Kees dat? Waar komt de bruidegom vandaan? Is mevrouw Van Mierlo een vriendin van de bruid? Heeft mevrouw Van Mierlo een Belgische schoondochter? Wonen haar zoon en schoondochter in Engeland? Spreekt de schoondochter van mevrouw Van Mierlo goed Nederlands?

Conversatie

Hoe laat is deze les begonnen? Waar ga je na de les naartoe? Ga je straks een borrel drinken? Ben je wel eens op een Nederlandse bruiloft geweest? Hoe gaat het eigenlijk bij een bruiloft in jouw land? Je feliciteert iemand bij een huwelijk; wanneer nog meer? Wat zeg je in dat soort situaties? Wat zeg je tegen de familie van iemand die overleden is? Hoe oud ben je? Hoe oud is je buurman/buurvrouw? Hoe ziet dit gebouw er uit? Is het een oud gebouw? Ben je al bijna aan je A.O.W. toe? Wat ga je doen als je 65 bent?

Huiswerk

1 *Vul in:* waar, waarnaartoe, waarvandaan, daar, daarvandaan.

Voorbeeld: Ik kom net terug uit Amsterdam. Kom jij . . . ook . . .?

Ik kom net terug uit Amsterdam. Kom jij **daar** ook **vandaan**?

Situatie: In een winkel.

1. Annemiek: Dag mevrouw.
2. Maria: Dag.
3. Annemiek: Heb ik u niet op dat feestje bij Els gezien?
4. Maria: O ja, nu zie ik het ook.
5. Annemiek: Ik zal me even voorstellen: Annemiek van de Berg.
6. Maria: Ik ben Maria Bakker.
7. Annemiek: Jij woont, geloof ik, bij mij in de buurt.
8. Maria: O ja? . . . woon jij dan?
9. Annemiek: Ik woon in de Kastanjelaan.
10. Maria: Ja, . . . woon ik inderdaad vlakbij, in de Eikenlaan.
11. Maar ik heb je hier nog nooit gezien.
12. Woon je . . . nog niet zo lang?
13. Annemiek: Nee, ik woon hier pas twee weken.
14. Maria: . . . kom je . . .?
15. Annemiek: Ik ben net terug uit Marokko.
16. Maria: Uit Marokko? Heb je . . . gewoond?
17. Annemiek: Ja, drie jaar.
18. Maria: Heb je Els . . . soms leren kennen?
19. Annemiek: Ja, we hebben in hetzelfde huis gewoond.
20. Maria: Wat grappig.
21. . . . ga je nu . . .?
22. Annemiek: Naar m'n ouders. Die zijn vandaag 30 jaar getrouwd.
23. Maria: O, gefeliciteerd. . . . wonen die?
24. Annemiek: In de Patrijzenhof.
25. Maria: . . . kom ik net . . .
26. Ik ga de andere kant op.
27. Maar we zien elkaar vast nog wel eens.
28. Kom gerust eens langs hoor.
29. Annemiek: Dat doe ik graag.
30. Maria: Tot ziens.
31. Annemiek: Dag.

2 *Vul de juiste vorm van* bedoelen, betekenen, *of* menen *in.*
Voorbeeld: Wat . . . u daarmee?
Wat **bedoelt** u daarmee?

Situatie: Interview

1. Interviewer: Goedemorgen. Mag ik u wat vragen?
2. John: Jawel hoor.
3. Interviewer: Wat . . . LN?
4. John: Dat . . . Levend Nederlands.
5. Interviewer: Wat is uw mening over Levend Nederlands?
6. John: Hoe . . . u dat?
7. Interviewer: Ik . . ., hoe vindt u de cursus?
8. John: Ik vind de cursus geweldig.
9. Interviewer: . . . u dat echt?
10. John: Ja, natuurlijk . . . ik dat.
11. Interviewer: Wat . . . het voor u om Nederlands te leren?
12. John: Dat . . . dat ik met Nederlanders in hun eigen taal
13. kan praten. Ik denk dat ze dat prettig vinden.
14. Interviewer: Ja, dat denk ik ook.
15. Dank u wel voor uw inlichtingen.

3 *Beantwoord de volgende vragen:*
1. Waar kom je vandaan?
2. Ben je vaak verhuisd?
3. Hoe lang woon je in Nederland?
4. Waar heb je eerst gewoond?
5. Ken je Nederlandse afkortingen?
6. Hoe ziet je kamer eruit?
7. Heb je het druk?
8. Hoe laat ben je met het huiswerk begonnen?
9. Ontmoet je vaak Nederlanders?

4 *Maak de volgende zinnen af.*
Voorbeeld: Drie jaar geleden . . . .
Drie jaar geleden **heb ik hem voor het eerst ontmoet.**

1. Hallo, waar . . .
2. Hé, daar . . .
3. Mijn vriend ziet er . . .
4. Wacht! Ik zal . . .
5. Ik ken hem nauwelijks maar . . .

Grammatica

1 WERKWOORDEN

1.1 Het participium perfecti van werkwoorden die beginnen met een prefix zonder accent, b.v. *be-, her-, ver-, er-, ont-, ge-*, krijgt geen *ge-* aan het begin.

ontmóeten	hij heeft . . . ontmoet
vertéllen	hij heeft . . . verteld
herhálen	hij heeft . . . herhaald
begínnen	hij is . . . begonnen
gebrúiken	hij heeft . . . gebruikt
verhúizen	hij is . . . verhuisd

1.2 Het auxiliair *zijn* (zie ook les 16 §2)

De meeste werkwoorden die geen object kunnen krijgen en een verandering uitdrukken, krijgen *zijn* als auxiliair.

hij is om half vijf begonnen, hè? (r.7)
ze is vorige maand negentien geworden (r.41)
drie jaar geleden is haar familie naar Amsterdam verhuisd (r.47)
en toen zijn ze naar Rotterdam gegaan (r.68)
ze zijn gisteren thuisgekomen (oef.6)

2 VRAAGWOORDEN

Waar
(plaats)   *waar is het postkantoor?*
Waarnaartoe
(doel, richting)   *hallo, John, waar ga jij naartoe?* (r.1)
Waarvandaan
(begin van een beweging)   *waar komen jullie vandaan?*

N.B. *Waarnaartoe* en *waarvandaan* worden uit elkaar geplaatst:
waar ga je nu naartoe?
waar ben je gisteravond naartoe geweest?

waar kom je nu vandaan?
waar ben je gisteravond vandaan gekomen?

3 DEMONSTRATIVA

Daar   *waar is het bruidspaar?*
          kijk, daar staat het bruidspaar (r.24)

Daarnaartoe   *waar ga jij naartoe? ik ga naar de Valerius-straat* (r.1–2); *hé, daar ga ik ook naartoe* (r.3)

Daarvandaan   *waar komt u vandaan? uit Engeland*
          daar komt mijn schoondochter ook vandaan (r.55)

Daarnaartoe en *daarvandaan* worden ook uit elkaar geplaatst:

daar ga ik ook naartoe
daar ben ik gisteravond ook naartoe geweest

daar kom ik ook vandaan
daar ben ik net vandaan gekomen

N.B. *John komt uit Engeland   daar kom ik ook vandaan*
     John komt van de receptie   daar kom ik ook vandaan

4 *BEDOELEN, BETEKENEN, MENEN*

Let op het betekenisverschil tussen deze drie werkwoorden.

bedoelen: *wat bedoelt u?*
          ik bedoel die man met de rode hoed
substantief: *bedoeling*
          is dat je bedoeling?

betekenen: *wat betekenen de letters A.O.W.?*
          dat betekent Algemene Ouderdoms Wet
substantief: *betekenis*
          wat is de betekenis van dat woord?
          dat is de betekenis van de drie letters

menen: *meent hij dat echt?*
          nee, hij zegt het wel, maar hij meent het niet
substantief: *mening*
          mijn mening vragen ze niet

5 *DEZELFDE, HETZELFDE*

Gebruik *dezelfde* bij – *de*-woorden
                              – alle woorden in de pluralis
Gebruik *hetzelfde* bij *het*-woorden

Kees en John gaan naar dezelfde receptie
hebben John en Kees dezelfde vrienden?
Anneke en Kees kopen hetzelfde boek

Les 13

Afspraak voor de film
K: Kees   A: Anneke   M: mevrouw Van Kampen, de moeder van Anneke

K. Zeg, heb jij die nieuwe Japanse film al gezien?

A. Nee, ik heb wel een recensie gelezen,

A. en die was erg goed.   3

K. Ik ga er vanavond naartoe.

K. Heb je zin om mee te gaan?

A. Ja, ik ga graag mee.   6

K. Hij draait in Kriterion, hè?

A. Ja, ik geloof het wel.

K. Zullen we de eerste of de tweede voorstelling nemen?   9

A. Laten we de tweede maar nemen,

A. anders is het zo lastig met eten.

K. Goed. Dan moet ik even plaatsen bespreken.   12

K. Kan ik hier ergens opbellen?

A. Daar is een telefooncel.

K. Wacht je even?   15

K. Even mijn fiets neerzetten.

A. Geef maar,

A. ik houd hem wel even vast.   18

K. Ach nee, ik zet hem hier wel neer.

K. Heb jij misschien een kwartje voor me,

K. om op te bellen?   21

K. Ik heb er geeneen meer.

A. Even kijken ...

A. ja, ik heb er nog twee.   24

K. Eén is genoeg.

A. Dat weet je niet:

A. je kunt best een verkeerd nummer draaien.   27

108

Les 13

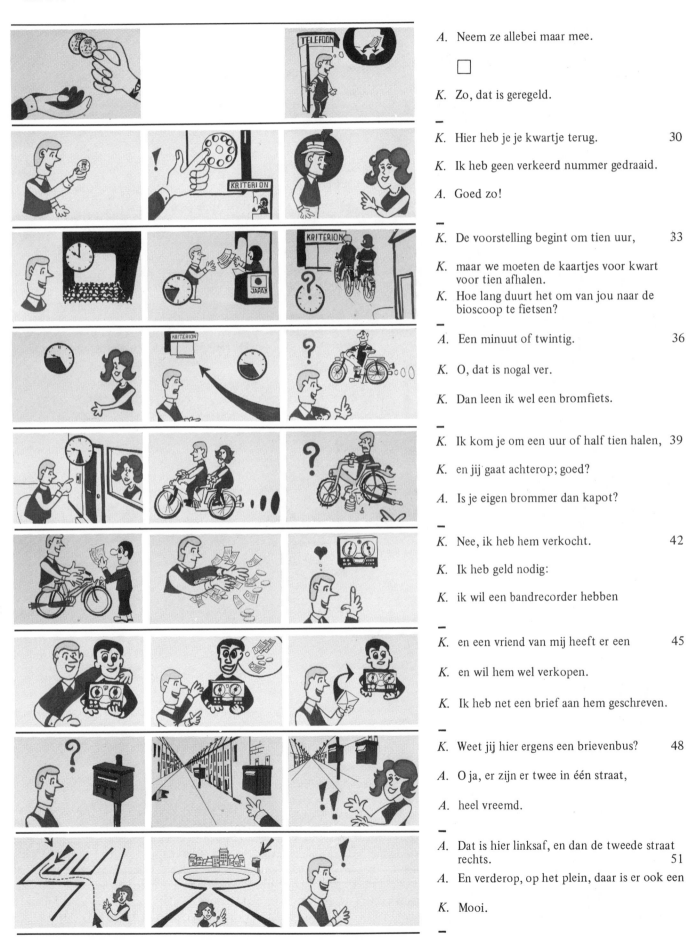

A. Neem ze allebei maar mee.

☐

K. Zo, dat is geregeld.

K. Hier heb je je kwartje terug.   30

K. Ik heb geen verkeerd nummer gedraaid.

A. Goed zo!

K. De voorstelling begint om tien uur,   33

K. maar we moeten de kaartjes voor kwart voor tien afhalen.

K. Hoe lang duurt het om van jou naar de bioscoop te fietsen?

A. Een minuut of twintig.   36

K. O, dat is nogal ver.

K. Dan leen ik wel een bromfiets.

K. Ik kom je om een uur of half tien halen,   39

K. en jij gaat achterop; goed?

A. Is je eigen brommer dan kapot?

K. Nee, ik heb hem verkocht.   42

K. Ik heb geld nodig:

K. ik wil een bandrecorder hebben

K. en een vriend van mij heeft er een   45

K. en wil hem wel verkopen.

K. Ik heb net een brief aan hem geschreven.

K. Weet jij hier ergens een brievenbus?   48

A. O ja, er zijn er twee in één straat,

A. heel vreemd.

A. Dat is hier linksaf, en dan de tweede straat rechts.   51

A. En verderop, op het plein, daar is er ook een

K. Mooi.

Les 13

A. Zeg, ik moet hier rechtsaf.	54
A. Jij gaat rechtdoor, hè?	
K. Ja. Tot vanavond.	
A. Tot vanavond.	57
☐	
M. Anneke, ben jij daar?	
A. Ja.	
M. John heeft net voor je opgebeld.	60
M. Hij komt vanavond even langs.	
M. Hij wil je voor een feestje uitnodigen.	
A. O ja, voor wanneer?	63
M. 22 april.	
A. 22 april . . . dan ga ik naar de schouwburg.	
A. O nee, dat hebben we uitgesteld tot 7 mei.	66
A. Hoe laat komt John langs?	
M. Dat weet ik niet.	
M. Hoezo?	69
A. O, ik ga vanavond met Kees naar de film.	
A. Maar voor die tijd bel ik John nog wel op.	

Aanvullende fonetiek

Let op de uitspraak van *en* met *wat* en van *ben* met *met*.
Herhaal: en . . . wat . . . en wat . . . ik ben . . . met . . . ik ben
met . . . ik ben met de auto . . . onweer . . . en wat . . . doen
we . . . vanmiddag . . . en wat doen we vanmorgen? . . .
tenminste . . . aanmerking . . . aanwezig . . . schoonmaken . . .
aanbod . . . eenpersoonskamer . . . inpakken . . . ogenblik . . .

Samenvatting

Kees nodigt Anneke voor een film uit. In Kriterion draait een
goede, een Japanse. Anneke wil graag mee, en ze besluiten
naar de tweede voorstelling te gaan. Dat is niet zo lastig met
eten. Kees wil telefonisch plaats bespreken, maar hij heeft
geen kwartjes voor de telefooncel. Gelukkig heeft Anneke er
nog twee. Ze geeft ze allebei aan Kees, want hij zou

natuurlijk een verkeerd nummer kunnen draaien. Maar hij heeft het tweede niet nodig.

De film begint om tien uur, maar ze moeten de kaartjes een kwartier van te voren afhalen. Kees vindt het te ver om van Annekes huis naar de bioscoop te fietsen. Daarom wil hij een brommer lenen en Anneke achterop nemen. Zijn eigen brommer heeft hij verkocht, want hij wil een bandrecorder kopen. Hij kan er een tweedehands krijgen van een vriend. Hij heeft hem net geschreven en zoekt nu een brievenbus. Anneke weet er drie, vlak bij elkaar. Dan gaat Anneke rechtsaf naar huis, en Kees gaat rechtdoor.

Bij haar thuiskomst vertelt Anneke d'r moeder: 'Er heeft iemand voor je opgebeld, John King geloof ik. Hij wil je uitnodigen voor een feestje op 22 april.' Anneke zou op die datum naar de schouwburg gaan, maar dat gaat niet door: ze hebben het verzet naar 7 mei. Ze belt John die avond nog wel even op.

Oefeningen

1 A

is het feestje 14 augustus?
    nee, 15 september

is het feestje 11 oktober?
    nee, 12 november

is het feestje 13 maart?
    nee, 14 april

is het feestje 29 september?
    nee, 30 oktober

is het feestje 8 januari?
    nee, 9 februari

is het feestje 14 augustus?
    nee, 15 september

2 C (13.1; 12.6)

hebben jullie 21 september bezoek gehad?
    nee, we hebben 21 augustus bezoek gehad

is Kees 3 juli in Amsterdam geweest?
    nee, hij is 3 juni in Amsterdam geweest

ben je 18 maart verhuisd?
    nee, ik ben 18 februari verhuisd

heb je 26 december een Engelsman ontmoet?
    nee, ik heb 26 november een Engelsman ontmoet

heeft Bert 7 februari een fiets gekocht?
    nee, hij heeft 7 januari een fiets gekocht

heeft Anneke 30 november een boek geleend?
    nee, ze heeft 30 oktober een boek geleend

hebben jullie 21 september bezoek gehad?
    nee, we hebben 21 augustus bezoek gehad

3 B

bel je Kees even op?
    ja, ik zal hem even opbellen

neem je het dictaat even mee?
    ja, ik zal het even meenemen

schrijf je het nummer even op?
    ja, ik zal het even opschrijven

houd je mijn fiets even vast?
    ja, ik zal hem even vasthouden

vul je het formulier even in?
    ja, ik zal het even invullen

kom je vanavond even langs?
    ja, ik zal vanavond even langskomen

bel je Kees even op?
    ja, ik zal hem even opbellen

4 C (13.3)

je moet John nog even opbellen
    goed, ik bel John nog even op

je moet je fiets hier neerzetten
    goed, ik zet mijn fiets hier neer

je moet een dictaat meenemen
    goed, ik neem een dictaat mee

je moet de kaartjes om tien uur afhalen
    goed, ik haal de kaartjes om tien uur af

je moet vanavond even langskomen
    goed, ik kom vanavond even langs

je moet haar voor dat feestje uitnodigen
    goed, ik nodig haar voor dat feestje uit

je moet John nog even opbellen
    goed, ik bel John nog even op

5 B (11.14,16)

zullen we de eerste of de tweede voorstelling nemen?
    laten we de tweede maar nemen

zullen we het witte of het gele overhemd kopen?
    laten we het gele maar kopen

zullen we de tram of de bus nemen?
    laten we de bus maar nemen

zullen we het oude of het nieuwe boek lenen?
    laten we het nieuwe maar lenen

zullen we de grote of de kleine schaal kopen?
    laten we de kleine maar kopen

zullen we de eerste of de tweede voorstelling nemen?
    laten we de tweede maar nemen

6 B

heb je een kwartje?
    ja, ik heb er een

heeft Meta een fiets?
    ja, ze heeft er een

is hier een telefooncel?
    ja, hier is er een

Les 13

gaat Wim een brommer kopen?
    ja, hij gaat er een kopen

is daar een brievenbus?
    ja, daar is er een

wil Anneke een boek lenen?
    ja, ze wil er een lenen

bellen jullie een ziekenhuis op?
    ja, we bellen er een op

woont daar een dokter?
    ja, daar woont er een

heb je een vriend uitgenodigd?
    ja, ik heb er een uitgenodigd

heeft John een kamer gevonden?
    ja, hij heeft er een gevonden

heb je een kwartje?
    ja, ik heb er een

7 B (13.6)

heb je drie kwartjes?
    nee, ik heb er vier

heb je zeven kopjes?
    nee, ik heb er acht

heb je tien boeken?
    nee, ik heb er elf

heb je vijf tekeningen?
    nee, ik heb er zes

heb je vier woordenboeken?
    nee, ik heb er vijf

heb je drie kwartjes?
    nee, ik heb er vier

8 B (13.6; 12.10)

heb je een bandrecorder?
    nee, maar een vriend van me heeft er wel een

heeft Els een dictaat?
    nee, maar een vriend van haar heeft er wel een

heeft Kees een brommer?
    nee, maar een vriend van hem heeft er wel een

heeft Corrie een fiets?
    nee, maar een vriend van haar heeft er wel een

hebt u een groene hoed?
    nee, maar een vriend van me heeft er wel een

hebben Wim en Jaap een trein?
    nee, maar een vriend van ze heeft er wel een

heeft Corrie een auto?
    nee, maar een vriend van haar heeft er wel een

heeft Jaap een boot?
    nee, maar een vriend van hem heeft er wel een

heb je een bandrecorder?
    nee, maar een vriend van me heeft er wel een

9 C (13.6; 9.3)

weet jij het museum?
    ja, daar is het

weet jij de bibliotheek?
    ja, daar is hij

weet jij een brievenbus?
    ja, daar is er een

weet jij een tramhalte?
    ja, daar is er een

weet jij een telefooncel?
    ja, daar is er een

weet jij het station?
    ja, daar is het

weet jij een bushalte?
    ja, daar is er een

weet jij een postkantoor?
    ja, daar is er een

weet jij de Emmastraat?
    ja, daar is hij

weet jij een restaurant?
    ja, daar is er een

weet jij het museum?
    ja, daar is het

10 A (10.16)

bel je Kees op?
    nee, ik heb hem al opgebeld

zet je je fiets neer?
    nee, ik heb hem al neergezet

neemt Els het dictaat mee?
    nee, ze heeft het al meegenomen

belt moeder de dokter op?
    nee, ze heeft hem al opgebeld

haal je de kaartjes af?
    nee, ik heb ze al afgehaald

nodigt John Anneke uit?
    nee, hij heeft haar al uitgenodigd

bel je Kees op?
    nee, ik heb hem al opgebeld

11 B (13.6,10)

bel je een dokter op?
    ik heb er al een opgebeld

nodig je een vriend uit?
    ik heb er al een uitgenodigd

schrijf je een adres op?
>ik heb er al een opgeschreven

neem je een foto mee?
>ik heb er al een meegenomen

vul je een formulier in?
>ik heb er al een ingevuld

bel je een dokter op?
>ik heb er al een opgebeld

12 C (11.11)

is die recensie goed?
>nee, het is geen goede recensie

is dat nummer verkeerd?
>nee, het is geen verkeerd nummer

zijn de colleges lang?
>nee, het zijn geen lange colleges

is die film interessant?
>nee, het is geen interessante film

is het kwartje nieuw?
>nee, het is geen nieuw kwartje

is de telefooncel klein?
>nee, het is geen kleine telefooncel

zijn de meisjes aardig?
>nee, het zijn geen aardige meisjes

is het overhemd wit?
>nee, het is geen wit overhemd

is die recensie goed?
>nee, het is geen goede recensie

13 B

vader heeft twee Engelse fietsen gekocht
>heeft hij ze allebei in Engeland gekocht?

John heeft twee Nederlandse meisjes ontmoet
>heeft hij ze allebei in Nederland ontmoet?

Corrie heeft twee Amsterdamse meisjes gezien
>heeft ze ze allebei in Amsterdam gezien?

Kees heeft twee Belgische jongens gesproken
>heeft hij ze allebei in België gesproken?

Jaap heeft twee Rotterdamse kranten gelezen
>heeft hij ze allebei in Rotterdam gelezen?

vader heeft twee Engelse fietsen gekocht
>heeft hij ze allebei in Engeland gekocht?

14 C (13.3,4)

Kees gaat mee
>heb jij ook zin om mee te gaan?

Kees belt Anneke op
>heb jij ook zin om Anneke op te bellen?

Kees haalt de kaartjes af
>heb jij ook zin om de kaartjes af te halen?

Kees komt binnen
>heb jij ook zin om binnen te komen?

Kees neemt de auto mee
>heb jij ook zin om de auto mee te nemen?

Kees komt even langs
>heb jij ook zin om even langs te komen?

Kees gaat mee
>heb jij ook zin om mee te gaan?

15 A (13.8)

heb jij nog kwartjes?
>ik heb er geeneen meer, maar Els heeft er nog twee

heb jij nog foto's?
>ik heb er geeneen meer, maar Els heeft er nog twee

heb jij nog koekjes?
>ik heb er geeneen meer, maar Els heeft er nog twee

heb jij nog tientjes?
>ik heb er geeneen meer, maar Els heeft er nog twee

heb jij nog dictaten?
>ik heb er geeneen meer, maar Els heeft er nog twee

heb jij nog kwartjes?
>ik heb er geeneen meer, maar Els heeft er nog twee

16 C (13.7,15)

heb jij twee kwartjes voor me?
>nee, ik heb er maar één, maar Els heeft er nog drie

heb jij vier eieren voor me?
>nee, ik heb er maar drie, maar Els heeft er nog vijf

heb jij zes kopjes voor me?
>nee, ik heb er maar vijf, maar Els heeft er nog zeven

heb jij drie glazen voor me?
>nee, ik heb er maar twee, maar Els heeft er nog vier

heb jij acht postzegels voor me?
>nee, ik heb er maar zeven, maar Els heeft er nog negen

heb jij vijf guldens voor me?
>nee, ik heb er maar vier, maar Els heeft er nog zes

heb jij twee kwartjes voor me?
>nee, ik heb er maar één, maar Els heeft er nog drie

17 C (13.10)

belt Corrie vandaag op?
>nee, ze heeft gisteren al opgebeld

eet Kees vandaag kip?
>nee, hij heeft gisteren al kip gegeten

koopt Wim vandaag een woordenboek?
>nee, hij heeft gisteren al een woordenboek gekocht

Les 13

komt Els vandaag langs?
    nee, ze is gisteren al langsgekomen

leent vader vandaag een boek?
    nee, hij heeft gisteren al een boek geleend

doet John vandaag boodschappen?
    nee, hij heeft gisteren al boodschappen gedaan

verhuist Kees vandaag?
    nee, hij is gisteren al verhuisd

belt Corrie vandaag op?
    nee, ze heeft gisteren al opgebeld

18 A (13.8; 10.14)

Kees heeft geen kwartjes meer
    heb jij misschien een kwartje voor hem?

Corrie heeft geen koekjes meer
    heb jij misschien een koekje voor haar?

Jaap en Els hebben geen wijn meer
    heb jij misschien wijn voor ze?

Hans heeft geen boeken meer
    heb jij misschien een boek voor hem?

Anneke heeft geen suiker meer
    heb jij misschien suiker voor haar?

de kinderen hebben geen kranten meer
    heb jij misschien een krant voor ze?

Kees heeft geen kwartjes meer
    heb jij misschien een kwartje voor hem?

Aanvullende woordenlijst

uitgaan

de bioscoop	het circus
de schouwburg	de clown
het theater	de acrobaat
het concertgebouw	de criticus
het openluchttheater	de acteur
het ontspanningscentrum	de actrice
het ballet	de solist(e)
het concert	de film
het toneelstuk	het cabaret
de pantomime	het decor
het festival	de regie
de voorstelling	de regisseur
het optreden	de zaal
de komedie	plaats bespreken
de tragedie	de pauze
de opvoering	de voorfilm
de musical	de hoofdfilm
de scène	de rang
de uitvoering	parterre
de satire	parket
artistiek	stalles
het toneel	loge
het voetlicht	de première
de show	de repetitie
	de rol

het jaar	nieuwjaar(sdag)
januari	Driekoningen
februari	Aswoensdag
maart	vastenavond
april	carnaval
mei	Goede Vrijdag
juni	eerste paasdag ⎫ Pasen
juli	tweede paasdag ⎭
augustus	koninginnedag
september	Hemelvaartsdag
oktober	eerste pinksterdag ⎫ Pinksteren
november	tweede pinksterdag ⎭
december	Mariahemelvaart
	Allerheiligen
de lente	Allerzielen
de zomer	sinterklaas
de herfst	eerste kerstdag ⎫ Kerstmis, kerstfeest
de winter	tweede kerstdag ⎭
het voorjaar	oudejaar(sdag)
het najaar	

Nieuwjaarsdag, Pasen, koninginnedag, Hemelvaartsdag, Pinksteren en Kerstmis gelden officieel als vrije dagen.

Op 5 december is het sinterklaas (St. Nicolaas). Dan geven de mensen elkaar cadeautjes. Gewoonlijk zit er bij elk pakje een gedichtje, en vaak pak je de cadeautjes op een grappige manier in. Dan zijn het surprises.

Op oudejaarsavond blijf je in Nederland altijd tot na 12 uur op. Je eet oliebollen en drinkt vaak warme wijn. Om 12 uur wenst iedereen elkaar een gelukkig nieuwjaar.

Vragen over het gesprek

Wil Kees naar een Engelse film? Heeft Anneke die film al gezien? Waar draait de film? Welke voorstelling nemen ze? Waar gaat Kees opbellen? Wat kost dat? Heeft Kees een kwartje? Waarom geeft Anneke hem twee kwartjes? Hoe laat begint de voorstelling? Hoe gaan ze naar de film? Wat heeft Kees met z'n eigen brommer gedaan? Waarom? Waar gaat hij de bandrecorder kopen? Wat zoekt Kees? Wie heeft er voor Anneke opgebeld? Waarom? Wanneer is dat feestje? Wanneer gaat ze naar de schouwburg?

Conversatie

Is er een bioscoop in jouw woonplaats? Welke film draait er? Is dat een goede film? Welke film vind je mooi? Ben je deze week naar de film geweest? Zijn er in jouw land ook altijd twee voorstellingen per avond? Neem je altijd de eerste of de tweede voorstelling? Hoe laat beginnen de voorstellingen? Bespreek je ook wel eens plaatsen? Waarom moet je de kaartjes dan van te voren afhalen? Heb je geld bij je? Hoeveel kwartjes heb je? Weet je hier ergens een brievenbus? Heb je telefoon? Zijn er veel mensen die geen telefoon hebben in Nederland? Heb je een bandrecorder? Leen je er wel eens een? Wanneer heb je een feestje gegeven? Waarom? Welke feestdagen zijn er in jouw land?

Huiswerk

1 *Vul in:* er, het, hem.
Voorbeeld: Ik heb een fiets nodig. Heb jij . . . een voor me?
Ik heb een fiets nodig. Heb jij **er** een voor me?
Situatie: In een studentenflat.
1. Ton: Hoi Mies.
2. Mies: Hoi Ton.
3. Ton: Zeg, heb jij je fiets nodig vanmiddag?
4. Mies: Nee, vanmiddag niet, maar vanavond heb ik . . . wel nodig.
5. Ton: Mag ik . . . dan nu even lenen?
6. Mijn vriend komt. Ik wil . . . van de trein halen.
7. Mies: Ja hoor. Even het sleuteltje uit m'n jaszak halen.
8. Wat gek! . . . zit . . . niet in.
9. Ton: Heb je maar één sleuteltje?
10. Mies: Nee, ik heb . . . twee, maar het andere is ook weg.
11. Ton: Ach, wat vervelend.
12. Mies: Maar . . . zijn wel meer fietsen hier, hoor.
13. . . . staan . . . minstens vijf voor de deur.
14. Ton: Ja, maar dan heb ik toch een sleuteltje nodig.
15. Mies: Oh, je vindt . . . vast wel een.
16. O ja, Ton, . . . heeft iemand voor je opgebeld.
17. Ton: Wie?
18. Mies: Dat weet ik niet. Ik heb z'n naam opgeschreven.
19. Ton: Bedankt. En tot ziens.
20. Mies: Dag.

2 *Vul de juiste vorm van het werkwoord tussen ( ) in.*
Voorbeeld: . . . jij dit formulier even . . .? (invullen)
Vul jij dit formulier even **in**?
1. John wil een Nederlands rijbewijs . . . (aanvragen)
2. Dat heeft hij al een hele tijd . . . , (uitstellen)

3. want hij heeft het druk gehad: hij is pas . . . (verhuizen)
4. Hij . . . eerst het kantoor voor rijbewijzen . . . (opbellen)
5. De man aan de telefoon zegt:
6. 'U moet een formulier . . . (invullen)
7. Ik kan het . . . (opsturen)
8. of anders . . . u een keer . . . (langskomen)
9. om het . . . te . . .' (afhalen)
10. '. . . u het maar . . .', zegt John, (opsturen)
11. 'dan . . . ik het thuis wel . . .' (invullen)
12. Als John het formulier deze week nog . . . (inleveren)
13. kan hij z'n rijbewijs over een maand . . . (afhalen)

3 *Beantwoord de volgende vragen:*
1. Welke film heb je pas gezien?
2. Was het een goede film?
3. Vind jij opbellen leuk?
4. Draai je vaak een verkeerd nummer?
5. Schrijf je veel brieven?

4 *Maak de volgende zinnen af.*
Voorbeeld: Hoe laat . . .
Hoe laat **begint de cursus**?
1. Heb je zin om . . .
2. Ach nee . . .
3. Goed. Dan . . .
4. Misschien . . .
5. Gelukkig . . .
6. Hoe lang duurt het om . . .
7. 8 maart . . .
8. Even kijken . . .
9. Weet jij . . .

Grammatica

1 *ER* + TELWOORD

*Heb jij **kaartjes**?*   *nee, ik heb **er** geen,*
*maar hij heeft **er** wel **vijf***
*bel je **een dokter** op?*   *nee, ik bel **er** geen op,*
*hij heeft **er** al **een** opgebeld*

*heb jij misschien **een kwartje** voor me?* (r.20)
*ik heb **er** geeneen meer* (r.22)
*ik heb **er** nog twee* (r.24)

*ik wil **een bandrecorder** hebben* (r.44)
*en een vriend van mij heeft **er** een* (r.45)

2 WERKWOORDEN MET PREFIX

2.1 Het prefix heeft geen accent: participium krijgt geen *ge-*. (Zie les 12 §1.)

ontmóeten	ik ontmoet Kees	ik heb Kees ontmoet
verkópen	ik verkoop	ik heb mijn fiets verkocht
bespréken	ik bespreek	ik heb de plaatsen besproken

2.2 Het prefix heeft accent

ópbellen	néerzetten
áfhalen	úitstellen
úitnodigen	ínvullen
méenemen	vásthouden
lángskomen	ópschrijven

(a) Praesens: het prefix komt op de laatste plaats in de zin.

*ik **houd** hem wel even **vast*** (r.18)
*ik **zet** hem hier wel **neer*** (r.19)
*maar voor die tijd **bel** ik John nog wel **op*** (r.71)

(b) Participium:

op **ge** beld	neer **ge** zet
af **ge** haald	uit **ge** steld
langs **ge** komen	in **ge** vuld
uit **ge** nodigd	vast **ge** houden
mee **ge** nomen	op **ge** schreven

John heeft net voor je opgebeld (r.60)
dat hebben we uitgesteld tot 7 mei (r.66)

Les 13

(c) *Te*

*heb je zin om **mee** te **gaan**?* (r.5)
*heb jij misschien een kwartje voor me, om **op** te **bellen**?*
(r.20-21)

3 *OM* + *TE* + INFINITIEF

De constructie *om* + *te* + infinitief heeft verschillende betekenissen:

1. Doel

daarna moet ik even weg om het eten te halen
Els gaat naar Rotterdam om de Picasso-tentoonstelling te zien

2. Functie

een kopje om uit te drinken
een kwartje om op te bellen (r.20-21)

3. Idioom

hoe lang duurt het om van jou naar de bioscoop te fietsen
(r.35)
heb je zin om mee te gaan? (r.5)

4 DATA

Volgorde: 1. dag   2. nummer   3. maand   4. jaar
          woensdag   *19*   *februari*   *1975*

(op) maandag 24 augustus vertrekken we
het feestje is (op) 22 april

in april ga ik naar Engeland
ze zijn in 1980 verhuisd

Les 14

Televisie kijken
E: Els   J: Jaap   K: Kees

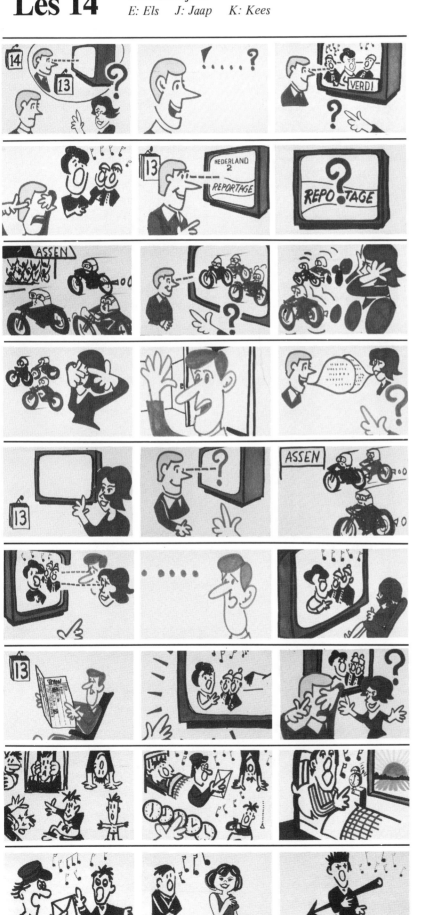

E. Kees, heb jij gisteren naar de televisie gekeken?

K. Ja, hoezo?

E. Heb je die opera gezien?   3

K. O nee, ik houd helemaal niet van opera's.

K. Ik heb naar die reportage gekeken op het tweede net.

E. Een reportage, waarvan?   6

K. Van de motorraces in Assen.

E. Heb je daarnaar gekeken?

E. Hoe kun je: al dat geraas!   9

E. Daar houd ik nu helemaal niet van.

J. Hallo jongens.

J. Waar hebben jullie het over?   12

E. Dag schat, over de televisie van gisteren.

J. Wat heb jij gezien, Kees?

K. De motorraces in Assen.   15

K. Jullie hebben een opera gezien, hè?

J. Ja, dat wil zeggen,

J. Els heeft ernaar gekeken.   18

J. Ik heb de krant gelezen.

E. Het was prachtig, Kees, echt!

E. Waarom houd je toch niet van opera's?   21

K. Ach, al die gekke situaties.

K. In een opera zingen ze de hele tijd:

K. als ze 's morgens opstaan,   24

K. als ze een brief krijgen,

K. als ze een aardig meisje ontmoeten,

K. als ze doodgaan,   27

117

Les 14

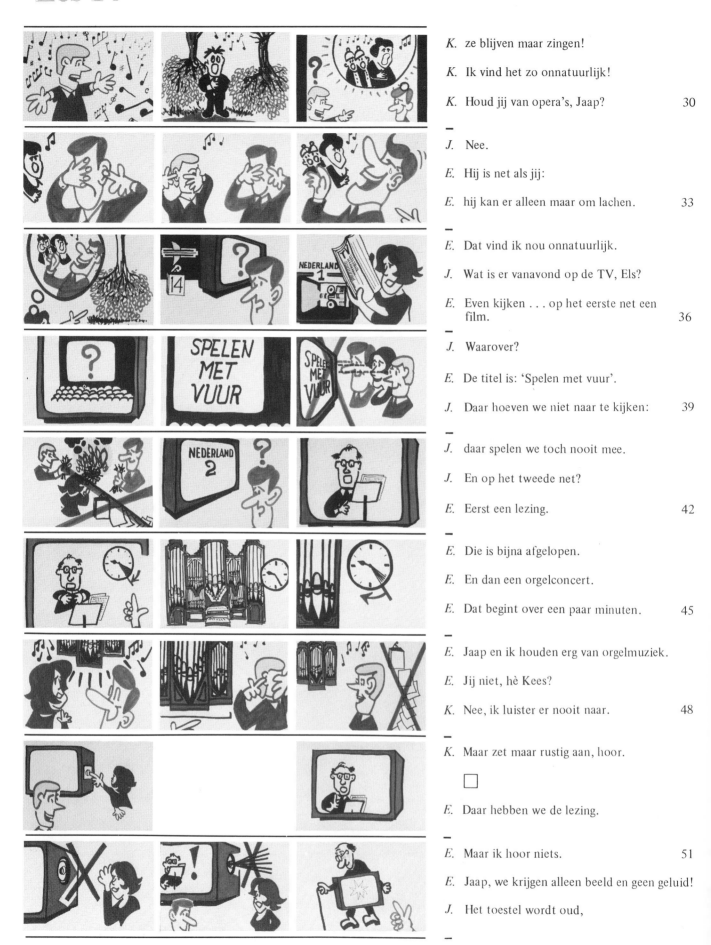

K. ze blijven maar zingen!

K. Ik vind het zo onnatuurlijk!

K. Houd jij van opera's, Jaap? 30

—

J. Nee.

E. Hij is net als jij:

E. hij kan er alleen maar om lachen. 33

—

E. Dat vind ik nou onnatuurlijk.

J. Wat is er vanavond op de TV, Els?

E. Even kijken . . . op het eerste net een film. 36

J. Waarover?

E. De titel is: 'Spelen met vuur'.

J. Daar hoeven we niet naar te kijken: 39

J. daar spelen we toch nooit mee.

J. En op het tweede net?

E. Eerst een lezing. 42

—

E. Die is bijna afgelopen.

E. En dan een orgelconcert.

E. Dat begint over een paar minuten. 45

—

E. Jaap en ik houden erg van orgelmuziek.

E. Jij niet, hè Kees?

K. Nee, ik luister er nooit naar. 48

—

K. Maar zet maar rustig aan, hoor.

☐

E. Daar hebben we de lezing.

—

E. Maar ik hoor niets. 51

E. Jaap, we krijgen alleen beeld en geen geluid!

J. Het toestel wordt oud,

—

J.	soms valt het geluid weg.	54
K.	Waar praat die man over?	
E.	Hij heeft het over moeilijkheden in de economie.	
E.	Dat staat tenminste in de gids.	57
J.	Waarover?	
E.	Moeilijkheden in de economie.	
K.	Jullie hebben ook moeilijkheden, zie ik.	60
E.	Waarmee dan?	
K.	Met jullie TV.	
K.	Waarom zet je dat ding niet af?	63
E.	Misschien komt het geluid nog.	
E.	Daar heb je het orgel.	
E.	Nu begint het concert.	66
K.	Zo'n orgelconcert is erg leuk,	
K.	tenminste om naar te kijken.	
K.	Dat heb ik nooit geweten.	69
J.	De volgende keer kijken we niet alleen,	
J.	maar dan luisteren we ook.	
E.	Dan kom jij zeker niet, hè Kees?	72

Aanvullende fonetiek

Let op de uitspraak van *kan* met *komen*.
Herhaal: kan . . . komen . . . kan komen . . . en Kees . . .
denken . . . functioneel . . .
Let op de uitspraak van *er* na klinkers, na de letter *r*, en na
pauzes. Je schrijft *er* maar je zegt meestal [dər].
Herhaal: ik ga er naartoe . . . ik zie er één . . . ik luister er
naar . . . er is geen brood . . .

Samenvatting

Kees is op bezoek bij Els. Ze praten over de televisie van de
vorige dag. Kees heeft naar de T.T.-races gekeken. Els niet,
die vindt zoiets verschrikkelijk: al dat geraas. Zij heeft naar
een opera gekeken op het andere net. Daar houdt Kees nou
weer niet van, hij moet er altijd om lachen. Jaap ook,
trouwens. Al die onnatuurlijke situaties! En de mensen
blijven maar zingen: als ze opstaan en als ze een brief krijgen

Les 14

als ze een mooi meisje ontmoeten en zelfs als ze doodgaan.
Belachelijk! vinden de twee mannen. Als Els dat hoort, wordt
ze een beetje boos. Dat vindt zij nou onnatuurlijk. Jaap
informeert maar gauw naar het TV-programma van die
avond. Volgens de gids is er op het eerste net een film;
'Spelen met vuur' heet hij. Daar heeft Jaap niet veel zin in,
want hij speelt nooit met vuur. Op het tweede net is eerst een
lezing, maar die is nu bijna afgelopen, en daarna een orgelconcert. Daar houden Jaap en Els allebei van, maar Kees niet.
Maar de TV mag wel aan, wat hem betreft. Als Els de TV
aanzet, blijkt er geen geluid uit te komen. Het toestel wordt
oud, daardoor valt het geluid wel eens weg. Nu kijken ze naar
het laatste deel van de lezing en vervolgens naar het concert.
Kees vindt dat orgelconcert erg leuk om te zien. Als er weer
zo'n concert is, kijken Jaap en Els weer en dan luisteren ze
ook. Dat hopen ze tenminste.

Oefeningen

1 A (3.7,8)

Kees ontmoet een vriend
    wie ontmoet hij?

Kees studeert Engels
    wat studeert hij?

Kees helpt zijn zusje
    wie helpt hij?

Kees leent een bandrecorder
    wat leent hij?

Wim koopt een brommer
    wat koopt hij?

Wim ontmoet mevrouw Kooiman
    wie ontmoet hij?

Wim helpt zijn moeder
    wie helpt hij?

Wim verstuurt een pakje
    wat verstuurt hij?

Wim ontmoet een vriend
    wie ontmoet hij?

2 A

luister je naar de muziek?
    nee, ik luister er niet naar

kijk je naar de opera?
    nee, ik kijk er niet naar

luister je naar de bandrecorder?
    nee, ik luister er niet naar

kijk je naar de tuin?
    nee, ik kijk er niet naar

kijk je naar de bomen?
    nee, ik kijk er niet naar

luister je naar de muziek?
    nee, ik luister er niet naar

3 A (14.2; 12.8)

ga je naar die receptie?
    nee, ik ga er niet naartoe

gaan jullie naar Den Haag?
    nee, we gaan er niet naartoe

gaat oom Jan naar de motorraces?
    nee, hij gaat er niet naartoe

gaan de kinderen naar het concert?
    nee, ze gaan er niet naartoe

gaat Els naar de lezing?
    nee, ze gaat er niet naartoe

gaat deze bus naar het station?
    nee, hij gaat er niet naartoe

ga je naar de receptie?
    nee, ik ga er niet naartoe

4 A (14.2,3; 12.10)

Kees luistert niet naar de muziek
    maar ik luister er wel naar

Kees kijkt niet naar de opera
    maar ik kijk er wel naar

Kees gaat niet naar het restaurant
    maar ik ga er wel naartoe

Kees luistert niet naar de lezing
    maar ik luister er wel naar

Kees gaat niet naar de tuin
    maar ik ga er wel naartoe

Kees gaat niet naar de motorraces
    maar ik ga er wel naartoe

Kees kijkt niet naar de film
    maar ik kijk er wel naar

Kees luistert niet naar het orgel
    maar ik luister er wel naar

Kees gaat niet naar de film
    maar ik ga er wel naartoe

Kees luistert niet naar de muziek
    maar ik luister er wel naar

5 B (14.2)

speelt Wim vaak met vuur?
    ja, hij speelt er vaak mee

heeft Jaap vaak moeilijkheden met zijn TV?
    ja, hij heeft er vaak moeilijkheden mee

spelen de kinderen vaak met de auto?
    ja, ze spelen er vaak mee

speelt Bert altijd met zijn trein?
    ja, hij speelt er altijd mee

heeft Wim altijd met zijn trein gespeeld?
    ja, hij heeft er altijd mee gespeeld

heeft John gisteren moeilijkheden met zijn auto gehad?
>ja, hij heeft er gisteren moeilijkheden mee gehad

heeft Wim gisteren met zijn trein gespeeld?
>ja, hij heeft er gisteren mee gespeeld

heeft Corrie gisteren met je portemonnee gespeeld?
>ja, ze heeft er gisteren mee gespeeld

speelt Wim vaak met vuur?
>ja, hij speelt er vaak mee

6 B (14.4,5)

ik houd van muziek
>waarvan?

ik luister naar moderne muziek
>waarnaar?

ik speel met mijn auto
>waarmee?

ik kijk naar de opera
>waarnaar?

ik ga naar Den Haag
>waarnaartoe?

hij heeft het over motorraces
>waarover?

hij houdt van auto's
>waarvan?

hij speelt met vuur
>waarmee?

hij houdt van muziek
>waarvan?

7 C (14.6)

hij houdt van muziek
>waar houdt hij van?

hij praat over meisjes
>waar praat hij over?

hij speelt met een trein
>waar speelt hij mee?

hij gaat naar de bioscoop
>waar gaat hij naartoe?

hij luistert naar een lezing
>waar luistert hij naar?

hij heeft het over journalisten
>waar heeft hij het over?

hij kijkt naar de winkels
>waar kijkt hij naar?

hij houdt van muziek
>waar houdt hij van?

8 A (14.4,5)

Kees lacht erom
>ja, hij lacht er altijd om

Wim kijkt ernaar
>ja, hij kijkt er altijd naar

Jaap luistert ernaar
>ja, hij luistert er altijd naar

Hans gaat ernaartoe
>ja, hij gaat er altijd naartoe

John speelt ermee
>ja, hij speelt er altijd mee

Kees lacht erom
>ja, hij lacht er altijd om

9 C (14.8)

Kees heeft zo hard om dat programma gelachen!
>o ja? heeft hij er vorige week ook zo hard om gelachen?

Wim heeft zo rustig met zijn trein gespeeld!
>o ja? heeft hij er vorige week ook zo rustig mee gespeeld?

vader heeft zo lekker van de kip gegeten!
>o ja? heeft hij er vorige week ook zo lekker van gegeten?

Corrie heeft zo gezellig over de vakantie gepraat!
>o ja? heeft ze er vorige week ook zo gezellig over gepraat?

Meta heeft zo goed naar de muziek geluisterd!
>o ja? heeft ze er vorige week ook zo goed naar geluisterd?

Anneke is zo gauw naar het postkantoor gegaan!
>o ja? is ze er vorige week ook zo gauw naartoe gegaan?

Wim en Hans hebben zo lang op de bus gewacht!
>o ja? hebben ze er vorige week ook zo lang op gewacht?

Lies heeft het zo vaak over de vakantie gehad!
>o ja? heeft ze het er vorige week ook zo vaak over gehad?

Kees heeft zo hard om dat programma gelachen!
>o ja? heeft hij er vorige week ook zo hard om gelachen?

10 C (14.9)

hebben jullie moeilijkheden met deze les?
>nee, daar hebben we geen moeilijkheden mee

drinken jullie wijn uit dit glas?
>nee, daar drinken we geen wijn uit

eten jullie kip uit deze schaal?
>nee, daar eten we geen kip uit

krijgen jullie geld voor deze kamer?
>nee, daar krijgen we geen geld voor

gebruiken jullie een woordenboek bij deze les?
>nee, daar gebruiken we geen woordenboek bij

Les 14

geven jullie geld aan dit ziekenhuis?
    nee, daar geven we geen geld aan

hebben jullie zin in deze aardappels?
    nee, daar hebben we geen zin in

zetten jullie boeken op deze plank?
    nee, daar zetten we geen boeken op

hebben jullie moeilijkheden met deze les?
    nee, daar hebben we geen moeilijkheden mee

11 B

luister je graag naar deze muziek?
    ja, daar luister ik graag naar

kijk je graag naar TV-reportages?
    ja, daar kijk ik graag naar

praat je graag over economie?
    ja, daar praat ik graag over

ga je graag naar Engeland?
    ja, daar ga ik graag naartoe

speel je graag met treinen en auto's?
    ja, daar speel ik graag mee

ga je graag naar de film?
    ja, daar ga ik graag naartoe

luister je graag naar deze muziek?
    ja, daar luister ik graag naar

12 C (14.10,11)

gaan jullie wel eens naar Amsterdam?
    nee, daar gaan we nooit naartoe

gaan jullie wel eens naar Engeland?
    nee, daar gaan we nooit naartoe

kijken jullie wel eens naar het eerste net?
    nee, daar kijken we nooit naar

luisteren jullie wel eens naar zulke muziek?
    nee, daar luisteren we nooit naar

hebben jullie het wel eens over de vakantie?
    nee, daar hebben we het nooit over

hebben jullie het wel eens over de motorraces?
    nee, daar hebben we het nooit over

gaan jullie wel eens naar het museum?
    nee, daar gaan we nooit naartoe

gaan jullie wel eens naar Amsterdam?
    nee, daar gaan we nooit naartoe

13 B (14.1)

ze praten over hun ouders
    over wie praten ze?

ze spelen bij mevrouw Kooiman
    bij wie spelen ze?

ze praten met de studenten
    met wie praten ze?

ze kijkt naar haar verloofde
    naar wie kijkt ze?

ze trouwt met mijn oom
    met wie trouwt ze?

ze houden van hun kinderen
    van wie houden ze?

ze praat met de buren
    met wie praat ze?

ze lachen om Corrie
    om wie lachen ze?

ze praten over hun ouders
    over wie praten ze?

14 C (14.9,13)

ik heb met Wim gespeeld
    zo, heb je inderdaad met hem gespeeld?

ik heb met de auto gespeeld
    zo, heb je er inderdaad mee gespeeld?

ik heb naar die opera gekeken
    zo, heb je er inderdaad naar gekeken?

ik heb over Anneke gepraat
    zo, heb je inderdaad over haar gepraat?

ik heb op de jongens gewacht
    zo, heb je inderdaad op ze gewacht?

ik heb achter het café gewoond
    zo, heb je er inderdaad achter gewoond?

ik heb om de reportage gelachen
    zo, heb je er inderdaad om gelachen?

ik heb het over het werk gehad
    zo, heb je het er inderdaad over gehad?

ik heb met Wim gespeeld
    zo, heb je inderdaad met hem gespeeld?

15 C

ze staan 's morgens op; zingen ze dan?
    ja, als ze 's morgens opstaan, zingen ze

ze ontmoeten een oude vriend; zingen ze dan?
    ja, als ze een oude vriend ontmoeten, zingen ze

ze ontmoeten een dame; zingen ze dan?
    ja, als ze een dame ontmoeten, zingen ze

ze krijgen een brief; zingen ze dan?
    ja, als ze een brief krijgen, zingen ze

ze hebben moeilijkheden; zingen ze dan?
    ja, als ze moeilijkheden hebben, zingen ze

ze zijn ziek; zingen ze dan?
    ja, als ze ziek zijn, zingen ze

ze gaan dood; zingen ze dan?
    ja, als ze doodgaan, zingen ze

ze staan 's morgens op; zingen ze dan?
    ja, als ze 's morgens opstaan, zingen ze

16 c (11.11)

is die lezing interessant?
  ja, dat is een interessante lezing

is dat meisje aardig?
  ja, dat is een aardig meisje

zijn die opera's onnatuurlijk?
  ja, dat zijn onnatuurlijke opera's

is dat toestel oud?
  ja, dat is een oud toestel

zijn die orgels duur?
  ja, dat zijn dure orgels

is die muziek modern?
  ja, dat is moderne muziek

zijn die brieven lang?
  ja, dat zijn lange brieven

is die lezing interessant?
  ja, dat is een interessante lezing

Aanvullende woordenlijst

muziek	tenor
de opera	bas
de operette	de solist(e)
het concert	het koor
de piano	
de pianist(e)	*omroep*
de fluit	de N.O.S.
de fluitist(e)	de radio
het orgel	de televisie
de organist(e)	de zender
de viool	het net
de violist(e)	Nederland 1
de harp	Nederland 2
de harpist(e)	Hilversum 1
de drum	Hilversum 2
de drummer	Hilversum 3
de dirigent	**Hilversum 4**
het orkest	het programma
de melodie	de omroepvereniging
het notenschrift	de zuil
vals	de A.V.R.O.
zuiver	de V.A.R.A.
de lichte muziek	de N.C.R.V.
de klassieke muziek	de K.R.O.
de (grammofoon)plaat	de V.P.R.O.
de discotheek	de E.O.
de pick-up	de T.R.O.S.
stereo	Veronica
mono	de Sterreclame
de langspeelplaat (l.p.)	de nieuwsdienst
de bandrecorder	het journaal
de cassetterecorder	het weerbericht
de band	het weeroverzicht
de zang	het A.N.P.
de zanger(es)	de actualiteit(en)
alt	de reportage
sopraan	

het verslag	de antenne
het hoorspel	de beeldbuis
het programmablad	de uitzending
het forum	naar de radio luisteren
de quiz	(naar de) TV kijken
de serie	

Op werkdagen zenden Hilversum 2 en 3 van 's morgens zeven uur tot 's avonds twaalf uur uit. Hilversum 1 is ononderbroken in de lucht. Hilversum 3 geeft voornamelijk lichte muziek-programma's en ieder uur een korte nieuwsuitzending. Hilversum 4 zendt van 7 tot 23 uur uit en geeft vooral klassieke muziek. Zondags beginnen alle zenders pas om acht uur.

De televisieuitzendingen zijn niet zo nauwkeurig aan bepaalde tijden gebonden. 's Morgens zijn er vaak schooluitzendingen, 's middags soms kinderprogramma's. Het avond-programma begint om een uur of zes en gaat meestal door tot een uur of elf. In het weekend wel eens tot twee uur.

Vragen over het gesprek

Heeft Kees gisteren naar de TV gekeken? Wat heeft hij gezien? Heeft Els ook naar de motorraces gekeken? Houdt Kees van opera's? Waarom niet? Wat is er vanavond op het eerste net? Hoe heet de film? Wil Jaap die zien? En wat is er op het tweede net? Houdt Kees van orgelmuziek? En Els en Jaap? Wat is er met de TV? Waar gaat de lezing over? Hebben Els en Jaap ook moeilijkheden? Vindt Kees het concert leuk?

Conversatie

Heb je wel eens een opera gezien? Kun je het verhaal daar-van navertellen? Ben je het met Jaap en Kees eens of niet? Waarom? Heb je TV? Kijk je vaak naar de televisie? Wat vind je leuke programma's? Hoeveel netten zijn er hier op de TV? Wat zijn de voor-en nadelen van televisie in huis? Houd je van zingen? Wanneer zing je? Hoe vind je orgel-muziek? Ga je wel eens naar een orgelconcert? Bespeel je een instrument? Wat voor muziek vind je goed? Vertel eens iets over de (traditionele) muziek uit jouw land.

Huiswerk

1 *Vul in:* wat, waarom, waar, welk(e), hoe.
  Voorbeeld: . . . komt u hier doen?
    Wat komt u hier doen?
  Situatie: Op een uitzendbureau
  1. Mike J.: Goedemiddag.
  2. Koster: Dag meneer. . . . kan ik voor u doen?
  3. Mike J.: Ik zoek werk.
  4. Koster: . . . bent u speciaal naar dít uitzendbureau gekomen?
  5. Mike J.: Ik heb uw advertentie in de krant gelezen.
  6. Koster: O ja. . . . voor werk wilt u graag doen?
  7. Mike J.: Ik ben operazanger van beroep.
  8. Koster: . . . lang zingt u al?
  9. Mike J.: Al 8 jaar.
  10. Koster: Dus u hebt veel ervaring.

Les 14

11.   In . . . opera's hebt u gezongen?
12. Mike J.: O, dat zijn er teveel om op te noemen.
13. Koster: . . . zingt u het liefst in?
14. Mike J.: In Don Giovanni van Mozart.
15. Koster: Ah, die heb ik ook op de band.
16. Mike J.: . . . uitvoering heeft u?
17. Koster: Dat weet ik niet zo uit m'n hoofd.
18.   . . . komt het dat u werkeloos bent?
19. Mike J.: Het koor waarin ik zong bestaat niet meer.
20. Koster: Ja ja. Ik wil nog wat meer van u weten.
21.   . . . heet u?
22. Mike J.: Mike Johanson
23. Koster: En . . . is uw adres?
24. Mike J.: Twentestraat 19, Amsterdam.
25. Koster: Goed. Ik heb alles opgeschreven.
26.   U hoort nog van ons.
27. Mike J.: Dag mevrouw.
28. Koster: Dag meneer.

2 *Vul in:* er, daar, waar
    Voorbeeld: . . . luister jij graag naar?
          Waar luister jij graag naar?
    Situatie: In een café
1. Els: . . . is een illegale vrouwenradio,
2.   heb je . . . al eens van gehoord?
3. Irma: Nee, . . . heb ik nog nooit van gehoord.
4.   Maar ik luister ook niet vaak naar de radio.
5. Els: Ik ook niet. Maar deze zender heeft leuke pro-gramma's.
6.   . . . luister ik graag naar.
7. Irma: . . . gaan de programma's over?
8. Els: Over allerlei onderwerpen.
9.   . . . zijn ook wel reportages over vrouwen in het

10.   buitenland.
11. Irma: Wordt . . . veel gepraat in die programma's?
12. Els: Meestal wel.
13. Irma: O, . . . vind ik niets aan.
14.   Al die praatprogramma's.
15. Els: . . . hou jij dan van?
16. Irma: Geef mij maar een gezellig muziekje.
17.   . . . kun je tenminste ook nog bij lezen of studeren.
18.   Anders moet je zo echt naar de radio luisteren.
19. Els: O, dat vind ik niet erg.
20.   En je leert . . . nog wat van ook.

3 *Voorbeeld:* Als Wim thuis is, ... even bij hem langs
                                  (gaan).
          Als Wim thuis is, **ga ik** even bij hem langs.
1. Als ik werk . . . . . . een oppas.   (hebben)
2. Als het donker is . . . . . . bang.   (zijn)
3. Als het regent . . . . . . thuis.   (blijven)
4. Als m'n vriendin trouwt . . . . . . naar de   (gaan)
   bruiloft.
5. Als ik geen wekker zet . . . . . . te laat.   (komen)
6. Als het koud is . . . . . . de verwarming aan.   (zetten)
7. Als het mooi weer is . . . . . . altijd buiten.   (zijn)
8. Als ik om 9 uur van huis ga . . . . . . te laat op   (komen)
   m'n werk.

4 *Beantwoord de volgende vragen:*
1. Houd je van televisie?
2. Luister je vaak naar de radio?
3. Praat je vaak over politiek?
4. Waar moet je altijd erg om lachen?
5. Wat vind je van klassieke muziek?
6. Waar ga je graag naartoe?

Grammatica

1 *ER, DAAR, WAAR* **ALS PRONOMINAAL OBJECT**
1.1 In deze les staan een aantal werkwoorden met een vaste prepositie:

houden **van**	praten **over**
kijken **naar**	het hebben **over**
lachen **om**	luisteren **naar**
spelen **met**	gaan **naar**

Er, daar, waar verwijzen naar het object van deze werkwoord-en als het object geen personen aanduidt.

hij kan alleen maar om opera's lachen
*hij kan **er** alleen maar om lachen* (r.33)
*heb je **naar de motorraces** gekeken?*
*heb je **daarnaar** gekeken?* (r.8)

*we hebben het **over de televisie van gisteren*** (r.13)
***waar** hebben jullie het **over**?* (r.12)

1.2 Voorbeelden

(a) personen + dingen

ik kijk naar de jongen	ik kijk naar hem	naar wie kijk je?
ik kijk naar de opera	ik kijk **ernaar**	**waar** kijk je **naar**?
	daar kijk ik **naar**	

ik kijk naar de jongens	ik kijk naar ze	naar wie kijk je?
ik kijk naar de motor-races	ik kijk **ernaar**	**waar** kijk je **naar**?
	daar kijk ik **naar**	

(b) direct object + prepositieobject

heb je het televisiejournaal gezien?
nee, dat heb ik niet gezien,
*maar mijn vrouw heeft **het** wel gezien*

het televisiejournaal?
***daar** kijk ik nooit **naar**,*
*maar mijn vrouw kijkt **er** elke avond **naar***

de moeilijkheden in de economie?
die vind ik niet zo groot,
maar mijn vrouw wel, die vindt ze erg groot

de moeilijkheden in de economie?
***daar** praat ik liever niet **over**,*
*maar mijn vrouw praat **er** heel graag **over***

1.3 Woordvolgorde

Er, daar, waar staan meestal gescheiden van de prepositie.

*we praten er nooit **over***
*we hebben er nog nooit **over** gepraat*

daar** praten we nooit **over
***daar** hebben we nog nooit **over** gepraat*

***waar** praat u vandaag **over**?*
***waar** hebt u gisteren **over** gepraat?*

N.B. *hij houdt van muziek. **waarvan**?*
    *hij heeft het over de televisie. **waarover**?*

1.4 Met, naar, van

Deze drie preposities veranderen in combinatie met *er, daar, waar.*

(a) *met* wordt *mee*

*Anneke speelt vaak **met** haar pop*
*maar Jan speelt er ook wel eens **mee***
***waar** spelen ze **mee**?*

(b) *naar* wordt *naartoe*, bij een beweging

*ik ga **naar** de film*
***waar** ga je **naartoe**?*
*wij gaan er ook **naartoe***
maar: *Kees luistert **naar** de radio*
        ***waar** luistert hij **naar**?*
        *ik luister er niet **naar***

(c) *van* wordt *vandaan*, bij een beweging

*hij komt **van** de receptie*
*kom jij daar ook **vandaan**?*
***waar** kom jij **vandaan**?*

maar: *Kees houdt **van** pannekoeken*
        *houd jij daar ook **van**?*
        ***waar** houd jij **van**?*

N.B. *hij komt **uit** Utrecht*
    *kom jij daar ook **vandaan**?*
    ***waar** kom jij **vandaan**?*

2 *ER*: OVERZICHT VAN FUNCTIES

(a) *er* locatief

*ik ben naar Utrecht verhuisd. ik woon **er** nu al weer twee maanden*
*ik heb wel een leuke kamer, maar ik heb **er** geen zon*

(b) *er* als aanvulling op een onbepaald subject

*maar vader, **er** is geen melk en **er** zijn geen eieren!*
***er** staat een rode auto voor de deur*
***er** zijn twee telefooncellen in deze straat,*
*maar **er** is geeneen brievenbus*

(c) *er* + (g)een, twee, drie, vier, vijf, weinig, veel, genoeg, etc.

*heb jij nog kwartjes? ja, ik heb **er** drie.*
*wil jij **er** een hebben? heb jij **er** geeneen meer?*

(d) *er* + prepositie als pronominaal object

*ik houd **er** niet **van** (van opera's)*
*ik kijk **er** nooit **naar** (naar motorraces)*
*hij praat **er** wel eens met me **over** (over die moeilijkheden)*
*hij gaat **er** nooit **naartoe** (naar de cursus Nederlands)*
*hij komt **er** net **vandaan** (van het postkantoor)*

3 WOORDVOLGORDE IN BIJZINNEN

In een bijzin (b.v. een zin met *als*) komt de PV aan het eind.

hoofdzin	bijzin
ze zingen	*als ze een brief **krijgen*** (r.25)
ze zingen ook	*als ze 's morgens **opstaan*** (r.24)
hij zingt zelfs nog	*als hij **doodgaat***

Les 15

Anneke gaat uit

A: Anneke   M: Marianne, haar zusje   N: Niek, haar broer

M.	Anneke . . .
A.	Wat is er?
M.	Je gaat vanavond uit, hè?	3

—

A.	Ja.
M.	Doe je die rode jurk aan,
M.	en je zwarte schoenen en handschoenen?	6

—

A.	Ja, met mijn zwarte tasje.
A.	Maar dat kan ik nergens vinden.
A.	Heb jij het misschien ergens gezien?	9

—

M.	Ja, dat staat in mijn kast.
A.	In jouw kast?
A.	Hoe komt het daar?	12

—

A.	Heb jij het daar neergezet?
M.	Ja, ik heb het vorige week geleend.
A.	Je hebt toch zelf een tasje.	15

—

A.	Waarom pak je dat van mij dan?
M.	Dat van jou is zo mooi.
M.	Maar ik ga het wel even halen, hoor.	18

—

☐

M.	Zal ik het op tafel zetten?
A.	Ja.

—

M.	Zoek je nu weer iets?	21
A.	Ja, ik kan dat mooie zakdoekje niet vinden,
A.	dat witte met die roosjes.

—

M.	O, dat is in de was.	24
A.	In de was?
A.	Hoe weet jij dat nou?

—

126

Les 15

A. Heb je dat soms ook 'geleend'? 27

M. Ja, Anneke, maar . . .

A. Jij leent ook maar alles!

—

M. Je mag er wel een van mij gebruiken. 30

A. Nee, dat hoeft niet.

A. Ik heb er nog wel een.

—

A. En nu ben ik mijn huissleutel nog kwijt. 33

M. Die heb ik niet geleend, Anneke.

A. Zo is het al erg genoeg.

—

M. Zal ik even zoeken? 36

M. Heb je hem vandaag nog gebruikt?

A. Ja, vanmorgen nog.

—

A. Ik stop hem altijd in mijn tas, 39

A. maar hij zit er nu niet in.

M. Hij zit vast in je jaszak!

—

A. Nee, daar zit hij ook niet in. 42

A. Daar heb ik al gekeken.

M. Misschien ligt hij op de grond,

—

M. of op je stoel. 45

A. Nee, ik heb overal gekeken.

☐

—

A. (Niek klopt) Ja!

N. Zeg Anneke . . . 48

M. Niek, wat zie jij er vreemd uit!

—

M. Een nieuw jasje en een nette broek!

M. Ga je vanavond uit? 51

N. Ja.

—

127

Les 15

M. Met welk meisje deze keer?

N. Daar heb je niets mee te maken.   54

N. Anneke, mag ik je fiets misschien lenen?

—

M. O ja, die van hem is kapot.

A. Hoe weet jij dat?   57

A. Heb je Niek z'n fiets soms ook . . .

—

M. Daar heb je niets mee te maken.

A. Niek, die van mij heeft geen licht.   60

A. Neem die van haar maar.

—

A. Zij leent ook altijd alles van mij —

A. zelfs mijn kleren.   63

M. Goed hoor, neem hem maar.

—

M. En ik heb alleen maar Anneke d'r tasje en d'r zakdoekje geleend.

M. Heb jij de sleutel van Anneke misschien gezien?   66

M. Ze is hem kwijt.

—

M. O Anneke, hier ligt hij, tussen je boeken.

A. Gelukkig!   69

M. Zal ik hem op je bed leggen?

—

A. Ja, doe dat maar.

A. O, de bel, daar is John.   72

—

Aanvullende fonetiek

Let op de uitspraak van *hij* zonder klemtoon onmiddellijk na een ander woord. Je schrijft *hij*, maar je zegt [ie]: staat hij, praat hij.
Herhaal: staat hij . . . wil hij . . . ligt hij . . . kan hij . . . zegt hij . . .
Let op de uitspraak van *nieuwe* en *mooie*.
Herhaal: nieuwe . . . mooie . . . ruwe . . . kruier . . . waaien . . . Meeuwenlaan . . . fooien . . . omdraaien . . . boeiend . . .

Samenvatting

Marianne komt binnen in Anneke d'r kamer. Anneke verkleedt zich, want ze gaat met John uit. Ze doet haar rode jurk aan, met daarbij zwarte schoenen, zwarte handschoenen en een zwart tasje. Marianne vindt Annekes jurk erg mooi, en ze is ook dol op Annekes tasje. Dat heeft ze vorige week tenminste 'geleend' zonder het aan Anneke te vragen. Het staat nog in Marianne d'r kast, en nu kan Anneke het niet vinden. Marianne gaat het gauw halen, en zet het op Anneke d'r tafel.

Anneke zoekt ondertussen weer iets: haar mooie zakdoekje. Dat heeft Marianne ook 'geleend' en nu is het in de was. Marianne biedt Anneke een van haar zakdoekjes aan, maar Anneke heeft er zelf nog wel een. Verder is Anneke haar sleutel kwijt, maar die heeft Marianne niet geleend. Ze helpt Anneke even zoeken, maar ze kunnen hem niet vinden: hij zit niet in Annekes jaszak, hij ligt ook niet op de grond of op de stoel. Anneke heeft overal al gekeken. Er klopt iemand. Dat is Niek. Hij ziet er vreemd uit, vindt Marianne, want hij heeft een nieuw jasje en een nette broek aan. Hij gaat vanavond ook uit. Zijn fiets is kapot en nu wil hij die van Anneke lenen, maar die heeft geen licht. Hij mag die van Marianne wel gebruiken. Hij zoekt even mee naar de sleutel, maar Marianne vindt hem tenslotte tussen de boeken. Dan gaat de bel: daar is John.

Oefeningen

1 A (11.13)

substitutie-oefening

ze heeft witte handschoenen gekocht

ze heeft een witte zakdoek gekocht

ze heeft een wit dictaat gekocht

ze heeft witte sokken gekocht

ze heeft witte kopjes gekocht

ze heeft witte wijn gekocht

ze heeft een wit tasje gekocht

ze heeft een witte schaal gekocht

ze heeft een wit overhemd gekocht

ze heeft witte handschoenen gekocht

zakdoek
dictaat
sokken
kopjes
wijn
tasje
schaal
overhemd
handschoenen

2 B (8.12)

waarom gebruik je mijn tasje?
> dat van jou is zo mooi

waarom gebruik je mijn fiets?
> die van jou is zo mooi

waarom gebruik je mijn zakdoekje?
> dat van jou is zo mooi

waarom gebruik je mijn overhemd?
> dat van jou is zo mooi

waarom gebruik je mijn jas?
> die van jou is zo mooi

waarom gebruik je mijn handschoenen?
> die van jou zijn zo mooi

waarom gebruik je mijn boeken?
> die van jou zijn zo mooi

waarom gebruik je mijn tasje?
> dat van jou is zo mooi

3 A (15.2)

ik kan mijn sleutel niet vinden
> neem die van mij maar

ik kan mijn zakdoekje niet vinden
> neem dat van mij maar

ik kan mijn fiets niet vinden
> neem die van mij maar

ik kan mijn handschoenen niet vinden
> neem die van mij maar

ik kan mijn tasje niet vinden
> neem dat van mij maar

ik kan mijn woordenboek niet vinden
> neem dat van mij maar

ik kan mijn sleutel niet vinden
> neem die van mij maar

4 A (3.6)

is dit het tasje van Anneke?
> ja, dat is Anneke d'r tasje

zijn dit de handschoenen van Anneke?
> ja, dat zijn Anneke d'r handschoenen

is dit de kamer van Anneke?
> ja, dat is Anneke d'r kamer

zijn dit de schoenen van Anneke?
> ja, dat zijn Anneke d'r schoenen

is dit het kopje van Anneke?
> ja, dat is Anneke d'r kopje

is dit het tasje van Anneke?
> ja, dat is Anneke d'r tasje

5 A (15.4)

is dit het boek van Niek?
> ja, dat is Niek z'n boek

zijn dit de schoenen van Niek?
> ja, dat zijn Niek z'n schoenen

is dit het jasje van Niek?
> ja, dat is Niek z'n jasje

is dit de broek van Niek?
> ja, dat is Niek z'n broek

is dit de fiets van Niek?
> ja, dat is Niek z'n fiets

is dit het boek van Niek?
> ja, dat is Niek z'n boek

6 A (15.2,3)

mag ik Marianne d'r fiets lenen?
> ja, neem die van haar maar

mag ik Niek z'n woordenboek lenen?
> ja, neem dat van hem maar

mag ik moeder d'r hoed lenen?
> ja, neem die van haar maar

mag ik Meta d'r handschoenen lenen?
> ja, neem die van haar maar

Les 15

mag ik Kees z'n sleutel lenen?
    ja, neem die van hem maar

mag ik Els d'r tasje lenen?
    ja, neem dat van haar maar

mag ik John z'n jas lenen?
    ja, neem die van hem maar

mag ik Corrie d'r foto's lenen?
    ja, neem die van haar maar

mag ik Marianne d'r fiets lenen?
    ja, neem die van haar maar

7 C (15.2,6; 13.4)

je mag mijn fiets wel lenen
    goed, dan leen ik die van jou

je mag Meta d'r auto wel gebruiken
    goed, dan gebruik ik die van haar

je mag mijn jurk wel aandoen
    goed, dan doe ik die van jou aan

je mag Niek z'n kopje wel pakken
    goed, dan pak ik dat van hem

je mag onze krant wel lezen
    goed, dan lees ik die van jullie

je mag de kinderen hun auto's wel uitlenen
    goed, dan leen ik die van hen uit

je mag mijn fiets wel lenen
    goed, dan leen ik die van jou

8 B (8.13)

ik ben de sleutel kwijt
    die heb ik niet geleend

ik ben het tasje kwijt
    dat heb ik niet geleend

ik ben de foto's kwijt
    die heb ik niet geleend

ik ben de portemonnee kwijt
    die heb ik niet geleend

ik ben de boeken kwijt
    die heb ik niet geleend

ik ben het kopje kwijt
    dat heb ik niet geleend

ik ben het overhemd kwijt
    dat heb ik niet geleend

ik ben de krant kwijt
    die heb ik niet geleend

ik ben de sleutel kwijt
    die heb ik niet geleend

9 B (9.5)

ik kan de sleutel niet vinden
    hier is hij, hij ligt op tafel

ik kan de brief niet vinden
    hier is hij, hij ligt op tafel

ik kan het zakdoekje niet vinden
    hier is het, het ligt op tafel

ik kan het woordenboek niet vinden
    hier is het, het ligt op tafel

ik kan de handschoenen niet vinden
    hier zijn ze, ze liggen op tafel

ik kan de krant niet vinden
    hier is hij, hij ligt op tafel

ik kan de foto's niet vinden
    hier zijn ze, ze liggen op tafel

ik kan de sleutel niet vinden
    hier is hij, hij ligt op tafel

10 B (15.1; 3.6)

vind je die jurk mooi?
    ja, dat is een mooie jurk

vind je die postzegels mooi?
    ja, dat zijn mooie postzegels

vind je dat eten lekker?
    ja, dat is lekker eten

vind je die kamer leuk?
    ja, dat is een leuke kamer

vind je dat meisje aardig?
    ja, dat is een aardig meisje

vind je die foto's mooi?
    ja, dat zijn mooie foto's

vind je die kinderen lastig?
    ja, dat zijn lastige kinderen

vind je die jurk mooi?
    ja, dat is een mooie jurk

11 C

Wim werkt hard
    ja, wat werkt hij hard, hè!

Niek rookt veel sigaretten
    ja, wat rookt hij veel sigaretten, hè!

deze tekeningen zijn mooi
    ja, wat zijn ze mooi, hè!

Anneke ziet er leuk uit
    ja, wat ziet ze er leuk uit, hè!

de jongens moeten lang op de bus wachten
    ja, wat moeten ze lang op de bus wachten, hè!

Wim en Bert spelen graag met hun auto's
    ja, wat spelen ze graag met hun auto's, hè!

Wim werkt hard
    ja, wat werkt hij hard, hè!

12 A (9.5; 14.12)

zit de sleutel in je zak?
    nee, daar zit hij niet in

zit het zakdoekje in je zak?
    nee, daar zit het niet in

zit de sleutel in je tas?
    nee, daar zit hij niet in

zitten de boeken in je tas?
    nee, daar zitten ze niet in

zitten de brieven in je tasje?
    nee, daar zitten ze niet in

zit de sleutel in je zak?
    nee, daar zit hij niet in

13 A (15.12)

de sleutel zit vast in je jaszak
    nee, daar zit hij ook niet in

het adres ligt vast tussen je boeken
    nee, daar ligt het ook niet tussen

de schoen ligt vast onder je bed
    nee, daar ligt hij ook niet onder

het woordenboek ligt vast op de plank
    nee, daar ligt het ook niet op

de kwartjes zitten vast in je zak
    nee, daar zitten ze ook niet in

de foto's liggen vast achter die stoel
    nee, daar liggen ze ook niet achter

het boek staat vast in die kast
    nee, daar staat het ook niet in

de sleutel zit vast in je jaszak
    nee, daar zit hij ook niet in

14 B (15.13)

heb je de sleutel in mijn jaszak gestopt?
    ja, hij zit in je jaszak

heb je het boek in mijn tas gestopt?
    ja, het zit in je tas

heb je het geld in mijn portemonnee gestopt?
    ja, het zit in je portemonnee

heb je de handschoenen in mijn tasje gestopt?
    ja, ze zitten in je tasje

heb je het adres in het dictaat gezet?
    ja, het staat in het dictaat

heb je de tafel in de kamer gezet?
    ja, hij staat in de kamer

heb je de fiets onder de boom gezet?
    ja, hij staat onder de boom

heb je het dictaat tussen de boeken gezet?
    ja, het staat tussen de boeken

heb je de sleutel op de stoel gelegd?
    ja, hij ligt op de stoel

heb je het boek op tafel gelegd?
    ja, het ligt op tafel

heb je de handschoenen in de kast gelegd?
    ja, ze liggen in de kast

heb je de brief op tafel gelegd?
    ja, hij ligt op tafel

15 C (15.14; 9.10)

zit de sleutel in je tas?
    ja, ik heb hem in mijn tas gestopt

ligt de foto op tafel?
    ja, ik heb hem op tafel gelegd

staat het boek in de kast?
    ja, ik heb het in de kast gezet

ligt het boek op tafel?
    ja, ik heb het op tafel gelegd

ligt het zakdoekje in de kast?
    ja, ik heb het in de kast gelegd

staat het nummer op het boek?
    ja, ik heb het op het boek gezet

liggen de handschoenen in de kast?
    ja, ik heb ze in de kast gelegd

zitten de zakdoeken in je tas?
    ja, ik heb ze in mijn tas gestopt

staan de schalen in de keuken?
    ja, ik heb ze in de keuken gezet

ligt de brief op tafel?
    ja, ik heb hem op tafel gelegd

zit de sleutel in je tas?
    ja, ik heb hem in mijn tas gestopt

16 C (15.4,5,14)

stop je het geld in de jaszak van vader?
    het zit al in vader z'n jaszak

leg je het boek op het bed van Corrie?
    het ligt al op Corrie d'r bed

leg je de postzegels in het boek van Wim?
    ze liggen al in Wim z'n boek

zet je de fiets in de tuin van Kees?
    hij staat al in Kees z'n tuin

stop je de sleutels in de tas van Els?
    ze zitten al in Els d'r tas

zet je de auto voor het huis van moeder?
    hij staat al voor moeder d'r huis

Les 15

stop je de krant in de tas van John?
    hij zit al in John z'n tas

zet je je pakje in de auto van Corrie?
    het staat al in Corrie d'r auto

leg je het boek in de kast van Bert?
    het ligt al in Bert z'n kast

stop je het geld in de jaszak van vader?
    het zit al in vader z'n jaszak

Aanvullende woordenlijst

de kleding

de jas	de zakdoek
de regenjas	het ondergoed
de broek	de onderbroek
het colbert(je), het jasje	het slipje
het overhemd	het badpak
de (strop)das	de bikini
de rok	de zwembroek
de trui	de avondjurk
de jumper	het sieraad
de blouse	de ring
de kraag	de trouwring
de jurk, japon	de ketting
de sok	de armband
de kous	de oorbel
de panty(kousen)	de oorring
de schoen	het horloge
de laars	de knoop
de hak	de manchetknoop
de veter	de rits(sluiting)
de zool	de mouw
de gesp	de (broeks)pijp
de ceintuur	de hoed
het hemd	de pet
de beha	de capuchon
de onderjurk	de sjaal
de onderrok	de das
het vest	de muts
het jasje	de pyjama
de overgooier	de nacht(ja)pon, het nachthemd
de riem	de mode
de handschoen	

Een vrouw draagt als ondergoed gewoonlijk een beha en een slipje, soms een hemd, en meestal een onderjurk of onderrok. Daarover heeft ze een jurk, of een rok en blouse of trui, of een broek en een trui of een broekpak. De dameskleding staat sterk onder invloed van de mode. Ook voor de heren wordt de mode steeds belangrijker.

    Wat schrijft de mode dit jaar voor? Hoe vindt u deze mode? Wat hebt u graag aan?

Vragen over het gesprek

Waarom doet Anneke een mooie jurk aan?   Welke kleur heeft haar jurk?   Vindt Marianne hem mooi?   Welke kleur hebben haar handschoenen?   En haar tasje?   Waar is het tasje?   Hoe komt het daar?   Waarom heeft ze dat gedaan?   Wat is Anneke nog meer kwijt?   Waar is dat?   Hoe ziet het er uit?   Heeft Anneke nog meer zakdoekjes?   Wat kan Anneke dan niet vinden?   Heeft Marianne die ook geleend?   Waar ligt hij?   Waar heeft Anneke hem altijd?   Zit hij in haar jaszak?   Wat komt Niek doen?   Waarom?   Hoe ziet hij er uit?   Is Anneke d'r fiets ook kapot?   Welke fiets leent Niek?   Ziet Anneke er netjes uit?

Conversatie

Heb je een sleutelbos?   Wat voor sleutels zitten er aan?   Vergeet je je sleutels wel eens?   Wat doe je dan?   Ben je je sleutels wel eens kwijt?   Wat heb je het liefst aan?   Vind je het belangrijk wat voor kleren iemand aan heeft?   Wat schrijft de mode dit jaar voor?   Hoe vind je deze mode?   Maak je zelf wel eens kleren?   Wat zit er in je tas?   Waar is je tas?   Hangt je jas aan de kapstok?   Leen je vaak iets?   Van wie?   Wat voor dingen?   Wat vind je er van om dingen samen met andere mensen te gebruiken (b.v. auto, wasmachine)?   Ga je deze week nog uit?   Waarnaartoe?   Met wie?   Zijn er veel mogelijkheden om uit te gaan in jouw woonplaats?

Huiswerk

1   *Vul in: een possessiefconstructie:* die van ons, de mijne jouw, je, etc.
    Voorbeeld: Maria wil Niek . . . tent lenen.
           Maria wil Niek **z'n** tent lenen.
    Situatie: Telefoongesprek

1.	Maria:	Met Maria.
2.	Niek:	Dag Maria. Met Niek.
3.		Hé, ik wou je iets vragen.
4.		Hebben jullie . . . vakantie al gepland?
5.	Maria:	Hoezo?
6.	Niek:	Nou, weet je, wij willen deze zomer kamperen,
7.		maar . . . tent is te klein.
8.	Maria:	En nou wil je . . . van . . . zeker lenen?
9.	Niek:	Inderdaad.
10.	Maria:	Wanneer is . . . vakantie?
11.	Niek:	In juni.
12.	Maria:	O, dan kun je . . . tent wel meekrijgen.
13.		Heb je ook slaapzakken nodig?
14.	Niek:	Die heb ik al van Gerard geleend.
15.		Hoeveel personen kunnen er in . . . tent?
16.	Maria:	Minstens vier.
17.	Niek:	Dat is mooi. Dit weekend gaan we kamperen in
18.		de tuin van . . . broer.
19.		Dat is makkelijk, dan kunnen we . . . douche
20.		en . . . toilet gebruiken.
21.	Maria:	En . . . huis, als het slecht weer is, zeker!
22.	Niek:	We komen . . . tent in elk geval vóór het
23.		weekend halen.
24.	Maria:	Dat is goed. Tot ziens.
25.	Niek:	Tot ziens.

2 *Vul een prepositie in.*
   Voorbeeld: Bart komt te laat . . . school.
                     Bart komt te laat **op** school.
1. Het stormt. Bart kan niet . . . de fiets . . . school,
2. hij kan nooit . . . de wind in fietsen.
3. Daarom leent hij de brommer . . . z'n broer.

4. Kornelis speelt . . . Marije.
5. Ze spelen . . . auto's.
6. Daar is Marije dol . . .
7. Kornelis houdt meer . . . tekenen.
8. Maar daar is Marije nog te klein . . .

9. Anneke is haar portemonnee kwijt.
10. Ze zoekt overal: . . . de kast, . . . het bed,
11. . . . haar zakken, . . . de boeken,
12. maar ze kan hem nergens vinden.

13. Louise gaat . . . de bus . . . haar werk.
14. Als ze lang . . . de bus moet wachten,
15. begint ze vaak . . . andere mensen te praten.

3 *Beantwoord de volgende vragen:*
1. Waar zijn je boeken?
2. Waar staat je fiets?
3. Waar heb je je geld gedaan?
4. Waar is je sleutel?
5. Waar is je jas?
6. Ligt je pen op tafel?
7. Waar staan je planten?
8. Wat staat er op je balkon?
9. Heb je vandaag iets van iemand geleend?

4 *Maak de volgende zinnen af.*
   Voorbeeld: Je hoeft niet . . .
                     Je hoeft niet **op me te wachten.**
1. Het spijt me . . .
2. Eindelijk . . .
3. Op weg naar . . .
4. Arme Bart! Nu . . .
5. Goed hoor, . . .
6. Daar heb je . . .
7. Wacht even, . . .

Grammatica

1 POSSESSIEFCONSTRUCTIES

1.1 Met pronomen

mijn	boek	dat van mij	het mijne
mijn	jas	die van mij	de mijne
jouw	boek	dat van jou	het jouwe
jouw	jas	die van jou	de jouwe
uw	boek	dat van u	het uwe
uw	jas	die van u	de uwe
zijn	boek	dat van hem	het zijne
zijn	jas	die van hem	de zijne
haar	boek	dat van haar	het hare
haar	jas	die van haar	de hare
ons	boek	dat van ons	het onze
onze	jas	die van ons	de onze
jullie	boek	dat van jullie	—
jullie	jas	die van jullie	—
hun	boek	dat van hun	het hunne
hun	jas	die van hun	de hunne
mijn	boeken	die van mij	de mijne
jouw	boeken	die van jou	de jouwe
uw	boeken	die van u	de uwe
zijn	boeken	die van hem	de zijne
haar	boeken	die van haar	de hare
onze	boeken	die van ons	de onze
jullie	boeken	die van jullie	—
hun	boeken	die van hun	de hunne

N.B. *het mijne, de jouwe* etc. worden niet vaak gebruikt.

1.2 Met naam

(a) *van* + naam:

de fiets van Niek en het tasje van Anneke

(b) naam + *s*:

Nieks fiets en Anneke's tasje
Kees' tas en Meta's foto

(c) naam + *z'n/d'r* (zonder accent)

Niek z'n fiets en Anneke d'r tasje

2 ZETTEN, LEGGEN, STOPPEN, STAAN, LIGGEN, ZITTEN

Zetten, leggen, stoppen: actie
Liggen, staan, zitten: resultaat van actie

(a) object in kleine ruimte

stoppen (in), doen (in)	**zitten (in)**
ik stop de portemonnee altijd in mijn tas (r.39)	maar hij zit er nu niet in (r.40)
ik doe de sleutel in het slot	de sleutel zit in het slot

(b) object in verticale positie

zetten	**staan**
ik zet het boek in de kast	het boek staat in de kast
ik zet de fiets tegen de boom	de fiets staat tegen de boom
ik zet het kopje op tafel	het kopje staat op tafel

(c) object in horizontale positie

leggen	**liggen**
ik leg het zakdoekje in de kast	het zakdoekje ligt in de kast
ik leg de fiets onder de boom	de fiets ligt onder de boom
ik leg het boek op tafel	het boek ligt op tafel

Les 16

J. Hallo Kees, wat ben jij aan het doen?

K. Dat zie je toch!

K. Ik ben de krant aan het lezen. 3

—

K. Ik kijk naar advertenties,

K. want ik ben een kamer aan het zoeken.

J. Een kamer aan het zoeken? Waarom? 6

—

J. Moet je van je kamer af?

K. Ja, mijn hospita heeft de kamer zelf nodig:

K. ze krijgt een baby. 9

—

J. Hoe lang ben je al aan het zoeken?

K. O, pas twee dagen.

K. En ik heb nog niets gevonden. 12

—

J. Zijn er geen goede advertenties?

K. Gisteren was er één,

K. van een kamer hier dichtbij. 15

—

K. Ik ben er meteen naartoe gereden,

K. maar nee hoor, die was al weg.

J. Ben je bij een kamerbureau geweest? 18

—

J. De studenten hebben toch een kamerbureau?

K. Ja, daar ben ik vanmorgen geweest.

K. Ik heb vijf adressen opgeschreven. 21

—

K. Ik heb de hele morgen gefietst en opgebeld,

K. en twee kamers bekeken,

K. maar het was allemaal niets. 24

—

J. Laat eens zien! Hm, de Vijzelstraat . . .

K. Dat waren aardige mensen,

K. maar de kamer was nogal klein, en veel te
duur. 27

—

Les 16

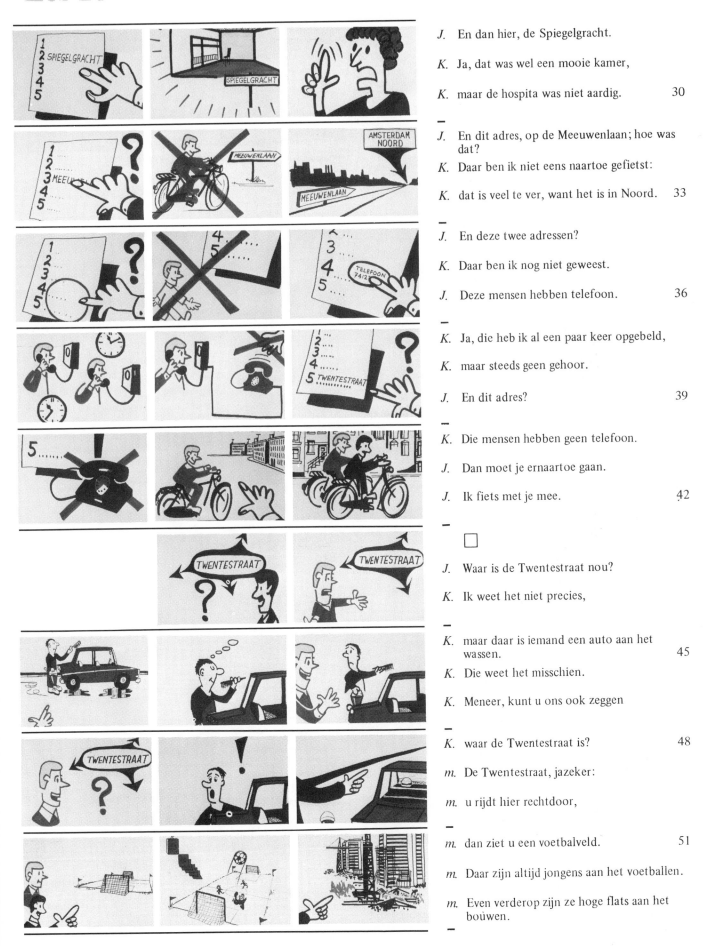

J. En dan hier, de Spiegelgracht.

K. Ja, dat was wel een mooie kamer,

K. maar de hospita was niet aardig.　30

—

J. En dit adres, op de Meeuwenlaan; hoe was dat?

K. Daar ben ik niet eens naartoe gefietst:

K. dat is veel te ver, want het is in Noord.　33

—

J. En deze twee adressen?

K. Daar ben ik nog niet geweest.

J. Deze mensen hebben telefoon.　36

—

K. Ja, die heb ik al een paar keer opgebeld,

K. maar steeds geen gehoor.

J. En dit adres?　39

—

K. Die mensen hebben geen telefoon.

J. Dan moet je ernaartoe gaan.

J. Ik fiets met je mee.　42

—

☐

J. Waar is de Twentestraat nou?

K. Ik weet het niet precies,

—

K. maar daar is iemand een auto aan het wassen.　45

K. Die weet het misschien.

K. Meneer, kunt u ons ook zeggen

—

K. waar de Twentestraat is?　48

m. De Twentestraat, jazeker:

m. u rijdt hier rechtdoor,

—

m. dan ziet u een voetbalveld.　51

m. Daar zijn altijd jongens aan het voetballen.

m. Even verderop zijn ze hoge flats aan het bouwen.

—

Les 16

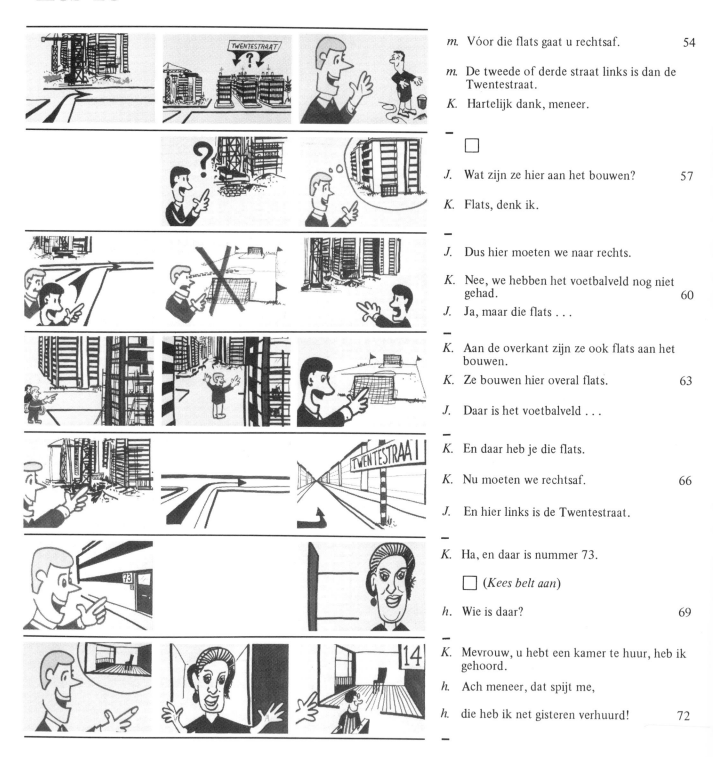

m. Vóor die flats gaat u rechtsaf. 54

m. De tweede of derde straat links is dan de Twentestraat.

K. Hartelijk dank, meneer.

—

□

J. Wat zijn ze hier aan het bouwen? 57

K. Flats, denk ik.

—

J. Dus hier moeten we naar rechts.

K. Nee, we hebben het voetbalveld nog niet gehad. 60

J. Ja, maar die flats . . .

—

K. Aan de overkant zijn ze ook flats aan het bouwen.

K. Ze bouwen hier overal flats. 63

J. Daar is het voetbalveld . . .

—

K. En daar heb je die flats.

K. Nu moeten we rechtsaf. 66

J. En hier links is de Twentestraat.

—

K. Ha, en daar is nummer 73.

□ (*Kees belt aan*)

h. Wie is daar? 69

—

K. Mevrouw, u hebt een kamer te huur, heb ik gehoord.

h. Ach meneer, dat spijt me,

h. die heb ik net gisteren verhuurd! 72

—

Aanvullende fonetiek

U kent het verschil tussen *mijn* en *m'n* en *zijn* en *z'n*. Let nu op het verschil tussen *haar* en *d'r*.
Herhaal: mijn jas, zijn jas, haar jas . . . neem die van haar maar . . . Anneke d'r tasje en d'r zakdoekje . . . je hebt met d'r moeder gepraat . . .
Let ook op het verschil tussen *hem* en *'m*.
Herhaal: die van hem is kapot . . . neem 'm maar . . . ze is 'm kwijt . . .

Samenvatting

John gaat op bezoek bij Kees. Als hij binnenkomt, is Kees de krant aan het lezen: hij bestudeert de advertenties, want hij moet een andere kamer hebben. Zijn hospita is namelijk in verwachting, en moet de kamer nu zelf gebruiken. Kees is nu twee dagen aan het zoeken. Dat is nog niet lang, en hij heeft ook nog niets gevonden. Op het kamerbureau heeft hij vijf adressen opgeschreven, maar dat heeft ook niets opgeleverd. Kees is naar de Vijzelstraat geweest: te klein en te duur, en naar de Spiegelgracht: een vervelende hospita. Hij is niet naar de Meeuwenlaan gegaan, want die is in Noord, en dat is toch te ver. Op het vierde adres krijgt hij geen gehoor, en op het vijfde hebben ze geen telefoon. Dat is in de Twentestraat. Kees en John gaan er samen op de fiets naartoe. Ze weten niet precies waar die straat is. Maar er is iemand zijn auto aan het wassen en die weet hem wel. Ze moeten rechtdoor, en bij de hoge flats voorbij het voetbalveld rechtsaf. Dan is het de tweede of derde straat links. Ze passeren verschillende huizenblokken in aanbouw en komen tenslotte bij het voetbalveld. Daarna bereiken ze al gauw de Twentestraat. Jammergenoeg heeft de hospita de kamer gisteren net verhuurd. Wat een pech!

Oefeningen

1 A

ik ben een kamer aan het zoeken
  wat ben je aan het doen?

ik ben een adres aan het opschrijven
  wat ben je aan het doen?

we zijn een huis aan het bouwen
  wat zijn jullie aan het doen?

ik ben de krant aan het lezen
  wat ben je aan het doen?

wij zijn onze auto aan het wassen
  wat zijn jullie aan het doen?

ik ben een kamer aan het zoeken
  wat ben je aan het doen?

2 A (16.1)

Kees is aan het voetballen
  ik ben ook aan het voetballen

Kees is aan het studeren
  ik ben ook aan het studeren

Kees is aan het opbellen
  ik ben ook aan het opbellen

Kees is naar de muziek aan het luisteren
  ik ben ook naar de muziek aan het luisteren

Kees is een boek aan het lezen
  ik ben ook een boek aan het lezen

Kees is kaartjes aan het afhalen
  ik ben ook kaartjes aan het afhalen

Kees is een auto aan het wassen
  ik ben ook een auto aan het wassen

Kees is aan het voetballen
  ik ben ook aan het voetballen

3 A (16.1)

ze zijn iets aan het bouwen
  wat zijn ze aan het bouwen?

ze is iets aan het eten
  wat is ze aan het eten?

hij is iets aan het schrijven
  wat is hij aan het schrijven?

ik ben iets aan het lezen
  wat ben je aan het lezen?

we zijn iets aan het doen
  wat zijn jullie aan het doen?

hij is iets aan het wassen
  wat is hij aan het wassen?

ze zijn iets aan het bouwen
  wat zijn ze aan het bouwen?

4 B (16.2)

kijk, daar voetballen ze!
  ja, daar zijn ze al lang aan het voetballen

kijk daar bouwen ze flats!
  ja, daar zijn ze al lang flats aan het bouwen

kijk, daar wassen ze auto's!
  ja, daar zijn ze al lang auto's aan het wassen

kijk, daar kijken ze naar de TV!
  ja, daar zijn ze al lang naar de TV aan het kijken

kijk, daar spelen ze met een trein!
  ja, daar zijn ze al lang met een trein aan het spelen

kijk, daar voetballen ze!
  ja, daar zijn ze al lang aan het voetballen

5 C (16.3,4; 8.12)

wast Kees wel eens auto's?
  Kees? die is altijd auto's aan het wassen!

voetbalt Hans wel eens?
  Hans? die is altijd aan het voetballen!

luistert Lies wel eens naar muziek?
  Lies? die is altijd naar muziek aan het luisteren!

leest Jaap wel eens?
  Jaap? die is altijd aan het lezen!

belt Els wel eens op?
  Els? die is altijd aan het opbellen!

vult Niek wel eens formulieren in?
  Niek? die is altijd formulieren aan het invullen!

wast Kees wel eens auto's?
  Kees? die is altijd auto's aan het wassen!

6 B (10.9)

gaat Kees de hele morgen fietsen?
  nee, hij heeft gisteren al de hele morgen gefietst

gaat Kees de hele morgen rijden?
  nee, hij heeft gisteren al de hele morgen gereden

Les 16

gaat Kees twee uur fietsen?
 nee, hij heeft gisteren al twee uur gefietst

gaat Kees in de Vijzelstraat rijden?
 nee, hij heeft gisteren al in de Vijzelstraat gereden

gaat Kees de hele dag rijden?
 nee, hij heeft gisteren al de hele dag gereden

gaat Kees in jouw auto rijden?
 nee, hij heeft gisteren al in mijn auto gereden

gaat Kees de hele morgen fietsen?
 nee, hij heeft gisteren al de hele morgen gefietst

7 B (10.10; 12.8)

we fietsen naar Den Haag
 wij zijn ook naar Den Haag gefietst

we rijden naar de Twentestraat
 wij zijn ook naar de Twentestraat gereden

we rijden er naartoe
 wij zijn er ook naartoe gereden

we rijden naar Amsterdam-Noord
 wij zijn ook naar Amsterdam-Noord gereden

we lopen naar Rotterdam
 wij zijn ook naar Rotterdam gelopen

we lopen naar het station
 wij zijn ook naar het station gelopen

we fietsen er naartoe
 wij zijn er ook naartoe gefietst

we rijden naar de Meeuwenlaan
 wij zijn ook naar de Meeuwenlaan gereden

we lopen naar de bioscoop
 wij zijn ook naar de bioscoop gelopen

we fietsen naar Den Haag
 wij zijn ook naar Den Haag gefietst

8 C (16.6,7)

we fietsen de hele morgen
 wij hebben ook de hele morgen gefietst

we fietsen er naartoe
 wij zijn er ook naartoe gefietst

we lopen naar de Dam
 wij zijn ook naar de Dam gelopen

we lopen in de Leidsestraat
 wij hebben ook in de Leidsestraat gelopen

we rijden naar Rotterdam
 wij zijn ook naar Rotterdam gereden

we fietsen naar Den Haag
 wij zijn ook naar Den Haag gefietst

we lopen de hele morgen
 wij hebben ook de hele morgen gelopen

we rijden naar Antwerpen
 wij zijn ook naar Antwerpen gereden

we fietsen naar Amsterdam-Noord
 wij zijn ook naar Amsterdam-Noord gefietst

we fietsen de hele morgen
 wij hebben ook de hele morgen gefietst

9 A

ik heb een jongen ontmoet
 maar ik heb twee jongens ontmoet

ik heb een brommer gezien
 maar ik heb twee brommers gezien

ik heb een kamer gezien
 maar ik heb twee kamers gezien

ik heb een meisje gesproken
 maar ik heb twee meisjes gesproken

ik heb een Nederlander ontmoet
 maar ik heb twee Nederlanders ontmoet

ik heb een film gezien
 maar ik heb twee films gezien

ik heb een auto gewassen
 maar ik heb twee auto's gewassen

ik heb een tafel gekocht
 maar ik heb twee tafels gekocht

ik heb een recensie gelezen
 maar ik heb twee recensies gelezen

ik heb een jongen ontmoet
 maar ik heb twee jongens ontmoet

10 A

ik heb een student ontmoet
 ik heb twee studenten ontmoet

ik heb een krant gezien
 ik heb twee kranten gezien

ik heb een boek gelezen
 ik heb twee boeken gelezen

ik heb een fiets gekocht
 ik heb twee fietsen gekocht

ik heb een vriendin ontmoet
 ik heb twee vriendinnen ontmoet

ik heb een huis bekeken
 ik heb twee huizen bekeken

ik heb een student ontmoet
 ik heb twee studenten ontmoet

11 C (16.9,10)

daar loopt een meisje
 nee, daar lopen twee meisjes

daar staat een huis
    nee, daar staan twee huizen

daar ligt een woordenboek
    nee, daar liggen twee woordenboeken

daar speelt een kind
    nee, daar spelen twee kinderen

daar ligt een baby
    nee, daar liggen twee baby's

daar fietst een jongen
    nee, daar fietsen twee jongens

daar zit een student
    nee, daar zitten twee studenten

daar rijdt een tram
    nee, daar rijden twee trams

daar ligt een gulden
    nee, daar liggen twee guldens

daar komt een trein
    nee, daar komen twee treinen

daar ligt een ei
    nee, daar liggen twee eieren

daar lacht een kind
    nee, daar lachen twee kinderen

daar loopt een meisje
    nee, daar lopen twee meisjes

12 A (15.10)

heb je het nieuwe huis van Kees al gezien?
    ja, het is een mooi huis

heb je de nieuwe kamer van Kees al gezien?
    ja, het is een mooie kamer

heb je de nieuwe fiets van Kees al gezien?
    ja, het is een mooie fiets

heb je de nieuwe boeken van Kees al gezien?
    ja, het zijn mooie boeken

heb je de nieuwe brommer van Kees al gezien?
    ja, het is een mooie brommer

heb je het nieuwe boek van Kees al gezien?
    ja, het is een mooi boek

heb je de nieuwe overhemden van Kees al gezien?
    ja, het zijn mooie overhemden

heb je het nieuwe huis van Kees al gezien?
    ja, het is een mooi huis

13 B (5.13)

werkt de dokter vanmiddag?
    nee, hij werkt vanmiddag niet

mag Kees naar buiten?
    nee, hij mag niet naar buiten

is de hospita aardig?
    nee, ze is niet aardig

is de leeszaal open?
    nee, hij is niet open

stopt de tram?
    nee, hij stopt niet

stormt het?
    nee, het stormt niet

is moeder alleen geweest?
    nee, ze is niet alleen geweest

werkt de dokter vanmiddag?
    nee, hij werkt vanmiddag niet

14 B (8.14; 9.8; 11.4; 12.7)

ik wil naar België
    waar wil je naartoe?

ik moet naar college
    waar moet je naartoe?

ze mogen naar de film
    waar mogen ze naartoe?

we kunnen naar Rotterdam
    waar kunnen jullie naartoe?

hij moet naar het station
    waar moet hij naartoe?

ze wil naar de Vijzelstraat
    waar wil ze naartoe?

jullie mogen naar de schouwburg
    waar mogen we naartoe?

ze kunnen naar het museum
    waar kunnen ze naartoe?

ik wil naar België
    waar wil je naartoe?

15 C (14.15; 15.8)

zoekt u de Twentestraat?
    ja, kunt u me ook zeggen waar die is?

zoekt u het postkantoor?
    ja, kunt u me ook zeggen waar dat is?

zoekt u het station?
    ja, kunt u me ook zeggen waar dat is?

zoekt u de Meeuwenlaan?
    ja, kunt u me ook zeggen waar die is?

zoekt u het museum?
    ja, kunt u me ook zeggen waar dat is?

zoekt u de telefooncel?
    ja, kunt u me ook zeggen waar die is?

zoekt u de nieuwe flats?
    ja, kunt u me ook zeggen waar die zijn?

Les 16

zoekt u de winkels?

    ja, kunt u me ook zeggen waar die zijn?

zoekt u de Twentestraat?

    ja, kunt u me ook zeggen waar die is?

Aanvullende woordenlijst

de krant

de advertentie	het bericht
het artikel	volgens onbevestigde
de pagina	berichten
het verslag	familieberichten
de reportage	brieven onder nummer
de verslaggever, verslaggeefster	
de journalist(e)	*sport*
het interview	voetbal
de foto	handbal
het dagblad	volleybal
de editie	hockey
het ochtendblad	atletiek
het avondblad	zwemmen
de bezorger	schaatsen
losse nummers	wielrennen
de redactie	tennis
het abonnement	ijshockey
de abonnee	waterpolo
het hoofdartikel	dammen
het agentschap	schaken
de strip	bridgen
de puzzel + de oplossing	het stadion
het vervolgverhaal, het	de wedstrijd
feuilleton	de competitie
wordt vervolgd	het toernooi
ingezonden stukken	het kampioenschap
de recensie	de kampioen
de (boek)bespreking	prof
de drukker	semi-prof
de zetter	amateur
de kop	het sportveld
de kolom	het zwembad
de beursberichten	de ijsbaan

Voetbal is de meest geliefde sport in Nederland. Als er een belangrijke voetbalwedstrijd op de TV is, zijn de straten leeg: iedereen kijkt dan TV. Ook zwemmen en schaatsen zijn erg in trek. Jammergenoeg zijn er nog steeds niet voldoende zwembaden.

Nederland telt een stuk of tien landelijke dagbladen, o.a.: het Algemeen Dagblad, NRC/Handelsblad, Het Parool, De Telegraaf, Trouw, de Volkskrant, Het Vrije Volk, De Waarheid. De meeste kranten hebben speciale edities voor de grote steden.

Vragen over het gesprek

Wat is Kees aan het doen?   Waarom?   Is Kees al lang aan het zoeken?   Waarom moet hij van z'n kamer af?   Is Kees bij een kamerbureau geweest?   Heeft hij daar iets gevonden?   Waarom was die kamer in de Vijzelstraat niet goed?   En waarom was die op de Spiegelgracht niet goed?   En waarom was die op de Meeuwenlaan niet goed?   Waar gaan John en Kees nu naartoe?   Weten ze waar de Twentestraat is?   Aan wie vragen ze de weg?   Waar komen ze op weg naar de Twentestraat langs?   Op welk nummer in de Twentestraat moeten ze zijn?   Is de kamer nog vrij?

Conversatie

In wat voor huis/kamer woon je?   Vind je het leuk om er te wonen of wil je graag verhuizen?   Woon je dichtbij het centrum van je woonplaats?   Hoe ver woon je hiervandaan? Hoe kom je naar de cursus?   Veel mensen moeten een eind reizen naar hun werk; wat vind je daarvan?   Wanneer kijk je naar advertenties?   Waarom?   Welke krant kun je het beste nemen voor advertenties?   Welke rubrieken lees je altijd in de krant?   Welke nooit?   Welke Nederlandse krant lees je graag?   Houd je van sport?   Welke sport doen ze in jouw land veel?   Ga je wel eens naar sportwedstrijden?   Van welke sport?

Huiswerk

1 *Vul de juiste vorm van het werkwoord tussen ( ) in.*
    Voorbeeld: De buurvrouw . . . aan het . . . (zijn, timmeren)
            De buurvrouw **is** aan het **timmeren**.
    Situatie: In de tuin.

1. Buurman:	Goedemorgen, buurvrouw.	(zijn, doen)
2.	Wat . . . jij aan het . . .?	(zijn, doen)
3. Els:	Ik . . . een nieuw kippehok aan	(zijn)
	het . . .	(maken)
4.	We . . . er nog een paar kippen	(hebben)
	bij . . .	(kopen)
5. Buurman:	. . . het een beetje . . .?	(opschieten)
6. Els:	Niet zo erg. Ik . . . vandaag	(moeten)
	alles alleen doen.	
7.	Want iedereen . . . het druk:	(hebben)
8.	Jaap . . . . . . de kinderen	(oppassen)
9.	John . . . een verslag aan het . . .	(zijn, schrijven)
10.	Anneke . . . aan het . . .	(zijn, studeren)
11.	en Kees . . . de boodschappen.	(doen)
12.	Maar morgen . . . iedereen vrij.	(hebben)
13.	Dus dan . . . we het afmaken.	(kunnen)
14. Buurman:	Nou, succes ermee.	
15. Els:	Ja, dank je wel.	

2 *Vul de juiste vorm van* hebben *of* zijn *in.*
    Voorbeeld: Mies en Ton . . . op vakantie geweest.
            Mies en Ton **zijn** op vakantie geweest.

1. Mies en Ton . . . een weekje naar België geweest.
2. Ze . . . met de trein naar Brussel gegaan.
3. Daar . . . ze eerst een dag rondgekeken.
4. Daarna . . . ze fietsen gehuurd
5. en . . . toen het land doorgereden.

6. Ze . . . iedere dag een uur of vijf gefietst.
7. De laatste dag . . . ze in de regen gereden.
8. Op de terugweg . . . ze naar de grens gelift.
9. Het laatste stuk . . . ze met de trein gedaan.

3 *Beantwoord de volgende vragen:*
1. Heb je een goed huis/een goede kamer?
2. Hoe heb je dat/die gevonden?
3. Ben je geabonneerd op een krant? Op welke krant?
4. Plaats je wel eens een advertentie?
5. Wat heb je op vakantie gedaan?
6. Woon je in een gezellige buurt?

7. Doe je aan sport? Wat?
8. Hou je van zwemmen?

4 *Maak de volgende zinnen af.*
Voorbeeld: Meneer, kunt u ons ook zeggen . . .
Meneer, kunt u ons ook zeggen **hoe laat het is**?
1. Laat eens zien! O, . . .
2. Jammergenoeg . . .
3. Wat een pech! . . .
4. Overal . . . hier . . .
5. Paul? Die is . . .
6. Ik heb al een paar keer . . .
7. Kunt u me ook zeggen . . .

Grammatica

1 DE CONSTRUCTIE PV *ZIJN* + *AAN HET* + INFINITIEF

Deze constructie geeft aan dat een actie niet klaar is.

ik ben aan het eten
hij is aan het fietsen
hallo Kees, wat ben jij aan het doen? (r.1)
wat zijn ze hier aan het bouwen? (r.57)

N.B. *ik ben de krant **aan het lezen*** (r.3)
*Kees is al lang een kamer **aan het zoeken***

2 TRANSPORTWERKWOORDEN

Werkwoorden als: *fietsen, lopen, rijden, vliegen, varen* etc. hebben in het perfectum soms *zijn*, soms *hebben* als auxiliair.

(a) *zijn*: als doel/richting wordt aangegeven

ik ben naar Amsterdam gereden
we zijn er meteen naartoe gereden (r.16)
we zijn naar de Twentestraat gefietst

(b) *hebben*: in alle andere gevallen

ik heb de hele dag gelopen
we hebben in de stad gefietst
ik heb de hele morgen gefietst (r.22)

Les 17

Johns nieuwe auto

J: John   K: Kees   m: meisje met lekke band   w: wegenwacht   p: pompbediende

J. Ha Kees, wat doe jij hier?

K. Dag John, ik ben boodschappen aan het doen;

K. ik moet nu nog naar de kruidenier,   3

K. omdat ik geen thee meer heb.

J. Heb je al een andere kamer?

K. Nee, ik ben al drie weken aan het zoeken,   6

K. maar ik heb nog niets gevonden.

K. Maar wat ben jij aan het doen?

J. Zie je dat niet?   9

J. Ik ben hier al uren mijn auto aan het schoonmaken,

J. en jij merkt het niet eens!

K. Is die auto dan van jou?   12

K. Sinds wanneer heb jij een auto?

J. Sinds maandag.

J. Hij is niet nieuw, maar hij rijdt nog prima.   15

K. Hoe oud is hij?

J. Vijf jaar, maar hij ziet er nog mooi uit, vind je niet?

K. Ja. Waar heb je hem gekocht?   18

J. Hier in Amsterdam, van een collega.

J. Hij heeft hem verkocht, omdat hij weer naar Engeland gaat.

J. Daar wil hij een nieuwe kopen.   21

J. Ik heb deze heel goedkoop van hem overgenomen.

J. Zullen we een eindje gaan rijden?

J. Het dak maak ik een andere keer wel schoon.   24

K. Oké.

☐

J. Aha, daar is een pomp.

142

J.	Ik moet even tanken,	27
J.	want mijn benzine is bijna op.	
p.	Goedemiddag, heren.	
	—	
J.	Maakt u hem maar vol.	30
p.	Gewone of super, meneer?	
J.	Geeft u maar gewone.	
	—	
p.	Zo, dat is dan *f* 24,71.	33
J.	Maakt u er maar 25 gulden van.	
J.	Kunt u honderd gulden wisselen?	
	—	
p.	Dat zal wel gaan, meneer.	36
	☐	
J.	Zeg, móet je hier eigenlijk een fooi geven?	
	—	
K.	Het hoeft niet, maar meestal doen we het wel.	
K.	In restaurants en taxi's geven we geen fooien meer,	39
K.	omdat daar alle prijzen inclusief zijn.	
	—	
K.	Kijk, die man daar heeft pech.	
J.	Zal ik even stoppen?	42
J.	Misschien kunnen we hem ergens mee helpen.	
K.	Het is geen man, het is een meisje.	
J.	Dan moeten we zeker stoppen!	45
J.	Dag juffrouw, hebt u pech?	
	—	
J.	Kunnen we u ergens mee helpen?	
m.	Heel graag: ik heb een lekke band,	48
m.	en ik kan het wiel niet loskrijgen.	
	—	
m.	Ik sta hier al uren,	
m.	en er komt maar geen wegenwacht.	51
K.	Heeft er dan niemand gestopt?	

Les 17

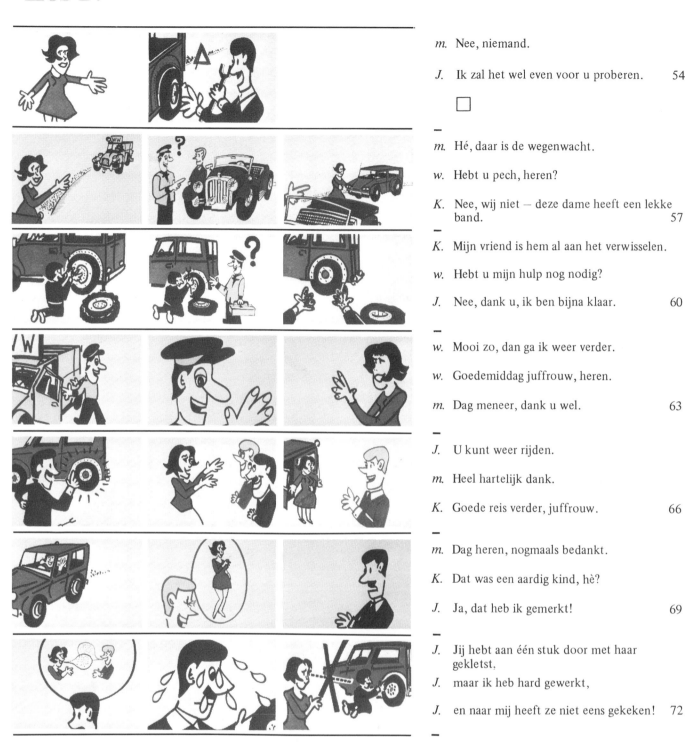

m. Nee, niemand.

J. Ik zal het wel even voor u proberen. 54

☐

—

m. Hé, daar is de wegenwacht.

w. Hebt u pech, heren?

K. Nee, wij niet – deze dame heeft een lekke band. 57

—

K. Mijn vriend is hem al aan het verwisselen.

w. Hebt u mijn hulp nog nodig?

J. Nee, dank u, ik ben bijna klaar. 60

—

w. Mooi zo, dan ga ik weer verder.

w. Goedemiddag juffrouw, heren.

m. Dag meneer, dank u wel. 63

—

J. U kunt weer rijden.

m. Heel hartelijk dank.

K. Goede reis verder, juffrouw. 66

—

m. Dag heren, nogmaals bedankt.

K. Dat was een aardig kind, hè?

J. Ja, dat heb ik gemerkt! 69

—

J. Jij hebt aan één stuk door met haar gekletst,

J. maar ik heb hard gewerkt,

J. en naar mij heeft ze niet eens gekeken! 72

—

Aanvullende fonetiek

Let op de spelling van de klank [oe] in *douane.*
Herhaal: douane . . . douchecel . . . Louise . . . retour . . . journalist . . .
Let op de spelling van de klank [oo] in dit woord:
Herhaal: bureau . . .
Let op de spelling van de klank [e] in deze woorden:
Herhaal: flats . . . trams . . . tanken . . .
En de spelling van de klank [ee] in deze woorden:
Herhaal: baby . . . races . . .

Samenvatting

Als Kees boodschappen aan het doen is, ziet hij John. Die is zijn auto aan het schoonmaken. Kees vraagt verbaasd: 'Is die auto dan van jou?' Ja, sinds maandag heeft John deze auto. Hij heeft hem tweedehands gekocht van een collega. Die is teruggegaan naar Engeland en wil daar een nieuwe kopen. John informeert naar Kees z'n nieuwe kamer: hij heeft er nog geen gevonden. Dan gaan ze een eindje rijden om de nieuwe auto te proberen. Onderweg moet John even tanken, want zijn benzine is bijna op. Hij neemt gewone benzine, geen super, en wisselt *f* 100.—. Als ze weer verder rijden, zien ze iemand met pech. Het blijkt een meisje te zijn, ze heeft een lekke band en kan het wiel niet loskrijgen. Omdat er nog geen wegenwacht langsgekomen is, helpt John het meisje maar even. Als hij bijna klaar is, arriveert er eindelijk een wegenwacht, maar dan hebben ze hem niet meer nodig. De wegenwacht rijdt door, en even later nemen Kees en John afscheid van het meisje, en wensen haar verder een goede reis. Zij bedankt de jongens hartelijk voor hun hulp. Kees vindt het meisje wel aardig. John kan er niets over zeggen, want hij heeft geen woord met haar gewisseld, hij heeft alleen maar hard gewerkt.

Oefeningen

1 B (14.8)

dat kost *f* 24,71
    maakt u er maar *f* 25.— van

dat kost *f* 11,63
    maakt u er maar *f* 12.— van

dat kost *f* 23,87
    maakt u er maar *f* 24.— van

dat kost *f* 33,82
    maakt u er maar *f* 34.— van

dat kost *f* 27,41
    maakt u er maar *f* 28.— van

dat kost *f* 10,35
    maakt u er maar *f* 11.— van

dat kost *f* 24,71
    maakt u er maar *f* 25.— van

2 A

heb je geen thee meer?
    nee, de thee is op

heb je geen benzine meer?
    nee, de benzine is op

heb je geen eieren meer?
    nee, de eieren zijn op

heb je geen eten meer?
    nee, het eten is op

heb je geen koekjes meer?
    nee, de koekjes zijn op

heb je geen melk meer?
    nee, de melk is op

heb je geen thee meer?
    nee, de thee is op

3 B (9.5)

die auto is niet nieuw
    is hij erg oud?

dit huis is niet groot
    is het erg klein?

dit meisje is niet oud
    is ze erg jong?

deze les is niet makkelijk
    is hij erg moeilijk?

die schoenen zijn niet duur
    zijn ze erg goedkoop?

die fiets is niet oud
    is hij erg nieuw?

dat museum is niet klein
    is het erg groot?

die kast is niet goedkoop
    is hij erg duur?

die oefeningen zijn niet moeilijk
    zijn ze erg makkelijk?

die auto is niet nieuw
    is hij erg oud?

4 B (17.2,3; 14.15)

waarom ga je suiker halen?
    omdat hij bijna op is

waarom ga je brood halen?
    omdat het bijna op is

waarom ga je eieren halen?
    omdat ze bijna op zijn

waarom ga je melk halen?
    omdat hij bijna op is

waarom ga je aardappelen halen?
    omdat ze bijna op zijn

waarom ga je sherry halen?
    omdat hij bijna op is

waarom ga je suiker halen?
    omdat hij bijna op is

5 C (17.4)

gaat hij naar Engeland?
    ja, en omdat hij naar Engeland gaat, is hij er niet

is hij ziek?
    ja, en omdat hij ziek is, is hij er niet

heeft ze een lekke band?
    ja, en omdat ze een lekke band heeft, is ze er niet

heeft hij geen benzine meer?
    ja, en omdat hij geen benzine meer heeft, is hij er niet

zijn ze hun huissleutel kwijt?
    ja, en omdat ze hun huissleutel kwijt zijn, zijn ze er niet

heeft hij zijn brommer verkocht?
    ja, en omdat hij zijn brommer verkocht heeft, is hij er niet

moet hij hard werken?
    ja, en omdat hij hard moet werken, is hij er niet

Les 17

gaat hij naar Engeland?
  ja, en omdat hij naar Engeland gaat, is hij er niet

6 B (14.14)

substitutie-oefening

hij praat met iemand	luistert
hij luistert naar iemand	wacht
hij wacht op iemand	kijkt
hij kijkt naar iemand	speelt
hij speelt met iemand	houdt
hij houdt van iemand	praat
hij praat met iemand	

7 C (17.6)

substitutie-oefening

hij houdt ergens van	luistert
hij luistert ergens naar	gaat
hij gaat ergens naartoe	komt
hij komt ergens vandaan	lacht
hij lacht ergens om	wacht
hij wacht ergens op	speelt
hij speelt ergens mee	houdt
hij houdt ergens van	

8 B (13.4; 16.15)

maak je het dak niet schoon?
  nee, dat maak ik een andere keer wel schoon

bel je die mensen niet op?
  nee, die bel ik een andere keer wel op

nodig je Anneke niet uit?
  nee, die nodig ik een andere keer wel uit

haal je de kaartjes niet af?
  nee, die haal ik een andere keer wel af

doe je je rode jurk niet aan?
  nee, die doe ik een andere keer wel aan

schrijf je dat adres niet op?
  nee, dat schrijf ik een andere keer wel op

maak je het dak niet schoon?
  nee, dat maak ik een andere keer wel schoon

9 C (17.8; 13.17)

heb je het dak al schoongemaakt?
  nee, dat maak ik morgen wel schoon

heb je de kruidenier al opgebeld?
  nee, die bel ik morgen wel op

heb je de band al verwisseld?
  nee, die verwissel ik morgen wel

heb je de kaartjes al afgehaald?
  nee, die haal ik morgen wel af

heb je de plaatsen al besproken?
  nee, die bespreek ik morgen wel

heb je Corrie al uitgenodigd?
  nee, die nodig ik morgen wel uit

heb je Kees al gefeliciteerd?
  nee, die feliciteer ik morgen wel

heb je het boek al betaald?
  nee, dat betaal ik morgen wel

heb je mijn dictaat al meegenomen?
  nee, dat neem ik morgen wel mee

heb je het dak al schoongemaakt?
  nee, dat maak ik morgen wel schoon

10 C (13.11,17)

waarom koop je geen jurk?
  ik heb er al een gekocht

waarom leen je geen boek?
  ik heb er al een geleend

waarom schrijf je geen brief?
  ik heb er al een geschreven

waarom bel je geen dokter op?
  ik heb er al een opgebeld

waarom gebruik je geen woordenboek?
  ik heb er al een gebruikt

waarom haal je geen fles melk?
  ik heb er al een gehaald

waarom nodig je geen vriendin uit?
  ik heb er al een uitgenodigd

waarom koop je geen jurk?
  ik heb er al een gekocht

11 B (16.8)

we rijden een half uur
  Kees heeft ook een half uur gereden

we gaan naar Engeland
  Kees is ook naar Engeland gegaan

we fietsen naar Amsterdam
  Kees is ook naar Amsterdam gefietst

we fietsen de hele morgen
  Kees heeft ook de hele morgen gefietst

we komen naar Rotterdam
  Kees is ook naar Rotterdam gekomen

we verhuizen naar Den Haag
  Kees is ook naar Den Haag verhuisd

we rijden de hele avond
  Kees heeft ook de hele avond gereden

we fietsen in Amsterdam
  Kees heeft ook in Amsterdam gefietst

we lopen naar het postkantoor
  Kees is ook naar het postkantoor gelopen

we rijden een half uur
        Kees heeft ook een half uur gereden

12 A (9.15; 15.7)

dat is mijn auto
        o, is die auto van jou

dat is Corrie d'r brommer
        o, is die brommer van haar

dat zijn Kees z'n handschoenen
        o, zijn die handschoenen van hem

dat is jullie boek
        o, is dat boek van ons

dat is jouw tientje
        o, is dat tientje van mij

dat is onze kast
        o, is die kast van jullie

dat zijn hun kaartjes
        o, zijn die kaartjes van hen

dat is mijn auto
        o, is die auto van jou

13 A (16.12)

die auto is niet nieuw, hè?
        nee, het is geen nieuwe auto

dat huis is niet groot, hè?
        nee, het is geen groot huis

die kamers zijn niet duur, hè?
        nee, het zijn geen dure kamers

die hospita is niet aardig, hè?
        nee, het is geen aardige hospita

die les is niet moeilijk, hè?
        nee, het is geen moeilijke les

die banden zijn niet lek, hè?
        nee, het zijn geen lekke banden

dat boek is niet oud, hè?
        nee, het is geen oud boek

dat station is niet mooi, hè?
        nee, het is geen mooi station

die fietsen zijn niet wit, hè?
        nee, het zijn geen witte fietsen

die auto is niet nieuw, hè?
        nee, het is geen nieuwe auto

14 B (17.4; 9.10)

waarom ga je dat boek kopen?
        omdat ik het nodig heb

waarom ga je die woordenboeken kopen?
        omdat ik ze nodig heb

waarom ga je die fiets kopen?
        omdat ik hem nodig heb

waarom ga je dat tasje kopen?
        omdat ik het nodig heb

waarom ga je dat wiel kopen?
        omdat ik het nodig heb

waarom ga je die schoenen kopen?
        omdat ik ze nodig heb

waarom ga je dat toestel kopen?
        omdat ik het nodig heb

waarom ga je die bandrecorder kopen?
        omdat ik hem nodig heb

waarom ga je dat boek kopen?
        omdat ik het nodig heb

15 C (6.6)

moet u hulp hebben?
        nee, ik heb geen hulp nodig

moet u benzine hebben?
        nee, ik heb geen benzine nodig

moet u de auto hebben?
        nee, ik heb de auto niet nodig

moet u het dictaat hebben?
        nee, ik heb het dictaat niet nodig

moet u een nieuw overhemd hebben?
        nee, ik heb geen nieuw overhemd nodig

moet u de portemonnee hebben?
        nee, ik heb de portemonnee niet nodig

moet u geld hebben?
        nee, ik heb geen geld nodig

moet u sigaretten hebben?
        nee, ik heb geen sigaretten nodig

moet u de sleutel hebben?
        nee, ik heb de sleutel niet nodig

moet u hulp hebben?
        nee, ik heb geen hulp nodig

Aanvullende woordenlijst

winkels
de groenteboer (-winkel, -handel)
de melkboer
de zuivelhandel
de slager
de kruidenier
de bakker
de banketbakker
de slijter
de drogist
de sigarenwinkel
de boekhandel

de manufacturenhandel
de schoenwinkel
de bloemenwinkel
de platenzaak
de kapper
de bank
de supermarkt
huishoudelijke artikelen
de confectie
het speelgoed
de herenmode
het sanitair

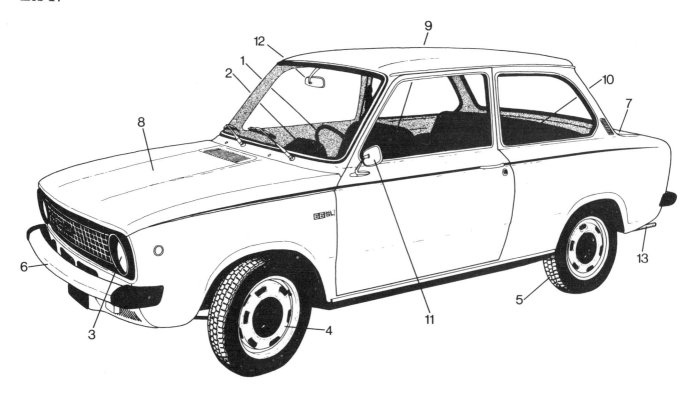

de auto

het stuur (1)
de versnelling
het contactsleuteltje
het dashboard (2)
de claxon
de richtingaanwijzer
de koplamp (3)
het achterlicht
het remlicht
de mistlamp
het wiel (4)
de band (5)
de binnenband
de buitenband
het ventiel
het spatbord
de bumper (6)
de achterbak (7)
de motorkap (8)
de accu
de carburateur
de bougie
de ruitenwisser
de voorbank (9)
de achterbank (10)
de buitenspiegel (11)

de achteruitkijkspiegel (12)
de motor
de uitlaat (13)
het gaspedaal
het rempedaal
de handrem
remmen
starten
optrekken
schakelen
inhalen
passeren
gas geven
de koppeling
het portier
de as
de vering
de benzine
de olie
de pech
de smering
de benzinetank
de garage
het benzinestation, tankstation
tanken
de sleepkabel
de krik

U gaat auto rijden: u stapt in, doet het portier dicht, draait het contactsleuteltje om en start. U zet de motor in de eerste versnelling. Als u rijdt, schakelt u naar de tweede, de derde en tenslotte naar de vierde versnelling; als uw auto tenminste niet automatisch schakelt.

Vragen over het gesprek

Wat is Kees aan het doen? Waar koopt hij thee? Heeft Kees al een nieuwe kamer? Hoe lang is hij al aan het zoeken? Wat is John aan het doen? Van wie is die auto? Is het een nieuwe auto? Hoe oud is hij? Waar heeft John hem gekocht? Waarom heeft zijn collega hem verkocht? Was de auto duur? Wat gaan Kees en John doen? Waarom zoekt John een pomp? Welke benzine neemt hij? Hoeveel kost dat? Geeft John een fooi? Hoeveel? Wanneer moet je in Nederland een fooi geven? Waarom stoppen ze onderweg? Wat voor pech heeft het meisje? Staat ze daar al lang? Komt er geen wegenwacht? Hebben ze die nog nodig? Helpt Kees ook? En John?

Conversatie

Welke winkels zijn er bij jou in de straat? Waar koop je altijd brood? Waar melk? Is er een kruidenier in jouw woonplaats? Wat voor soorten winkels ken je? Wat verkopen ze er? Geef je wel eens een fooi? Waarom (niet)? Heb je een auto/fiets? Ziet hij er nog mooi uit? Heb je wel eens pech met je auto/fiets gehad? Was er iemand om je te helpen? Wanneer help jij iemand? Kun jij je auto/fiets zelf repareren? Wat doet de wegenwacht?

De slijter verkoopt drank: bier, sherry, jenever, etc.
De boekhandel verkoopt boeken. In de kantoorboekhandel kun je ook kantoorbehoeften krijgen zoals pennen, potloden, blocnotes, inkt en schriften, maar ook tijdschriften en ansichtkaarten.

1 *Vul in:* die, dat, het

Voorbeeld: Er komt bezoek. . . . is gezellig.

Er komt bezoek. **Dat** is gezellig.

Situatie: Bij de oma van Kees

1. Kees: Dag oma. Hoe gaat . . . met u?
2. Oma: . . . gaat wel, Kees.
3. Met . . . slechte weer heb ik veel last van m'n benen.
4. Kees: O ja? En nu sneeuwt . . . ook nog,
5. en . . . is een beetje glad buiten.
6. Kan ik u ergens mee helpen?
7. Oma: Ja. Ik heb brood nodig.
8. Wil jij . . . voor me halen?
9. Kees: Ja hoor, . . . wil ik wel.
10. Oma: En wat plantjes voor de tuin.
11. Kees: Wat? Plantjes? In de winter?
12. Gaat u . . . er nu inzetten?
13. Oma: Jazeker, . . . kan toch! Viooltjes bijvoorbeeld.
14. . . . staat zo gezellig.
15. Kees: O, daar weet ik niets van.
16. Waar verkopen ze plantjes?
17. Oma: . . . kun je bij het tuincentrum in de Meeuwenlaan
18. krijgen.
19. Wacht, ik zal je geld geven.
20. Kees: . . . hoeft niet, hoor. Ik betaal . . . wel even.
21. Geeft u . . . straks maar terug.
22. Hebt u een tas voor me?
23. Oma: Ja, . . . staat daar in . . . kast.
24. Kees: Goed, ik ga. Tot straks dan.
25. Oma: Tot straks

2 *Vul de juiste vorm van het woord tussen ( ) in.*

Voorbeeld: Hier is een . . . (leuk) kruidenier.

Hier is een **leuke** kruidenier.

1. Bij mij in de straat is nog een kruidenier.
2. Het is een . . . (oud) man.
3. Hij is heel . . . (aardig) en maakt met iedereen een praatje.
4. Hij heeft een . . . (prachtig), . . . (klein) winkeltje.

5. Het is . . . (gezellig) om daar boodschappen te doen.
6. Kees heeft pas het . . . (nieuw) boek van Wolkers gekocht.
7. Het schijnt erg . . . (goed) te zijn.
8. Hij had de recensie gelezen in een . . . (speciaal) boekenkrant.
9. Het . . . (vorig) boek van W. was niet zo . . . (bijzonder).
10. Maar . . . (ieder) schrijver schrijft wel eens een minder goed boek.
11. Morgen is de première van een . . . (Nederlands) tekenfilm.
12. Dat is altijd een . . . (spannend) gebeurtenis.
13. Er zullen wel weer veel . . . (belangrijk) mensen uitgenodigd zijn.
14. De film gaat in . . . (verschillend) bioscopen draaien,
15. vooral in de . . . (groot) steden.

3 *Beantwoord met* omdat.

Voorbeeld: Waarom gaat John naar de pomp?

Omdat hij moet tanken.

1. Waarom gaat Kees naar de kruidenier?
2. Waarom maakt John het dak nu niet schoon?
3. Waarom stoppen ze onderweg?
4. Waarom staat dat meisje al uren langs de weg?
5. Waarom hebben ze de wegenwacht niet nodig?
6. Waarom heb je (g)een auto?
7. Waarom is het moeilijk om een kamer te vinden?

4 *Maak de volgende zinnen af.*

Voorbeeld: Ze heeft niet eens . . .

Ze heeft niet eens **naar mij gekeken**.

1. Ik heb vandaag uren . . .
2. Hij heeft aan een stuk door . . .
3. Sinds gisteren . . .
4. Omdat het regent . . .
5. Maakt u . . .
6. Als je pech hebt . . .
7. Even later . . .
8. Je gaat zeker . . .

Grammatica

1 *OMDAT* EN *WANT*

1.1 In bijzinnen die met *omdat* beginnen komt de PV op de laatste plaats, maar vóór de infinitief.

ik mag niet naar buiten omdat ik ziek **ben**

ik mag niet naar buiten omdat ik ziek geweest **ben**

ik kan niet naar de film omdat ik **moet** *werken*

omdat daar alle prijzen inclusief **zijn**

1.2 Bijzinnen met *want* hebben de normale woordvolgorde.

ik moet even tanken, want mijn benzine is bijna op (r.27-28)

Alleen een zin met *omdat* kan antwoord geven op de vraag '*waarom?*'

waarom blijf je thuis?   *omdat ik ziek ben*

ik blijf thuis omdat ik ziek ben

omdat ik ziek ben blijf ik thuis

blijf je thuis?   *ja, ik blijf thuis, want ik ben ziek*

Les 18

Kees vindt een nieuwe kamer
K: Kees   V: mevrouw Verhage

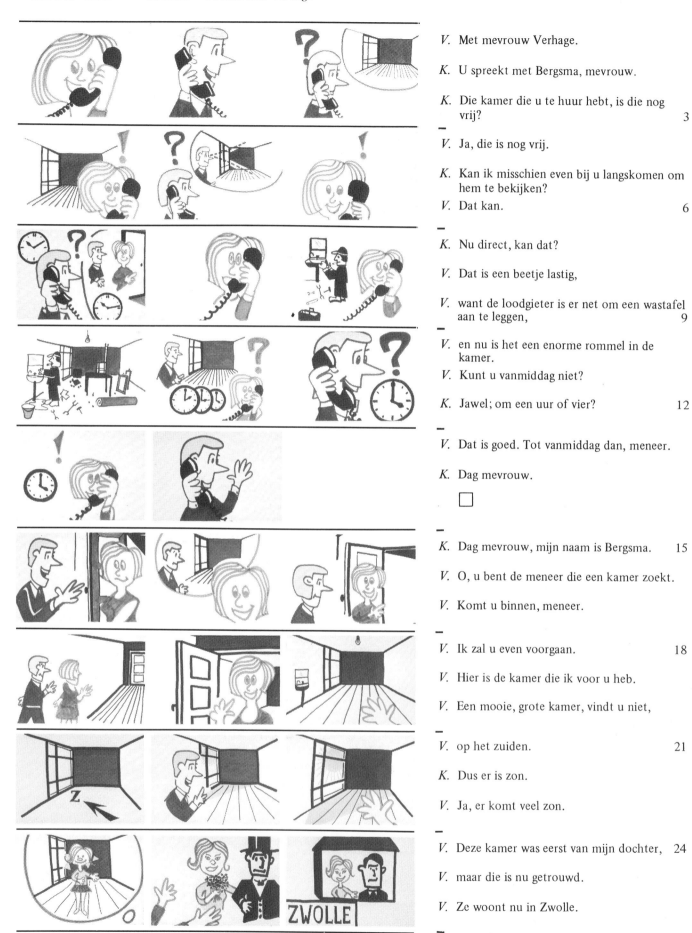

V. Met mevrouw Verhage.

K. U spreekt met Bergsma, mevrouw.

K. Die kamer die u te huur hebt, is die nog vrij?   3

V. Ja, die is nog vrij.

K. Kan ik misschien even bij u langskomen om hem te bekijken?

V. Dat kan.   6

K. Nu direct, kan dat?

V. Dat is een beetje lastig,

V. want de loodgieter is er net om een wastafel aan te leggen,   9

V. en nu is het een enorme rommel in de kamer.

V. Kunt u vanmiddag niet?

K. Jawel; om een uur of vier?   12

V. Dat is goed. Tot vanmiddag dan, meneer.

K. Dag mevrouw.

☐

K. Dag mevrouw, mijn naam is Bergsma.   15

V. O, u bent de meneer die een kamer zoekt.

V. Komt u binnen, meneer.

V. Ik zal u even voorgaan.   18

V. Hier is de kamer die ik voor u heb.

V. Een mooie, grote kamer, vindt u niet,

V. op het zuiden.   21

K. Dus er is zon.

V. Ja, er komt veel zon.

V. Deze kamer was eerst van mijn dochter,   24

V. maar die is nu getrouwd.

V. Ze woont nu in Zwolle.

Les 18

V. Let u maar niet op de rommel die de loodgieter gemaakt heeft.   27

V. Ik heb nog niet alles opgeruimd.

K. Ja, het is een grote kamer.

—

K. Maar het behang is niet erg mooi.   30

V. Dat is het behang dat mijn dochter vijf jaar
geleden uitgezocht heeft.

V. Maar wat mij betreft

—

V. mag u het best verven.   33

V. Dan zetten we daarna de meubels neer.

K. Dus het is een gemeubileerde kamer.

—

K. Hoe duur is hij eigenlijk?   36

V. ƒ 165.—, inclusief licht en water.

K. En wat voor meubels komen er?

—

V. Die zal ik u zo laten zien.   39

V. Ze staan op zolder.

K. En kan ik ergens koken?

—

V. U kunt een butagasstel neerzetten: 42

V. dat kan heel goed naast de wastafel staan.

K. Is er verwarming?

—

V. Nee, daar moet u zelf voor zorgen.   45

V. Er is wel een schoorsteen.

K. Zijn er nog regels voor het bezoek?

—

V. U mag natuurlijk bezoek ontvangen,   48

V. maar damesbezoek moet om 12 uur weg.

K. Kan ik een eigen bel aanleggen,

—

K. of is er al een voor mij?   51

V. De bel die ik heb, is hard genoeg.

V. Die kunt u hier heel goed horen.

—

Les 18

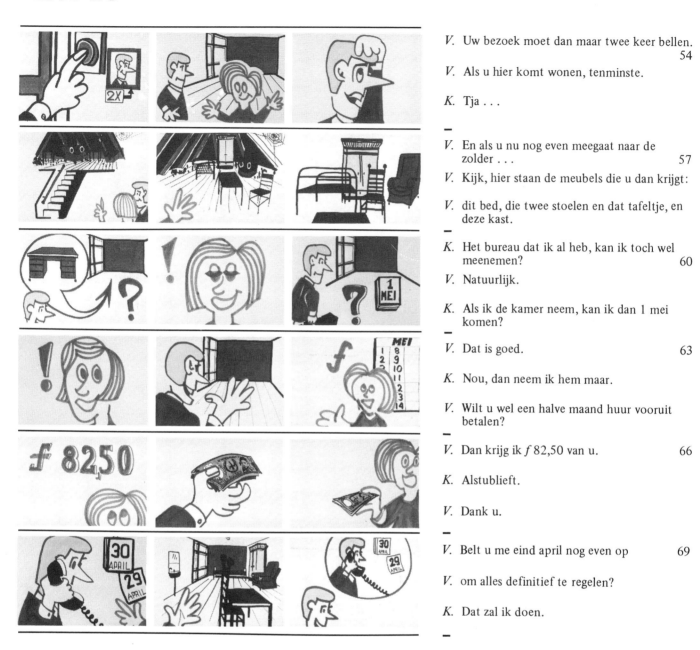

V. Uw bezoek moet dan maar twee keer bellen. 54

V. Als u hier komt wonen, tenminste.

K. Tja . . .

—

V. En als u nu nog even meegaat naar de zolder . . . 57

V. Kijk, hier staan de meubels die u dan krijgt:

V. dit bed, die twee stoelen en dat tafeltje, en deze kast.

—

K. Het bureau dat ik al heb, kan ik toch wel meenemen? 60

V. Natuurlijk.

K. Als ik de kamer neem, kan ik dan 1 mei komen?

—

V. Dat is goed. 63

K. Nou, dan neem ik hem maar.

V. Wilt u wel een halve maand huur vooruit betalen?

V. Dan krijg ik *f* 82,50 van u. 66

K. Alstublieft.

V. Dank u.

—

V. Belt u me eind april nog even op 69

V. om alles definitief te regelen?

K. Dat zal ik doen.

—

Aanvullende fonetiek

Let op de spelling van de klank [ie] in deze woorden:
Herhaal: baby . . . encyclopedie . . . sherry . . .
Let op de spelling en de uitspraak van *politie*. Je hoort [ts] maar je schrijft *t*.
Herhaal: politie . . . situatie . . . illustratie . . . legitimatie . . . promotie . . .
Let op de spelling en de uitspraak van *vakantie*.
Herhaal: vakantie . . . advertentie . . . instantie . . .

Samenvatting

Kees is nog steeds een kamer aan het zoeken. Nu heeft hij het adres van mevrouw Verhage gekregen. Hij belt haar meteen op, en ja, de kamer die ze wil verhuren, is nog vrij! Hij spreekt af 's middags te komen kijken, want op het ogenblik dat hij opbelt, is de loodgieter nog bezig een wastafel aan te leggen. Om een uur of vier staat Kees bij mevrouw Verhage voor de deur. Ze doet zelf open, en brengt hem meteen naar de kamer: het is een mooie, grote kamer op het zuiden en er komt veel zon. De kamer is van de dochter van mevrouw Verhage geweest, maar die is nu getrouwd en naar Zwolle verhuisd. Kees vindt het behang dat die dochter indertijd heeft uitgezocht, niet erg mooi. Maar van mevrouw Verhage mag hij het best verven. De meubels blijven dan zo lang op zolder staan. Het is namelijk een gemeubileerde kamer: er komen een tafel, een bed, een kast en twee stoelen. Kees wil graag zijn eigen bureau meenemen, en daar heeft zijn nieuwe hospita geen bezwaar tegen. Hij mag de keuken van mevrouw Verhage niet gebruiken, maar wel een butagasstel op zijn kamer neerzetten, naast de wastafel bijvoorbeeld. Voor een kachel moet hij zelf zorgen; er is een schoorsteen in de kamer. Er komt geen aparte bel voor Kees, zijn bezoek moet de bel van mevrouw Verhage maar gebruiken en dan twee keer bellen. Hij mag natuurlijk bezoek hebben, maar meisjes moeten om 12 uur weg. Als hij alles bekeken heeft, besluit Kees de kamer, die *f* 165.– per maand kost, te nemen. Hij betaalt een halve maand huur vooruit en belooft de hospita eind april nog even op te bellen om alles definitief te regelen.

Oefeningen

1 A

hebt u deze kamer geverfd?
> ja, dit is de kamer die ik geverfd heb

hebt u deze tafel gezien?
> ja, dit is de tafel die ik gezien heb

hebt u deze loodgieter opgebeld?
> ja, dit is de loodgieter die ik opgebeld heb

hebt u deze kamer bekeken?
> ja, dit is de kamer die ik bekeken heb

hebt u deze band verwisseld?
> ja, dit is de band die ik verwisseld heb

hebt u deze kamer geverfd?
> ja, dit is de kamer die ik geverfd heb

2 A

hebt u dit behang uitgezocht?
> ja, dit is het behang dat ik uitgezocht heb

hebt u dit gasstel gekocht?
> ja, dit is het gasstel dat ik gekocht heb

hebt u dit tafeltje meegenomen?
> ja, dit is het tafeltje dat ik meegenomen heb

hebt u dit bed neergezet?
> ja, dit is het bed dat ik neergezet heb

hebt u dit bureau schoongemaakt?
> ja, dit is het bureau dat ik schoongemaakt heb

hebt u dit nummer opgebeld?
> ja, dit is het nummer dat ik opgebeld heb

hebt u dit behang uitgezocht?
> ja, dit is het behang dat ik uitgezocht heb

3 A (18.1)

hebt u deze meubels gekocht?
> ja, dit zijn de meubels die ik gekocht heb

hebt u deze stoelen gekregen?
> ja, dit zijn de stoelen die ik gekregen heb

hebt u deze films gezien?
> ja, dit zijn de films die ik gezien heb

hebt u deze boeken geleend?
> ja, dit zijn de boeken die ik geleend heb

hebt u deze meisjes uitgenodigd?
> ja, dit zijn de meisjes die ik uitgenodigd heb

hebt u deze kleuren uitgezocht?
> ja, dit zijn de kleuren die ik uitgezocht heb

hebt u deze meubels gekocht?
> ja, dit zijn de meubels die ik gekocht heb

4 C (18.1,2,3)

hebt u dat huis gekocht?
> ja, dat is het huis dat ik gisteren gekocht heb

hebt u die krant gelezen?
> ja, dat is de krant die ik gisteren gelezen heb

hebt u dat programma gezien?
> ja, dat is het programma dat ik gisteren gezien heb

hebt u die kaartjes besteld?
> ja, dat zijn de kaartjes die ik gisteren besteld heb

hebt u die kamers verhuurd?
> ja, dat zijn de kamers die ik gisteren verhuurd heb

hebt u die handschoenen gevonden?
> ja, dat zijn de handschoenen die ik gisteren gevonden heb

hebt u dat huis gekocht?
> ja, dat is het huis dat ik gisteren gekocht heb

5 C (13.14)

wil jij de kamer bekijken?
> ja, zal ik even langskomen om hem te bekijken?

wil jij de wastafels aanleggen?
> ja, zal ik even langskomen om ze aan te leggen?

wil jij de band verwisselen?
> ja, zal ik even langskomen om hem te verwisselen?

wil jij het behang uitzoeken?
> ja, zal ik even langskomen om het uit te zoeken?

wil jij de meubels neerzetten?
> ja, zal ik even langskomen om ze neer te zetten?

wil jij de kamer bekijken?
> ja, zal ik even langskomen om hem te bekijken?

6 A (17.13)

is de kamer gemeubileerd?
> ja, het is een gemeubileerde kamer

is het huis mooi?
> ja, het is een mooi huis

zijn de meubels oud?
> ja, het zijn oude meubels

is de zolder groot?
> ja, het is een grote zolder

zijn de hospita's aardig?
> ja, het zijn aardige hospita's

Les 18

zijn de handschoenen nieuw?
> ja, het zijn nieuwe handschoenen

zijn de kranten interessant?
> ja, het zijn interessante kranten

is de wastafel groen?
> ja, het is een groene wastafel

is het gasstel duur?
> ja, het is een duur gasstel

is de kamer gemeubileerd?
> ja, het is een gemeubileerde kamer

7 A (15.8)

is de kamer nog vrij?
> ja, die is nog vrij

kan het gasstel naast de wastafel staan?
> ja, dat kan naast de wastafel staan

komt het boek volgende week?
> ja, dat komt volgende week

is de dokter nu getrouwd?
> ja, die is nu getrouwd

staan de meubels in de kamer?
> ja, die staan in de kamer

is het bureau groot genoeg?
> ja, dat is groot genoeg

is de bel hard genoeg?
> ja, die is hard genoeg

is de kamer nog vrij?
> ja, die is nog vrij

8 C (14.4; 10.16)

neem je de kamer?
> nee, ik neem hem niet

koop je het boek?
> nee, ik koop het niet

zie je Anneke van Kampen?
> nee, ik zie haar niet

bel je je ouders op?
> nee, ik bel ze niet op

zet je het bureau neer?
> nee, ik zet het niet neer

zorg je voor de verwarming?
> nee, ik zorg er niet voor

kijk je naar dat programma?
> nee, ik kijk er niet naar

ga je naar de tentoonstelling?
> nee, ik ga er niet naartoe

betaal je de huur?
> nee, ik betaal hem niet

verkoop je het tafeltje?
> nee, ik verkoop het niet

neem je de kamer?
> nee, ik neem hem niet

9 B (17.3)

mijn kamer is niet goedkoop
> hoe duur is hij?

mijn ouders zijn niet jong
> hoe oud zijn ze?

mijn huis is niet nieuw
> hoe oud is het?

mijn tafel is niet klein
> hoe groot is hij?

mijn kamer is niet goedkoop
> hoe duur is hij?

10 A (10.13,14)

hebt u zon in die kamer?
> ja, er is zon

hebt u een wastafel in uw kamer?
> ja, er is een wastafel

hebt u verwarming op zolder?
> ja, er is verwarming

hebt u een gasstel in de keuken?
> ja, er is een gasstel

hebt u een schoorsteen in de kamer?
> ja, er is een schoorsteen

hebt u veel meubels op zolder?
> ja, er zijn veel meubels

hebt u een tuin achter het huis?
> ja, er is een tuin

hebt u zon in die kamer?
> ja, er is zon

11 C (18.10; 13.15)

zijn er regels voor het bezoek?
> nee, er is er geeneen

zijn er kasten in de kamer?
> nee, er is er geeneen

staan er stoelen in de keuken?
> nee, er staat er geeneen

liggen er kranten op tafel?
> nee, er ligt er geeneen

wonen er dokters in die straat?
> nee, er woont er geeneen

spelen er kinderen op straat?
> nee, er speelt er geeneen

werken er journalisten in het gebouw?
  nee, er werkt er geeneen

staan er trams bij de halte?
  nee, er staat er geeneen

staan er fietsen in de tuin?
  nee, er staat er geeneen

zijn er regels voor het bezoek?
  nee, er is er geeneen

12 B (18.10)

is er verwarming op zolder?
  ja, er is verwarming op zolder

zijn de jongens in de tuin?
  ja, de jongens zijn in de tuin

rijdt er een tram naar het station?
  ja, er rijdt een tram naar het station

rijdt de tram naar het station?
  ja, de tram rijdt naar het station

spelen de kinderen in de tuin?
  ja, de kinderen spelen in de tuin

spelen er kinderen in de tuin?
  ja, er spelen kinderen in de tuin

staan de meubels in die kamer?
  ja, de meubels staan in die kamer

is er een loodgieter in de keuken?
  ja, er is een loodgieter in de keuken

is de dokter in de kamer?
  ja, de dokter is in de kamer

is er verwarming op zolder?
  ja, er is verwarming op zolder

13 A (8.3)

ik ga die stoel kopen
  welke stoel ga je kopen?

ik wil dat boek hebben
  welk boek wil je hebben?

ik ga die meubels neerzetten
  welke meubels ga je neerzetten?

ik wil die kamer huren
  welke kamer wil je huren?

ik ga dat bureau verkopen
  welk bureau ga je verkopen?

ik ga die stoel kopen
  welke stoel ga je kopen?

14 B

ik ga meubels kopen
  wat voor meubels ga je kopen?

ik ga een boek lenen
  wat voor boek ga je lenen?

ik ga een jurk maken
  wat voor jurk ga je maken?

ik ga behang kopen
  wat voor behang ga je kopen?

ik ga een tafel neerzetten
  wat voor tafel ga je neerzetten?

ik ga meubels kopen
  wat voor meubels ga je kopen?

15 B (18.11)

ga je een bandrecorder kopen?
  nee, ik ga er geen kopen

wil je een brommer hebben?
  nee, ik wil er geen hebben

kun je een kamer vinden?
  nee, ik kan er geen vinden

mag je een bel aanleggen?
  nee, ik mag er geen aanleggen

mag je een gasstel neerzetten?
  nee, ik mag er geen neerzetten

ga je een bandrecorder kopen?
  nee, ik ga er geen kopen

16 C (13.3)

laat je de meubels zien?
  ja, ik zal de meubels laten zien

blijf je op me wachten?
  ja, ik zal op je blijven wachten

ga je de huur betalen?
  ja, ik zal de huur gaan betalen

kom je de kamer bekijken?
  ja, ik zal de kamer komen bekijken

laat je de meubels zien?
  ja, ik zal de meubels laten zien

17 C (18.4)

substitutie-oefening

het behang dat je gisteren uitgezocht
  hebt, vind ik erg mooi   tafel
de tafel die je gisteren uitgezocht
  hebt, vind ik erg mooi   meubels
de meubels die je gisteren uitgezocht
  hebt, vind ik erg mooi   jurk
de jurk die je gisteren uitgezocht
  hebt, vind ik erg mooi   boek
het boek dat je gisteren uitgezocht
  hebt, vind ik erg mooi   schoenen

Les 18

de schoenen die je gisteren uitgezocht
   hebt, vind ik erg mooi   bureau
het bureau dat je gisteren uitgezocht
   hebt, vind ik erg mooi   brommer
de brommer die je gisteren uitgezocht
   hebt, vind ik erg mooi   behang
het behang dat je gisteren uitgezocht
   hebt, vind ik erg mooi

Aanvullende woordenlijst

meubilair etc.

de stoel	de vitrage
de tafel	het gordijn
de kast	het behang
de hangkast	het plafond
de legkast	de vloer, grond
de boekenkast	de muur
de kleerkast	de schoorsteen(mantel)
het bed	de centrale verwarming (c.v.)
het opklapbed	de haard
het eenpersoonsbed	de open haard
het tweepersoonsbed	de kachel
het bureau	de vensterbank
de bank	de lamp
het bankstel	de schemerlamp
het wandmeubel	de bureaulamp
de vloerbedekking	
het kleed	de deur
het tapijt	de drempel
het zeil	het slot
het parket	de sleutel
de mat	de wastafel
de asbak	de kraan
de vuilnisbak	de spiegel
de vuilniszak	de kapstok
het stopcontact	de/het schilderij
het raam	de kalender

Beschrijving van een kamer:

In de kamer staat een tafel met vier stoelen. Verder staan er twee kasten: een gewone kast en een boekenkast. Aan de andere kant staan een paar makkelijke stoelen en een bank, ook een klein tafeltje. Op de grond liggen kussens, kranten en tijdschriften en wat speelgoed. Het plafond en de muren zijn wit. Aan de muur hangen een schilderij, wat foto's en tekeningen van de kinderen. Op de grond liggen matten. De kamer heeft grote ramen. Aan de voorkant kijk je uit op de straat, aan de achterkant zie je de tuin. Op de vensterbanken staan allerlei planten: geraniums, varens, begonia's, enz. Voor de ramen hangen gordijnen: witte vitrage en gestreepte overgordijnen.

Vragen over het gesprek

Waarom belt Kees mevrouw Verhage op? Is die kamer nog vrij? Wanneer kan Kees langskomen? Waarom niet 's morgens? Wat doet de loodgieter? Hoe laat gaat Kees de kamer bekijken? Is het een mooie kamer? Komt er zon? Wie heeft er eerst gewoond? Waarom is die weggegaan? Waar woont ze nu? Is de kamer netjes? Vindt Kees het behang mooi? Wie heeft het behang uitgezocht? Is het een gemeubileerde kamer? Waar staan de meubels nu? Wat voor meubels komen er? Krijgt Kees een keuken? Is er verwarming? Zijn er regels voor het bezoek? Krijgt Kees een eigen bel? Wanneer wil Kees hier gaan wonen? Wat moet hij betalen? Wat moet hij eind april doen?

Conversatie

Hoe ziet je kamer/huis er uit? Heb je een zolder? Wat staat daar allemaal? Wat staat er in deze kamer? Wat is het verschil tussen een gestoffeerde en een gemeubileerde kamer? Hoe duur zijn de kamers hier? Zijn er genoeg kamers hier? Wat doet een loodgieter? Heb je een hospita? Is ze aardig? Wat vind je van de hospita in dit gesprek? Vind je de regel over damesbezoek redelijk? Heb jij regels voor je bezoek?

Huiswerk

1   *Vul in:* die *of* dat.
   Voorbeeld: De plaat . . . Mies gekocht heeft, vind ik heel leuk.
           De plaat **die** Mies gekocht heeft, vind ik heel leuk.

  1. Het toneelstuk . . . ik gisteren gezien heb was erg goed.
  2. . . . moet je ook gaan zien.
  3. De groep . . . het speelt ken ik wel, want er zit een vriend van me in.
  4. De rol . . . hij in . . . stuk speelt is niet erg belangrijk, maar hij speelt hem uitstekend.
  5. Het publiek . . . er gisteren was, was niet erg enthousiast.
  6. . . . was wel jammer.

  7. Mies wil het boek . . . Ton laatst van haar geleend heeft terughebben.
  8. Ze heeft het nodig voor een tentamen . . . ze volgende week moet doen.
  9. Ton heeft . . . tentamen al lang gedaan.
10. Maar . . . studeert ook een jaar langer dan Mies.

11. Er zijn weer heel wat mensen . . . hun benen hebben gebroken tijdens de wintersport.
12. . . . komt omdat er zo weinig sneeuw ligt.
13. Er zijn zelfs speciale vliegtuigen . . . de patiënten naar huis vliegen.
14. Vind je . . . ook niet wat overdreven?

2   *Vul in:* om + te + *infinitief.*
   Voorbeeld: Koos heeft niet genoeg **geld**.
           Hij gaat naar de bank om . . . (lenen)
           Hij gaat naar de bank om **het** te lenen.
  1. In de Leidsestraat staat al maanden een huis leeg.
     Koos en Anna gaan ernaartoe . . . het . . . (bekijken)
  2. Ze vinden het een leuk huis
     en besluiten . . . het . . .   (kraken)
  3. Dat kunnen ze niet alleen,
     maar er komen veel vrienden . . . ze . . . (helpen)

4. Het is een enorme rommel in het huis.
   Ze beginnen maar . . .   (opruimen)
5. De keuken ziet er vies uit.
   Ze kopen verf . . . hem . . .   (opknappen)
6. De douche lekt.
   Er komt een loodgieter . . . hem . . .   (repareren)
7. De schoorsteen is verstopt.
   De schoorsteenveger komt . . . hem . . .   (schoonmaken)
8. Koos en Anna hebben veel meubels.
   Daarom huren ze een auto . . .   (verhuizen)
9. Als ze er eindelijk wonen geven ze een feestje.
   Alle helpers komen . . . het . . .   (vieren)

3 *Beantwoord de volgende vragen:*
1. Wat voor meubels heb je?
2. Betaal je veel huur?

3. Heb je een eigen keuken?
4. Wat voor verwarming heb je?
5. Kun je altijd bezoek ontvangen?
6. Heb je je kamer/huis geverfd?

4 *Maak de volgende zinnen af.*
   Voorbeeld: Kan ik misschien . . .
              Kan ik misschien **je fiets even lenen**?
1. O, ben jij dat meisje . . .
2. Er is een loodgieter om . . .
3. Je kunt heel goed . . .
4. Je mag natuurlijk . . .
5. Wat mij betreft . . .
6. Ga je nog even mee om . . .
7. Bel je me morgen even op . . .

Grammatica

1 PRONOMINA RELATIVA

De relativa zijn *die* en *dat*.
Die verwijst naar: – *de*-woord singularis
                      – alle woorden in de pluralis
                      – personen

Dat verwijst naar een *het*-woord singularis.
Subject- en objectvorm zijn gelijk.

singularis: *de man **die** daar loopt is mijn vriend*
             *de man **die** u daar ziet is mijn vriend*
pluralis: *de mannen **die** daar lopen zijn mijn vrienden*
             *de mannen **die** u daar ziet zijn mijn vrienden*
singularis: *het bureau **dat** ik al heb kan ik toch wel
             meenemen?*

pluralis: *het bureau **dat** voor het raam staat is van mij*
           *de bureaus **die** we hebben zijn erg duur*
           *de bureaus **die** voor het raam staan zijn erg duur*

2 ZINNEN MET MEER DAN EEN AUXILIAIR

ik bekijk	*de kamer*	
*ik **kom***	*de kamer bekijken*	
*ik **zal***	*de kamer **komen***	*bekijken*

ik betaal	*de huur*	
*ik **kom***	*de huur betalen*	
*ik **zal***	*de huur **komen***	*betalen*

Les 19

Bezoek aan een ziekenhuis
J: John King   r: rondleider

r. U komt dus ons ziekenhuis bezoeken, voor uw krant.

J. Ja, ik vind het prettig, als u me wat wilt vertellen en laten zien.

J. Dit is het modernste ziekenhuis van Nederland, zeggen ze.   3

—

J. Is dat waar?

r. Nou, het is in elk geval één van de modernste.

r. Het ziekenhuis is nu bijna helemaal in gebruik.   6

r. Er is één afdeling die nog niet gebruikt wordt;

r. volgende maand wordt die ook in gebruik genomen,

r. maar nu kan ik hem nog laten zien.   9

—

J. Dus ik ben net op tijd.

r. Ja, dit is de laatste lege afdeling die we hebben.

r. Hier kan ik u een paar kamers laten zien.   12

—

r. De grootste kamers die we hebben, hebben zes bedden.

r. Hier hebt u zo'n kamer.

J. Is dat de grootste kamer die er is, met maar zes bedden?   15

—

r. Ja, zo'n kleine kamer is het beste voor de patiënten.

r. We hebben hier hele praktische bedden:

r. we kunnen ze hoog of laag zetten.   18

—

J. Waarvoor is dat nodig?

r. Als de zusters de patiënten verzorgen,

r. worden de bedden hoog gezet.   21

—

r. Dat is het makkelijkste,

r. want dan hoeven de zusters niet te bukken.

J. O ja, natuurlijk.   24

—

r. En als de patiënten uit bed stappen,

r. worden de bedden laag gezet.

r. Kijk, dit is de laagste stand,   27

—

r. en dit is de hoogste.

J. Aha, een mooie vondst.

J. En dit apparaat heeft zeker iets met de radio te maken? 30

r. Ja, daarmee kan de patiënt verschillende radioprogramma's kiezen.

J. Het programma wordt dus niet door het ziekenhuis gekozen?

r. Nee, dat doet de patiënt zelf. 33

r. Alleen tijdens de rust wordt de radio door de zuster afgezet.

r. Deze knopjes zijn voor de drie Hilversumse zenders,

r. en het vierde is voor de huisradio. 36

J. Daar zendt u zelf programma's op uit?

r. Ja. Met knopje nul doe je de radio uit,

r. en dit rode is om de zuster te roepen. 39

J. Allemaal zeer functioneel,

J. zonder dat de patiënt een nummer wordt.

r. Ja hè. We gaan nog even verder. 42

r. Daar zijn nog drie zespersoonskamers,

r. en we hebben ook twee eenpersoonskamers.

r. Dit is zo'n eenpersoonskamer. 45

r. Een patiënt die ernstig ziek is, wordt alleen gelegd.

J. Ja, dat begrijp ik.

r. Dan komen we nu bij het zogenaamde 'bloemenstation'. 48

J. Wat is dat?

r. Daar worden de bloemen van de patiënten verzorgd:

r. als er door het bezoek bloemen meegebracht worden, 51

r. moeten de bezoekers die zelf in het water zetten.

r. Dan hoeven de zusters het niet te doen,

r. die hebben het al druk genoeg. 54

Les 19

r. Op die plank staan vazen,

r. hier liggen een mes en een schaar.

r. Vindt u dat niet handig?   57

—

J. Ja, dat spaart inderdaad een heleboel werk.

r. Maar het fruit dat de bezoekers meebrengen,

r. wordt door de zusters gewassen,   60

—

r. en in mandjes gelegd

r. die in dit keukentje staan.

J. Maar het eten voor de patiënten wordt hier toch niet klaargemaakt?   63

r. Nee, dat wordt in de grote keuken gedaan.

r. Hier maken we melk warm en zo,

r. en hier wordt koffie gezet, en thee.   66

—

r. Wilt u misschien een kopje thee?

J. Graag.

r. Dan gaan we daarna de grote keuken en de wasserij bekijken.   69

—

Aanvullende fonetiek

Let op de spelling van de klank [ie] in deze woorden:
Herhaal: medicijnen ... giro ... idee ... titel ...
polikliniek ... literatuur ... gemeubileerd ... hospita ...
minuut ... sigaret ... prima ... benzine ... praktisch ...
fantastisch ... familie ...

Samenvatting

John wordt rondgeleid door een van de modernste ziekenhuizen van Nederland. Er is nog één eenheid die niet gebruikt wordt. Die mag John bekijken. De grootste kamers die er zijn, hebben zes bedden; ze zijn dus niet erg groot, maar dat is veel beter voor de patiënten. De bedden die in het ziekenhuis gebruikt worden, zijn erg praktisch: ze kunnen hoog en laag gezet worden. Als de zuster een patiënt helpt, zet ze het bed hoog, en als een patiënt uit bed wil stappen, zet hij het bed laag. Elke patiënt heeft de beschikking over een radio; hij kan kiezen uit de drie programma's die Hilversum uitzendt. Verder is er natuurlijk bij elk bed een knopje om een verpleegster te roepen. Het ziekenhuis heeft ook eenpersoonskamers; die worden onder andere gebruikt voor patiënten die heel ernstig ziek zijn.

Als John dit allemaal bekeken heeft, gaan ze naar het zogenaamde bloemenstation. Zo'n bloemenstation heb je maar in heel weinig ziekenhuizen. 's Avonds worden daar de bloemen van de patiënten neergezet, en overdag wordt het door de bezoekers gebruikt om de bloemen die ze meebrengen, te verzorgen. Dat moet het bezoek namelijk zelf doen: het bespaart de verpleegsters een heleboel werk. Na het bloemenstation bekijkt John het afdelingskeukentje: daar wordt het fruit bewaard dat de patiënten krijgen, en daar zetten de verpleegsters koffie en thee. Het eten van de patiënten wordt in de grote keuken klaargemaakt. Die gaat John daarna bekijken, als hij een kopje thee gehad heeft.

Oefeningen

1 B

dat is toch geen oud gebouw?
     nee, dat is een van de modernste

dat is toch geen hoog bed?
     nee, dat is een van de laagste

dat is toch geen makkelijke les?
     nee, dat is een van de moeilijkste

dat is toch geen slechte fiets?
  nee, dat is een van de beste

dat is toch geen nieuw huis?
  nee, dat is een van de oudste

dat is toch geen kleine kamer?
  nee, dat is een van de grootste

dat is toch geen oud gebouw?
  nee, dat is een van de modernste

2 B (19.1)

dat zijn leuke kinderen
  ja, maar welk is nou het leukste?

dat zijn grote kamers
  ja, maar welke is nou de grootste?

dat zijn oude boeken
  ja, maar welk is nou het oudste?

dat zijn lekkere koekjes
  ja, maar welk is nou het lekkerste?

dat zijn goede auto's
  ja, maar welke is nou de beste?

dat zijn goedkope overhemden
  ja, maar welk is nou het goedkoopste?

dat zijn grappige films
  ja, maar welke is nou de grappigste?

dat zijn leuke kinderen
  ja, maar welk is nou het leukste?

3 C (19.1; 18.17)

is dat een grote kamer?
  ja, dat is de grootste kamer die er is

is dat een modern ziekenhuis?
  ja, dat is het modernste ziekenhuis dat er is

is dat een leuk programma?
  ja, dat is het leukste programma dat er is

is dat een hoog bed?
  ja, dat is het hoogste bed dat er is

zijn dat goede boeken?
  ja, dat zijn de beste boeken die er zijn

zijn dat mooie bloemen?
  ja, dat zijn de mooiste bloemen die er zijn

is dat een kleine auto?
  ja, dat is de kleinste auto die er is

zijn dat nieuwe jurken?
  ja, dat zijn de nieuwste jurken die er zijn

is dat een grote kamer?
  ja, dat is de grootste kamer die er is

4 A

wassen ze de patiënten?
  ja, de patiënten worden gewassen

kopen ze de bandrecorder?
  ja, de bandrecorder wordt gekocht

verven ze het bureau?
  ja, het bureau wordt geverfd

verkopen ze het huis?
  ja, het huis wordt verkocht

verzorgen ze de bloemen?
  ja, de bloemen worden verzorgd

koken ze de melk?
  ja, de melk wordt gekookt

wassen ze de patiënten?
  ja, de patiënten worden gewassen

5 A (19.4; 15.8)

nemen ze de afdeling volgende maand in gebruik?
  ja, die wordt volgende maand in gebruik genomen

zetten ze de bedden vanavond hoog?
  ja, die worden vanavond hoog gezet

zetten ze de radio tijdens de rust af?
  ja, die wordt tijdens de rust afgezet

leggen ze de patiënt vannacht alleen?
  ja, die wordt vannacht alleen gelegd

verzorgen ze de bloemen vanmiddag?
  ja, die worden vanmiddag verzorgd

wassen ze het fruit altijd?
  ja, dat wordt altijd gewassen

zetten ze de mandjes in het keukentje?
  ja, die worden in het keukentje gezet

maken ze het eten hier klaar?
  ja, dat wordt hier klaargemaakt

nemen ze de afdeling volgende maand in gebruik?
  ja, die wordt volgende maand in gebruik genomen

6 B (19.5)

wassen ze de patiënt vanavond?
  ja, vanavond wordt hij gewassen

feliciteren ze haar morgen?
  ja, morgen wordt ze gefeliciteerd

maken ze het keukentje vandaag schoon?
  ja, vandaag wordt het schoongemaakt

verkopen ze de auto vanmiddag?
  ja, vanmiddag wordt hij verkocht

verwisselen ze de banden morgen?
  ja, morgen worden ze verwisseld

verven ze de kamers volgende week?
  ja, volgende week worden ze geverfd

zoeken ze het behang vanavond uit?
  ja, vanavond wordt het uitgezocht

Les 19

wassen ze de patiënt vanavond?
    ja, vanavond wordt hij gewassen

7 C (19.4)

zetten de zusters de radio af?
    ja, de radio wordt door de zusters afgezet

kiest het ziekenhuis het programma?
    ja, het programma wordt door het ziekenhuis gekozen

zet de dokter de bedden laag?
    ja, de bedden worden door de dokter laag gezet

wassen de zusters het fruit?
    ja, het fruit wordt door de zusters gewassen

maakt Anneke het eten klaar?
    ja, het eten wordt door Anneke klaargemaakt

doet moeder de boodschappen?
    ja, de boodschappen worden door moeder gedaan

zet Corrie de koffie?
    ja, de koffie wordt door Corrie gezet

zetten de zusters de radio af?
    ja, de radio wordt door de zusters afgezet

8 A (19.5; 18.10)

brengen ze vaak bloemen mee?
    ja, er worden vaak bloemen meegebracht

maken ze koffie klaar?
    ja, er wordt koffie klaargemaakt

eten ze veel fruit?
    ja, er wordt veel fruit gegeten

drinken ze veel melk?
    ja, er wordt veel melk gedronken

spreken ze vaak Engels?
    ja, er wordt vaak Engels gesproken

verkopen ze mooie boeken?
    ja, er worden mooie boeken verkocht

brengen ze vaak bloemen mee?
    ja, er worden vaak bloemen meegebracht

9 C (19.8; 18.12)

brengen ze vandaag bloemen mee?
    ja, er worden vandaag bloemen meegebracht

brengen ze de bloemen vandaag mee?
    ja, de bloemen worden vandaag meegebracht

maken ze in de keuken koffie?
    ja, er wordt in de keuken koffie gemaakt

maken ze de thee in de keuken?
    ja, de thee wordt in de keuken gemaakt

maken ze het fruit vanavond schoon?
    ja, het fruit wordt vanavond schoongemaakt

maken ze vanavond veel fruit schoon?
    ja, er wordt vanavond veel fruit schoongemaakt

verzorgen ze de bloemen vanmiddag?
    ja, de bloemen worden vanmiddag verzorgd

verzorgen ze veel patiënten?
    ja, er worden veel patiënten verzorgd

verhuren ze veel kamers?
    ja, er worden veel kamers verhuurd

maken ze het eten hier klaar?
    ja, het eten wordt hier klaargemaakt

leggen ze boven een wastafel aan?
    ja, er wordt boven een wastafel aangelegd

brengen ze vandaag bloemen mee?
    ja, er worden vandaag bloemen meegebracht

10 C (19.8)

ze werken niet hard
    inderdaad, er wordt niet hard gewerkt

ze voetballen niet vaak
    inderdaad, er wordt niet vaak gevoetbald

ze bouwen geen grote huizen
    inderdaad, er worden geen grote huizen gebouwd

ze verkopen geen melk
    inderdaad, er wordt geen melk verkocht

ze zeggen niet veel
    inderdaad, er wordt niet veel gezegd

ze spreken geen Frans
    inderdaad, er wordt geen Frans gesproken

ze bestellen geen foto's
    inderdaad, er worden geen foto's besteld

ze zingen niet mooi
    inderdaad, er wordt niet mooi gezongen

ze eten geen kip
    inderdaad, er wordt geen kip gegeten

ze werken niet hard
    inderdaad, er wordt niet hard gewerkt

11 B (18.5)

roep je de zuster met dat knopje?
    ja, dat is om de zuster te roepen

luister je naar de radio met dat apparaat?
    ja, dat is om naar de radio te luisteren

verzorg je de bloemen met die schaar?
    ja, die is om de bloemen te verzorgen

maak je het brood klaar met dat mes?
    ja, dat is om het brood klaar te maken

roep je de zuster met dat knopje?
    ja, dat is om de zuster te roepen

12 A

moeten de zusters bukken?
  nee, ze hoeven niet te bukken

moeten de zusters het doen?
  nee, ze hoeven het niet te doen

moet ik het fruit wassen?
  nee, u hoeft het fruit niet te wassen

moeten de kinderen thuis komen?
  nee, ze hoeven niet thuis te komen

moeten we de auto schoonmaken?
  nee, jullie hoeven de auto niet schoon te maken

moeten de zusters de radio afzetten?
  nee, ze hoeven de radio niet af te zetten

moeten de zusters bukken?
  nee, ze hoeven niet te bukken

13 B (19.12)

moet het fruit gewassen worden?
  nee, het hoeft niet gewassen te worden

moet de radio afgezet worden?
  nee, hij hoeft niet afgezet te worden

moeten de kinderen alleen gelegd worden?
  nee, ze hoeven niet alleen gelegd te worden

moet het huis verkocht worden?
  nee, het hoeft niet verkocht te worden

moet de melk warm gemaakt worden?
  nee, hij hoeft niet warm gemaakt te worden

moet het fruit gewassen worden?
  nee, het hoeft niet gewassen te worden

14 C (19.13; 18.11)

moet er een bel aangelegd worden?
  nee, er hoeft er geen aangelegd te worden

moeten er aardappels gekookt woorden?
  nee, er hoeven er geen gekookt te worden

moet er een dokter geroepen worden?
  nee, er hoeft er geen geroepen te worden

moet er een gasstel neergezet worden?
  nee, er hoeft er geen neergezet te worden

moeten er kaartjes genomen worden?
  nee, er hoeven er geen genomen te worden

moeten er bloemen verzorgd worden?
  nee, er hoeven er geen verzorgd te worden

moet er een bel aangelegd worden?
  nee, er hoeft er geen aangelegd te worden

15 C (19.14; 13.9)

moet ik vandaag aardappels kopen?
  nee, je hoeft er vandaag geen te kopen

moet ik de aardappels vandaag kopen?
  nee, je hoeft ze vandaag niet te kopen

moet ik vanavond een meisje meebrengen?
  nee, je hoeft er vanavond geen mee te brengen

moet ik het boek vandaag kopen?
  nee, je hoeft het vandaag niet te kopen

moet ik de jurk nu betalen?
  nee, je hoeft hem nu niet te betalen

moet ik vandaag boeken lenen?
  nee, je hoeft er vandaag geen te lenen

moet ik de auto vandaag schoonmaken?
  nee, je hoeft hem vandaag niet schoon te maken

moet ik de dokter nu roepen?
  nee, je hoeft hem nu niet te roepen

moet ik het bed vanavond laag zetten?
  nee, je hoeft het vanavond niet laag te zetten

moet ik vandaag aardappels kopen?
  nee, je hoeft er vandaag geen te kopen

16 C (19.5; 18.17)

legt u een ziek kind alleen?
  ja, een kind dat ziek is, wordt alleen gelegd

maakt u koude melk warm?
  ja, melk die koud is, wordt warm gemaakt

brengt u kapotte bedden weg?
  ja, bedden die kapot zijn, worden weggebracht

koopt u interessante boeken?
  ja, boeken die interessant zijn, worden gekocht

verzorgt u hier zieke kinderen?
  ja, kinderen die ziek zijn, worden hier verzorgd

zet u hier lege mandjes neer?
  ja, mandjes die leeg zijn, worden hier neergezet

legt u een ziek kind alleen?
  ja, een kind dat ziek is, wordt alleen gelegd

Aanvullende woordenlijst

ziekenhuis	de operatiekamer
de verpleegkundige	de narcose
de verpleegster, zuster	de kraamafdeling
de verpleger	de bevalling
de patiënt	de verloskamer
de opname, opnemen	de kinderzaal
de E.H.B.O.	het dagverblijf
de brancard	het gips
het bezoekuur	het verband
de bezoeker	de röntgenfoto
het bezoek	de doorlichting
de specialist	de injectie, prik
de chirurg	de verdoving
de operatie	de wond

Les 19

de snee
de breuk
de blauwe plek
de schram
besmettelijk
genezen
dood
het bed
het laken
de deken
het kussen
het/de (kussen)sloop
de matras

fruit
de appel
de peer
de pruim

de sinaasappel
de citroen
de mandarijn
de grapefruit
de kers
de aardbei
de abrikoos
de bes
de kruisbes
de bosbes
de braam
de perzik
de framboos
de ananas
de banaan
de meloen
de druif

Als iemand in het ziekenhuis ligt, krijgt hij meestal wel bezoek: van zijn familie, zijn vrienden, zijn kennissen. Het bezoek komt tijdens het bezoekuur. Meestal is het bezoekuur tussen 1 en 2, en/of tussen half zeven en half acht. In sommige ziekenhuizen kun je veel langer op bezoek. Daar duurt het bezoekuur van half drie tot half acht. Dat is erg praktisch want dan komen niet alle bezoekers tegelijk, zodat de drukte wat gespreid wordt. De patiënten eten daar tussen de middag warm. Hun brood krijgen ze om half zes; dat kunnen ze makkelijk opeten, ook als ze bezoek hebben. De bezoekers brengen vaak boeken, bloemen of fruit mee.

Verschillende fruitsoorten kun je tegenwoordig het hele jaar door krijgen: appels, sinaasappels en bananen bijvoorbeeld. Andere alleen 's zomers of alleen in het najaar.

Vragen over het gesprek

Waar is John? Wordt hij daar verpleegd? Wat doet hij daar? Wat laat de rondleider hem zien? Wanneer wordt die afdeling in gebruik genomen? Wat kun je met de bedden doen? Waarom is dat nodig? Wat zit er naast het bed? Wie kiest het programma? Kan de patiënt de hele dag door naar de radio luisteren? Hoeveel knopjes heeft het apparaat? Waar zijn deze knopjes voor? Hoeveel zes- en hoeveel vierpersoonskamers zijn er op een eenheid? Waar is de eenpersoonskamer voor? Wat is het bloemenstation? Hoe werkt dat? Moeten de bezoekers het fruit ook wassen? Waar leggen ze het fruit? Maken ze daar het eten ook klaar? Wat gaat John na de thee doen?

Conversatie

Ben je wel eens in een ziekenhuis geweest? Wanneer? Hoe zag het er van binnen uit? Wat wordt er allemaal gedaan in een ziekenhuis? Wat betekent het dat de patiënt geen nummer wordt? Hoe kom ik bij het ziekenhuis in deze stad? Hoe zien de ziekenhuizen in jouw land er uit? Door wie worden de patiënten daar verzorgd? Krijgen de patiënten daar de hele dag bezoek? Wordt er bij jou thuis vaak naar de radio geluisterd? Naar welke programma's luister je vaak? Welke soorten fruit ken je? Wat vind je erg lekker? Wat is typisch zomerfruit? Welke vruchten zijn er vooral in de herfst? Wat voor vruchten zijn er in jouw land?

Huiswerk

1 *Vul de superlatief van het woord tussen ( ) in.*
Voorbeeld: Dit is de . . . (groot) winkel van het dorp.
Dit is de **grootste** winkel van het dorp.
Situatie: In Victor z'n nieuwe huis

1. Mathilde: Dag Victor, hoe is het met jou?
2. Victor: Goed. Kom binnen, Mathilde, en doe je jas uit.
3. Mathilde: Wat woon je hier leuk, zeg.
4. Victor: Ja, dit is een van de . . . (mooi) plekjes van Zwolle.
5. Het is het . . . (oud) straatje van de stad.
6. De . . . (veel) huizen zijn gerestaureerd.
7. Alleen het . . . (laat) huis van de straat is
8. helemaal opnieuw gebouwd.
9. Mathilde: En allemaal laagbouw, hè?
10. Victor: Er zijn ook wel flats, maar die staan aan de
11. andere kant van de stad.
12. Vanavond zal ik je het . . . (hoog) gebouw
13. van de stad laten zien.
14. Het is een van de . . . (modern) gebouwen van Nederland.
15. Op de . . . (boven) verdieping is een restaurant.
16. Daar heb je een prachtig uitzicht.
17. Het is het . . . (leuk) om er 's avonds naartoe te gaan.
18. Mathilde: Dan nemen we zeker wel de lift?
19. Victor: Ja, dat is wel het . . . (makkelijk)!

2 *Vul in:* die, dat, hij, ze, haar, zijn.
Voorbeeld: Karin heeft een dikke voet, . . . kan . . . schoen niet meer aan.
Karin heeft een dikke voet, **ze** kan **haar** schoen niet meer aan.

1. Irene is een beetje doof.
2. . . . gaat naar het gezondheidscentrum.
3. De dokter . . . dienst heeft kijkt in . . . oor,
4. maar . . . kan niets zien.
5. Dan spuit . . . er water in.
6. Als al het vuil . . . er in zat er uit is,
7. kan Irene weer goed horen.

8. Karin is gevallen met de fiets.
9. . . . had een auto . . . van rechts kwam
10. niet gezien.
11. Gelukkig is . . . er goed afgekomen:
12. alleen . . . linkervoet doet pijn.
13. Op de EHBO wordt een foto gemaakt van
14. de voet, . . . ook wat dik is.
15. . . . moet even wachten op de uitslag.
16. . . . voet blijkt niet gebroken te zijn.
17. . . . kan dus weer naar huis.

18. Eduard is met . . . kin op de salontafel
19. gevallen, . . . gaat naar de huisarts,
20. . . . toevallig spreekuur heeft.
21. Het wondje, . . . niet zo groot is,
22. wordt geplakt en klaar is Eduard.

3 *Maak de volgende zinnen af. Gebruik de passiefconstructie.*
   Voorbeeld: Op de Eerste Hulp worden . . . . . .
                 Op de Eerste Hulp worden **de patiënten**
                 binnengebracht.

1. Op de röntgenafdeling worden . . . . . .
2. In het laboratorium wordt . . . . . .
3. In de operatiekamer wordt . . . . . .
4. In de apotheek worden . . . . . .
5. In de keuken wordt . . . . . .
6. In de sporthal wordt morgen . . . . . .
7. Op Nederland I wordt vanavond . . . . . .
8. In een supermarkt . . . . . .
9. Op de markt . . . . . .
10. In Nederland . . . . . .

4 *Beantwoord de volgende vragen:*
1. Luister je vaak naar de radio als je studeert?
2. Staat je verwarming op de hoogste stand?
3. Heb jij apparaten die veel werk sparen?
4. Zou je liever in een groot of in een klein ziekenhuis liggen? Waarom?
5. Lijkt het je leuk om verpleger/verpleegster te zijn? Waarom (niet)?
6. Hoe vind je het idee dat patiënten de hele dag bezoek krijgen?
7. Heeft de patiënt veel te zeggen in een ziekenhuis?
8. Heb je wel eens een patiënt verzorgd?

Grammatica

1 PASSIEVE ZINNEN

1.1 Structuur

actief	passief
de zuster wast de patiënt	*de patiënt wordt door de zuster gewassen*
het ziekenhuis kiest het programma	*het programma wordt door het ziekenhuis gekozen*

1.2 Vorm

ik	*word*	*door de zuster gewassen*
je	*wordt*	*door de zuster gewassen*
u	*wordt*	*door de zuster gewassen*
hij	*wordt*	*door de zuster gewassen*
ze	*wordt*	*door de zuster gewassen*
het	*wordt*	*door de zuster gewassen*
we	*worden*	*door de zuster gewassen*
jullie	*worden*	*door de zuster gewassen*
ze	*worden*	*door de zuster gewassen*

1.3 Gebruik

1.3.1 Passieve zinnen zonder bepaling met *door*

een patiënt die ernstig ziek is, wordt alleen gelegd (r.46)
het eten wordt hier klaargemaakt

1.3.2. Passieve zinnen met *er*

(a) onbepaald object in de actieve zin

actief	passief
*ze bellen **een dokter***	*er wordt **een dokter** gebeld*
*ze brengen **bloemen** mee*	*er worden **bloemen** meegebracht*
*ze zetten **koffie***	*er wordt **koffie** gezet*

(b) geen object in de actieve zin

actief	passief
ze zingen mooi	*er wordt mooi gezongen*
ze werken niet hard	*er wordt niet hard gewerkt*
ze voetballen niet vaak	*er wordt niet vaak gevoetbald*

2 SUPERLATIEF

2.1 Vorm

Adjectief + *-ste*

groot	*– grootste*	*het grootste boek*	
klein	*– kleinste*	*het kleinste meisje*	
mooi	*– mooiste*	*de mooiste huizen*	
oud	*– oudste*	*de oudste zoon*	

kijk, dit is de laagste stand en dit is de hoogste (r.27–28)

Onregelmatige vormen:

goed	*– beste*	*veel*	*– meeste*
weinig	*– minste*	*graag*	*– liefste*

zo'n kleine kamer is het beste voor de patiënten (r.15)

2.2 Gebruik

(a) hoogste graad

dit is het modernste ziekenhuis van Nederland, zeggen ze (r.3)
dat is het oudste huis van Amsterdam

(b) vergelijking

ik heb twee zoons: dit is de oudste en dat is de jongste
wil je het grootste of het kleinste stuk?

2.3 Superlatief zonder substantief (zie les 11, §1.2)

Vorm: *het* + adjectief + *st(e)*

dat is het makkelijkst(e) (r.22)
ik woon het liefst(e) in een stad

3 *NIET HOEVEN* (+ *TE* + INFINITIEF)

Niet hoeven (+ *te* + infinitief) is een negatie van *moeten*.

moet ik naar huis gaan?   *nee, je hoeft niet naar huis te gaan*

moet ik de dokter nu roepen?   *nee, je hoeft hem nu niet te roepen*

want dan hoeven de zusters niet te bukken (r.23)

N.B. *dat **moet** je **niet** doen* (imperatief)
    *dat **hoef** je **niet** te doen* (maar het mag wel)

Les 20

Dokter Van Duin
J: John   A: Anneke

A. Dag John, wat zie ik nou . . .

A. Je draagt een bril!

J. Ja, ik had de laatste tijd nogal last van hoofdpijn.   3

A. Bij welke oogarts ben je geweest?

J. Bij dokter Van Duin.

A. Van Duin? Uit de Bachstraat?   6

J. Dat weet ik niet;

J. hij had spreekuur in de polikliniek.

A. Een lange man met grijs haar?   9

J. Ja. Hoezo?

A. Nou, die ken ik.

A. Dat is een vriend van mijn vader.   12

A. Hij vertelt erg graag over vroeger.

J. O ja? Hij zei anders niet veel.

A. Uiteraard, als hij met een patiënt bezig is.   15

A. Maar hij heeft wel het een en ander meegemaakt.

J. Wat dan?

A. Zijn vader was onderwijzer in een klein dorp
                                                                                            18

A. en ze hadden niet veel geld . . .

A. Je kent de omstandigheden van toen.

J. O, de jaren dertig.   21

J. Ja, er waren toen veel mensen die het moeilijk hadden.

J. Mijn moeder kent nog artsen en leraren

J. die toen taxichauffeur werden,   24

J. of in een winkel hielpen.

A. Van Duin wilde dolgraag medicijnen studeren,

A. maar daar was geen geld voor,   27

166

Les 20

A. en beurzen waren er haast niet.

A. Dus werd hij werkstudent,

A. ik dacht in Leiden.   30

A. Overdag liep hij college en studeerde hij,

A. en 's avonds moest hij het geld voor zijn studie verdienen.

A. Hij had allerlei baantjes,   33

A. onder andere in een ziekenhuis.

J. Wat moest hij daar dan doen?

A. O, hij deed van alles: 36

A. hij ruimde de zalen op,

A. hij zette de bloemen op de gang,

A. hij waste af,   39

A. ruimde de keuken op,

A. hij zette koffie voor de verpleegsters,

A. en maakte ook de W.C.'s schoon,   ′42

A. kortom, hij rende voor iedereen.

A. En in de vakantie verkocht hij ijs op het strand.

J. Hoe lang deed hij wel niet over zijn studie? 45

A. Hij studeerde erg hard

A. en hij ging haast nooit uit.

A. Hij hield niet van uitgaan, beweerde hij altijd.   48

A. Zo was hij toch binnen negen jaar klaar.

A. Tenminste, na negen jaar deed hij arts-examen.

J. En toen moest hij zich zeker nog speciali-seren?   51

A. Inderdaad, maar dat was niet zo moeilijk meer,

A. omdat hij toen als arts kon werken,

A. zodat hij genoeg verdiende om rond te komen.   54

Les 20

A. Na een jaar of zes was hij klaar voor oogarts.

J. Zijn studie duurde bij elkaar dus vijftien jaar.

A. Ja, hij was 33 toen hij een praktijk kon beginnen.   57

J. Begon hij hier in Amsterdam?

A. O nee, hij woont hier pas een paar jaar.

A. Tegen het einde van de oorlog trouwde hij,   60

A. en na de bevrijding ging hij met zijn vrouw naar Suriname.

A. Daar wilde hij eigenlijk zijn hele leven blijven,

A. maar een jaar of wat geleden moest hij terug   63

A. omdat zijn vrouw ziek werd.

A. Die mocht toen niet langer in de tropen blijven.

A. Sinds die tijd woont hij in Amsterdam.   66

J. En hoe is het nu met zijn vrouw?

A. O, die is weer helemaal beter.

A. Ze houdt zo nu en dan lezingen over Suriname.   69

A. Ik geloof dat ze zo weer terug zou willen.

Aanvullende fonetiek

Let op de spelling van de klank [ʃ] in deze woorden:
Herhaal: douche . . . sherry . . . chauffeur . . . patiënt . . . functioneel . . . station . . .
Let op de klank en de spelling van deze woorden. Je hoort de klank [ʒ] van journalist, maar je schrijft een *g*.
Herhaal: college . . . garage . . . logeren . . . reportage . . . etalage . . .

Samenvatting

Als Anneke John ontmoet, valt haar iets op: hij draagt een bril. Hij had de laatste tijd nogal eens last van hoofdpijn en werd door zijn huisarts naar de oogarts verwezen die hem een bril voorschreef. Anneke blijkt de oogarts te kennen: het is een vriend van haar vader. Hij vertelt vreselijk graag over vroeger. Daar heeft John niet veel van gemerkt, maar dat is logisch: als een arts met een patiënt bezig is, moet hij zijn aandacht bij zijn werk houden. John begint wat nieuwsgierig te worden en wil meer over de man weten. 'Ach', zegt Anneke, 'zo belangrijk is het ook weer niet. Er zijn er zoveel die zoiets meegemaakt hebben: al die problemen van de crisistijd.' John wil het verhaal toch horen. Dokter Van Duin was de zoon van een dorpsonderwijzer, die natuurlijk niet veel geld had. Hij wilde erg graag medicijnen studeren, maar daar was helemaal geen geld voor, en beurzen had je toen nog bijna niet. Daarom moest hij zelf zijn studie bekostigen, door in de avonduren geld te verdienen. Zo werkte hij bijvoorbeeld een poosje in een ziekenhuis. Daar moest hij van alles doen: hij ruimde de zalen en de keuken op, hij maakte W.C.'s schoon, hij waste af, hij zette koffie, enzovoorts. In de vakanties verdiende hij nog wat bij door ijs te verkopen op het strand. Toch studeerde hij in de normale tijd af. Het specialiseren duurde wel langer dan normaal. Hij hoefde wel niet meer allerlei baantjes te nemen om geld te verdienen, omdat hij nu als arts werkte, maar de oorlog vertraagde zijn studie. Alles bij elkaar heeft hij vijftien jaar over zijn studie gedaan. Toen hij klaar was, ging hij met zijn vrouw (hij was in de hongerwinter getrouwd) naar Suriname. Daar wilden ze zich blijvend vestigen, maar dat kon niet doordat zijn vrouw ziek werd en niet langer in de tropen mocht blijven. Ze is in Amsterdam weer helemaal opgeknapt en houdt zo nu en dan lezingen over Suriname.

Oefeningen

1 A (5.9,12)

verdienden ze veel?
    nee, ze verdienden niet veel

trouwde hij voor de oorlog?
    nee, hij trouwde niet voor de oorlog

renden ze hard?
    nee, ze renden niet hard

wilden ze in Nederland blijven?
    nee, ze wilden niet in Nederland blijven

studeerde hij lang?
    nee, hij studeerde niet lang

ruimde hij vaak op?
    nee, hij ruimde niet vaak op

verdienden ze veel?
    nee, ze verdienden niet veel

2 A (20.1)

zette hij koffie?
    ja, hij zette vaak koffie

maakten ze W.C.'s schoon?
    ja, ze maakten vaak W.C.'s schoon

waste hij af?
    ja, hij waste vaak af

werkten ze in de zomer?
    ja, ze werkten vaak in de zomer

zette hij koffie?
    ja, hij zette vaak koffie

3 B (20.1; 5.13)

zeiden ze veel?
    nee, ze zeiden niet veel

was hij journalist?
    nee, hij was geen journalist

werd hij analist?
    nee, hij werd geen analist

hielpen ze in een bibliotheek?
    nee, ze hielpen niet in een bibliotheek

deed hij lang over zijn studie?
    nee, hij deed niet lang over zijn studie

verkochten ze sigaretten?
    nee, ze verkochten geen sigaretten

hadden ze last van hoofdpijn?
    nee, ze hadden geen last van hoofdpijn

gingen ze naar België?
    nee, ze gingen niet naar België

hield hij van uitgaan?
    nee, hij hield niet van uitgaan

zeiden ze veel?
    nee, ze zeiden niet veel

4 B (20.3)

hij is gisteren naar de bioscoop gegaan
    wat? hij ging vroeger nooit naar de bioscoop

hij heeft gisteren hard gewerkt
    wat? hij werkte vroeger nooit hard

hij heeft gisteren veel verdiend
    wat? hij verdiende vroeger nooit veel

hij heeft gisteren veel gezegd
    wat? hij zei vroeger nooit veel

hij heeft gisteren hard gestudeerd
    wat? hij studeerde vroeger nooit hard

hij heeft gisteren veel gedaan
    wat? hij deed vroeger nooit veel

hij heeft gisteren thee gezet
    wat? hij zette vroeger nooit thee

hij is gisteren ziek geworden
    wat? hij werd vroeger nooit ziek

hij heeft gisteren hoofdpijn gehad
    wat? hij had vroeger nooit hoofdpijn

hij is gisteren naar de bioscoop gegaan
    wat? hij ging vroeger nooit naar de bioscoop

5 C (20.4)

doen jullie wel eens boodschappen?
    nee, maar vroeger deden we vaak boodschappen

lopen jullie wel eens college?
    nee, maar vroeger liepen we vaak college

hebben jullie wel eens hoofdpijn?
    nee, maar vroeger hadden we vaak hoofdpijn

houden jullie wel eens lezingen?
    nee, maar vroeger hielden we vaak lezingen

zijn jullie wel eens lastig?
    nee, maar vroeger waren we vaak lastig

werken jullie wel eens hard?
    nee, maar vroeger werkten we vaak hard

worden jullie wel eens moe?
>> nee, maar vroeger werden we vaak moe

zeggen jullie wel eens iets?
>> nee, maar vroeger zeiden we vaak iets

wassen jullie wel eens af?
>> nee, maar vroeger wasten we vaak af

gaan jullie wel eens uit?
>> nee, maar vroeger gingen we vaak uit

helpen jullie wel eens in een winkel?
>> nee, maar vroeger hielpen we vaak in een winkel

doen jullie wel eens boodschappen?
>> nee, maar vroeger deden we vaak boodschappen

6 B (20.5; 17.14)

verdiende hij genoeg?
>> ja, hij werkte hard, zodat hij genoeg verdiende

was hij op tijd klaar?
>> ja, hij werkte hard, zodat hij op tijd klaar was

kon hij een auto kopen?
>> ja, hij werkte hard, zodat hij een auto kon kopen

kon hij op tijd examen doen?
>> ja, hij werkte hard, zodat hij op tijd examen kon doen

verdiende hij veel geld?
>> ja, hij werkte hard, zodat hij veel geld verdiende

mocht hij vrijdag weg?
>> ja, hij werkte hard, zodat hij vrijdag weg mocht

verdiende hij genoeg?
>> ja, hij werkte hard, zodat hij genoeg verdiende

7 C (20.6)

zijn vrouw werd ziek, en hij moest terug
>> o, moest hij terug omdat zijn vrouw ziek werd

hij had geen geld, en hij werd werkstudent
>> o, werd hij werkstudent omdat hij geen geld had

hij was ziek, en hij had geen spreekuur
>> o, had hij geen spreekuur omdat hij ziek was

hij woonde in een klein dorp, en hij ging nooit uit
>> o, ging hij nooit uit omdat hij in een klein dorp woonde

hij kreeg ander werk, en hij verhuisde
>> o, verhuisde hij omdat hij ander werk kreeg

zijn hospita kreeg een baby, en hij moest een nieuwe kamer zoeken
>> o, moest hij een nieuwe kamer zoeken omdat zijn hospita een baby kreeg

zijn vrouw werd ziek, en hij moest terug
>> o, moest hij terug omdat zijn vrouw ziek werd

8 C (20.3)

koopt u dure schoenen?
>> nee, ik koop geen dure schoenen

hebben ze veel geld?
>> nee, ze hebben niet veel geld

hebt u een nieuw huis?
>> nee, ik heb geen nieuw huis

bouwen ze veel nieuwe huizen?
>> nee, ze bouwen niet veel nieuwe huizen

verkopen ze veel fietsen?
>> nee, ze verkopen niet veel fietsen

hebben ze grote kamers?
>> nee, ze hebben geen grote kamers

krijgen jullie lekkere patat?
>> nee, we krijgen geen lekkere patat

leest u veel kranten?
>> nee, ik lees niet veel kranten

drinken ze veel witte wijn?
>> nee, ze drinken niet veel witte wijn

koopt u dure schoenen?
>> nee, ik koop geen dure schoenen

9 A (18.9)

hadden zijn ouders veel geld?
>> nee, ze hadden weinig geld

woonde hij in een groot dorp?
>> nee, hij woonde in een klein dorp

was het een korte man?
>> nee, het was een lange man

was het lelijk weer?
>> nee, het was mooi weer

had hij een makkelijk leven?
>> nee, hij had een moeilijk leven

had zijn zusje een dure auto?
>> nee, ze had een goedkope auto

kreeg Kees een kamer op het noorden?
>> nee, hij kreeg een kamer op het zuiden

was het een moeilijk examen?
>> nee, het was een makkelijk examen

had hij kort haar?
>> nee, hij had lang haar

hadden zijn ouders veel geld?
>> nee, ze hadden weinig geld

10 A (19.4)

ruimden ze de keuken op?
>> ja, de keuken werd opgeruimd

maakten ze de W.C. schoon?
>> ja, de W.C. werd schoongemaakt

zetten ze de bloemen op de gang?
  ja, de bloemen werden op de gang gezet

verhuurden ze die kamers?
  ja, die kamers werden verhuurd

verfden ze het bureau?
  ja, het bureau werd geverfd

namen ze dat gebouw in gebruik?
  ja, dat gebouw werd in gebruik genomen

kozen ze het eerste programma?
  ja, het eerste programma werd gekozen

wasten ze de kopjes af?
  ja, de kopjes werden afgewassen

verzorgden ze de bloemen goed?
  ja, de bloemen werden goed verzorgd

ruimden ze de keuken op?
  ja, de keuken werd opgeruimd

11 C (20.10; 19.8)

maakten ze eten klaar?
  ja, er werd eten klaargemaakt

wasten ze kopjes af?
  ja, er werden kopjes afgewassen

zetten ze koffie?
  ja, er werd koffie gezet

zetten ze bloemen op de zalen?
  ja, er werden bloemen op de zalen gezet

verkochten ze ijs?
  ja, er werd ijs verkocht

hielden ze lezingen over België?
  ja, er werden lezingen over België gehouden

maakten ze eten klaar?
  ja, er werd eten klaargemaakt

12 B

bleven ze nog lang in de tropen?
  nee, ze mochten er niet langer blijven

woonden ze nog lang in het noorden?
  nee, ze mochten er niet langer wonen

werkten ze nog lang in Suriname?
  nee, ze mochten er niet langer werken

studeerden ze nog lang in Leiden?
  nee, ze mochten er niet langer studeren

speelden ze nog lang in de tuin?
  nee, ze mochten er niet langer spelen

bleven ze nog lang in de tropen?
  nee, ze mochten er niet langer blijven

13 B (19.3)

dat is een lange man
  ja, dat is de langste man die hier werkt

dat is een aardige dame
  ja, dat is de aardigste dame die hier werkt

dat zijn lastige studenten
  ja, dat zijn de lastigste studenten die hier werken

dat is een leuk meisje
  ja, dat is het leukste meisje dat hier werkt

dat is een interessante jongen
  ja, dat is de interessantste jongen die hier werkt

dat zijn goede verpleegsters
  ja, dat zijn de beste verpleegsters die hier werken

dat is een rustig kind
  ja, dat is het rustigste kind dat hier werkt

dat is een lange man
  ja, dat is de langste man die hier werkt

14 B (20.8; 19.12)

moest hij hard werken?
  nee, hij hoefde niet hard te werken

moest hij geld verdienen?
  nee, hij hoefde geen geld te verdienen

moest hij in het ziekenhuis werken?
  nee, hij hoefde niet in het ziekenhuis te werken

moest hij de bloemen verzorgen?
  nee, hij hoefde de bloemen niet te verzorgen

moest hij nieuwe bloemen kopen?
  nee, hij hoefde geen nieuwe bloemen te kopen

moest hij koffie zetten?
  nee, hij hoefde geen koffie te zetten

moest hij werkstudent worden?
  nee, hij hoefde geen werkstudent te worden

moest hij veel geld hebben?
  nee, hij hoefde niet veel geld te hebben

moest hij de schalen afwassen?
  nee, hij hoefde de schalen niet af te wassen

moest hij hard werken?
  nee, hij hoefde niet hard te werken

15 C (19.15)

moest u de kaartjes bestellen?
  nee, ik hoefde ze niet te bestellen

moest u koekjes kopen?
  nee, ik hoefde er geen te kopen

moest u veel boeken lezen?
  nee, ik hoefde er niet veel te lezen

moest u het eten klaarmaken?
  nee, ik hoefde het niet klaar te maken

moest u de bloemen verzorgen?
  nee, ik hoefde ze niet te verzorgen

Les 20

moest u een bril hebben?

nee, ik hoefde er geen te hebben

moest u die lezing houden?

nee, ik hoefde hem niet te houden

moest u de kaartjes bestellen?

nee, ik hoefde ze niet te bestellen

Aanvullende woordenlijst

de universiteit

de universiteit	het college
de hogeschool	het hoorcollege
de studie	het werkcollege
de student	het practicum
studeren	het laboratorium
het examen ⎱ doen	de werkgroep
het tentamen ⎰	de vakgroep
de tentamenkaart	de test
het propedeutisch	de studietoets
examen ('propjes')	het collegegeld
het doctoraal examen	het inschrijfgeld
de scriptie	de collegekaart
de student-assistent	de bul
de wetenschappelijk	de pedel
medewerker	afstuderen
de lector	promoveren
de hoogleraar	het proefschrift,
de professor	de dissertatie
de docent	de stelling
het hoofdvak	de excursie
het bijvak	het collegerooster
de hoofdrichting	de mentor
de studierichting	de faculteit
de doctorandus (Drs.)	het faculteitsbureau
de doctor (Dr.)	de vertaling
de ingenieur (Ir.)	de thema
de meester in de	schriftelijk
rechten (Mr.)	mondeling
de dominee (Ds.)	

Studenten studeren aan een universiteit of hogeschool of aan een school voor hoger beroepsonderwijs (H.B.O.).

De staf van de universiteit bestaat uit hoogleraren, lectoren, docenten en wetenschappelijk medewerkers. Verder is er administratief en technisch personeel. In de meeste studierichtingen moet je naast je hoofdvak nog één of twee bijvakken doen.

Een student loopt hoor- en werkcolleges, hij heeft practica, doet mondelinge en schriftelijke tentamens, schrijft scripties en doet tenslotte examen. Dan studeert hij af. Wie (na het afstuderen) een proefschrift schrijft, kan promoveren en wordt dan doctor.

Vragen over het gesprek

Waarom ziet John er vreemd uit?   Waarom heeft hij een bril?
Bij welke oogarts is hij geweest?   Waar hield die spreekuur?
Hoe zag hij er uit?   Kent Anneke hem?   Heeft dokter Van
Duin veel meegemaakt?   Vertelt hij daar vaak over?   Heeft
John dat gemerkt?   Waarom zei dokter Van Duin zo weinig?
Wat deed de vader van Van Duin?   Waren zijn ouders rijk?
Wat wilde hij studeren?   Waarom kreeg hij geen beurs?   Wat
deed hij toen?   Hoe deed hij dat?   Wat voor werk deed hij?
Wat deed hij in de vakantie?   Hoe lang deed hij over zijn
studie?   Ging hij vaak uit?   Wat deed hij na zijn studie?
Wat deed hij na de oorlog?   Ging hij alleen?   Wanneer was
hij getrouwd?   Waarom is hij uit Suriname weggegaaan?   Is
zijn vrouw nu weer beter?   Wat doet ze?   Bevalt het haar in
Nederland?

Conversatie

Studeer jij?   Wat?   Hoe lang studeer je al / heb je gestudeerd?
Ben je werkstudent (geweest)?   Wat moest je allemaal doen?
Kun je iets vertellen over de universiteiten in jouw land? (hoe
lang duren de studies, wat voor opleidingen zijn er, hoeveel
universiteiten zijn er, hoeveel studenten enz.)   Zijn er studie-
beurzen in jouw land?   En in Nederland?   Wat doe je tijdens
de vakanties?

Huiswerk

1   *Vul het imperfectum van het woord tussen ( ) in.*
Voorbeeld: Opa . . . (kunnen) schitterend over vroeger
vertellen.
Opa **kon** schitterend over vroeger vertellen.

1. Vroeger, toen er nog geen 14 miljoen mensen in Neder-
2. land . . . (wonen), en het land nog niet onveilig . . .
3. (worden) gemaakt door zoveel auto's, . . . (zijn) het heel
4. wat aantrekkelijker om hier te wonen.
5. Oudere mensen kunnen daar soms prachtig over vertellen:
6. hoe gezellig het in het dorp . . . (zijn), waar iedereen
7. iedereen . . . (kennen), niemand last . . . (hebben) van
8. stress, en mensen elkaar altijd . . . (helpen).
9. Toen . . . (kunnen) je zelf nog iets regelen en . . . (zijn)
10. je niet zo afhankelijk van allerlei organisaties.
11. Toen . . . (zijn) geluk heel gewoon, vertellen ze.
12. Studeren . . . (zijn) tot een aantal jaren geleden ook
13. nog ideaal. Je . . . (kunnen) jaren over je studie doen,
14. als je tenminste geen beurs of boze vader . . . (hebben).
15. Zo nu en dan . . . (doen) je tentamen, en voor de rest
16. . . . (houden) je je bezig met andere
17. zaken als feest vieren en actie voeren.
18. De jaren 60 . . . (zijn) gouden jaren:
19. revoluties . . . (zullen) een nieuw tijdperk brengen,
20. alles . . . (gaan) veranderen, overal . . . (zijn) hoop.
21. Maar tien jaar later . . . (blijken) alles een mooie
22. droom. Studies . . . (worden) verkort.
23. Het paradijs . . . (blijven) uit.

2   *Beantwoord met* nee
Voorbeeld: Ging dokter Van Duin vaak uit?
Nee, dokter Van Duin ging **niet** vaak uit.
1. Heeft dokter Van Duin snel gestudeerd?
2. Had zijn vader veel geld?

3. Werkte hij overdag?
4. Kon hij in Suriname blijven?
5. Praat hij gezellig met zijn patiënten?
6. Was je gisteren ziek?
7. Loop je elke dag college?
8. Is het makkelijk om een baantje te vinden?

3 *Beantwoord de volgende vragen:*
1. Heb je wel eens in een klein dorp gewoond? Wanneer? Waar was dat? Hoe zag dat dorp er uit?
2. Heb je een beurs?
3. Wanneer heb je voor 't laatst examen gedaan?
4. Wat voor baantjes heb je gehad?
5. Hou je van uitgaan?

6. Ben je wel eens in de tropen geweest?
7. Waar zou je een lezing over willen houden?

4 *Maak de volgende zinnen af.*
Voorbeeld: Anneke was gisteren niet op college, want . . .
Anneke was gisteren niet op college, want **ze was ziek**.
1. Robert vertelt graag over zijn laatste vakantie, toen . . .
2. Hij ging nooit uit omdat . . .
3. Yvonne ging naar de dokter want de laatste tijd . . .
4. De dokter had geen spreekuur omdat . . .
5. Eduard slaapt overdag omdat . . .
6. Anneke had altijd baantjes, want . . .
7. Ze werkte bijvoorbeeld . . .
8. Toen ze afgestudeerd was . . .

Grammatica

1 HET IMPERFECTUM

Het imperfectum is een verleden tijd, zoals het perfectum (zie les 10).

1.1 Vorm

1.1.1 'Zwakke' werkwoorden

singularis: stam + $\genfrac{}{}{0pt}{}{de}{te}$

pluralis: stam + $\genfrac{}{}{0pt}{}{den}{ten}$

	wonen		werken	
1	ik	woonde	ik	werkte
2	je	woonde	je	werkte
	u	woonde	u	werkte
3	hij	woonde	hij	werkte
	ze	woonde	ze	werkte
	het	woonde	het	werkte
1	we	woonden	we	werkten
2	u	woonde	u	werkte
	jullie	woonden	jullie	werkten
3	ze	woonden	ze	werkten

1.1.2 'Sterke' werkwoorden

infinitief	imperfectum	
beginnen	ik begon	we begonnen
lopen	ik liep	we liepen
vinden	ik vond	we vonden
rijden	ik reed	we reden
nemen	ik nam	we namen
eten	ik at	we aten
geven	ik gaf	we gaven
lezen	ik las	we lazen

1.2 Gebruik van imperfectum en perfectum

Enkele richtlijnen:
Het imperfectum beschrijft meestal een **actie of situatie** van een bepaald moment of een bepaalde periode uit het verleden.

waar was je gisteren om vier uur?
ik was bij de oogarts

wat deed dokter Van Duin na de bevrijding?
hij ging met zijn vrouw naar Suriname

er waren in de jaren dertig veel mensen die het moeilijk hadden

Het imperfectum wordt vaak gebruikt in verhalen:

Er was eens een schrijver die met een aardige poes op het platteland woonde. Soms was hij gelukkig en soms was hij ongelukkig. Ongelukkig was hij als hij geen geld had en gelukkig als hij wél geld had. Dus besloot hij . . .

Het perfectum geeft aan dat een actie of situatie voorbij is. Het accent ligt op het **resultaat** van de actie.

actie	resultaat
ik heb lekker geslapen	*(ik ben niet meer moe)*
heb je dat boek al gelezen?	*(ken je dat boek?)*
ze hebben de hele dag gefietst	*(ze zijn nu thuis)*

1.3 Het passivum

actief	passief
ze **ruimen** de keuken op	de keuken **wordt** opgeruimd
ze **ruimden** de keuken op	de keuken **werd** opgeruimd
ze **wassen** de patiënten	de patiënten **worden** gewassen
ze **wasten** de patiënten	de patiënten **werden** gewassen

Les 21

Het nieuwe huis van Els en Jaap
K: Kees   E: Els

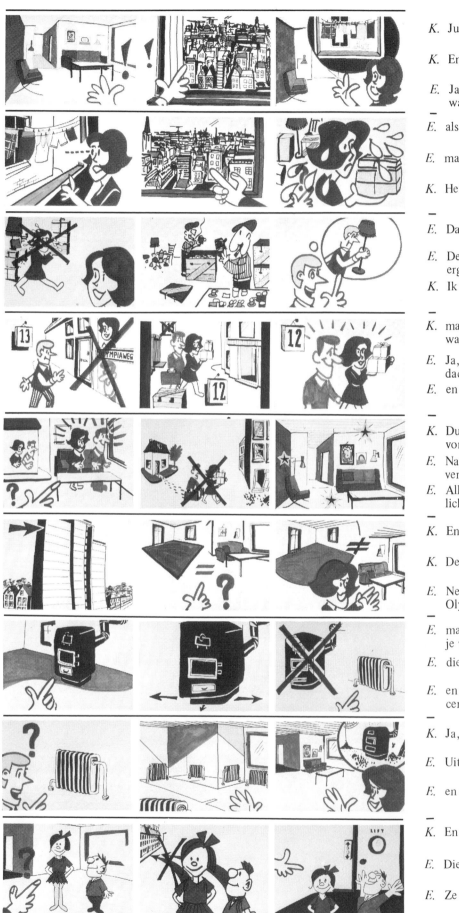

K. Jullie wonen hier leuk, zeg.

K. En wat een geweldig uitzicht!

E. Ja, in het vorige huis konden we alleen de was van de buren zien,   3

E. als we uit het raam keken,

E. maar hier zien we bijna heel Amsterdam.

K. Het was zeker wel druk met de verhuizing? 6

E. Dat viel wel mee.

E. De verhuizers hebben alles ingepakt; dat was erg makkelijk.

K. Ik wilde jullie nog helpen,   9

K. maar toen ik op de Olympiaweg kwam, waren jullie al weg.

E. Ja, we konden hier een dag eerder in dan we dachten,

E. en dat deden we natuurlijk graag.   12

K. Dus jullie wonen hier liever dan in het vorige huis?

E. Natuurlijk. Anders waren we toch niet verhuisd!

E. Alles is hier mooier en nieuwer en lichter . . .   15

K. En hoger: de twaalfde verdieping!

K. Deze kamer is net zo groot als de vorige, hè?

E. Nee, deze is niet zo groot als die op de Olympiaweg,   18

E. maar daar hadden we die grote kachel, weet je wel,

E. die zoveel plaats innam,

E. en die hebben we nu niet meer nodig, met centrale verwarming.   21

K. Ja, hoe bevalt die?

E. Uitstekend: het hele huis wordt verwarmd,

E. en alles blijft veel schoner.   24

K. En hoe vinden de kinderen het hier?

E. Die zouden ook niet meer terug willen.

E. Ze zijn dol op de lift, Wim vooral.   27

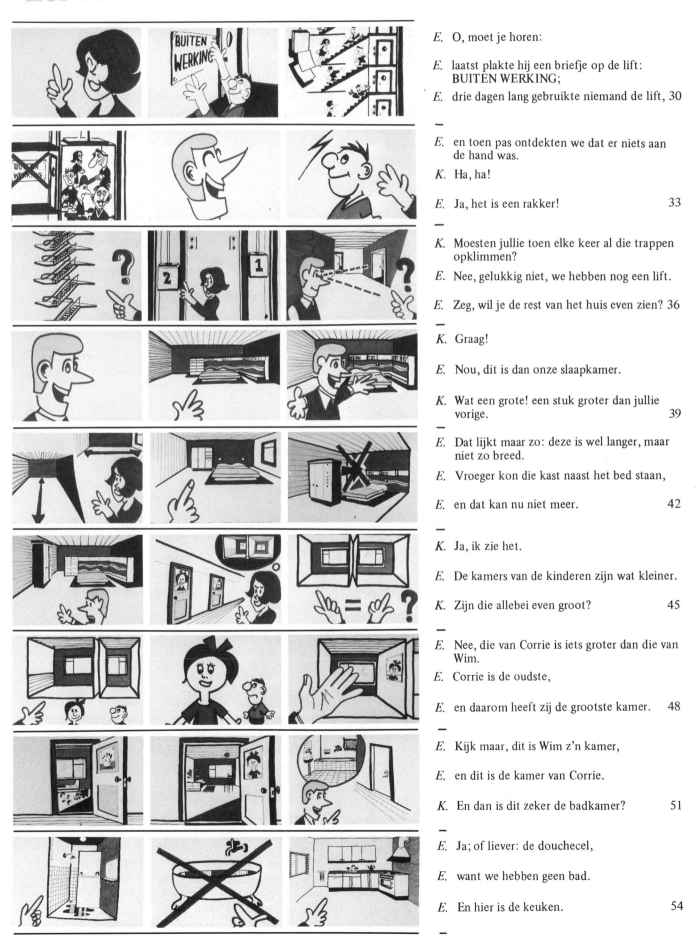

E. O, moet je horen:

E. laatst plakte hij een briefje op de lift:
BUITEN WERKING;

E. drie dagen lang gebruikte niemand de lift, 30

E. en toen pas ontdekten we dat er niets aan de hand was.

K. Ha, ha!

E. Ja, het is een rakker! 33

K. Moesten jullie toen elke keer al die trappen opklimmen?

E. Nee, gelukkig niet, we hebben nog een lift.

E. Zeg, wil je de rest van het huis even zien? 36

K. Graag!

E. Nou, dit is dan onze slaapkamer.

K. Wat een grote! een stuk groter dan jullie vorige. 39

E. Dat lijkt maar zo: deze is wel langer, maar niet zo breed.

E. Vroeger kon die kast naast het bed staan,

E. en dat kan nu niet meer. 42

K. Ja, ik zie het.

E. De kamers van de kinderen zijn wat kleiner.

K. Zijn die allebei even groot? 45

E. Nee, die van Corrie is iets groter dan die van Wim.

E. Corrie is de oudste,

E. en daarom heeft zij de grootste kamer. 48

E. Kijk maar, dit is Wim z'n kamer,

E. en dit is de kamer van Corrie.

K. En dan is dit zeker de badkamer? 51

E. Ja; of liever: de douchecel,

E. want we hebben geen bad.

E. En hier is de keuken. 54

Les 21

K. Die ziet er mooi uit.

E. Ja, en veel praktischer dan die op de Olympiaweg.

K. Je hebt een koelkast, zie ik — had je die al? 57

E. Nee, die hebben we pas gekocht.

E. Vroeger hadden we geen plaats voor zo'n ding.

E. Die keuken was zo klein. 60

K. En hebben jullie daar een balkon?

E. Ja, kom maar eens kijken.

E. Het is jammer dat het zo bewolkt is. 63

E. Als de lucht helderder is,

E. kun je hiervandaan zelfs de duinen zien.

K. Het is een fantastisch huis! 66

E. En het is niet eens zoveel duurder dan dat op de Olympiaweg.

E. Bij de huur is de verwarming nog inbegrepen,

E. en het is ook dichter bij Jaap z'n kantoor, 69

E. dus dat scheelt nog in de benzinekosten.

K. Jullie hebben het wel uitgerekend, zeg!

E. Jaap is niet voor niets boekhouder. 72

Aanvullende fonetiek

Let op de spelling met een *c* in de volgende woorden:

Herhaal: cent . . . precies . . . centraal . . . feliciteren . . .
receptie . . . recensie . . . telefooncel . . . concert . . .
motorraces . . . medicijnen . . .

Samenvatting

Els en Jaap zijn verhuisd naar een nieuwe flat, op de twaalfde verdieping. Kees komt het huis bekijken. Hij bewondert het fraaie uitzicht dat ze hebben: je kunt bijna heel Amsterdam zien. Dat is beter dan in het oude huis: daar bestond het uitzicht uitsluitend uit de was van de buren. De verhuizing was niet zo druk als Kees dacht: Els en Jaap lieten alles inpakken; op die manier hoefden ze zelf niet zoveel te doen. Kees wilde ze nog helpen, maar hij kwam voor een dichte deur, want ze konden een dag eerder vertrekken dan ze eerst dachten. Els is erg tevreden met haar nieuwe huis, want alles is er mooier en nieuwer en lichter dan op de Olympiaweg. En hoger!

Els vertelt het grapje dat Wim uitgehaald heeft: hij plakte een briefje op de lift: BUITEN DIENST, en toen gebruikte niemand de lift meer. Het duurde drie dagen voordat het ontdekt werd. Gelukkig zijn er twee liften. Na dit verhaaltje laat Els Kees het huis zien. Hun slaapkamer, die wel langer maar niet zo breed is als de vorige, de kamertjes van de kinderen, de douchecel, en tenslotte de keuken. Die is ook veel mooier en praktischer dan die in het oude huis. Ze hebben nu ruimte voor een koelkast. Bij de keuken is een balkon. Daarvandaan kun je, als het helder is, zelfs de duinen zien. Dit huis is dus veel prettiger dan dat op de Olympiaweg, en het is nauwelijks duurder. 'Een fantastisch huis', vindt Kees.

Oefeningen

1 A (8.10)

hadden jullie vroeger een mooi huis?
> ja, maar dit is mooier

hadden jullie vroeger een lichte kamer?
> ja, maar deze is lichter

hadden jullie vroeger een grote kachel?
> ja, maar deze is groter

hadden jullie vroeger kleine kamers?
> ja, maar deze zijn kleiner

hadden jullie vroeger een praktische keuken?
> ja, maar deze is praktischer

hadden jullie vroeger een hoog huis?
> ja, maar dit is hoger

hadden jullie vroeger dure jurken?
> ja, maar deze zijn duurder

hadden jullie vroeger een kleine tuin?
> ja, maar deze is kleiner

hadden jullie vroeger een goede auto?
> ja, maar deze is beter

hadden jullie vroeger lange jassen?
> ja, maar deze zijn langer

hadden jullie vroeger een mooi huis?
> ja, maar dit is mooier

2 B (21.1)

deze kamer is niet zo groot als de vorige, hè?
> nee, de vorige was groter

deze kast is niet zo breed als de vorige, hè?
> nee, de vorige was breder

deze koekjes zijn niet zo lekker als de vorige, hè?
> nee, de vorige waren lekkerder

dit huis is niet zo hoog als het vorige, hè?
> nee, het vorige was hoger

deze les is niet zo makkelijk als de vorige, hè?
> nee, de vorige was makkelijker

deze oefeningen zijn niet zo moeilijk als de vorige, hè?
> nee, de vorige waren moeilijker

dit kantoor is niet zo dicht bij als het vorige, hè?
> nee, het vorige was dichter bij

deze auto is niet zo duur als de vorige, hè?
> nee, de vorige was duurder

deze kamer is niet zo rustig als de vorige, hè?
> nee, de vorige was rustiger

3 A (21.2; 15.7)

is deze kamer even groot als die van Wim?
> nee, hij is groter dan die van Wim

is dit uitzicht even leuk als dat van Els?
> nee, het is leuker dan dat van Els

zijn deze kleren even mooi als die van Marianne?
> nee, ze zijn mooier dan die van Marianne

is dit huis even modern als dat van Jaap?
> nee, het is moderner dan dat van Jaap

is dit tasje even klein als dat van Anneke?
> nee, het is kleiner dan dat van Anneke

is deze auto even duur als die van John?
> nee, hij is duurder dan die van John

is deze kamer even groot als die van Wim?
> nee, hij is groter dan die van Wim

4 B (21.3; 15.4,5)

is dit huis groter dan dat van Jaap?
> nee, het is even groot als Jaap z'n huis

is deze kamer breder dan die van Els?
> nee, hij is even breed als Els d'r kamer

zijn deze kasten hoger dan die van Niek?
> nee, ze zijn even hoog als Niek z'n kasten

is dit boek ouder dan dat van John?
> nee, het is even oud als John z'n boek

zijn deze schoenen duurder dan die van Anneke?
> nee, ze zijn even duur als Anneke d'r schoenen

is deze keuken praktischer dan die van Corrie?
> nee, hij is even praktisch als Corrie d'r keuken

is deze auto beter dan die van Kees?
> nee, hij is even goed als Kees z'n auto

is dit huis groter dan dat van Jaap?
> nee, het is even groot als Jaap z'n huis

5 B (21.4)

is de kamer van Kees net zo groot als die van Wim?
> nee, hij is niet zo groot als die van Wim

is het huis van Els net zo oud als dat van Corrie?
> nee, het is niet zo oud als dat van Corrie

is de keuken van moeder net zo praktisch als die van Els?
> nee, hij is niet zo praktisch als die van Els

zijn de lessen van Jaap net zo moeilijk als die van Wim?
> nee, ze zijn niet zo moeilijk als die van Wim

zijn de kinderen van Corrie net zo rustig als die van Meta?
> nee, ze zijn niet zo rustig als die van Meta

is de kamer van Kees net zo groot als die van Wim?
> nee, hij is niet zo groot als die van Wim

Les 21

6 C (19.2)

is de kamer van Wim groter dan die van Corrie?
  ja, Wim heeft de grootste kamer

is het huis van Jaap hoger dan dat van John?
  ja, Jaap heeft het hoogste huis

is de was van Els schoner dan die van Anneke?
  ja, Els heeft de schoonste was

zijn de huizen van Amsterdam ouder dan die van Rotterdam?
  ja, Amsterdam heeft de oudste huizen

zijn de kleren van Marianne mooier dan die van Els?
  ja, Marianne heeft de mooiste kleren

zijn de lessen van Jaap moeilijker dan die van Wim?
  ja, Jaap heeft de moeilijkste lessen

is het dictaat van Kees beter dan dat van Anneke?
  ja, Kees heeft het beste dictaat

is de kamer van Wim groter dan die van Corrie?
  ja, Wim heeft de grootste kamer

7 B (21.4)

is deze kamer groter dan die?
  nee, dat lijkt maar zo; ze zijn even groot

is dit boek ouder dan dat?
  nee, dat lijkt maar zo; ze zijn even oud

is dit huis hoger dan dat?
  nee, dat lijkt maar zo; ze zijn even hoog

zijn deze kinderen rustiger dan die?
  nee, dat lijkt maar zo; ze zijn even rustig

zijn deze koekjes lekkerder dan die?
  nee, dat lijkt maar zo; ze zijn even lekker

is deze les langer dan die?
  nee, dat lijkt maar zo; ze zijn even lang

is deze kamer groter dan die?
  nee, dat lijkt maar zo; ze zijn even groot

8 C (20.5)

kan die kast naast het bed staan?
  nee, maar vroeger kon hij wel naast het bed staan

heb je centrale verwarming?
  nee, maar vroeger had ik wel centrale verwarming

kunt u een lift nemen?
  nee, maar vroeger kon ik wel een lift nemen

hebt u een grote kachel?
  nee, maar vroeger had ik wel een grote kachel

koopt u veel boeken?
  nee, maar vroeger kocht ik wel veel boeken

werkt u vaak 's avonds?
  nee, maar vroeger werkte ik wel vaak 's avonds

zijn deze huizen goedkoop?
  nee, maar vroeger waren ze wel goedkoop

kan die kast naast het bed staan?
  nee, maar vroeger kon hij wel naast het bed staan

9 A (19.4)

verwarmen ze het hele huis?
  ja, het hele huis wordt verwarmd

pakken ze alles in?
  ja, alles wordt ingepakt

plakken ze het briefje op de lift?
  ja, het briefje wordt op de lift geplakt

zetten ze de kast naast het bed?
  ja, de kast wordt naast het bed gezet

gebruiken ze de lift vaak?
  ja, de lift wordt vaak gebruikt

zetten ze de TV vanavond aan?
  ja, de TV wordt vanavond aangezet

maken ze de koffie in de keuken klaar?
  ja, de koffie wordt in de keuken klaargemaakt

verwarmen ze het hele huis?
  ja, het hele huis wordt verwarmd

10 A

kreeg je vorige week een brief?
  ja, toen kreeg ik een brief

had je vorig jaar een gele auto?
  ja, toen had ik een gele auto

werkte Jaap vorige maand in Utrecht?
  ja, toen werkte hij in Utrecht

speelden de kinderen gisteren bij de buren?
  ja, toen speelden ze bij de buren

ging Wim dinsdag met de bus?
  ja, toen ging hij met de bus

kreeg je vorige week een brief?
  ja, toen kreeg ik een brief

11 C (21.10)

dinsdag moest je naar Utrecht, hè?
  ja, toen moest ik naar Utrecht

dinsdag gaan jullie naar huis, hè?
  ja, dan gaan we naar huis

dinsdag moet je weg, hè?
  ja, dan moet ik weg

dinsdag bleven ze thuis, hè?
  ja, toen bleven ze thuis

dinsdag waste ze af, hè?
  ja, toen waste ze af

dinsdag kom je hier, hè?
ja, dan kom ik hier

dinsdag vertellen jullie een verhaal, hè?
ja, dan vertellen we een verhaal

dinsdag moest je naar Utrecht, hè?
ja, toen moest ik naar Utrecht

dinsdag gaan jullie naar huis, hè?
ja, dan gaan we naar huis

12 A (14.15)

was je vaak ziek?
ja, en als ik ziek was, bleef ik thuis

had je vaak bezoek?
ja, en als ik bezoek had, bleef ik thuis

was je auto vaak kapot?
ja, en als hij kapot was, bleef ik thuis

ging je vrouw vaak weg?
ja, en als zij wegging, bleef ik thuis

waren de kinderen vaak ziek?
ja, en als ze ziek waren, bleef ik thuis

stormde het vaak?
ja, en als het stormde, bleef ik thuis

was je vaak ziek?
ja, en als ik ziek was, bleef ik thuis

13 B (21.12)

ben je ziek geweest?
ja, en toen ik ziek was, kon ik niet werken

heb je in Leiden gewoond?
ja, en toen ik in Leiden woonde, kon ik niet werken

heb je bezoek gehad?
ja, en toen ik bezoek had, kon ik niet werken

heeft het geregend?
ja, en toen het regende, kon ik niet werken

heeft het gestormd?
ja, en toen het stormde, kon ik niet werken

is het slecht weer geweest?
ja, en toen het slecht weer was, kon ik niet werken

ben je ziek geweest?
ja, en toen ik ziek was, kon ik niet werken

14 C (21.13)

waren we al weg, toen je op de Olympiaweg kwam?
ja, toen ik op de Olympiaweg kwam, waren jullie al weg

had je het druk, toen de kinderen klein waren?
ja, toen de kinderen klein waren, had ik het druk

was je naar de film, toen ik kwam?
ja, toen jij kwam, was ik naar de film

ga je naar Kees, als je in Amsterdam bent?
ja, als ik in Amsterdam ben, ga ik naar Kees

hadden jullie die kachel al toen jullie in Zwolle woonden?
ja, toen we in Zwolle woonden, hadden we die kachel al

klim je alle trappen op, als de lift kapot is?
ja, als de lift kapot is, klim ik alle trappen op

waren we al weg, toen je op de Olympiaweg kwam?
ja, toen ik op de Olympiaweg kwam, waren jullie al weg

15 B (17.14)

werkt hij hard om veel geld te verdienen?
ja, hij werkt hard omdat hij veel geld wil verdienen

belt ze Kees op om een afspraak te maken?
ja, ze belt Kees op omdat ze een afspraak wil maken

zet ze de TV aan om die opera te zien?
ja, ze zet de TV aan omdat ze die opera wil zien

nemen ze de auto om vlug in Zwolle te zijn?
ja, ze nemen de auto omdat ze vlug in Zwolle willen zijn

kijken ze uit het raam om de duinen te zien?
ja, ze kijken uit het raam omdat ze de duinen willen zien

ging hij naar Suriname om daar te werken?
ja, hij ging naar Suriname omdat hij daar wilde werken

stopte hij daar om te tanken?
ja, hij stopte daar, omdat hij wilde tanken

werkte hij hard om veel geld te verdienen?
ja, hij werkte hard omdat hij veel geld wilde verdienen

16 C (21.1,15; 20.9)

is die kamer klein?
ja, jammer dat hij niet groter is

is het boek oud?
ja, jammer dat het niet nieuwer is

is de kachel groot?
ja, jammer dat hij niet kleiner is

zijn die schoenen lelijk?
ja, jammer dat ze niet mooier zijn

zijn die huizen duur?
ja, jammer dat ze niet goedkoper zijn

duurt dat programma kort?
ja, jammer dat het niet langer duurt

ziet Corrie er oud uit?
ja, jammer dat ze er niet jonger uitziet

is het bewolkt?
ja, jammer dat het niet helderder is

is die kamer klein?
ja, jammer dat hij niet groter is

Les 21

Aanvullende woordenlijst

het huis

de huiskamer	koken
de zitkamer	bakken
de voorkamer	braden
de achterkamer	stoven
de slaapkamer	sudderen
de logeerkamer	de/het aanrecht
de kinderkamer	de gootsteen
de speelkamer	de koelkast
de zolderkamer	de geyser
de studeerkamer	de boiler
de gang	de pan
de hal	de koekepan
het portaal	de koffiemolen
de trap	de koffiepot
de keuken	de theepot
de bijkeuken	de suikerpot
de schuur	het melkkannetje
de douche	het bestek
de badcel	de vork
de badkamer	het mes
het toilet	de lepel
de W.C.	het kopje
de zolder	de schotel
de kelder	het bord
de tuin	het servies
de garage	de dekschaal
het balkon	de schaal
de stoep	het deksel
het hek	het (dien)blad
de voordeur	de handdoek
de achterdeur	de theedoek
de tuindeur	de vaatdoek
de serre	de afwasborstel
de schuifdeur	de afwaskwast
de openslaande deuren	afwassen
de schoorsteen	wassen
het dak	de zeep
het plat	het afwasmiddel
de gevel	de afwasmachine
de muur	het wasmiddel
het terras	de emmer
	de wasautomaat
de keuken	drogen
	de centrifuge
het fornuis	de (was)lijn
het gasstel	de knijper
de oven	

Het huis van mijn broer heeft vier kamers: beneden een grote huiskamer en boven drie slaapkamers. Beneden vind je ook een keuken en een toilet. Boven is een badkamer. Verder heeft hij een zolder. Achter het huis ligt een tuin met een schuurtje. Daar zet hij fietsen neer en spullen voor de tuin, zoals een hark en een grasmachine.

In de keuken heeft hij een aanrecht met een gootsteen en drie kastjes. Een geyser zorgt voor warm water. Naast de aanrecht staat het gasfornuis, in een andere hoek de koelkast. Op een plank boven de aanrecht staan alle pannen.

Vragen over het gesprek

Waar is Kees? Wat hebben Els en Jaap pas gedaan? Waar woonden ze eerst? Waarom wonen ze hier liever dan op de Olympiaweg? Was het druk met de verhuizing? Waarom heeft Kees niet geholpen bij de verhuizing? Hoe is het uitzicht vanuit de kamer? Hadden ze vroeger ook een mooi uitzicht? Hebben ze een grote kamer? Wat hebben ze voor verwarming? Vindt Els die prettig? Wonen de kinderen hier graag? Wat heeft Wim laatst gedaan? Moesten de mensen toen trappen klimmen? Hoeveel kamers hebben ze? Is hun nieuwe slaapkamer groter dan de vorige? Zijn de kamers van de kinderen even groot? Waarom heeft Corrie de grootste kamer? Hebben ze een badkamer? Is de keuken groter dan de vorige? Hebben ze hun koelkast al lang? Is het mooi weer? Is het huis duurder dan dat op de Olympiaweg? Gaat Jaap op de fiets naar zijn werk? Wat voor werk doet Jaap?

Conversatie

Woon jij in een flat of op de begane grond? In wat voor woning zou je het liefst wonen? Wat zou je erin zetten? Is dit huis van jou beter dan je vorige huis? Hoeveel huur betaal je? Vind je dat veel? Wat voor soort verwarming vind je het prettigst? Wat vind je van de nieuwbouw in dit land? Wat heb je liever: een bad of een douchecel? Was het weer gisteren beter dan vandaag? Is je buurman/buurvrouw even oud als jij?

Huiswerk

1 *Vul de comparatief of de superlatief van het woord tussen ( ) in.*
   Voorbeeld: In de tropen is alles . . . (leuk) dan in Nederland.
            In de tropen is alles **leuker** dan in Nederland.
   1. Dokter Van Duin heeft een paar jaar in de tropen gewerkt.
   2. Daar beviel het hem . . . (goed) dan in Nederland.
   3. Als je hem ernaar vraagt, zegt hij dat alles daar
   4. . . . (fijn) is dan in Nederland.
   5. De zon schijnt er . . . (vaak).
   6. Er wonen . . . (weinig) mensen op een km^2
   7. zodat er wat . . . (veel) ruimte is.
   8. Het hele leven is er . . . (rustig) dan hier.
   9. Het werk dat hij daar deed was ook veel
   10. . . . (gevarieerd) dan de baan die hij nu heeft.
   11. Het ziekenhuis zag er wat . . . (eenvoudig) uit dan een
   12. Europees ziekenhuis, maar de . . . (veel) dingen konden er
   13. toch wel gedaan worden.
   14. Hoewel het leven . . . (simpel) was,
   15. en er veel . . . (weinig) te krijgen was dan hier,
   16. heeft hij er toch de . . . (goed) tijd van zijn leven gehad.
   17. Hij genoot daar van de . . . (klein) dingen.
   18. Bijvoorbeeld iedere avond naar de zonsondergang kijken:
   19. Dat waren de . . . (mooi) momenten van de dag.
   20. Ja, het . . . (graag) zou dokter Van Duin morgen weer
   21. terug gaan. Ik denk dat hij alles wat . . . (weinig) fijn was
   22. gewoon vergeten is.

2 *Maak de zinnen af. Gebruik de constructie* net zo/even + *adjectief +* als.

Voorbeeld: Corrie en Meta zijn tweelingen hè?
Zijn ze ook even groot?
Ja, ze zijn even groot. *Of:*
Ja, Corrie is net zo groot als Meta.
Ja, Corrie is even groot als Meta.

1. Deze kamer lijkt breder dan die andere, maar dat is niet zo hè? Nee, . . .
2. Is je ene schoen lichter dan je andere? Nee hoor, . . .
3. Haar man lijkt veel ouder dan zij. Is dat zo? Nee, . . .
4. Je linkerbroekspijp is langer dan je rechter. Welnee, . . .
5. Mijn boek lijkt wel dikker dan dat van jou. Dat is toch niet zo hoor, . . .
6. De weg ergens naartoe lijkt vaak langer dan de terugweg. Maar . . .

3 *Vul in:* toen, dan, als.

Voorbeeld: . . . ik op de markt loop, . . . kom ik altijd bekenden tegen.
Als ik op de markt loop, (**dan**) kom ik altijd bekenden tegen.

1. Ik wilde vragen of jullie meegingen naar het strand, maar . . . ik jullie opbelde kreeg ik geen gehoor.

2. . . . we nu een week vakantie opnemen, . . . hebben we van de zomer ook nog drie weken.
3. . . . ze nog in het oude huis woonden hadden ze het altijd koud, maar nu met c.v. hebben ze daar geen last meer van.
4. . . . ze thuiskomt gaat ze eerst in een stoel zitten, . . . pakt ze de krant, en . . . rolt ze een shagje.
5. . . . je weet wanneer jullie gaan verhuizen, bel me . . . even op, . . . kan ik misschien komen helpen.

4 *Beantwoord de volgende vragen:*
1. Toen je de laatste keer verhuisde heb je toen alles zelf gedaan?
2. Wat zie je vanuit jouw kamer?
3. Als er een lift is in een gebouw, neem je die dan altijd?
4. In sommige liften zie je stickers met 'neem de trap' erop, wat vind je daarvan?
5. Zijn de huizen in de stad duurder dan die op het platteland?
6. Wat is het bezwaar van al die hoge flats?
7. Wat voor weer is het vandaag?
8. Hou je van het strand of meer van de bossen?

Grammatica

1 DE COMPARATIEF

De comparatief geeft een hogere graad aan:

alles is hier mooier en nieuwer en lichter (r.15)

1.1 Vorm

(a) adjectief + *-er(e)*

	comparatief	superlatief
mooi	*mooier(e)*	*mooist(e)*
klein	*kleiner(e)*	*kleinst(e)*
nieuw	*nieuwer(e)*	*nieuwst(e)*
licht	*lichter(e)*	*lichtst(e)*
leuk	*leuker(e)*	*leukst(e)*
schoon	*schoner(e)*	*schoonst(e)*
groot	*groter(e)*	*grootst(e)*
breed	*breder(e)*	*breedst(e)*
smal	*smaller(e)*	*smalst(e)*

(b) adjectief + *-der(e)*, als het adjectief eindigt op *-r.*

duur	*duurder(e)*	*duurst(e)*
ver	*verder(e)*	*verst(e)*
helder	*helderder(e)*	*helderst(e)*
zwaar	*zwaarder(e)*	*zwaarst(e)*

(c) onregelmatige comparatief

goed	*beter(e)*	*best(e)*
weinig	*minder(e)*	*minst(e)*
veel	*meer*	*meest(e)*
graag	*liever*	*liefst(e)*

1.2 De comparatief volgt de regels van het adjectief.

(a) vóór een substantief:

het-woorden		**de**-woorden	
het *mooiere huis*		de *mooiere* *tafel*	
een *mooier huis*		een *mooiere* *tafel*	
de *mooiere huizen*		de *mooiere* *tafels*	
mooiere huizen		*mooiere* *tafels*	

(b) nà een substantief:

dit ziekenhuis is modern, maar dat is nog moderner
dit boek is wel duur, maar dat is nog duurder

1.3 *Dan*

Na de comparatief komt meestal *dan.*

Corrie is aardiger dan Wim
ik vind hem aardiger dan jou (object)
hij is aardiger dan jij (subject)
we konden hier een dag eerder in dan we dachten (r.11)
hij is langer gebleven dan hij van plan was

Les 21

2 VERGELIJKING ZONDER COMPARATIEF-VORM VAN HET ADJECTIEF

2.1 Dezelfde graad

(a) *net* + *zo* + adjectief + *als*

*deze kamer is **net zo** groot **als** de vorige* (r.17)
*is het huis van Els **net zo** oud **als** dat van Corrie?*

(b) *even* + adjectief + *als*

*Corrie is **even** aardig **als** Wim*
*hij is **even** lang gebleven **als** hij gedacht had*

(c) *even* + adjectief

*de kamers zijn **even** groot*
*Piet en Jan zijn **even** lang gebleven*

2.2 Verschillende graden

niet + *zo* + adjectief + *als*

*Corrie is **niet zo** aardig **als** Wim*
*deze kamer is **niet zo** groot **als** de vorige*

3 TOEN, DAN, ALS

3.1 *Toen* als adverbium

(a) 'op dat moment', 'in die tijd' (verleden)

vorige week had je vakantie, hè?
*ja, **toen** had ik vakantie*
de lift was laatst kapot;
*moesten jullie **toen** elke keer al die trappen opklimmen?*

(b) 'daarna' (verleden)

*eerst hebben we boodschappen gedaan en **toen** zijn we gaan eten*

3.2 *Dan* als adverbium

(a) 'op dat moment', 'in die tijd' (toekomst)

*morgen heb ik vrij, **dan** ga ik vissen*
*in de toekomst heb je geen kachel meer nodig, **dan** kun je je huis met zonne-energie verwarmen*

(b) 'daarna' (toekomst)

*eerst gaan we boodschappen doen en **dan** gaan we ergens eten*

3.3 *Toen* als introductie van een bijzin

'op het moment dat', 'in de tijd dat' (verleden)

toen ik ziek was, kon ik niet werken
toen ik op de Olympiaweg kwam, waren jullie al weg (r.10)

3.4 *Als* als introductie van een bijzin

(a) 'op het moment dat', 'in de tijd dat' (toekomst)

als het donker wordt, moet ik naar huis

(b) 'iedere keer dat' (toekomst, verleden)

in een opera zingen ze altijd:
als ze een brief krijgen,
als ze een aardig meisje ontmoeten

ik ging vroeger altijd op de fiets naar school,
maar als het stormde ging ik met de bus

(c) 'indien', 'in het geval dat'

als je ziek bent, moet je een dokter bellen
als je geen rijbewijs hebt, mag je niet autorijden

Les 22

Op de kamer van Kees
K: Kees   A: Anneke   J: John   h: hospita van Kees

K. Wat willen jullie drinken?

K. Een frisdrank? bier? sherry? of iets sterkers?

J. Geef mij maar iets fris: 3

—

J. ik moet nog rijden.

K. Kom nou, je kunt toch wel wàt drinken.

J. Nee, echt niet.   6

—

J. Iedereen zegt dat ik overdrijf,

J. en misschien hebben ze wel gelijk,

J. maar ik drink absoluut niet als ik met de
auto ben.   9

K. Goed dan, jij een frisdrank.

K. En Anneke?

A. Ik hoef niet te rijden, geef mij maar een
sherry.   12

K. Alsjeblieft Anneke.

K. John, zal ik voor jou wat ijs halen?

J. Graag.   15

□

J. Ik heb vanmorgen het paleis bekeken.

J. Ben jij daar wel eens geweest?

—

A. Wat dacht je! Dat is toch niets bijzonders.
18

A. Ik kom er dagelijks langs.

J. Nee, dat bedoel ik niet.

—

J. Ik ben binnen geweest.   21

A. Binnen?

A. Zeg Kees, John zit net te vertellen dat hij in
het paleis geweest is.

—

K. Hoe heb je dat voor elkaar gekregen?   24

J. O, dat is helemaal niet moeilijk:

J. op woensdagmorgen is het paleis open voor
het publiek.

183

A. Hé, dat wist ik helemaal niet.   27

J. Ik geloof ook, dat het alleen 's zomers maar zo is.

A. Is het de moeite waard?

—

J. Ja, het is heel interessant.   30

J. Je loopt je er echt niet te vervelen.

J. We hadden een rondleiding van een half uur.

—

J. O ja, dat wou ik jullie nog vragen: 33

J. de gids beweerde dat het paleis door Jacob van Campen gebouwd was.

J. Is dat waar? Ik heb altijd gedacht dat De Keyser het gebouwd heeft.

J. Vergis ik me nou, of stond die gids ons iets wijs te maken?   36

A. Volgens mij is het Van Campen.

K. Nou, dat weet ik nog niet zo zeker.

—

K. Maar ik heb een encyclopedie, dus ik kan het zo nakijken.   39

☐

K. Inderdaad, het was Van Campen,

—

K. dus die man heeft zich niet vergist.

A. Vertel nog eens verder over het paleis: 42

A. mocht je overal in?

—

J. Nee, lang niet alle zalen waren open.

J. Maar ik heb toch een aardige indruk gekregen.   45

h. Meneer Bergsma!

K. Ja mevrouw.

h. Er is telefoon voor u.   48

K. Dank u wel. Ik kom eraan.

—

☐

K. Zeg Anneke, je moeder is aan de telefoon.

K. Ze zegt, dat er bezoek voor je is,   51

—

Les 22

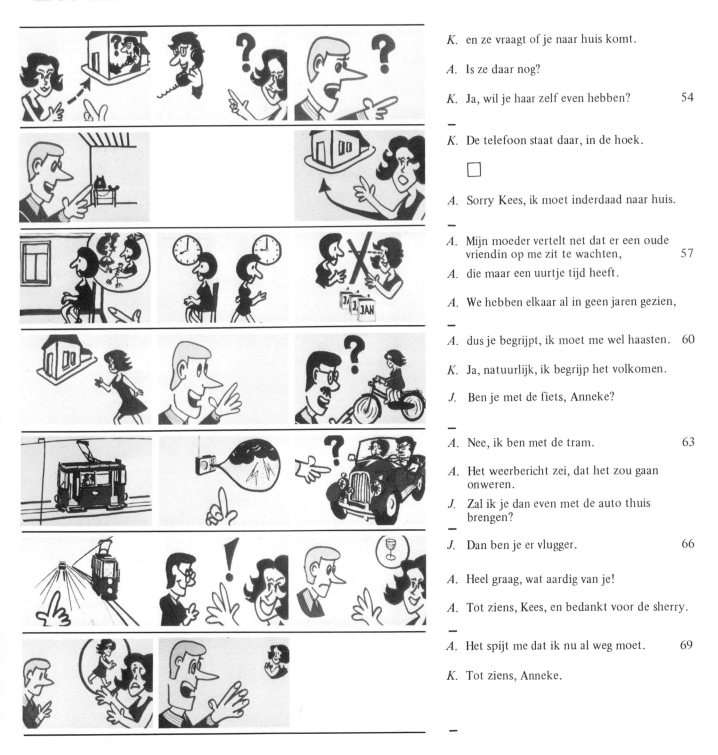

K. en ze vraagt of je naar huis komt.

A. Is ze daar nog?

K. Ja, wil je haar zelf even hebben? 54

—

K. De telefoon staat daar, in de hoek.

☐

A. Sorry Kees, ik moet inderdaad naar huis.

—

A. Mijn moeder vertelt net dat er een oude vriendin op me zit te wachten, 57

A. die maar een uurtje tijd heeft.

A. We hebben elkaar al in geen jaren gezien,

—

A. dus je begrijpt, ik moet me wel haasten. 60

K. Ja, natuurlijk, ik begrijp het volkomen.

J. Ben je met de fiets, Anneke?

—

A. Nee, ik ben met de tram. 63

A. Het weerbericht zei, dat het zou gaan onweren.

J. Zal ik je dan even met de auto thuis brengen?

—

J. Dan ben je er vlugger. 66

A. Heel graag, wat aardig van je!

A. Tot ziens, Kees, en bedankt voor de sherry.

—

A. Het spijt me dat ik nu al weg moet. 69

K. Tot ziens, Anneke.

—

Aanvullende fonetiek

Let op de spelling met een *c* in de volgende woorden:
Herhaal: college . . . inclusief . . . café . . . conducteur . . . bioscoop . . . bandrecorder . . . concert . . . economie . . . collega . . . secretaresse . . . dictaat . . .

Samenvatting

John en Anneke zitten op de kamer van Kees. Die biedt iets te drinken aan: frisdrank, sherry, bier of iets sterkers. John wil frisdrank, omdat hij nog moet rijden. Anneke neemt een glas sherry. Als Kees ijs haalt om in de frisdrank te doen, vertelt John dat hij die morgen in het paleis geweest is. Dat kan woensdagsmorgens, 's zomers althans. Anneke is nog nooit in het paleis geweest, en Kees evenmin. John vond het een interessant bezoek. Er was een rondleiding van een half uur, en hij verveelde zich echt niet. De gids vertelde, aldus John, dat Van Campen het paleis gebouwd heeft, maar John dacht dat De Keyser de bouwmeester was. Wie heeft zich

Les 22

vergist: de gids of John? Kees kijkt het na in zijn encyclopedie, en dan blijkt dat de gids gelijk had. Tijdens het gesprek over het paleis wordt Kees aan de telefoon geroepen. Het is Annekes moeder, die vraagt of ze naar huis komt, omdat er een vriendin op haar zit te wachten. Anneke heeft die vriendin lang niet gezien, en wil dus wel gauw naar huis. John brengt haar weg met de auto, want Anneke was niet op de fiets, omdat het weerbericht onweer voorspeld had.

Oefeningen

1 B (21.16)

heeft Jacob van Campen het paleis gebouwd?
> ja, hij zegt dat Jacob van Campen het paleis gebouwd heeft

heeft hij het paleis bekeken?
> ja, hij zegt dat hij het paleis bekeken heeft

is Anneke vorig jaar in Engeland geweest?
> ja, hij zegt dat Anneke vorig jaar in Engeland geweest is

woont Kees dicht bij de brug?
> ja, hij zegt dat Kees dicht bij de brug woont

is de tramhalte achter het postkantoor?
> ja, hij zegt dat de tramhalte achter het postkantoor is

komt de sneltrein op spoor 6 aan?
> ja, hij zegt dat de sneltrein op spoor 6 aankomt

is Anneke haar sleutel kwijt?
> ja, hij zegt dat Anneke haar sleutel kwijt is

heeft Jacob van Campen het paleis gebouwd?
> ja, hij zegt dat Jacob van Campen het paleis gebouwd heeft

2 B (22.1)

kom je direct thuis, Anneke?
> Anneke, moeder vraagt of je direct thuiskomt

gaan jullie vanmiddag nog weg, jongens?
> jongens, moeder vraagt of jullie vanmiddag nog weggaan

heb je het paleis bekeken, John?
> John, moeder vraagt of je het paleis bekeken hebt

woon je al lang op deze kamer, Kees?
> Kees, moeder vraagt of je al lang op deze kamer woont

is de Emmastraat ver weg, meneer?
> meneer, moeder vraagt of de Emmastraat ver weg is

is dat een boek over Amsterdam, Els?
> Els, moeder vraagt of dat een boek over Amsterdam is

wilt u een kopje koffie, meneer King?
> meneer King, moeder vraagt of u een kopje koffie wilt

wilt u suiker en melk in de koffie, mevrouw King?
> mevrouw King, moeder vraagt of u suiker en melk in de koffie wilt

kom je direct thuis, Anneke?
> Anneke, moeder vraagt of je direct thuiskomt

3 A (22.1)

ik ben in het paleis geweest
> John vertelt dat hij in het paleis geweest is

ik woon hier al drie jaar
> John vertelt dat hij hier al drie jaar woont

ik heb een rondleiding gehad
> John vertelt dat hij een rondleiding gehad heeft

ik heb een aardige indruk gekregen
> John vertelt dat hij een aardige indruk gekregen heeft

ik kom er vaak langs
> John vertelt dat hij er vaak langskomt

ik ben in Amsterdam geboren
> John vertelt dat hij in Amsterdam geboren is

ik heb Wim z'n fiets geleend
> John vertelt dat hij Wim z'n fiets geleend heeft

ik heb vijf adressen opgeschreven
> John vertelt dat hij vijf adressen opgeschreven heeft

ik ben in het paleis geweest
> John vertelt dat hij in het paleis geweest is

4 C

wat ga je kopen? moet het groen zijn?
> ja, ik wil iets groens hebben

wat ga je kopen? moet het warm zijn?
> ja, ik wil iets warms hebben

wat ga je kopen? moet het mooi zijn?
> ja, ik wil iets moois hebben

wat ga je kopen? moet het grijs zijn?
> ja, ik wil iets grijs hebben

wat ga je kopen? moet het sterk zijn?
> ja, ik wil iets sterks hebben

wat ga je kopen? moet het koud zijn?
> ja, ik wil iets kouds hebben

wat ga je kopen? moet het lang zijn?
> ja, ik wil iets langs hebben

wat ga je kopen? moet het fris zijn?
> ja, ik wil iets fris hebben

wat ga je kopen? moet het groen zijn?
> ja, ik wil iets groens hebben

5 B (5.13; 19.12)

moet jij ook rijden?
> nee, ik hoef niet te rijden

moet jij ook een kaartje kopen?
> nee, ik hoef geen kaartje te kopen

moet jij ook op Kees wachten?
> nee, ik hoef niet op Kees te wachten

moet jij ook een andere kamer zoeken?
> nee, ik hoef geen andere kamer te zoeken

moet jij ook verhuizen?
> nee, ik hoef niet te verhuizen

moet jij ook hard werken?
> nee, ik hoef niet hard te werken

moet jij ook rijden?
> nee, ik hoef niet te rijden

6 C (22.3)

is het altijd zo?
> nee, ik geloof dat het alleen 's zomers maar zo is

is het paleis altijd open?
> nee, ik geloof dat het alleen 's zomers maar open is

is het museum altijd zo vol?
> nee, ik geloof dat het alleen 's zomers maar zo vol is

heeft Els altijd zo weinig tijd?
> nee, ik geloof dat ze alleen 's zomers maar zo weinig tijd heeft

is Niek altijd in Zwolle?
> nee, ik geloof dat hij alleen 's zomers maar in Zwolle is

werkt Kees altijd hard?
> nee, ik geloof dat hij alleen 's zomers maar hard werkt

spelen de kinderen altijd in de tuin?
> nee, ik geloof dat ze alleen 's zomers maar in de tuin spelen

gaan Wim en Els altijd met de fiets?
> nee, ik geloof dat ze alleen 's zomers maar met de fiets gaan

is het altijd zo?
> nee, ik geloof dat het alleen 's zomers maar zo is

7 B (22.6)

gaat het onweren?
> ja, het weerbericht zegt dat het gaat onweren

gaat het regenen?
> ja, het weerbericht zegt dat het gaat regenen

wordt het mooi weer?
> ja, het weerbericht zegt dat het mooi weer wordt

gaat het stormen?
> ja, het weerbericht zegt dat het gaat stormen

wordt het slecht weer?
> ja, het weerbericht zegt dat het slecht weer wordt

gaat het onweren?
> ja, het weerbericht zegt dat het gaat onweren

8 B (22.7)

ik wil mijn vriendin spreken
> ja, ik begrijp best dat je je vriendin wilt spreken

ik wil eerst eten
> ja, ik begrijp best dat je eerst wilt eten

ik heb maar weinig tijd
> ja, ik begrijp best dat je maar weinig tijd hebt

ik kon niet veel zien
> ja, ik begrijp best dat je niet veel kon zien

ik kan mijn tasje niet vinden
> ja, ik begrijp best dat je je tasje niet kunt vinden

ik heb veel gehoord
> ja, ik begrijp best dat je veel gehoord hebt

ik heb nog niet alles opgeruimd
> ja, ik begrijp best dat je nog niet alles opgeruimd hebt

ik wil mijn vriendin spreken
> ja, ik begrijp best dat je je vriendin wilt spreken

9 A (19.7)

heeft Jacob van Campen het paleis gebouwd?
> ja, het paleis is door Jacob van Campen gebouwd

heeft Els deze tafel gekocht?
> ja, deze tafel is door Els gekocht

heeft Niek die fiets geleend?
> ja, die fiets is door Niek geleend

heeft Wim die auto schoongemaakt?
> ja, die auto is door Wim schoongemaakt

hebben de bezoekers de bloemen verzorgd?
> ja, de bloemen zijn door de bezoekers verzorgd

heeft de loodgieter de wastafel aangelegd?
> ja, de wastafel is door de loodgieter aangelegd

heeft Kees Meta naar huis gebracht?
> ja, Meta is door Kees naar huis gebracht

heeft Jacob van Campen het paleis gebouwd?
> ja, het paleis is door Jacob van Campen gebouwd

10 C (22.9; 19.9)

hebben ze de sleutel gevonden?
> ja, de sleutel is gevonden

hebben ze een zuster geroepen?
> ja, er is een zuster geroepen

hebben ze iets afgesproken?
> ja, er is iets afgesproken

Les 22

hebben ze de auto verkocht?
　　ja, de auto is verkocht

hebben ze de kamer schoongemaakt?
　　ja, de kamer is schoongemaakt

hebben ze het bed laag gezet?
　　ja, het bed is laag gezet

hebben ze Engels gesproken?
　　ja, er is Engels gesproken

hebben ze afgewassen?
　　ja, er is afgewassen

hebben ze de sleutel gevonden?
　　ja, de sleutel is gevonden

11 A

was dat moeilijk?
　　nee, dat was helemaal niet moeilijk

was de rondleiding interessant?
　　nee, de rondleiding was helemaal niet interessant

zag dat meisje er leuk uit?
　　nee, dat meisje zag er helemaal niet leuk uit

werkten ze hard?
　　nee, ze werkten helemaal niet hard

was je nat?
　　nee, ik was helemaal niet nat

was dat moeilijk?
　　nee, dat was helemaal niet moeilijk

12 C (22.8)

wat jammer dat je weg moet
　　ja, het spijt me dat ik weg moet

wat jammer dat je geen auto hebt
　　ja, het spijt me dat ik er geen heb

wat jammer dat je Kees niet ziet
　　ja, het spijt me dat ik hem niet zie

wat jammer dat het musuem dicht is
　　ja, het spijt me dat het dicht is

wat jammer dat Els weggaat
　　ja, het spijt me dat ze weggaat

wat jammer dat je weg moet
　　ja, het spijt me dat ik weg moet

13 A

vergis je je?
　　nee, ik vergis me niet

verveel je je?
　　nee, ik verveel me niet

heb je je verveeld?
　　nee, ik heb me niet verveeld

heb je je vergist?
　　nee, ik heb me niet vergist

heb je je gehaast?
　　nee, ik heb me niet gehaast

heb je je gewassen?
　　nee, ik heb me niet gewassen

moet je je haasten?
　　nee, ik hoef me niet te haasten

vergis je je?
　　nee, ik vergis me niet

14 A (22.13)

vergis jij je?
　　nee, maar Kees vergist zich wel

verveel jij je?
　　nee, maar Kees verveelt zich wel

moet jij je haasten?
　　nee, maar Kees moet zich wel haasten

heb jij je vergist?
　　nee, maar Kees heeft zich wel vergist

heb jij je verveeld?
　　nee, maar Kees heeft zich wel verveeld

heb jij je gewassen?
　　nee, maar Kees heeft zich wel gewassen

vergis jij je?
　　nee, maar Kees vergist zich wel

15 C (22.13,14)

vervelen jullie je niet?
　　nee, we vervelen ons niet

vergissen we ons niet?
　　nee, jullie vergissen je niet

haast u zich niet?
　　nee, ik haast me niet

vergis ik me niet?
　　nee, u vergist zich niet

vervelen ze zich niet?
　　nee, ze vervelen zich niet

hoeven we ons niet te haasten?
　　nee, jullie hoeven je niet te haasten

heb ik me niet vergist?
　　nee, je hebt je niet vergist

hebben ze zich niet gehaast?
　　nee, ze hebben zich niet gehaast

vervelen jullie je niet?
　　nee, we vervelen ons niet

16 A

wanneer kun je het paleis bekijken?
> op woensdagmorgen kun je het paleis bekijken

wanneer kun je de tentoonstelling in museum Boymans bekijken?
> op woensdagmorgen kun je de tentoonstelling in museum Boymans bekijken

wanneer kun je de patiënten in het ziekenhuis bezoeken?
> op woensdagmorgen kun je de patiënten in het ziekenhuis bezoeken

wanneer kun je in de bibliotheek boeken lenen?
> op woensdagmorgen kun je in de bibliotheek boeken lenen

wanneer kun je in het paleis rondgeleid worden?
> op woensdagmorgen kun je in het paleis rondgeleid worden

wanneer kun je op het kamerbureau adressen krijgen?
> op woensdagmorgen kun je op het kamerbureau adressen krijgen

wanneer kun je het beste de behanger opbellen?
> op woensdagmorgen kun je het beste de behanger opbellen

17 C

daar staat de gids; maakt hij jullie iets wijs?
> ja, hij staat ons iets wijs te maken

daar zit je vriendin; wacht ze op je?
> ja, ze zit op me te wachten

daar ligt een patiënt; luistert ze naar de radio?
> ja, ze ligt naar de radio te luisteren

daar loopt Kees; praat hij met John?
> ja, hij loopt met John te praten

daar staat meneer De Wit; maakt hij zijn auto schoon?
> ja, hij staat zijn auto schoon te maken

daar zitten de kinderen; kijken ze naar de TV?
> ja, ze zitten naar de TV te kijken

daar staat de gids; maakt hij jullie iets wijs?
> ja, hij staat ons iets wijs te maken

Aanvullende woordenlijst

dranken

de koffie	de/het pils
de thee	de wijn
de bouillon	de port
de melk	de vermouth
de karnemelk	de sherry
de choco(lade)mel(k)	de jenever
het mineraalwater(spa-)	de borrel
de limonade	de whisky
de cola	de rum
het tomatensap	de frisdrank
de jus d'orange, het sinaasappelsap	*weerbericht etc.*
het bier	de regen—het regent

de zon—de zon schijnt	het ijs
de hagel—het hagelt	de orkaan
de sneeuw—het sneeuwt	de lucht
de wind—het waait	de ster
de storm—het stormt	de maan—de maan schijnt
het onweer—het onweert	volle maan
de ijzel—het ijzelt	het sterrenbeeld
de dooi—het dooit	de planeet
de vorst—het vriest	de eb
de wolk	de vloed
bewolkt	het klimaat
de mist	de opklaring
de nevel	de luchtdruk
de bui	gieten
de motregen	plenzen
de schaduw	

In Nederland drinken we erg veel koffie en thee. 's Zomers wordt er veel frisdrank gedronken.

Een weerbericht: Droog en vrij zonnig weer. Zwakke tot matige wind uit oostelijke richting. Maximumtemperatuur ongeveer 20 graden. Voor morgen en overmorgen wordt aanhoudend droog en zonnig weer verwacht met ongeveer normale temperaturen.

Vragen over het gesprek

Waar zijn Kees, John en Anneke? Wat vraagt Kees? Wat heeft hij voor ze? Wat wil John drinken? Waarom? Vindt Kees dat gewoon? Vindt John dat ook? Wat wil Anneke drinken? Wat gaat Kees voor John halen? Wat heeft John vanmorgen gedaan? Wanneer kun je het paleis bekijken? Vond hij het interessant? Hoe lang duurde de rondleiding? Door wie is het paleis gebouwd? Wat dacht John? Waarin kijkt Kees het na? Mocht John overal in? Wat komt Kees z'n hospita zeggen? Wie is er aan de telefoon? Wat vertelt die? Wat vraagt ze? Wat is er voor bezoek? Heeft die vriendin veel tijd? Heeft Anneke haar pas gezien? Waarom is Anneke met de tram gekomen? Is John ook met de tram? Wat gaat hij nu doen? Waarom?

Conversatie

Houd jij ervan om allerlei gebouwen te bekijken als je ergens bent? Als je een gebouw bekijkt, laat je je dan officieel rondleiden? Welk gebouw vond jij de moeite waard om te bekijken? Waar was dat? Door wie was het gebouwd? Wat kun je in een encyclopedie vinden? Wanneer zoek jij iets op in een encyclopedie? Vind jij het overdreven om geen alcohol te drinken als je nog moet rijden? Wat heb je liever: bier, sherry of frisdrank? Wat eet je liever voor de lunch: iets warms of iets kouds? Wat vind je lekkerder: thee of koffie? Wat is de nationale drank in jouw land? Hoe maak je dat? Wat zei het weerbericht gisteren? Klopt dat? Wat voor weer is het vandaag? Vind je het klimaat hier prettig? Zit jij iemand wel eens iets wijs te maken?

Les 22

Huiswerk

1 *Vul een persoonsvorm in van* lopen, zitten, staan *of* liggen.
Voorbeeld: Vader . . . aan tafel naar de radio te luisteren.
Vader **zit** aan tafel naar de radio te luisteren.

1. Koos en Anna hebben zo lopen zeuren dat ze het zo druk met hun nieuwe huis hadden, dat iedereen komt helpen:
2. Bert . . . op een tafel het plafond te witten.
3. Vader . . . een kast te timmeren.
4. Maria . . . op haar knieën de vloer te verven.
5. Oma . . . aan tafel gordijnen te naaien.
6. Koos . . . koffie uit te delen.
7. Jos . . . eten te koken.
8. Anna . . . overal instructies te geven.
9. Opa . . . de krant voor te lezen.
10. Alleen de hond doet niets,
11. hij . . . zich te vervelen in zijn mand.

2 *Maak de zinnen af en gebruik daarbij de constructie*
hoeven + niet/geen + te + *infinitief*
Voorbeeld: Jan heeft al eten gekookt.

Die . . .   (afwassen)
Die hoeft niet af te wassen.

1. Paul heeft een baan gevonden in Haarlem. Hij woont in Amsterdam.
Gelukkig . . .   (verhuizen)
2. Mark gaat met Irma naar een feestje. Hij kan gerust alcohol drinken, want hij . . .   (rijden)
3. Victor heeft een weekabonnement voor   (een kaartje
de trein. Hij . . . . . . iedere dag . . .   kopen)
4. Het tentamen is een week uitgesteld.
Ik . . . nu . . .   (hard werken)
5. John King verstaat Nederlands. We . . . (Engels praten)
6. Heb je dat boek al nodig? Nee, je . . .
het . . .   (terugbrengen)
7. Anneke en Kees gaan maandagavond naar de film. Dan is het meestal niet   (plaatsen
druk, dus ze . . .   bespreken)

3 *Vul in:* me, je, zich, ons.
Voorbeeld: De kinderen zijn . . . aan het wassen.
De kinderen zijn **zich** aan het wassen.

1. Je hoeft . . . niet te haasten om die trein nog te halen,
2. want ik heb . . . vergist: hij gaat om 10 over 2 in plaats
3. van om 10 voor 2.

4. Koos en Anna hebben geen c.v. Ze wassen . . . altijd in
5. een ijskoude badkamer. Daarna rennen ze naar de kachel
6. om . . . aan te kleden.

7. Je hoeft . . . niet te schamen dat je te laat bent gekomen
8. op die vergadering, want niemand was op tijd.

9. Ik heb . . . wel eens afgevraagd waarom we niet wat later
10. beginnen.

11. De kinderen hebben vakantie, maar het regent dus ze
12. vervelen . . . kapot. Volgens het weerbericht blijft het
13. slecht weer. We hoeven . . . dus geen illusies te maken
14. over de rest van de vakantie.

15. Gerard heeft . . . niet erg vermaakt op het feestje van Els.
16. Gelukkig is Els niet iemand die . . . daar druk om maakt.

4 *Maak de volgende zinnen af:*
Voorbeeld: Ik geloof ook dat . . . . . .
Ik geloof ook dat **roken slecht is voor de gezondheid.**

1. Ik bel haar liever zelf op, dan . . .
2. Sommige mensen zeggen dat . . .
3. Iedereen is tegenwoordig bang om . . .
4. Het spijt me dat . . .
5. Het is de moeite waard om . . .
6. Volgens mij denkt hij dat . . .
7. Ik moet me wel haasten, want . . .
8. Toch aardig van John dat . . .
9. Zal ik je van de trein halen, dan . . .
10. Hoe krijgt Kees het voor elkaar om . . .
11. Weten jullie wanneer . . .
12. Kunt u me zeggen waar . . .
13. Hij vraagt of . . .
14. Verveelde hij zich toen . . .
15. Vergis ik me, als . . .

Grammatica

1 INDIRECTE ZINNEN MET *DAT*

Let op de volgorde en de tijd. (De PV komt aan het eind.)

direct	indirect
ze zegt: 'Ik ben ziek'	*ze **zegt** dat ze ziek **is***
ze zei: 'Ik ben ziek'	*ze **zei** dat ze ziek **was***
ze zegt: 'Ik ben ziek geweest'	*ze **zegt** dat ze ziek geweest **is***
ze zei: 'Ik ben ziek geweest'	*ze **zei** dat ze ziek geweest **was***

John zit net te vertellen dat hij in het paleis geweest is (r.23)
het weerbericht zei dat het zou gaan onweren (r.64)
het spijt me dat ik nu al weg moet (r.69)
ik heb altijd gedacht dat De Keyser het gebouwd heeft (r.35)
wat jammer dat je weg moet (oef.12)

2 DE INDIRECTE VRAAG

2.1 Met een vraagwoord

direct	indirect
wie heeft dat boek geschreven?	*ik wil graag weten **wie** dat boek geschreven heeft*
wanneer ga je weg?	*hij vraagt **wanneer** je weg gaat*

190

2.2 Met *of*

direct	indirect
is dit de Hoofdweg?	*weet u misschien of dit de Hoofdweg is?*
kom je meteen thuis, Anneke?	*Anneke, je moeder vraagt of je meteen thuis komt*

3 *LOPEN, ZITTEN, STAAN, LIGGEN, HANGEN* + *TE* + INFINITIEF

Deze constructie geeft soms de houding van het subject aan bij een actie die nog niet klaar is.

ik loop te zingen
hij zit te lachen
hij staat te kijken
ze liggen te lezen
de was hangt te drogen
John zit net te vertellen . . . (r.23)
je loopt je er echt niet te vervelen (r.31)

4 REFLEXIEVE WERKWOORDEN

Dit zijn werkwoorden die een reflexief pronomen bij zich hebben.

4.1 Het pronomen reflexivum

ik	vergis	me
je	vergist	je
u	vergist	u/zich
hij	vergist	zich
ze	vergist	zich
we	vergissen	ons
jullie	vergissen	je
u	vergist	u/zich
ze	vergissen	zich

4.2 Werkwoorden die altijd een reflexief pronomen hebben:

zich vergissen
zich haasten
zich afvragen
zich vervelen
dus die man heeft zich niet vergist (r.41)
dus je begrijpt, ik moet me wel haasten (r.60)

4.3 Werkwoorden die *met* en *zonder* reflexief pronomen voorkomen:

(zich) wassen
(zich) aankleden

Els wast zich om 7 uur
Jaap wast zijn sokken

Jaap kleedt eerst zichzelf aan,
daarna kleedt hij de kinderen aan

5 HET PERFECTUM PASSIEF

actief	passief
ze wassen de patiënten	*de patiënten worden gewassen*
ze wasten de patiënten	*de patiënten werden gewassen*
ze hebben de patiënten gewassen	*de patiënten zijn gewassen*

ik	ben	gewassen
je	bent	gewassen
u	bent	gewassen
hij	is	gewassen
ze	is	gewassen
het	is	gewassen
we	zijn	gewassen
jullie	zijn	gewassen
u	bent	gewassen
ze	zijn	gewassen

Les 23

John is ziek

J: John   K: Kees   i: juffrouw van de inlichtingendienst
t: telefonist van de firma De Graaf & Co   V: juffrouw Visser, secretaresse

J.	Ja!
K.	Hallo John.
J.	Dag Kees. Fijn dat je langskomt.	3
J.	Wist je dat ik ziek was?
K.	Nee, je hospita zei het toen ze opendeed.
K.	Is het erg?	6
J.	Och, het gaat wel.
J.	De dokter is vanmorgen geweest.
J.	Hij zei dat het griep was.	9
J.	Hij heeft me wat tabletten gegeven
J.	en gezegd dat hij zaterdag terugkomt.
K.	Kan ik iets voor je doen?	12
J.	Ja, als je wilt.
J.	Ik heb een afspraak voor een interview, morgen.
J.	Daar kan ik nu niet naartoe.	15
J.	Wil je die man voor me opbellen,
J.	en zeggen dat ik niet kan komen.
K.	Natuurlijk, geef me het nummer maar.	18
J.	Dat heb ik niet hier,
J.	het ligt op kantoor.
K.	Dan bel ik Inlichtingen wel even.	21
K.	Tenminste: weet je wel hoe hij heet,
K.	en waar hij woont?
J.	Ja, het is meneer Meyboom van de firma J. de Graaf in Hilversum.	24
J.	De Graaf met één F.
J.	Ik weet niet precies wat hun adres is; Celebeslaan geloof ik,
J.	maar ik weet helemaal niet welk huisnummer ze hebben.	27

Les 23

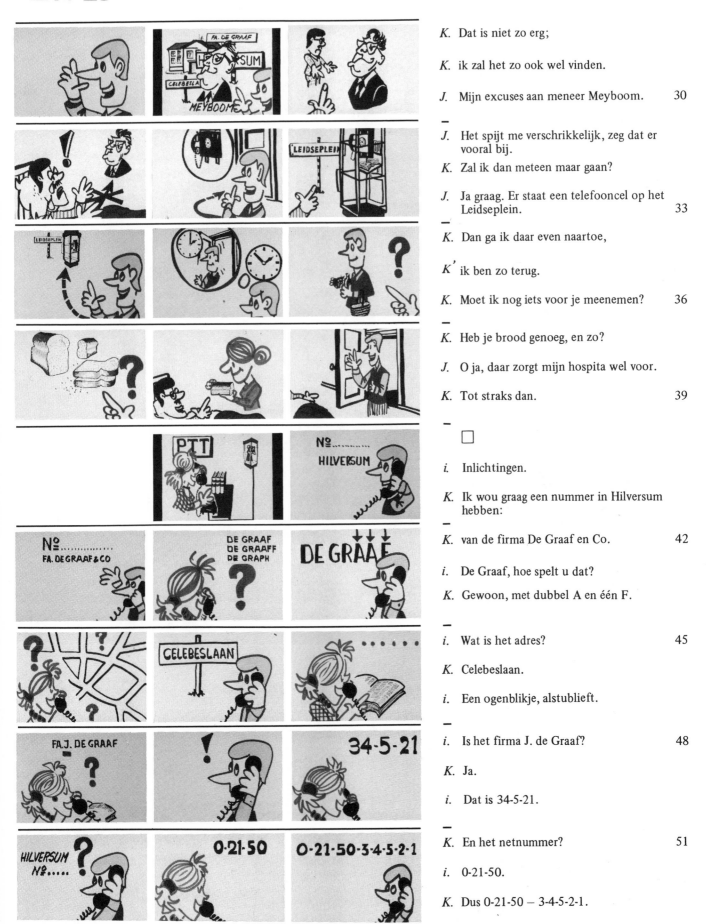

K. Dat is niet zo erg;

K. ik zal het zo ook wel vinden.

J. Mijn excuses aan meneer Meyboom. 30

—

J. Het spijt me verschrikkelijk, zeg dat er vooral bij.

K. Zal ik dan meteen maar gaan?

J. Ja graag. Er staat een telefooncel op het Leidseplein. 33

—

K. Dan ga ik daar even naartoe,

K' ik ben zo terug.

K. Moet ik nog iets voor je meenemen? 36

—

K. Heb je brood genoeg, en zo?

J. O ja, daar zorgt mijn hospita wel voor.

K. Tot straks dan. 39

—

☐

i. Inlichtingen.

K. Ik wou graag een nummer in Hilversum hebben:

K. van de firma De Graaf en Co. 42

i. De Graaf, hoe spelt u dat?

K. Gewoon, met dubbel A en één F.

—

i. Wat is het adres? 45

K. Celebeslaan.

i. Een ogenblikje, alstublieft.

—

i. Is het firma J. de Graaf? 48

K. Ja.

i. Dat is 34-5-21.

—

K. En het netnummer? 51

i. 0-21-50.

K. Dus 0-21-50 — 3-4-5-2-1.

Les 23

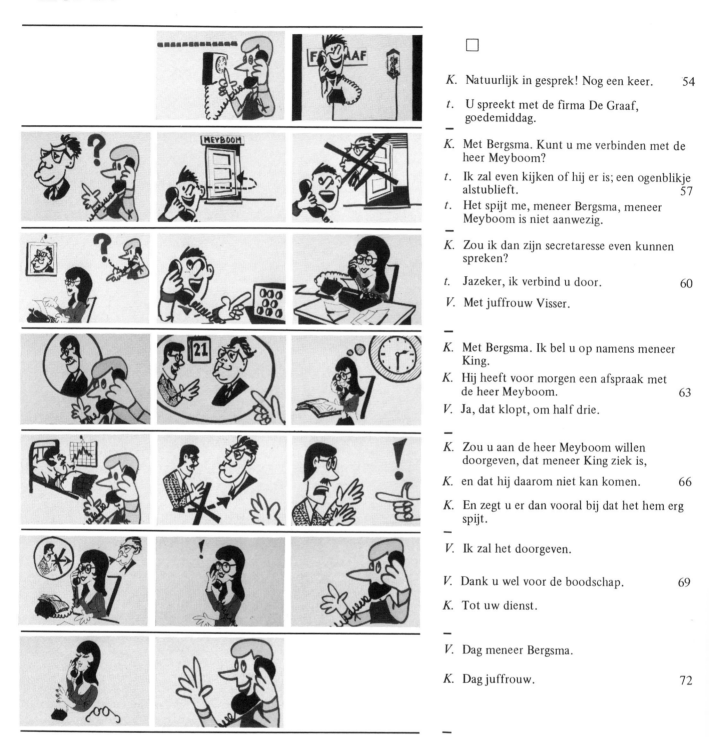

K. Natuurlijk in gesprek! Nog een keer.   54

t. U spreekt met de firma De Graaf, goedemiddag.

K. Met Bergsma. Kunt u me verbinden met de heer Meyboom?

t. Ik zal even kijken of hij er is; een ogenblikje alstublieft.   57

t. Het spijt me, meneer Bergsma, meneer Meyboom is niet aanwezig.

K. Zou ik dan zijn secretaresse even kunnen spreken?

t. Jazeker, ik verbind u door.   60

V. Met juffrouw Visser.

K. Met Bergsma. Ik bel u op namens meneer King.

K. Hij heeft voor morgen een afspraak met de heer Meyboom.   63

V. Ja, dat klopt, om half drie.

K. Zou u aan de heer Meyboom willen doorgeven, dat meneer King ziek is,

K. en dat hij daarom niet kan komen.   66

K. En zegt u er dan vooral bij dat het hem erg spijt.

V. Ik zal het doorgeven.

V. Dank u wel voor de boodschap.   69

K. Tot uw dienst.

V. Dag meneer Bergsma.

K. Dag juffrouw.   72

Aanvullende fonetiek

Let op het verschil tussen *meteen* en *met één*.
Herhaal: meteen . . . met één . . . meteen af . . . met één
F . . . dat spreek ik meteen af . . . De Graaf met één F . . . ik
studeer Engels . . . maar nu uw boek . . . daar komt de
ober . . . Algemene Ouderdoms Wet . . . de economie . . . belt
u me eind april . . .

Samenvatting

Als Kees bij John langskomt, hoort hij van diens hospita dat
John ziek is. Gelukkig blijkt het niet zo erg te zijn: een
griepje. John vertelt dat de dokter 's morgens geweest is en
hem tabletten heeft voorgeschreven, en dat hij zaterdag
terugkomt. Kees vraagt of hij iets voor John kan doen. John
zou het prettig vinden als Kees een afspraak voor hem zou

willen afzeggen. Hij zou namelijk de volgende dag een interview hebben met een zekere meneer Meyboom van de firma De Graaf in Hilversum. Verder hoeft Kees niets te doen, want John z'n hospita zorgt goed voor hem en brengt hem regelmatig iets te eten of te drinken.

Omdat John nog geen telefoon heeft, en Kees de hospita niet wil storen, moet hij in een telefooncel opbellen. Op het Leidseplein staat er een. Daar draait Kees 008, Inlichtingen. De juffrouw van de Inlichtingendienst vraagt eerst naar de juiste spelling van de naam De Graaf en informeert vervolgens naar het adres. Tenslotte controleert ze de voorletter: de J van Johannes. Dan noemt ze het gevraagde nummer: 34521. Ze geeft desgevraagd het netnummer ook, hoewel Kees dat ook in de Amsterdamse telefoongids zou kunnen vinden.

De eerste keer dat Kees het nummer draait is de firma in gesprek, maar de tweede keer wordt de telefoon aangenomen. Kees wil verbonden worden met de heer Meyboom, maar die is er niet. Dan krijgt hij diens secretaresse. Ze belooft dat ze de boodschap door zal geven, dat John ziek is en dat het interview dus niet doorgaat, en ze zal er bij zeggen dat het John erg spijt. Daarna bedankt ze Kees voor het opbellen, en beëindigt het gesprek met: 'Dag meneer Bergsma.'

Oefeningen

1 A (16.15)

waar woont Anneke?
 ik weet niet waar ze woont

waar werkt Kees?
 ik weet niet waar hij werkt

waar worden de bloemen verzorgd?
 ik weet niet waar ze verzorgd worden

hoe heet de dokter?
 ik weet niet hoe hij heet

hoe lang blijft Jaap in Hilversum?
 ik weet niet hoe lang hij in Hilversum blijft

hoe laat is het?
 ik weet niet hoe laat het is

hoeveel kinderen heeft Els?
 ik weet niet hoeveel kinderen ze heeft

waar woont Anneke?
 ik weet niet waar ze woont

2 A (23.1; 18.13)

welk netnummer is het?
 ik weet niet welk netnummer het is

welke tram komt daar?
 ik weet niet welke tram daar komt

welke firma is het?
 ik weet niet welke firma het is

welk nummer staat daar?
 ik weet niet welk nummer daar staat

welke auto is van John?
 ik weet niet welke auto van John is

welke taal is dat?
 ik weet niet welke taal dat is

welk netnummer is het?
 ik weet niet welk netnummer het is

3 A (22.2)

is de heer Meyboom aanwezig?
 ik weet niet of hij aanwezig is

heeft John griep?
 ik weet niet of hij griep heeft

studeert Anneke Engels?
 ik weet niet of ze Engels studeert

wonen Jaap en Els in Zwolle?
 ik weet niet of ze in Zwolle wonen

stopt de tram bij de brug?
 ik weet niet of hij bij de brug stopt

staat het boek op die plank?
 ik weet niet of het op die plank staat

is de moeder van Kees Nederlandse?
 ik weet niet of ze Nederlandse is

is de heer Meyboom aanwezig?
 ik weet niet of hij aanwezig is

4 B (22.3)

ik ga morgen naar John
 weet hij dat je komt?

we gaan volgende week naar Jaap
 weet hij dat jullie komen?

ik ga vanmiddag naar Els
 weet ze dat je komt?

we gaan vrijdag naar Lies en Hans
 weten ze dat jullie komen?

ik ga woensdag naar Niek
 weet hij dat je komt?

we gaan vanavond naar moeder
 weet ze dat jullie komen?

we gaan in de vakantie naar Lies
 weet ze dat jullie komen?

ik ga volgende week naar mijn ouders
 weten ze dat je komt?

ik ga morgen naar John
 weet hij dat je komt?

5 C (23.1,2,3)

komt Anneke vanavond?
 ik weet niet of Anneke vanavond komt

waar woont Kees?
 ik weet niet waar Kees woont

Les 23

wat voor boeken leest Wim graag?
> ik weet niet wat voor boeken Wim graag leest

op welke plank staat dat boek?
> ik weet niet op welke plank dat boek staat

waar rijdt lijn 2 naartoe?
> ik weet niet waar lijn 2 naartoe rijdt

welke film draait er in Kriterion?
> ik weet niet welke film er in Kriterion draait

hoe laat is het?
> ik weet niet hoe laat het is

is het al 11 uur?
> ik weet niet of het al 11 uur is

wat studeert John?
> ik weet niet wat John studeert

studeert John?
> ik weet niet of John studeert

wie staat daar?
> ik weet niet wie daar staat

gaat Els vaak naar België?
> ik weet niet of Els vaak naar België gaat

waar komt Meta vandaan?
> ik weet niet waar Meta vandaan komt

bij welke halte stopt lijn 15?
> ik weet niet bij welke halte lijn 15 stopt

komt Anneke vanavond?
> ik weet niet of Anneke vanavond komt

6 A (22.1)

ben je erg ziek?
> ja, de dokter zei dat ik erg ziek was

heb je griep?
> ja, de dokter zei dat ik griep had

moet je naar het ziekenhuis?
> ja, de dokter zei dat ik naar het ziekenhuis moest

heb je tabletten nodig?
> ja, de dokter zei dat ik tabletten nodig had

mag je alles eten?
> ja, de dokter zei dat ik alles mocht eten

ben je weer beter?
> ja, de dokter zei dat ik weer beter was

mag je weer naar buiten?
> ja, de dokter zei, dat ik weer naar buiten mocht

ben je erg ziek?
> ja, de dokter zei dat ik erg ziek was

7 C (21.16)

Anneke komt; vind je dat prettig?
> ja, ik vind het prettig dat ze komt

Kees komt eten; vind je dat leuk?
> ja, ik vind het leuk dat hij komt eten

Wim gaat naar de bioscoop; vind je dat goed?
> ja, ik vind het goed dat hij naar de bioscoop gaat

John is Engelsman; vind je dat interessant?
> ja, ik vind het interessant dat hij Engelsman is

Anneke komt; vind je dat prettig?
> ja, ik vind het prettig dat ze komt

8 A (22.1)

komt hij zaterdag terug?
> ja, hij heeft gezegd dat hij zaterdag terugkomt

belt hij vanavond op?
> ja, hij heeft gezegd dat hij vanavond opbelt

neemt ze brood mee?
> ja, ze heeft gezegd dat ze brood meeneemt

verbindt ze je door?
> ja, ze heeft gezegd dat ze me doorverbindt

zetten ze het bureau hier neer?
> ja, ze hebben gezegd dat ze het bureau hier neerzetten

geven ze de boodschap door?
> ja, ze hebben gezegd dat ze de boodschap doorgeven

brengt hij Anneke thuis?
> ja, hij heeft gezegd dat hij Anneke thuisbrengt

komt hij zaterdag terug?
> ja, hij heeft gezegd dat hij zaterdag terugkomt

9 C (23.6)

is Kees ziek?
> o nee; dacht u dat hij ziek was?

speelt Els in de tuin?
> o nee; dacht u dat ze in de tuin speelde?

doet moeder boodschappen?
> o nee; dacht u dat ze boodschappen deed?

ligt Wim in het ziekenhuis?
> o nee; dacht u dat hij in het ziekenhuis lag?

gaat Bert naar Engeland?
> o nee; dacht u dat hij naar Engeland ging?

werkt Kees in Zwolle?
> o nee; dacht u dat hij in Zwolle werkte?

woont Anneke in Hilversum?
> o nee; dacht u dat ze in Hilversum woonde?

is Kees ziek?
> o nee; dacht u dat hij ziek was?

10 B (21.12)

ga je weg? en Kees komt!
> o, als Kees komt, ga ik niet weg

blijf je thuis? en het is mooi weer!

 o, als het mooi weer is, blijf ik niet thuis

ga je fietsen? en het regent!

 o, als het regent, ga ik niet fietsen

zet je de TV af? en er komt een film!

 o, als er een film komt, zet ik de TV niet af

ga je naar Amsterdam? en de auto is kapot!

 o, als de auto kapot is, ga ik niet naar Amsterdam

ga je weg? en Kees komt!

 o, als Kees komt, ga ik niet weg

11 c (23.10)

ik bel op, en dan kom ik terug

 dus als je opgebeld hebt, kom je terug

ik bel hem op en dan schrijf ik je

 dus als je hem opgebeld hebt, schrijf je me

ik doe examen en dan kom ik bij je

 dus als je examen gedaan hebt, kom je bij me

ik doe boodschappen en dan ga ik naar huis

 dus als je boodschappen gedaan hebt, ga je naar huis

ik koop een auto en dan ga ik naar België

 dus als je een auto gekocht hebt, ga je naar België

ik bel op en dan kom ik terug

 dus als je opgebeld hebt, kom je terug

12 c (18.15)

wilt u juffrouw Visser spreken?

 ja, zou ik haar even kunnen spreken?

wilt u Kees opbellen?

 ja, zou ik hem even op kunnen bellen?

wilt u mijn boek gebruiken?

 ja, zou ik het even kunnen gebruiken?

wilt u mijn fiets lenen?

 ja, zou ik hem even kunnen lenen?

wilt u een krant lezen?

 ja, zou ik er even een kunnen lezen?

wilt u een dokter opbellen?

 ja, zou ik er even een op kunnen bellen?

wilt u juffrouw Visser spreken?

 ja, zou ik haar even kunnen spreken?

13 b (22.5)

moet ik iets meenemen?

 nee, je hoeft niets mee te nemen

moet ik iemand opbellen?

 nee, je hoeft niemand op te bellen

moet ik het bureau verven?

 nee, je hoeft het bureau niet te verven

moet ik boodschappen voor je doen?

 nee, je hoeft geen boodschappen voor me te doen

moet ik die fiets schoonmaken?

 nee, je hoeft die fiets niet schoon te maken

moet ik de dokter bellen?

 nee, je hoeft de dokter niet te bellen

moet ik een kaartje kopen?

 nee, je hoeft geen kaartje te kopen

moet ik iets meenemen?

 nee, je hoeft niets mee te nemen

14 a (22.9)

heeft Van Campen het paleis gebouwd?

 ja, dat is door Van Campen gebouwd

heeft John het boek geschreven?

 ja, dat is door John geschreven

heeft de politie de auto gevonden?

 ja, die is door de politie gevonden

heeft de loodgieter de wastafel aangelegd?

 ja, die is door de loodgieter aangelegd

heeft de dokter de patiënt gebracht?

 ja, die is door de dokter gebracht

heeft Corrie de tekening gemaakt?

 ja, die is door Corrie gemaakt

heeft meneer King het boek geleend?

 ja, dat is door meneer King geleend

heeft Van Campen het paleis gebouwd?

 ja, dat is door Van Campen gebouwd

15 b (21.6)

is de kamer van Kees groter dan die van Anneke?

 ja, Kees heeft de grootste kamer

is het huis van Jaap duurder dan dat van Wim?

 ja, Jaap heeft het duurste huis

zijn de handschoenen van Anneke mooier dan die van Marianne?

 ja, Anneke heeft de mooiste handschoenen

is de brommer van Els beter dan die van Jaap?

 ja, Els heeft de beste brommer

is het ziekenhuis van Zwolle moderner dan dat van Hilversum?

 ja, Zwolle heeft het modernste ziekenhuis

zijn de boeken van John interessanter dan die van Kees?

 ja, John heeft de interessantste boeken

is de huur van het oude huis lager dan die van het nieuwe?

 ja, het oude huis heeft de laagste huur

is de kamer van Kees groter dan die van Anneke?

 ja, Kees heeft de grootste kamer

16 A (21.14)

zei mijn hospita het, toen ze opendeed?

 ja, je hospita zei het, toen ze opendeed

nam Els de bus, toen het regende?

 ja, Els nam de bus, toen het regende

was John ziek, toen je langskwam?

 ja, John was ziek, toen ik langskwam

was je thuis, toen moeder opbelde?

 ja, ik was thuis, toen moeder opbelde

had John een afspraak, toen hij ziek werd?

 ja, John had een afspraak, toen hij ziek werd

kwam je te laat, toen je de trein miste?

 ja, ik kwam te laat, toen ik de trein miste

zei mijn hospita het, toen ze opendeed?

 ja, je hospita zei het, toen ze opendeed

Aanvullende woordenlijst

de telefoon

de hoorn
de haak
de kiesschijf
het nummer
het toestel
doorverbinden
inlichtingen
lokaal
interlokaal
het telefoonboek, de telefoongids
de beroepengids
het gesprek
het district
automatisch
de telefonist(e)
het telefoonkantoor
de centrale
de lijn
het netnummer
het abonneenummer
in gesprek
de kiestoon
de bezettoon
de informatietoon
het antwoordapparaat

de firma

de N.V. (Naamloze Vennootschap)
de B.V. (Besloten Vennootschap)
het bedrijf
de fabriek
de fabrikant
het fabrikaat
de fabricage
de goederen

de secretaris/-aresse
de bedrijfsleider/-leidster
de (steno-)typist/-typiste
de medewerker/-ster
het afdelingshoofd
de vertegenwoordiger/-ster
de personeelschef/-cheffin
het verlof
het ziekteverlof
de snipperdag
de directeur/directrice
de eigenaar/eigenaresse
de aandeelhouder/-ster
de beurs
de koers
de speculatie
de administratie
de postkamer
de produktie
de handel
de verkoop
de inkoop
de opslag
het personeel
het salaris
het loon
de belasting
de kinderbijslag
de belastingaftrek
de begroting
debet
credit
de boekhouding
de boekhouder/-ster
het transport
de expeditie

Elke telefoonabonnee heeft een eigen nummer. Bij een lokaal gesprek is dit het enige nummer dat gedraaid hoeft te worden. Elke abonnee is aangesloten op een lokaal telefoonnet. Ieder net heeft een eigen nummer. Wenst u een abonnee van een ander net op te bellen, dan dient u eerst zijn netnummer te draaien. Dit heet interlokaal telefoneren.

Nadat u de telefoon van de haak hebt genomen, hoort u een lage onafgebroken toon. Deze toon geeft aan dat u een nummer kunt gaan draaien. Na het draaien van een binnenlands netnummer hoort u in de regel een hoge onafgebroken toon. Deze geeft aan dat u het abonneenummer kunt gaan draaien.

We kunnen automatisch telefoneren met enkele landen in West-Europa. Elk land heeft een eigen landnummer. Indien u een internationaal gesprek wilt voeren, moet u 09 draaien en wachten tot u een hoge kiestoon hoort. Dan moet u zonder verdere onderbreking achter elkaar het landnummer, het netnummer en het abonneenummer kiezen.

Vragen over het gesprek

Wat is er met John? Is hij erg ziek? Wat heeft de dokter gezegd? Wat heeft hij John gegeven? Komt hij nog een keer kijken? Wat vraagt Kees? Wat moet hij dan doen? Weet John het telefoonnummer? Hoe heet de man die Kees moet bellen? Waar woont hij? Hoe kan Kees het telefoonnummer vinden? Waar kan hij opbellen? Moet Kees ook nog boodschappen doen voor John? Hoe wordt de naam De Graaf gespeld? Wat is de voorletter van de firma? Wat is het netnummer van Hilversum? Wat is het nummer van de fima De Graaf? Krijgt Kees meteen gehoor bij de firma? Wie krijgt hij aan de telefoon? Is meneer Meyboom aanwezig? Met wie wordt Kees dan verbonden? Wat vertelt hij dan?

Conversatie

Waar is de dichtstbijzijnde telefooncel? Is er een telefooncel dichtbij jouw huis? Wat moet je in een telefooncel doen om op te bellen? Welk nummer heeft Inlichtingen? Heb je telefoon? Wat is je abonneenummer? En het netnummer? Hoe spel je je naam? Heb je pas griep gehad? Bel je een dokter als je griep hebt?

Huiswerk

1 *Vul een persoonsvorm in.*
 Voorbeeld: . . . ik hier een kamer krijgen?
    Kan ik hier een kamer krijgen?
 Situatie: In een hotel
1. John: Goedenavond.
2. Receptionist: Goedenavond. . . . ik u ergens mee helpen?
3. John: Ik . . . graag een kamer hebben.
4. Receptionist: Dat . . . Voor hoeveel personen?
5. John: Voor mij alleen.
6. Receptionist: . . . u een kamer met of zonder bad?
7. John: Met bad graag.
8. Receptionist: . . . u dit formulier even willen invullen?

9. John: Ja, als u mij uw pen even . . . lenen.
10. Receptionist: Natuurlijk, alstublieft.
11. John: . . . ik u iets vragen?
12. Ik . . . graag ontbijt op bed hebben,
13. . . . dat kunnen?
14. Receptionist. Jazeker, hoe laat . . . u het hebben?
15. John: Nou, om een uur of negen.
16. Receptionist: Het . . . in orde.
17. Dan . . . ik u nu even naar uw kamer
brengen.
18. John: Graag. En daarna . . . ik graag iets drinken.
19. Receptionist: Dat . . . u in de bar doen.
20. Die . . . ik u zo wijzen.
21. John: Goed. Dank u wel.

2 *Beantwoord ontkennend.*
Voorbeeld: Houdt Kees van opera's?
Nee, hij zegt dat **hij niet van opera's houdt.**

1. Is John erg ziek?
Nee, de dokter zegt dat . . . . . .
2. Komt Robert morgen?
Nee, ik denk dat . . . . . .
3. Wordt het mooi weer?
Nee, het weerbericht zegt dat . . . . . .
4. Heeft Irene een groot huis?
Nee, Jet zegt dat . . .
5. Spreekt de moeder van Maria Engels?
Nee, Maria zegt dat . . .
6. Gaat Jaap met de auto?
Nee, ik heb gehoord dat . . . . . .
7. Gaat Paul naar Engeland?
Nee, hij zegt dat . . .

8. Is de telefooncel vrij?
Nee, ik zie dat . . .

3 *Beantwoord de volgende vragen:*
1. Heb je 's winters ook regelmatig griep?
2. Wie zorgt er voor je als je ziek bent?
3. Weet je wat je moet doen als je telefoon kapot is?
4. Hoe onthoud je telefoonnummers?
5. Vind je het vervelend om een afspraak af te zeggen?
6. Heeft iemand wel eens een interview met jou gehad?
7. Zou je wel journalist willen zijn?

4 *Maak de volgende zinnen af. Let op de tijden!*
Voorbeeld: Kees stopte bij een politieagent.
Hij wilde weten . . .
Hij wil**de** weten waar de Twentestraat **was.**
1. John was ziek.
De dokter dacht . . .
2. Als je Maria nog ziet,
vertel haar dan . . .
3. Ik ga vanavond naar Juinen.
Weet je eigenlijk wel . . .
4. Ik wil je best helpen.
Zeg maar . . .
5. Ik wil graag een bandje met Sinterklaasliedjes.
Ik zal even kijken . . .
6. Ik heb Wim al een hele tijd niet gezien.
Ik vraag me af . . .
7. Heb jij hem pas nog gezien?
Of weet je ook niet . . .
8. Kan ik iets voor je doen?
Ja, ik zou het prettig vinden . . .

Grammatica

1 *ZOU* EN *WOU*

Zou en *wou* maken vragen beleefd.

zou ik dan zijn secretaresse even kunnen spreken? (r.59)
ik wou graag een nummer in Hilversum hebben (r.41)
zou u me kunnen zeggen waar het station is??

2 ANDERE MANIEREN OM IETS TE VRAGEN

(a) *willen*

ik wil graag een kopje koffie
ik wilde (graag) een kopje koffie

(b) *mogen*

mag ik een kopje koffie?
mag ik een kopje koffie alstublieft?

(c) *kunnen*

kan ik je pen even lenen?
kunt u me zeggen waar het station is?

(d) *hebben*

heb je een kopje koffie voor me?
heb je misschien een kopje koffie voor me?

Les 24

Afscheid
J: John   A: Anneke

J. Ha Anneke, ook op zoek naar een boek?

A. Ja, ik moet een boek hebben voor een vriendin.

A. Die is morgen jarig. En jij?   3

—

J. Ik moet iets hebben voor het dochtertje van mijn hospita,

J. die is overmorgen jarig.

J. Maar wat moet je nou voor zo'n meisje kopen?   6

—

J. Ik weet alleen dat ze dol op lezen is.

J. Kun jij me helpen?

A. Heeft de juffrouw je al iets laten zien?   9

—

J. Nee, ze heeft me zelf laten zoeken.

J. Ik had haar net willen roepen, maar ze was nog bezig,

J. en toen zag ik jou.   12

—

A. Wat denk je van een meisjesromannetje?

A. Of moet het een echte roman zijn, echte literatuur?

J. Welnee, het kind wordt pas 8 jaar!   15

—

A. O nee, dan moet je wel wat anders hebben.

A. Daar liggen de kinderboeken, geloof ik, zullen we even gaan kijken?

A. Hoe vind je zoiets, met al die gekke tekeningetjes?   18

—

J. Het lijkt mij wel grappig,

J. maar Ineke is het vast niet met me eens:

J. die wil een boek om te lezen, en niet om plaatjes te kijken.   21

—

J. Ze zit ook al in de tweede klas!

A. Wat denk je hiervan: 'Lappendeken' van Henriette van Eyk?

J. Ja, dat lijkt me wel een boek dat ze leuk zal vinden.   24

—

J. Ik wil haar graag iets geven waar ze wat aan heeft,

J. want het is de laatste keer dat ik er ben, op haar verjaardag.

A. Hè? Hoe komt dat? Ga je verhuizen?   27

—

Les 24

J. Ja, nou ja, ik ga weer terug naar Engeland.

A. Terug naar Engeland? Bevalt het je hier niet meer?

J. Kom nou! Maar ik heb een aanbieding gekregen van de krant waar ik voor werk, 30

J. om hoofd van de afdeling Buitenland te worden.

J. En dat is natuurlijk een aardige promotie.

J. Ik krijg veel verantwoordelijker werk, en dus ook een hoger salaris. 33

J. Maar ik moet wel in Londen gaan wonen.

A. Zo! Hoe lang weet je dat al?

A. En wanneer ga je weg? 36

J. Ik zal het je zo allemaal vertellen,

J. maar zullen we daar een gezelliger plekje voor uitzoeken dan deze boekhandel?

J. Mag ik eerst even dit boekje betalen? 39

A. Goed, dan koop ik dat boek voor mijn vriendin straks wel.

☐

J. Wat wil je: op een terrasje zitten, of een eindje langs de grachten lopen?

A. Ik heb eigenlijk best zin in een wandelingetje: 42

A. het is zo heerlijk in de zon.

J. Goed, dan doen we dat.

J. Heb je trek in een ijsje? 45

A. Graag. Maar nu je verhaal, John.

J. Ja, dat komt. Hier is je ijsje — en het verhaal.

J. De man waar alles om draaide op de afdeling Buitenland, 48

J. zou over een jaar of twee met pensioen gaan.

J. Over zijn opvolger — wie dat zou worden, en zo —

J. daar was nog nooit over gepraat, voor zover ik weet tenminste. 51

J. Ik heb me wel eens stilletjes afgevraagd of ik in aanmerking zou komen,

J. maar het was nog zover weg.

Les 24

A. Ja, maar hoe zit het nou?   54

J. Niet zo ongeduldig!

J. De arme man heeft vorige week een hartaanval gehad

J. en mag nu niet meer werken: hij krijgt vervroegd pensioen.   57

J. Eergisteren kreeg ik een telefoontje van de krant:

J. 'of ik er zin in had zijn baan over te nemen'.

J. Dat was zo'n aantrekkelijk aanbod,   60

J. daar hoefde ik niet erg lang over te denken.

J. En nu moet ik 1 september in Londen beginnen.

A. Het is natuurlijk een geweldige promotie – gefeliciteerd!   63

A. Maar ik vind het jammer dat je weggaat.

J. Ik zelf ook.

J. Ik zal Amsterdam missen, het is een fantastische stad –   66

J. en al die mensen die ik hier heb leren kennen.

J. Maar Londen is gelukkig niet zo erg ver weg;

J. ik zal vast wel eens een retourtje Amsterdam nemen.   69

A. Of wij een retourtje Londen.

A. Zorg maar dat je huis groot genoeg is.

J. Natuurlijk – al was het alleen voor jou Anneke!   72

Aanvullende fonetiek

Let op de spelling *au* en de klank in deze woorden:
Herhaal: auto . . . restaurant . . .
Let op de spelling van deze woorden:
Herhaal: thee . . . thuis . . . bibliotheek . . . interview . . . examen . . . excuses . . . weekend . . . België . . . misschien . . . tweede . . . 's zomers . . .

Samenvatting

Net op het moment dat John de winkeljuffrouw in de boekhandel wil roepen om hem te helpen, ziet hij Anneke staan. Ze zoekt een boek voor een vriendin, die de volgende dag jarig is. John moet ook iets hebben voor een jarige: het dochtertje van zijn hospita wordt overmorgen acht jaar. Omdat de juffrouw nog bezig is, vraagt hij Anneke hem te

helpen. Zij weet niet hoe oud het meisje is, en stelt voor een
meisjesromannetje te kopen, of misschien een echte roman.
Wanneer ze hoort dat het om een klein meisje gaat, wandelt
ze naar de kinderboeken. Daar valt de keuze op 'Lappendeken' van Henriette van Eyk. John wil graag iets goeds
geven, want volgend jaar zal hij de verjaardag wel niet
meevieren. Hij gaat namelijk weer terug naar Engeland.
Tijdens een wandeling over de grachten legt hij Anneke uit,
hoe het allemaal in elkaar zit. De man die tot voor kort
hoofd van de afdeling Buitenland van zijn krant was, heeft
een hartaanval gehad, en moet met vervroegd pensioen gaan.
Nu heeft John het aanbod gekregen hem op te volgen. Daar
hoefde hij natuurlijk niet lang over te denken, want het is een
interessante functie met verantwoordelijk werk, en een salaris
dat daarmee in overeenstemming is. Hij moet echter wel in
Londen gaan wonen, en dat vindt hij jammer, want Amsterdam is een fantastische stad. Maar met het vliegtuig kun je
heel makkelijk even heen en weer. En als hij maar zorgt voor
een groot huis, komt Anneke ook wel eens naar Londen.

Oefeningen

1 A (14.7)

de sleutel lag tussen de boeken
  waar lag hij tussen?

de meisjes wachtten op lijn 5
  waar wachtten ze op?

mijn portemonnee zat in mijn jaszak
  waar zat hij in?

Ineke speelde met een autootje
  waar speelde ze mee?

Jaap en Els keken naar een opera
  waar keken ze naar?

Els fietste naar Hilversum
  waar fietste ze naartoe?

Kees kwam uit Engeland
  waar kwam hij vandaan?

de sleutel lag tussen de boeken
  waar lag hij tussen?

2 B (24.1; 18.4)

werk je bij die krant?
  ja, dat is de krant waar ik bij werk

heb je in die auto's gezeten?
  ja, dat zijn de auto's waar ik in gezeten heb

ga je volgend jaar naar dat land?
  ja, dat is het land waar ik volgend jaar naartoe ga

heb je naar die film gekeken?
  ja, dat is de film waar ik naar gekeken heb

heb je gisteren met die trein gespeeld?
  ja, dat is de trein waar ik gisteren mee gespeeld heb

heb je naar die lezing geluisterd?
  ja, dat is de lezing waar ik naar geluisterd heb

wacht je op die tram?
  ja, dat is de tram waar ik op wacht

werk je bij die krant?
  ja, dat is de krant waar ik bij werk

3 C (24.2; 18.4)

ga je die auto kopen?
  ja, dat is de auto die ik ga kopen

werk je bij die krant?
  ja, dat is de krant waar ik bij werk

wil je dat boek graag hebben?
  ja, dat is het boek dat ik graag wil hebben

speel je altijd met dat treintje?
  ja, dat is het treintje waar ik altijd mee speel

ben je naar die film geweest?
  ja, dat is de film waar ik naartoe geweest ben

heb je die kamer laten verven?
  ja, dat is de kamer die ik heb laten verven

heb je die dokter opgebeld?
  ja, dat is de dokter die ik opgebeld heb

heb je die bloemen gekocht?
  ja, dat zijn de bloemen die ik gekocht heb

heb je naar dat programma gekeken?
  ja, dat is het programma waar ik naar gekeken heb

heb je die kamers laten zien?
  ja, dat zijn de kamers die ik heb laten zien

ga je die auto kopen?
  ja, dat is de auto die ik ga kopen

4 C (24.3)

vindt ze dat boek leuk?
  ja, dat is een boek dat ze leuk vindt

is ze dol op dat huis?
  ja, dat is een huis waar ze dol op is

houdt ze van die koekjes?
  ja, dat zijn koekjes waar ze van houdt

kijkt ze graag naar dat programma?
  ja, dat is een programma waar ze graag naar kijkt

bekijkt ze die foto's vaak?
  ja, dat zijn foto's die ze vaak bekijkt

doet ze die jurk vaak aan?
  ja, dat is een jurk die ze vaak aandoet

gaan ze graag naar dat museum?
  ja, dat is een museum waar ze graag naartoe gaan

is ze dol op die bloemen?
  ja, dat zijn bloemen waar ze dol op is

vindt ze dat boek leuk?
  ja, dat is een boek dat ze leuk vindt

Les 24

5 A (23.12)

heb je het boek laten zien?
nee, ik heb het niet laten zien

heb je die mensen leren kennen?
nee, ik heb ze niet leren kennen

heb je de juffrouw willen halen?
nee, ik heb haar niet willen halen

heb je de zalen kunnen bekijken?
nee, ik heb ze niet kunnen bekijken

heb je het paleis mogen zien?
nee, ik heb het niet mogen zien

heb je de sleutel kunnen vinden?
nee, ik heb hem niet kunnen vinden

heb je het boek laten zien?
nee, ik heb het niet laten zien

6 B (24.5)

heb je de auto zelf gewassen?
nee, ik heb hem laten wassen

heb je je kamertje zelf geverfd?
nee, ik heb het laten verven

heb je die bel zelf aangelegd?
nee, ik heb hem aan laten leggen

heb je de meubels zelf schoongemaakt?
nee, ik heb ze schoon laten maken

heb je het huis zelf gebouwd?
nee, ik heb het laten bouwen

heb je de auto zelf gewassen?
nee, ik heb hem laten wassen

7 B (24.6)

zei hij iets?
nee, hij heeft niets willen zeggen

deed hij iets?
nee, hij heeft niets willen doen

kochten ze iets?
nee, ze hebben niets willen kopen

vertelde hij iets?
nee, hij heeft niets willen vertellen

gaf ze iets?
nee, ze heeft niets willen geven

namen ze iets?
nee, ze hebben niets willen nemen

betaalde hij iets?
nee, hij heeft niets willen betalen

zei hij iets?
nee, hij heeft niets willen zeggen

8 C (24.6; 18.8)

kon je de tas niet vinden?
nee, ik heb hem niet kunnen vinden

mocht je het boek niet lenen?
nee, ik heb het niet mogen lenen

kon ze u niet helpen?
nee, ze heeft me niet kunnen helpen

leerde je haar ouders niet kennen?
nee, ik heb ze niet leren kennen

mocht u de tekening niet zien?
nee, ik heb hem niet mogen zien

kon u niet naar de opera kijken?
nee, ik heb er niet naar kunnen kijken ·

wilde hij niet naar uw verhaal luisteren?
nee, hij heeft er niet naar willen luisteren

wilde je niet op de bus wachten?
nee, ik heb er niet op willen wachten

liet hij zijn huis niet zien?
nee, hij heeft het niet laten zien

kon je de tas niet vinden?
nee, ik heb hem niet kunnen vinden

9 C

zijn het grote koppen?
nee, het zijn maar kleine kopjes

zijn het grote platen?
nee, het zijn maar kleine plaatjes

zijn het grote tekeningen?
nee, het zijn maar kleine tekeningetjes

zijn het grote ramen?
nee, het zijn maar kleine raampjes

is het een grote tuin?
nee, het is maar een klein tuintje

is het een grote kamer?
nee, het is maar een klein kamertje

is het een grote boom?
nee, het is maar een klein boompje

is het een grote auto?
nee, het is maar een klein autootje

zijn het grote koppen?
nee, het zijn maar kleine kopjes

Testoefeningen

10

Wim beweert dat Els ziek is
als hij dat beweert, vergist hij zich

mijn ouders zeggen dat het gaat onweren
als ze dat zeggen, vergissen ze zich

Els vertelde dat je auto groen was
        als ze dat vertelde, vergiste ze zich

ik heb gezegd dat jij Ineke heette
        als je dat gezegd hebt, heb je je vergist

we dachten dat je niet zou komen
        als jullie dat dachten, vergisten jullie je

jij hebt verteld dat het paleis open is
        als ik dat verteld heb, heb ik me vergist

jullie hebben gezegd dat Kees niet komt
        als we dat gezegd hebben, hebben we ons vergist

ik heb gezegd dat u een auto hebt
        als u dat gezegd hebt, hebt u zich vergist

Wim beweert dat Els ziek is
        als hij dat beweert, vergist hij zich

11

is je vriendin morgen jarig?
        nee, ze is overmorgen jarig

hebben ze je het huis gisteren laten zien?
        nee, ze hebben het me eergisteren laten zien

ga je morgen een auto kopen?
        nee, ik ga er overmorgen een kopen

heb je gisteren langs de grachten gelopen?
        nee, ik heb er eergisteren langs gelopen

ga je morgen naar de tentoonstelling?
        nee, ik ga er overmorgen naartoe

ben je gisteren naar het huis gaan kijken?
        nee, ik ben er eergisteren naar gaan kijken

mag Wim morgen bij zijn buurmeisje gaan spelen?
        nee, hij mag overmorgen bij haar gaan spelen

heb je voor morgen een afspraak met Kees?
        nee, ik heb voor overmorgen een afspraak met hem

is je vriendin morgen jarig?
        nee, ze is overmorgen jarig

12

krijg je een even hoog salaris als hij?
        nee, het salaris dat ik krijg, is veel hoger

krijg je even verantwoordelijk werk als hij?
        nee, het werk dat ik krijg, is veel verantwoordelijker

krijg je een even dure auto als hij?
        nee, de auto die ik krijg, is veel duurder

krijg je een even grote kamer als hij?
        nee, de kamer die ik krijg, is veel groter

krijg je even lekkere koekjes als hij?
        nee, de koekjes die ik krijg, zijn veel lekkerder

krijg je een even hoog salaris als hij?
        nee, het salaris dat ik krijg, is veel hoger

13

werkt hij hard om veel geld te verdienen?
        ja, hij werkt hard omdat hij veel geld wil verdienen

belde ze de bioscoop op om plaatsen te bespreken?
        ja, ze belde de bioscoop op omdat ze plaatsen wilde
        bespreken

maakte ze de vazen schoon om er bloemen in te zetten?
        ja, ze maakte de vazen schoon omdat ze er bloemen
        in wilde zetten

gingen ze op een terrasje zitten om koffie te drinken?
        ja, ze gingen op een terrasje zitten omdat ze koffie
        wilden drinken

kocht hij die krant om dat verhaal te lezen?
        ja, hij kocht die krant omdat hij dat verhaal wilde
        lezen

gaat hij naar Engeland om beter Engels te leren?
        ja, hij gaat naar Engeland omdat hij beter Engels wil
        leren

werkt hij hard om veel geld te verdienen?
        ja, hij werkt hard omdat hij veel geld wil verdienen

14

moest je lang over het aanbod denken?
        nee, ik hoefde er niet lang over te denken

moest je lang op de trein wachten?
        nee, ik hoefde er niet lang op te wachten

moest je lang op Anneke wachten?
        nee, ik hoefde niet lang op haar te wachten

moet je vaak met je broertje spelen?
        nee, ik hoef niet vaak met hem te spelen

moest je vaak naar die tekening kijken?
        nee, ik hoefde er niet vaak naar te kijken

moet je vaak voor je zusje zorgen?
        nee, ik hoef niet vaak voor haar te zorgen

moest je vaak naar de band luisteren?
        nee, ik hoefde er niet vaak naar te luisteren

moet je vaak naar Amsterdam gaan?
        nee, ik hoef er niet vaak naartoe te gaan

moest je lang over het aanbod denken?
        nee, ik hoefde er niet lang over te denken

15

wassen ze het fruit?
        ja, het fruit wordt gewassen

ruimden ze de keuken op?
        ja, de keuken werd opgeruimd

hebben ze de bloemen goed verzorgd?
        ja, de bloemen zijn goed verzorgd

Les 24

hadden ze het huis al verkocht?
    ja, het huis was al verkocht

hebben ze veel ijs verkocht?
    ja, er is veel ijs verkocht

halen ze de kaartjes morgen af?
    ja, de kaartjes worden morgen afgehaald

hadden ze al plaatsen besproken?
    ja, er waren al plaatsen besproken

zongen ze altijd?
    ja, er werd altijd gezongen

wassen ze het fruit?
    ja, het fruit wordt gewassen

16

moet ik een zuster roepen?
    nee, er hoeft er geen geroepen te worden

moet ik het fruit wassen?
    nee, het hoeft niet gewassen te worden

moet ik de dokter halen?
    nee, hij hoeft niet gehaald te worden

moet ik een auto huren?
    nee, er hoeft er geen gehuurd te worden

moet ik de kamer verven?
    nee, hij hoeft niet geverfd te worden

moet ik kaartjes nemen?
    nee, er hoeven er geen genomen te worden

moet ik die banden verwisselen?
    nee, ze hoeven niet verwisseld te worden

moet ik een zuster roepen?
    nee, er hoeft er geen geroepen te worden

Aanvullende woordenlijst

de school

de leerling	het lesrooster
de klas	rekenen
de onderwijzer(es)	lezen
de leraar, lerares	schrijven
het rapport	de taal
het cijfer	de aardrijkskunde
de onvoldoende	de geschiedenis
doubleren	de biologie
blijven zitten	handwerken
overgaan	tekenen
het hoofd van de school	zingen
de herfstvakantie	de gymnastiek
de kerstvakantie	de gymnastiekzaal
de krokusvakantie	
de paasvakantie	*reizen*
de pinkstervakantie	
de grote vakantie, zomervakantie	de pas, het paspoort
	het visum
	de douane

de grens	de kaart (van Nederland)
de groene kaart	de wegenkaart
de bagage	de stafkaart
de handbagage	de plattegrond
de koffer	(van Amsterdam)
de tas	geld wisselen
de rugzak	
het hotel	het vliegveld,
het pension	de luchthaven
de tent	het station
de camping	de haven
de caravan	

Als ze vier jaar zijn kunnen kinderen naar de kleuterschool. Een kind van zes jaar mag naar de basisschool, een kind van zeven moet naar school. De basisschool duurt zes jaar.

In die tijd leren de kinderen lezen, schrijven, rekenen, aardrijkskunde, geschiedenis, biologie en wat Engels. Verder krijgen ze gymnastiek, zingen, tekenen, handenarbeid en handwerken.

Na de basisschool kunnen ze kiezen uit een groot aantal scholen voor voortgezet onderwijs.

Minstens drie keer per jaar krijgen de leerlingen een rapport met cijfers van 1 tot 10. Cijfers lager dan 6 zijn onvoldoendes. Wie op het laatste rapport voor de zomervakantie te veel onvoldoendes heeft, 'blijft zitten' en moet dus een leerjaar overdoen.

Vragen over het gesprek

Waar komen Anneke en John elkaar tegen? Wat zoekt Anneke? Waarom? Wat moet John hebben? Waarom krijgt die een boek? Vindt John het makkelijk om dat uit te zoeken? Wat weet hij over het meisje? Helpt de juffrouw hem niet? Kan hij de juffrouw niet roepen? Wie moet hem nu helpen? Wat wil Anneke kopen? Waarom vindt John dat niet goed? Waar gaan ze dan kijken? Hoe heet het dochtertje van Johns hospita? Wil Ineke een boek met plaatjes? Waarom? In welke klas zit Ineke? Welk boek kopen ze dan? Zou Ineke dat leuk vinden? Waarom wil hij haar iets geven waar ze wat aan heeft? Hoe komt dat? Waarom? Is dat prettig? Blijft hij even veel verdienen? Waarom? Waar moet hij gaan wonen? Weet John dat al lang? Waar vertelt hij dat aan Anneke? Waarom gaan ze niet op een terrasje zitten? Wat krijgt ze van John? Wat weet u over het vorige hoofd van de Afdeling Buitenland? Mag hij nu nog werken? Wanneer moet John in Londen beginnen? Is hij blij dat hij uit Amsterdam weggaat? Vindt hij Amsterdam een leuke stad? Wil hij er nog wel eens terugkomen?

Conversatie

Wat geef je aan vrienden voor hun verjaardag? Geef je meestal een cadeau waar ze iets aan hebben? Wanneer neem je iets voor iemand mee? Heb je veel boeken? Ken je Nederlandse schrijvers? Wat voor boeken lees je het liefst? Wanneer kun je in Nederland met pensioen gaan? En in jouw land? Wat vind je van het systeem van 'promotie maken'?

1 *Vul in:* waar, er, daar, die, dat.
Voorbeeld: Ik heb trek in een pannekoek.

    Heb jij . . . ook zin in?

    Heb jij **daar** ook zin in?

1. Victor moet een cadeautje voor Mathildes verjaardag
2. kopen, maar hij weet niet precies . . . ze van houdt.
3. Dat boek . . . hij zelf net gelezen heeft zou een goed
4. cadeau zijn, maar het is nogal dik en hij weet niet of
5. ze . . . zin in heeft.
6. Gisteren hebben we die wandelroute gelopen . . . je ons
7. laatst over vertelde, met twee vrienden . . . ook wel
8. van wandelen houden. Het was heel gezellig. Tijdens
9. de 20 km . . . we gelopen hebben is er heel wat af gepraat
10. en gelachen. En we hebben genoten van de mandarijntjes
11. . . . een van ons had meegenomen.
12. Bram heeft die baan gekregen . . . Louise ook op had willen
13. solliciteren. In de tijd . . . de advertentie in de krant
14. heeft gestaan, was zij op vakantie. Het is een baan . . .
15. je hard in moet werken, maar . . . ziet Bram niet
16. tegen op. Hij is . . . heel blij mee.

2 *Vul in:* laten   gaan
          leren   mogen
          moeten   kunnen
          willen

Voorbeeld: Gerard heeft zijn auto . . . wassen.

    Gerard heeft zijn auto **laten** wassen.

1. In de tijd dat John daar gewerkt heeft, heeft hij veel mensen . . . kennen.
2. Een half jaar reizen: als ik dat nog eens zou . . . doen!
3. We hadden vorig jaar een TV . . . kopen, toen waren ze veel goedkoper.
4. Wim had het boek dat hij gekregen heeft altijd al . . . hebben.
5. Els heeft Kees het hele huis . . . zien.
6. Jaap heeft zijn haar kort . . . knippen.
7. Die film moet je beslist . . . zien.
8. Dat had je niet . . . vertellen.

9. Ik had haar iets . . . vragen, maar ik heb haar niet . . . bereiken.
10. We moeten nu echt . . . rijden. Zou je afscheid . . . nemen?

3 *Beantwoord de volgende vragen:*
1. Houd je van lezen?
2. Koop je vaak boeken?
3. Kun je al Nederlandse romans lezen?
4. Hou je van lange wandelingen?
5. Heb je wel eens in een vliegtuig gezeten? Hoe vond je dat?
6. Wat voor mensen heb je tijdens de lessen Nederlands leren kennen?

4 *Maak de volgende zinnen af.*
Voorbeeld: Wat zullen we vanavond doen?

    Ik heb eigenlijk best zin . . .

    Ik heb eigenlijk best zin **om lekker thuis te blijven.**

1. Ik weet niet precies waar hij naartoe gaat.
   Ik weet alleen . . .
2. Weet jij waar hij van houdt?
   Ja, hij is dol . . .
3. Er komen veel mensen naar dat concert.
   Zorg maar . . .
4. Dit is de laatste keer . . .
5. Toen we vorige week in Groningen waren . . .
6. Als het volgende week . . .
7. Sinds Bram die baan heeft . . .
8. Ga eerst maar met mij mee, dan . . . . . .
9. Wist je dat . . .
10. Vind je het ook zo jammer dat . . .
11. Mark is het vast niet met me eens: . . .
12. Omdat het al zo laat is . . .
13. Toen ik vanmorgen . . .
14. Wat denk je van . . .
15. Nu John toch naar Engeland gaat . . .

Grammatica

1 DE DUBBELE INFINITIEFCONSTRUCTIE

praesens	perfectum
PV auxiliair + infinitief	PV + infinitief + infinitief

Ik **kan** *de brief niet* **lezen**	*ik* **heb** *de brief niet* **kunnen lezen**
ik **laat** *mijn auto* **wassen**	*ik* **heb** *mijn auto* **laten wassen**
ik **kom** *zaterdag* **eten**	*ik* **ben** *zaterdag* **komen eten**

heeft de juffrouw al iets laten zien? (r.9)
ik had haar net willen roepen (r.11)

2 RELATIEVE ZINNEN MET *WAAR* (+ PREPOSITIE)

*we hebben **naar de TV** gekeken*
*het programma **waar** we **naar** gekeken hebben was erg interessant*

*John moet morgen **naar** een vergadering*
*de vergadering **waar** John morgen **naartoe** moet, begint om 10 uur*

*ik houd het meest **van** kip met rijst*
*het eten **waar** ik het meest **van** houd, is kip met rijst*

*ik wil haar graag iets geven **waar** ze wat **aan** heeft* (r.25)
*ik heb een aanbieding gekregen van de krant **waar** ik **voor** werk* (r.30)

207

Les 24

3 DIMINUTIEVEN

Diminutieven geven aan dat iets of iemand klein of onbelangrijk is.

Vorm:

(a) substantief + -je

kop	–	kopje
brief	–	briefje
plaat	–	plaatje (r.21)
terras	–	terrasje (r.41)
eind	–	eindje (r.41)
dag	–	dagje

(b) substantief + -tje

auto	–	autootje
bui	–	buitje
stoel	–	stoeltje
telefoon	–	telefoontje (r.58)
jaar	–	jaartje

trein	–	treintje
dochter	–	dochtertje

(c) substantief + -etje

bal	–	balletje
kam	–	kammetje
roman	–	romannetje (r.13)
wandeling	–	wandelingetje (r.42)
bloem	–	bloemetje

(d) substantief + -pje

bloem	–	bloempje
geheim	–	geheimpje
film	–	filmpje

(e) substantief + -kje

woning	–	woninkje
ketting	–	kettinkje
koning	–	koninkje

Onregelmatige en sterke werkwoorden

Lijst van onregelmatige en sterke werkwoorden. Het woord *is* voor het participium perfecti geeft aan dat *zijn* wordt gebruikt als auxiliair in het perfectum. Bij de andere werkwoorden wordt *hebben* gebruikt.

Sterke werkwoorden

bijten	beet, beten	gebeten
blijven	bleef, bleven	is gebleven
glijden	gleed, gleden	is gegleden
kijken	keek, keken	gekeken
krijgen	kreeg, kregen	gekregen
lijken	leek, leken	geleken
rijden	reed, reden	gereden
rijzen	rees, rezen	is gerezen
schijnen	scheen, schenen	geschenen
schrijven	schreef, schreven	geschreven
snijden	sneed, sneden	gesneden
stijgen	steeg, stegen	is gestegen
verdwijnen	verdween, verdwenen	is verdwenen
vermijden	vermeed, vermeden	vermeden
wijzen	wees, wezen	gewezen
zwijgen	zweeg, zwegen	gezwegen
bedriegen	bedroog, bedrogen	bedrogen
bieden	bood, boden	geboden
gieten	goot, goten	gegoten
kiezen	koos, kozen	gekozen
schieten	schoot, schoten	geschoten
verbieden	verbood, verboden	verboden
verliezen	verloor, verloren	verloren
vliegen	vloog, vlogen	gevlogen
vriezen	vroor, (vroren)	gevroren

buigen	boog, bogen	gebogen
druipen	droop, dropen	gedropen
fluiten	floot, floten	gefloten
kruipen	kroop, kropen	gekropen
ruiken	rook, roken	geroken
schuiven	schoof, schoven	geschoven
sluiten	sloot, sloten	gesloten
beginnen	begon, begonnen	is begonnen
binden	bond, bonden	gebonden
drinken	dronk, dronken	gedronken
klinken	klonk, klonken	geklonken
krimpen	kromp, krompen	is gekrompen
springen	sprong, sprongen	gesprongen
vinden	vond, vonden	gevonden
winnen	won, wonnen	gewonnen
zingen	zong, zongen	gezongen
zinken	zonk, zonken	is gezonken
gelden	gold, golden	gegolden
schenken	schonk, schonken	geschonken
trekken	trok, trokken	getrokken
zenden	zond, zonden	gezonden
zwemmen	zwom, zwommen	gezwommen
breken	brak, braken	gebroken
komen	kwam, kwamen	is gekomen
nemen	nam, namen	genomen
spreken	sprak, spraken	gesproken
stelen	stal, stalen	gestolen

eten	at, aten	gegeten
geven	gaf, gaven	gegeven
lezen	las, lazen	gelezen
treden	trad, traden	is getreden
vergeten	vergat, vergaten	vergeten
bidden	bad, baden	gebeden
liggen	lag, lagen	gelegen
zitten	zat, zaten	gezeten
blazen	blies, bliezen	geblazen
houden	hield, hielden	gehouden
laten	liet, lieten	gelaten
lopen	liep, liepen	gelopen
roepen	riep, riepen	geroepen
slapen	sliep, sliepen	geslapen
vallen	viel, vielen	is gevallen
bederven	bedierf, bedierven	bedorven
helpen	hielp, hielpen	geholpen
scheppen	schiep, schiepen	geschapen
sterven	stierf, stierven	is gestorven
werpen	wierp, wierpen	geworpen
dragen	droeg, droegen	gedragen
graven	groef, groeven	gegraven
slaan	sloeg, sloegen	geslagen
varen	voer, voeren	gevaren
gaan	ging, gingen	is gegaan
hangen	hing, hingen	gehangen
vangen	ving, vingen	gevangen
bewegen	bewoog, bewogen	bewogen
scheren	schoor, schoren	geschoren
wegen	woog, wogen	gewogen
zweren	zwoer, zwoeren	gezworen
worden	werd, werden	is geworden

Onregelmatige werkwoorden

bakken	bakte, bakten	gebakken
braden	braadde, braadden	gebraden
brengen	bracht, brachten	gebracht
denken	dacht, dachten	gedacht
doen	deed, deden	gedaan
hebben	had, hadden	gehad
heten	heette, heetten	geheten
jagen	jaagde, jaagden	gejaagd
	joeg, joegen	
kopen	kocht, kochten	gekocht
kunnen	kon, konden	gekund
lachen	lachte, lachten	gelachen
moeten	moest, moesten	gemoeten
mogen	mocht, mochten	gemogen
plegen	placht, plachten	
scheiden	scheidde, scheidden	gescheiden
staan	stond, stonden	gestaan
vouwen	vouwde, vouwden	gevouwen
vragen	vroeg, vroegen	gevraagd
	vraagde, vraagden	
waaien	waaide, waaiden	gewaaid
	woei, woeien	
wassen	waste, wasten	gewassen
weten	wist, wisten	geweten
willen	wilde, wilden	gewild
	wou, wouden	
zeggen	zei, zeiden	gezegd
zien	zag, zagen	gezien
zoeken	zocht, zochten	gezocht
zullen	zou, zouden	
zijn	was, waren	is geweest

Grammaticale index

Voorbeeld: *pronomen*
         demonstrativum 8.1 betekent dat het demonstratief pro-
         nomen wordt behandeld in les 8, paragraaf 1

aan + *het* + infinitief 16.1
aanspreekvormen 4.1.3
adjectief 11.1
auxiliair
    + infinitief 8.3; 24.1
    hebben 10.1.3; 16.2
    worden 19.1; 20.1.2
    zijn 10.1.3; 12.1.2; 16.2; 22.5
bepaling van tijd en plaats 4.6
bijzin 14.3
    met *omdat* 17.1.1
    met *want* 17.1.2
comparatief 21.1
daar, er, waar + prepositie 12.3; 14.1; 24.2
data 13.4
declaratieve zin 2.3.1
diminutief 24.3
dit/dat + PV *zijn* + nominale constituent 3.4
dubbele infinitiefconstructie 24.1
futurum 9.3
imperatief 4.4
imperfectum 20.1
indirecte zin met *dat* 22.1
inversie 4.3
lidwoord
    bepaald 4.5
    onbepaald 2.4
meer dan één auxiliair 18.2; 24.1
negatie 2.5; 5.3; 6.2.3
niet hoeven (+ *te* + infinitief) 19.3
om + *te* + infinitief 13.3
participium perfecti 10.1.2; 12.1; 13.2.2
passieve zin 19.1; 20.1.3; 22.5
perfectum 10.1; 22.5; 24.1
pluralis van substantieven 3.3
possessiefconstructies 15.1
praesens 2.2.1; 3.2; 4.2; 5.2; 7.2; 8.2.2; 9.4;
    13.2.2
pronomen
    demonstrativum 8.1
    personale 2.1; 3.1.1; 3.1.3; 4.1; 5.1; 7.1.2;
        9.1
    possessivum 2.1; 3.1.1; 3.1.3; 4.1.1; 7.1;
        15.1
    reflexivum 3.1.2; 3.1.3; 22.4.1
    relativum 18.1; 24.2
PV 2.3; 4.3
relatieve zinnen 24.2
superlatief 19.2
te + infinitief 22.3
vergelijkingen zonder comparatief 21.2
vraagwoorden 3.1.4; 12.2
vraagzin
    direct 2.3.2
    indirect 22.2
vragen 23
werkwoorden
    reflexieve 22.4
    samengestelde: prefix met accent 13.2.2
                 prefix zonder accent
                      12.1.1; 13.2.1
    transport- 16.2
    zwakke, sterke, onregelmatige 10.1.2;
        20.1
woordvolgorde
    auxiliair + infinitief 8.3
    bijzin 14.3

hoofdzin 2.3; 4.3
    verschillende objecten 9.2

als 14.3; 21.2; 21.3.4

bedoelen 12.4
bedoeling 12.4
ben 2.2.2.
bent 2.2.2
betekenen 12.4
betekenis 12.4

daar 12.3; 14.1
daarnaartoe 12.3; 14.1
daarvandaan 12.3; 14.1
dan 21.1.3; 21.3.2
dat 3.4; 8.1; 15.1.1; 18.1; 22.1; 22.2
de 4.5
deze 8.1
dezelfde 12.5
die 8.1; 15.1.1; 18.1
dienst 6.2.1; 6.2.3
dit 3.4; 8.1
doen(in) 15.2

een 2.4.1
elk 8.4
elke 8.4
er 10.2; 13.1; 14.1; 14.2
even 21.1.1

gaan 9.3.2
geen 2.5; 5.3.1
geeneen 13.1

haar 3.1.1; 3.1.3; 9.1
hangen 22.3
hare 15.1.1
hè? 2.3.1
hebben 3.2.1; 5.2; 10.1; 16.2; 23.2
hem 9.1
hen 9.1
het(lidwoord) 4.5
het(pronomen) 3.1.1; 9.1
hetzelfde 12.5
hij 3.1.1; 9.1
hoeven 19.3
hun 7.1
hunne 15.1.1

ik 2.1
is 2.2.2

je 2.1; 4.1; 7.1; 9.1
jij 4.1
jou 9.1
jouw 4.1; 7.1
jouwe 15.1.1
jullie 5.1; 7.1; 9.1

kennen 8.2.1
kunnen 8.2; 23.2

laten 11.2.2
leggen 15.2
liggen 15.2; 22.3
lopen 22.3

me 3.1.2; 3.1.3; 9.1
mee 14.1.4
menen 12.4
mening 12.4
met 14.1.4
mij 9.1
mijn 2.1; 3.1.1; 3.1.3
mijne 15.1.1
mogen 23.2

naar 14.1.4
naartoe 14.1.4
net 21.2.1
niet 5.3
nou 7.3
nu 7.3

of 22.2.2
om 13.3
omdat 17.1.1
ons 7.1; 9.1
onze 7.1; 15.1.1

praten 7.4

spreken 7.4
staan 15.2; 22.3
stoppen (in) 15.2

te 13.2.2; 13.3; 19.3; 22.3
toen 21.3.1; 21.3.3

u 2.1; 3.1.2; 3.1.3; 4.1.3; 5.1; 9.1
uw 2.1
uwe 15.1.1

van 14.1.4
vandaan 14.1.4
vrij 6.2.2; 6.2.3

waar 24.2
waar? 12.2; 14.1
waarnaartoe? 12.2
waarvandaan? 12.2
wanneer? 22.2.1
want 17.1.2
wat? 2.3.2; 3.1.4
we 5.1
welk 6.1
welke 6.1
weten 8.2.1
wie? 3.1.4; 22.2.1
willen 4.2.2; 23.2
wij 5.1
worden 19.1.2
wou 23.1

ze 3.1.1; 5.1; 9.1
zetten 15.2
zich 3.1.2; 3.1.3; 22.4.1
zij 5.1
zijn(pronomen) 3.1.1; 3.1.3
zijn(werkwoord) 2.2.2; 3.2.1; 3.4; 4.4; 5.2;
    10.1.3; 12.1.2; 16.1; 16.2; 22.5
zijne 15.1.1
zitten 15.2; 22.3
zo'n 10.3
zou 23.1
zulk 10.3
zulke 10.3
zullen 9.3.3; 9.4; 11.2.1

Woordindex

Wanneer een woord slechts in één les voorkomt, wordt het nummer van die les gegeven (gevolgd door een s als het woord alleen in de samenvatting genoemd wordt). Staat een woord in meer dan één les, dan wordt de vroegste vindplaats gegeven, gevolgd door een p (passim).

Van de woorden uit de woordenlijsten worden alle vermeldingen (voor zover die relevant zijn) gegeven. De aanduiding bestaat uit het nummer van de les, gevolgd door een w. Bij woorden die voor het eerst in het huiswerk voorkomen, wordt het lesnummer gevolgd door een h.

ann 3, p, 4w
aanbieden 15s, p
aanbieding, de 24
aanbod, het 24
aanbouw (in -) 16s
aandacht, de 20s
aandeelhouder, de 23w
aandoen 15
aangetekend 6w
aangeven 23w
aanhebben 15w
aanhoudend 22w
aankloppen 15s
aanleggen 18
aanmerking (in -) 24
aannemen 23s
aannemer, de 3w
aanrecht, de/het 21w
aanschaffen 11w
aansluiten 23w
aantal, het 24w, 20h
aantekenen 6w
aantrekkelijk 24
aanvragen 8w
aanwezig 23
aanzetten 14
aardappel, de 10, 3w, 9w
aardappelpuree, de 9w
aardbei, de 19w
aardig, 7, p
aardrijkskunde, de 3w, 4w, 24w
abonnee, de 16w, 23w
abonneenummer, het 23w
abonnement, het 7w, 16w
abonneren (op), 16h
abrikoos, de 19w
absoluut 22
academie, de 3w
accent, het 12
accu, de 17w
ach! 5, p
acht 11, 4w
achter 6, 21w, 24w
achterbak, de 17w
achterbank, de 17w
achterdeur, de 21w
achterkamer, de 21w
achterkant, de 18w
achterkleinkind, het 12w
achterlicht, het 17w
achterlopen 5w
achterop 13
achteruitkijkspiegel, de 17w
acrobaat, de 13w
acteren 3w
acteur, de 3w, 13w
actie, de 20h
actrice, de 13w
actualiteit, de 14w
actuariaat, het 4w
administratie, de 23w
administratief 20w
adres, het 2, p
advertentie, de 16, 16w, 14h
advocaat, de 3w, 4w

advocate, de 3w
af 16
afdeling, de 19, p, 11w
afdelingshoofd, het 23w
afdelingskeuken, de 19
afgelopen 14, 10h
afhalen 9
afhankelijk 20h
afkomen (er goed -) 19h
afkorting, de 12s
aflopen 5w
afmaken 16h
Afrika, het 2w
afscheid, het 17s, p
afspraak, de 9s, p
afspreken 18s
afstuderen 20s, 20w
afvoer, de 21w
afvragen, zich 24
afwasborstel, de 21w
afwaskwast, de 21w
afwasmachine, de 21w
afwasmiddel, het 21w
afwassen 20, 21w
afzeggen 23s
afzetten 14, p
agenda, de 8h
agent(e), de 6s
agentschap, het 16w
ah! 12
aha! 17, p
al (reeds) 3, p
al (hoewel) 24
al(le) 10, p
Albanië, het 2w
alcohol, de 22h
aldus 22s
alfabetisch 8w
algemeen 12, 4w
Algemeen Dagblad, Het 16w
Algerije, het 2w
alinea, de 8w
allebei 13, p
alleen 5, p
alleen (slechts) 17s, p, 11w
allemaal 16, p
Allerheiligen 13w
allerlei 20, 11w, 18w
Allerzielen 13w
alles 10, p
als (wanneer) 14, p.
als (zoals) 4s, p
alsjeblieft (verzoek) 4, p
alsjeblieft (hier is het) 4, p
alstublieft (verzoek) 7, p
alstublieft (hier is het) 4, p
alt, de 14w
althans 22s
altijd 6, p
alvast 11h
amateur, de 16w
ambtenaar, de 3w
Amerika, het 2w
Amsterdam 2, p, 2w
Amsterdammer, de 6, p

Amsterdams 6, 23w
Amsterdamse, de 3s, p
ananas, de 19w
analist(e), de 3, 3w
analyseren 3w
ander 3s, p
anders 7, p, 6h
andragogie, de 4w
andijvie, de 9w
angina, de 10w
A.N.P., het 14w
ansichtkaart, de 6w, 17w
antenne, de 14w
antropologie, de 4w
Antwerpen 7
antwoord, het 5s
antwoordapparaat, het 23w
antwoorden 2s, p
A.O.W., de 12
apart 18s
apotheek, de 10w
apparaat, het 19
appel, de 19w
april 13, p, 13w
Arabië, het 2w
archeologie, de 4w
architectuur, de 4w
Argentinië, het 2w
arm (adj.) 24
arm, de 10w
armband, de 15w
arriveren 17s
artikel, het 3w, 11w, 16w, 17w
artistiek 13w
arts, de 20, 3w
artsexamen, het 20
as, de 17w
asbak, de 18w
asperge, de 9w
aspergesoep, de 9w
Assen 14
astronomie, de 4w
Aswoensdag, de 13w
atletiek, de 16w
augustus 13w
Australië, het 2w
auteur, de 8s, 8w
auto, de 6, 5w, 17w
automatisch 17w, 23w
avond, de 8, p, 6w
avondblad, het 16w
avondjurk , de 15w
avondprogramma, het 14w
avondretour, het 7w
avonduren, de 20s
avondverkoop, de 11w
A.V.R.O., de 14w
Azië, het 2w

baan, de 20, p
baby, de 16
bad, het 21, 21w
badcel, de 21w
badkamer, de 21, 21w
badpak, het 15w

bagage, de 24w
bagagerek, het 24w
bakken 3w, 21w
bakker, de 3w, 17w
balkon, het 5, p, 21w
ballade, de 8w
ballet, het 13w
banaan, de 19w
band (auto -, fiets -), de 17, 17w, 11h
band (boek -), de 8w
band (geluids -), de 14w
bandrecorder, de 13, 14w
bank(geld -), de 11w, 17w
bank(zit -), de 7w, 18w
bankemployé, de 3w
banketbakker, de 17w
bankstel, het 18w
bar, de 23h
bas, de 14w
basisschool, de 24w
beantwoorden, 2h
bed, het 10, p, 5w, 10w, 18w, 19w
bedanken 5, p
bedoelen 7, p
bedrijf, het 23w
bedrijfsleider, de 3w, 23w
bedrijfsleidster, de 3w, 23w
beëindigen 23s
beeld, het 14
beeldbuis, de 14w
beeldhouwkunst, de 4w
been, het 10w
beetje, het 4, p
beginnen 6, p, 2h
begonia, de 18w
begroting de 23w
begrijpen 19, p
beha, de 15w
behang, het 18, 18w
behangen 18w
beige 11w
bejaardenhelper, de 3w
bejaardenhelpster, de 3w
bekostigen 20s
bekijken 16, p
bel, de 15, p, 23w
belachelijk 14s
belangrijk 20s, 14w, 16w
belasting, de 23w
belastingaftrek, de 23w
België 7, 2w
bellen 16, 11h
beloven 10s, p, 9h
beneden 11, 21w, 5h
benzine, de 17, 17w
benzinestation, het 17w
benzinetank, de 17w
bepaald 14w
bereiken 16s
bericht, het 16w
beroep, het 3w
beroepengids, de 23w
beroepsonderwijs, het 20w
bes, de 19w

211

Woordindex

beschikking, de 19s
beschrijving, de 18w
beslist 9
besluiten 13s, p
besmettelijk 19w
besparen 19s
bespreken (plaats) 13, 13w
bespreking (boek-), de 16w
best 12, p, 9h
bestaan (uit) 21s, 5w
bestek, het 21w
bestellen 6s, p
bestuderen 16s, 4w
betaalcheque, de 11w
betaalpas, de 11w
betalen 6s, p, 10w, 11w
betaling, de 11w
betekenen 12, 12w
betekenis, de 12
beter (~goed) 19s, p, 23w, 11h
beter (niet ziek) 10, p
betreffen 14s, p
beurs(handels-), de 23w
beurs(studie-), de 20
beursberichten, de 16w
beurt, de 11
bevallen 21, p
bevalling, de 19w
bevrijding, de 20
bewaakt 7w
bewaren 19s
beweren 20, p
bewolkt 21, 22w
bewonderen 21s
bewusteloos 10w
bezet 23w
bezig 18s, p, 23w
bezoek, het 4, p, 19w
bezoeken 10s, p
bezoeker, de 19, 19w, 3w
bezoekuur, het 19w
bezorger, de 16w
bezwaar, het 18s
bibliothecaresse, de 3w
bibliothecaris, de 3w
bibliotheek, de 8, p, 8w
biefstuk, de 9w
bier, het 22, 22w, 17w
biertje, het 6h
bikini, de 15w
binnen (adv.) 4, p
binnen (vz.) 20
binnenband, de 17w
binnenbrengen, 19h
binnenkomen 15s, p, 4h
biologie, de 4w, 24w
bioscoop, de 13, 13w, 9h
blad(dien-), het 21w
bladzijde, de 8w
blauwe plek, de 19w
blik, het 3w, 11w
blocnote, de 17w
bloed, het 10w, 11w
bloem, de 19, p, 19w
bloemenstation, het 19
bloemenwinkel, de 17w
bloemkool, de 9w
blouse, de 15w
blijken 6s, p
blijven 7, p
blijven zitten 24w
boek, het 8, p, 8w
boekbespreking, de 16w
boekenkast, de 8w, 18w
boekhandel, de 24, 17w
boekhouden 3
boekhouder, de 21, 3w, 23w
boekhouding, de 23w
boerenkool, de 9w
boiler, de 21w

bon, de 11w
boodschap, de 23
boodschappen (doen), 10, p
boom, de 5
boontjes, de 9w
boos 14s
boot, de 2, p, 5w
bord, het 7s, 21w
borrel, de 12, 22w
borst, de 10w
bos, het 21h
bosbes, de 19w
boter, de 9w
boterham, de 9w
bougie, de 17w
bouillon, de 9w, 22w
bouwen 16, p, 3w
bouwkunst, de 4w
bouwmeester, de 22s
bouwvakker, de 3w
boven (adv.) 5, 21w
boven (vz.) 11w, 18w
bovenarm, de 10w
Boymans 7
braam, de 19w
braden 21w
braken 10w
brancard, de 19w
brandwond, de 10w
Brazilië, het 2w
breed 21
breken 18h
brengen 8s, p
breuk, de 19w
bridgen 16w
brief, de 13, p, 3w, 6w
briefje, het 11, p
briefkaart, de 6w
brievenbus, de 13
bril, de 20, 10w
broeder, de 3w, 19w
broek, de 15, 15w
broekspijp, de 15w
bromfiets, de 13, 5w
brommer, de 13, 5w
brood, het 10, p, 9w, 19w
broodbeleg, het 9w
broodje, het 9w
broodmaaltijd, de 9w
brug, de 6
bruid, de 12
bruidegom, de 12
bruidspaar, het 12
bruiloft, de 12
bruin 9w, 11w
bui, de 22w
buik, de 10w
buiten (adv.) 10, p
buitenband, de 17w
buitenland, het 24
buitenspiegel, de 14w
bukken 19
bul, de 20
Bulgarije, het 2w
bumper, de 17w
bundel, de 8w
bureau(schrijf-), het 18, 18w
bureaulamp, de 18w
buren, de 5, p
bus, de 5, p, 5w
butagasstel, het 18
buurman, de 6s
buurmeisje, het 3, p
buurt, de 12s
buurvrouw, de 3h
B.V., de 23w
bij 3, p
bijkeuken, de 21w
bijna 4, p
bijvak, het 2w

bijvoorbeeld 18s, p, 4w
bijzonder 11

cabaret, het 13w
cadeautje, het 13w
café, het 9, 6h
caissière, de 11w
camping, de 24w
Canada, het 2w
capsule, de 10w
capuchon, de 15w
caravan, de 24w
carburateur, de 17w
Celebeslaan, de 23
cent, de 6, 11w
centraal 7, p, 4w, 18w
centrale, de 23w
centrifuge, de 21w
champignonsoep, de 9w
chaufferen 3w
chauffeur, de 3w
chauffeuse, de 3w
chemie, de 4w
cheque, de 6w, 11w
China, het 2w
chirurg, de 19w
chocolademelk, de 22w
chocomel, de 22w
circus, het 13w
citaat, het 8w
citroen, de 19w
claxon, de 17w
clown, de 13w
cola, de 22w
colbert(je), het 15w
collega, de 12s, p
college, het 9, p, 3w, 20w
collegedictaat, het 9
collegegeld, het 20w
collegekaart, de 20w
collegerooster, het 20w
competitie, de 16w
compliment, het 12
concert, het 14, 13w, 14w
concertgebouw, het 13w
conducteur, de 7, 3w, 7w
conductrice, de 3w
confectie, de 17w
constateren 10w
contactsleuteltje, het 17w
contant 11w
controleren 23s, 7w
crèche, de 5h
credit 23w
crisistijd, de 20s
criticus, de 13w
crocusvakantie, de 24w
culturele antropologie, de 4w
cursief 8w
cursus, de 12h
c.v., de 18w
cijfer, het 24w

daar 3, p
daar + voorzetsel 12, p
daardoor 7s, p
daarna 7, p
daarom 5, p
dag! 3, p
dag, de 7, p, 5w, 6w
dagblad, het 16w
dagelijks 22
dagtocht, de 7w
dagverblijf, het 19w
dak, het 17, 21w
Dam, de 6
dame, de 11, p
damesverband, het 10w
dammen 16w
dan (adv.) 2, p

dan (vw.) 20, p
dank, de 16, p
dank je (wel) 4, p
dank u (wel) 4, p
das, de 15w
dashboard, het 17w
dat (aanw. vnw.) 2, p
dat (betr. vnw.) 18, p
dat (vw.) 10, p
datum, de 13s
de 2, p
debet 23w
december 13w
decor, het 13w
deel, het 14s
definitief 18
deken, de 19w
dekschaal, de 21w
Denemarken, het 2w
Den Haag 12
denken, 16, p, 9h
depressie, de 22w
der 4w
derde 16
dertig 11, 4w
desgevraagd 23s
dessert, het 9w
detective, de 8w
deur, de 18, 18w
deze 6, p
dicht 8, p
dichtbij 6, p
dichtdoen 17w
dictaat, het 9
die (aanw. vnw.) 8, p
die (betr. vnw.) 18, p
dienblad, het 21w
dienen 23
diens 23s
dienst, de 6, p
dienst (tot uw -) 6, p
diergeneeskunde, de 4w
dik 19h
diner, het 9w
ding, het 14, p
dinsdag 8, p
direct 18
directeur, de 23w
directrice, de 23w
dirigent(e), de 14w
discotheek, de 14w
dissertatie, de 20w
district, het 23w
dit 3, p
docent(e), de 20w
dochter, de 3, p, 12w
doctor, de 20w
doctoraal, het 20w
doctorandus, de 20w
doen 3, p
dokter, de 10, p, 3w, 10w
dol (op) 15s, p
dolgraag 20
dominee, de 3w, 20w
donderdag 8
donker (adj.) 14h
dood 19w
doodgaan 14
doof 19h
dooi, de 22w
dooien 22w
door (adv.) 19w
door (vz.) 19, p
doorgaan 13, p, 14w
doorgeven 23
doorlichting, de 19w
doorrijden 17s, 16h
doorverbinden 23, 23w
doos, de 11w
doperwtjes, de 9w

dorp, het 20
dorpsonderwijzer, de 20s
douane, de 11, 24w
doubleren 24w
douche, de 21w, 18h
douchecel, de 21
dr. 20w
draaien 13, p, 23w
drank, de 17w, 22w
drank(je), de (het) 10w
drempel, de 18w
drie 3, p, 4w
Driekoningen 13w
drinken 4s, p, 9w, 22w
drogen 21w
drogist, de 17w
droog 22w
droom, de 20h
drs. 20w
druif, de 19w
druk 11
druk (het – hebben) 9, p
druk, de 8w
drukker, de 16w
drukte, de 19w
drukwerk, het 11, 6w
drum, de 14w
drummer, de 14w
ds. 20w
D-trein, de 7w
dubbel 23
duim, de 10w
duinen, de 21
Duits, het 2w, 4w
Duitsland, het 2w
duizend 4w
duren 13, p, 5w
dus 4s, p
duur 11
dij, de 10w
dijbeen, het 10w
dijk, de 4w

eb, de 22w
echt 11, p
echter 24s
echtpaar, het 12w
economie, de 14, 3w, 4w
economisch 4w
editie, de 8w, 16w
een 3, p
één 5, p, 42
een en ander 20
eenheid, de 19s
eenpersoons 19
eenpersoonsbed, het 18w
eens 2, p
eens (het – zijn met) 24
eenvoudig 12
eerder 21
eergisteren 24
eerst 9, p, 17w
Egypte, het 2w
E.H.B.O., de 10w, 19w
ei, het 10, 9w
eigen 9, p
eigenaar, de 23w
eigenaresse, de, 23w
eigenlijk 10, p
eigenlijk? 9, p
eind(e), het 18, p
eindelijk 11s, p
eindje, het 17, p
elektricien, de 3w
elf 4, p, 4w
elk 8, p
elkaar 11, p
elleboog, de 10w
Emmastraat, de 6
emmer, de 21w

en 2, p
en wel 8s
en zo 19, p
encyclopedie, de 22
Engeland, het 4, p, 2w
Engels, het 2, p, 2w, 4w, 24w
Engels (adj.) 12s, 2w
Engelse, de 2, 2w
Engelsman, de 2, p, 2w
enig 23w
enkel, de 10w
enkel(e) 23w
enkele reis, de 7w
enorm 18
enthousiast, 18h
enzovoort 11, p
E.O., de 14w
epiek, de 8w
epiloog, de 8w
epos, het 8w
er (~daar) 4s, p
er (pers.) 13, p
er (grammatikaal) 5, p
er + voorz. 14, p
erg 4s, p
ergens 9, p
ernstig 19
ervaring, de 14h
erwtjes, de 9w
etalage, de 11w
etc. 18w
eten, het 9, p, 9w
eten 7, p, 9w
Ethiopië, het 2w
Europa, het 2w
Europazegel, de 6w
even (net zo) 21
even (een moment) 8, p, 4h
evenmin 22s
examen, het 3w, 20w
excursie, de 20w
excuses, de 23
expeditie, de 23w
expresse (per –) 6w

fabricage, de 23w
fabriek, de 23w
fabrikaat, het 23w
fabrikant, de 23w
faculteit, de 4w, 20w
faculteitsbureau, het 20w
familie, de 12, 12w, 19w
familieberichten, de 16w
fantastisch 4, p
februari 13w
feestje, het 13, 9h
feliciteren 12
festival, het 13w
feuilleton, het 16w
fiets, de 3, p, 6w, 21w
fietsen 13, p, 6w, 5h
film, de 9, p, 13w
filosofie, de 4w
Finland, het 2w
firma, de 23, 23w
flat, de 16, p
flauwvallen 10w
fles, de 9, 11w
flink 11
fluit, de 14w
fluitist(e), de 14w
fooi, de 17
formulier, het 11
fornuis, het 21w
forum, het 14w
foto, de 3, p, 16w
fotocopie, de 8w
fotocopieerapparaat, het 8w
fotograaf, de 3w
fotografe, de 3w

fotograferen 3w
fraai 21s
framboos, de 19w
Frankrijk, het 2w
Frans, het 7, 2w, 4w
fris 22
frisdrank, de 22, 3w, 22w
frites, de 9w.
fruit, het 19, 3w, 9w, 19w
functie, de 24s
functioneel 19
fijn 10, p

gaan 3, p
gaan (het met) 3, p
gaan (hulpw.) 4, p
gang, de 20, 21w
garage, de 17w, 21w
garderobe, de 7h
gas geven 17w
gasfornuis, het 21w
gaspedaal, het 17w
gasstel, het 21w
gauw, 2, p
gebakken 9w
gebonden 14w
geboren 4
gebouw, het 8
gebruik, het 19h
gebruiken 9, p, 9w
gedeelte, het 10w
gedicht(je), het 8w, 13w
geel 11, 11w
geen 2, p
geeneen 13
gefeliciteerd! 12, p
gehakt, het 9w
gehoor, (geen –) 16
gek, 14, p, 13h
gekookt 9w
geld, het 11, p, 10h
gelden 13w
geldig 7w
geldzaken, de 11
geleden 12, p, 9h
geliefd 16
geloven 6, p
geloven 6, p
geluid, het 14
gelukkig 10, p
gelijk 11
gelijk hebben 22
gemeubileerd 18
geneeskunde, de 4w
genezen 19w
genieten, 21h
genoeg 10, p
geografie, de 4w
geologie, de 4w
gepraat, het 10s
geraas, het 14
geranium, de 18
gerust 9
geschiedenis, de 8, 3w, 4w, 24w
gesneden 9w
gesp, de 15w
gespatieerd 8w
gesprek (in –) 23, 23w
gestreept 18w
getrouwd 18
geval (in elk –) 19, 15h
gevarieerd 21h
gevel, de 21w
geven 4s, p
Gevonden voorwerpen 9
geweldig 4, p
gewoon 11, p
gewoonlijk 13w
gewoonte, de 12s
geyser, de 21w

gezellig 9, p
gezin, het 12w
gezond 17h
gezondheidscentrum, het 19h
Ghana, het 2w
gids (radio-, TV-), de 14
gids (rondleider), de 22, 3w
gieten 10, 22w
gips, het 19w
giro, de 11, 6w, 11w
gisteren 9, p
glad 17h
glas, het 9
godgeleerdheid, de 4w
goed 2, p
goedemiddag 8, p
goederen, de 23w
goederentrein, de 7w
Goede Vrijdag, de 13w
goedkoop 9, p
gootsteen, de 21w
gordijn, het 18w, 11h
graad, de 22w
graag 2, p
gracht, de 8, p, 4w
gram, het 11w
grammofoonplaat, de 14w
grapefruit, de 19w
grapje, het 21s
grappig 4, p, 13w
gras, het 5, 11w
grasmachine, de 21w
gratis 7w, 11w
grens, de 24w, 16h
Griekenland, het 2w
griep, de 23, 10w
groen 11, 11w
groene kaart, de 24w
groente, de 3w, 9w
groentehandel, de 17w
groenteboer, de 3w, 17w
groentesoep, de 9w
groentewinkel, de 17w
groep, de 18h
groeten, de 3, p
grond, de 15, 18w
Groningen 11s
groot 5, p
grootmoeder, de 12w
grootouders, de 12w
grootvader, de 12w
grote vakantie, de 24w
grijs 20, 11w
gulden, de 11, p, 11w
gymnastiek, de 24w
gymnastiekzaal, de 24w

ha! 12, p
Haags 12
haak, de 23w
haar, het 20
haar (pers. vnw.) 9, p
haar (bez. vnw.) 3, p
haard, de 18w
haast 20
haasten, zich 22
hagel, de 22w
hagelen 22w
hagelslag, de 9w
hak, de 15w
hal, de 21w
halen 9, p
half 4, p
hallo! 12, p
halte, de 6, p
halvarine, de 9w
ham, de 9w
hand, de 12, 10w
hand (aan de – zijn) 21
handbagage, de 24w

Woordindex

handbal, het 16w
handdoek, de 21w
handel, de 23w
handenarbeid, de 24w
handig 19
handrem, de 17w
handschoen, de 7, 15w
handschrift, het 8w
handwerken 24w
hangen 18w
hangkast, de 18w
hard 5, p
hark, de 21w
harp, de 14w
harpist(e), de 14w
hart(e), het 12, 10w
hartaanval, de 24
hartelijk 12, p
haven, de 24 w
hè 2, p
hé 2, p
hè, hè 7
hebben (hulpw) 10, p
hebben (het – over) 14
heel (gans) 7, p
heel (erg) 2, p
heen en weer 24s
heer, de 12, p, 15w
heerlijk 10, p
hefschroefvliegtuig, het 5w
hek, het 21w
helder 21
heleboel 19, p
helemaal 14, p
helikopter, de 5w
helpen 8h
hem 5s, p
hemd, het 15w
Hemelvaartsdag, de 13w
hen 12s
herenkleding, de 11
herenmode, de 11s, 17w
herfst, de 13w, 19w
herfstvakantie, de 24w
herzien 8w
het (lidw.) 3, p
het (onbep.) 3, p
het (pers. vnw.) 6, p
heten 3, 23w
hiel, de 10w
hier 3, p
hiervandaan 21
Hilversum 19s, p, 14w
Hilversums 19
hm! 16
hockey, het 16w
hoe 3, p
hoed, de 7, 15w
hoek, de 9, p, 21w
hoesten 10w
hoeveel 6, 6w
hoeven 9, p
hoewel 23s
hoezo 13, p
hogeschool, de 3w, 20w
hoi! 13h
honderd 11, p, 4w
Hongarije, het 2w
honger, de 5, p
hongerwinter, de 20s
hoofd, het 24, 10w
hoofd der school, het 24w
hoofdartikel, het 16w
hoofdfilm, de 13w
hoofdletter, de 8w, 2h
hoofdpostkantoor, het 7
hoofdpijn, de 20, 10w
hoofdrichting, de 20w
hoofdstad, de 2w
hoofdstuk, het 8w

hoofdvak, het 20w
Hoofdweg, de 2, p
hoog 16, p
hoogleraar, de 3w, 20w
hoop, de 20h
hoor! 4, p
hoorcollege, het 20w
hoorn, de 23w
hoorspel, het 14w
hopelijk 9s
hopen 9, p
horen 14, p
horloge, het 5w, 15w
hospita, de 16, p, 4h
hotel, het 24w
houden 9, p
houden van 14, p
huis, het 3, p
huisarts, de 20s, 19h
huishoudelijk 17w
huiskamer, de 21w
huisradio, de 19
huissleutel, de 15
huizenblok, het 16s
hulp, de 17
hun 7, p
huren 16h
huur, de 18, p
huur (te -) 16, p
huwelijk, het 12
hij 2s, p

idee, het 9
ieder 11w
iedereen 11, p
iemand 13s, p
Ierland, het 2w
iets 9
ik 2, p
illegaal 14h
illusie, de 22h
illustratie, de 8w
in (vz.) 2, p
in (adv.) 9
inbegrepen 21
inbinden 8w
inclusief 6, p
inderdaad 12, p
indertijd 18s
index, de 8w
India, het 2w
Indonesië, het 2w
indruk, de 22
informatietoon, de 23w
informeren 6, p
ingang, de 7w
ingebonden 8w
ingenieur, de 3w, 20w
ingezonden stukken, de 16w
inhalen 17w
inhoud, de 11, 8w
injectie, de 19w
inkoop, de 23w
inkt, de 17w
inleiding, de 8w
inlichting, de 6, p, 23w
Inlichtingen 23
innemen 21
inpakken 21, 13w
inschrijfgeld, het 20w
inspuiten 19h
instappen 7w, 17w
instructie, de 22h
intercitytrein, de 7w
interessant 7s, p
interlokaal 6w, 23w
internationaal 23w
interview, het 23, 16w, 8h
invullen 11

inzetten 17h
ir. 20w
Israël, het 2w
Italiaans, het 2w, 4w
Italië, het 2w

ja 2, p
jaar, het 4, p, 7w, 13w
jaargang, de 8w
jaartal, het 8w
jam, de 9w
jammer 3, p
jammergenoeg 16s
januari 13w
Japan, het 2w
Japans 13, 2w
japon, de 15w
jarig 24
jas, de 4, p, 15w
jasje, het 15, 15w
jaszak, de 7h
jawel 8, p
jazeker 8, p
je (pers vnw.) 4, p
je (bez. vnw.) 4, p
je (onbep.), 11, 4w, 6w, 8w, 11w
jeetje! 10h
jenever, de 17w, 22w
jeugleider, de 3w
jeugleidster, de 3w
jeuk, de 10w
jodium, de 10w
jong 12
jongen, de 3, p
jou 13, p
journaal, het 14w
journalist(e), de 2, p, 3w, 16w
jouw 4, p
juffrouw, de 4, p
juist 23s, 2h
juli 13w
jullie (pers. vnw.) 5, p
jullie (bez. vnw.) 7, p
jumper, de 15w
juni 13w
jurist, de 4w
jurk, de 10, p, 15w
jus, de 9w
jus d'orange, de 22w
jij 4, p

kaart, de 24w, 9h
kaartje, het 13, 7w
kaartsysteem, het 8w
kaas, de 9w
kachel, de 18, p, 18w
kade, de 4w
kaft, de 8w
kalender, de 18w
kalfsvlees, het 9w
kamer, de 4, p, 18w, 21w
kamerbureau, het 16
kamperen 15h
kampioen(e), de 16w
kampioenschap, het 16w
kant, de 18w
kantine, de 9s
kantlijn, de 8w
kantoor, het 21, p, 3w
kantoorbehoeften, de 17w
kantoorboekhandel, de 17w
kapot 6, p
kapper, de 3w, 17w
kapster, de 3w
kapstok, de 18w
karnemelk, de 22w
kassa, de 11, 11w
kast, de 8, p, 18w, 21w
keel, de 10w
keelpijn, de 18w

keer, de 3, p
kelder, de 21w
kennen 8, p
kennis, de 7s, 19w
kennismaken 10s
kennismaking, de 2
kernwapen, het 10h
kers, de 19w
kerstdag, de 13w
kerstfeest, het 13w
Kerstmis 13w
kerstvakantie, de 24w
ketting, de 15w
keuken, de 9, p, 21w
keuze, de 24s
kies, de 10w
kiespijn, de 10w
kiesschijf, de 23w
kiestoon, de 23w
kiezen 19, 23w, 24w
kilo(gram), het 11w
kind, het 3, p, 12w, 24w
kinderboek, het 24
kinderbijslag, de 23w
kinderkaartje, het 7w
kinderkamer, de 21w
kinderprogramma, het 14w
kinderzaal, de 19w
kinderzegel, de 11, 6w
kiosk, de 8h
kip, de 9
kippehok, het 16h
kippesoep, de 9w
klaar, 7, p
klaar is Kees 9
klaarmaken 19
klacht, de 11w
klant, de 11w
klas, de 24, 7w, 24w
klassiek 4w, 14w
kleding, de 15w
kleed, het 18w
kleerkast, de 18w
klein 5s, p
kleine letter, de 8w
kleindochter, de 12w
kleinkind, het 3, 12w
kleinzoon, de 12w
kleren, de 10s, p
kletsen 17
kleur, de 11, 11w
kleuterschool, de 24w
klimaat, het 22w
klok, de 5w
kloppen (het -) 4, p
knie, de 10w
knippen 3w
knipperlicht, het 7w
knoop, de 15w
knop, de 19
knijper, de 21w
koekepan, de 21w
koekje, het 5
koelkast, de 21, 21w
koers, de 23w
koffer, de 24w
koffie, de 4, p, 9w, 22w
koffiemolen, de 21w
koken 9, p, 21w, 5h
kolom, de 16w
komedie, de 13w
komen 4, p.
koninginnedag, de 13w
kool, de 9w
koopzegel, de 11w
koor, het 14w
koorts, de 10w
kop, de 16w
kopen, 9, p
kopje, het 4, p, 9w, 21w

koplamp, de 17w
koppeling, de 17w
kort 12, p, 14w
kort verhaal 8w
korting, de 11w
kortom 20
kosten 11, p, 8h
kous, de 15w
kraag, de 15w
kraamafdeling, de 19w
kraan, de 18w, 15h
kraken 18h
krant, de 8, p, 3w, 8w, 16w
krentenbol, de 9w
krentenbrood, het 9w
krik, de 17w
Kriterion 13
K.R.O., de 14w
kruidenier, de 17, 17w
kruisbes, de 19w
krijgen 5, p
kunnen 6, p
kunst, de 3w
kunstgeschiedenis, de 4w
kussen, het 19w, 182
kussensloop, het 19w
kwaliteit, de 11
kwart 7, p
kwartier, het 13s, 5w
kwartje, het 13, 11w
kweker, de 3w
kwijt 15
kijk! 3, p
kijken (~denken) 6
kijken (~zien) 7, p

laag 19, 24w
laagbouw, de 19h
laan, de 4w
laars, de 15w
laat 5, p
laatst (adv.) 18h
laatst(e) 14s, p
laboratorium, het 20w
lachen 14
laken, het 19w
lamp, de 18w
land, het 2w, 11w, 23w
landbouwer, de 3w
landelijk 16w
landnummer, het 23w
lang 4, p
langs 22, p
langskomen 2, p
langspeelplaat, de 14w
Lappendeken 24
last, de 20, 17h
lastig 13, p
laten 11, p
later 17s, 23w
lector, de 20w
leeg 19, 16w
leerjaar, het 24w
leerling, de 24w
leestafel, de 8w
leeszaal, de 8, 8w
legende, de 8w
leggen 15, p
legitimatie, de 11
legkast, de 18w
Leiden 20
Leidseplein, het 23
Leidsestraat, de 2, p
lek 17, 11h
lekker 4, p
lenen 8, p
lente, de 13w
lepel, de 21w
leraar, de 20, 3w, 24w
lerares, de 24w, 3w

leren 12, p, 3w, 24w
lesgeven 3w
lesrooster, het 24w
letten op 18
letter, de 12
Letteren, de 42
leuk 3, p
leven, het 20
lever, de 9w
lezen 8, p, 3w, 24w
lezing, de 14, p
lichaam, het 10w
lichaamsdeel, het 10w
licht 21, 14w, 18w
licht- 11w
licht, het 15, p
liever 5, p
lift, de 21, 19h
liften 16h
liggen 9, p, 2w
lila 11w
limonade, de 22w
links 8, p
linksaf 13
liter, de 11w
literatuur, de 24, 8w
literatuurwetenschap, de 4w
locomotief, de 7w
logé, de 13w
logeerkamer, de 21w
lokaal 6w, 23w
loket, het 11, 7w
lokettist(e), de 7s, 7w
Londen 24, 2w
loodgieter, de 18, 3w
loon, het 23w
lopen 12, p, 5w, 20w
los 8w, 16w
loskrijgen 17
lucht, de 21, 11w, 14w, 22w
luchtdruk, de 22w
luchthaven, de 24w
luchtpost, de 6w
luisteren 14, 14w
lunch, de 9w
luxe 11w
lijken 21, p
lijn, de 4, p, 23w
lyriek, de 8w

maag, de 10w
maaltijd, de 9w
maan, de 22w
maand, de 12, p
maandag, de 8, p
maandblad, het 8w
maandverband, het 10w
maar (vw.) 3, p
maar (adv.) 4, p
maar (slechts) 19
maart 13w
maat, de 11
maatschappelijk werker, de 3w
maatschappelijk werkster, de 3w
macaroni, de 9w
makelaar, de 3w
maken 9, p
makkelijk 7, p, 6h, 18w
Mam 5
man, de 3, p, 12w
man, de (echtgenoot) 3, p
manchetknoop, de 15w
mandarijn, de 19w
mandje, het 19
manier, de 21s, 13w
manufacturenhandel, de 17w
manuscript, het 8w
margarine, de 9w
marge, de 8w
Mariahemelvaart 13w

markt, de 11h
Marokko, het 2w
mat, de 18w
matig 22w
matras, de 19w
maximumtemperatuur, de 22w
me 3, p
medewerker, de 23w
medicijn, de 10w
Medicijnen, de 20, 4w
mee 8, p
meebrengen 19
meegaan 11, p
meekomen 8s
meemaken 20
meenemen 13, p, 7h
meevieren 24s
meer (~veel) 8s, p
meer (+ negatie) 4s, p
meestal 9, p
meester in de rechten, de 20w
Meeuwenlaan, de 16
meevallen 21
mei 13, 13w
meisje, het 3, p
meisjesroman, de 24
melk, de 4, p, 22w
melkboer, de 17w
melodie, de 14w
meloen, de 19w
meneer, de 2, p
mens(en), de 8, p
mensa, de 9
mentor, de 20w
merken 17, p
mes, het 19, 21w
met 3, p
meteen 16, p
metro, de 52
metselaar, de 3w
metselen 3w
meubels, de 18, 11h
meubilair, het 18w
mevrouw, de 3, p
Mexico, het 2w
middag, de 6w, 9w
middag (tussen de -) 19w
middageten, het 9w
miljoen, het 4w
mineraalwater, het 22w
minstens 7w, 24w
minuut, de 7, p, 5w, 23w
misschien 9, p, 4h
missen 7, p
mist, de 22w
mistlamp, de 17w
mode, de 15w
modern 11, p
moe 10
moeder, de 2, p
moeilijk 6, p
moeilijkheid, de 14
moeite, de 22
moeten 4, p
mogen 5, p
moment, het 24s, 23w, 21h
mond, de 10w
mondeling 20w
mono 14w
monteren 3w
monteur, de 3w
mooi 11, p
morgen, de 16, p, 6w
morgen (adv.) 23, p, 22w
motor, de 5w, 17w
motorkap, de 17w
motorraces, de 14
motregen, de 22w
mouw, de 15w
mr. 20w

museum, het 7
musical, de 13w
musiceren 3w
musicus, de 3w
muts, de 15w
muur, de 18w, 21w, 11h
muziek, de 14w
mij 5, p
mijn 2, p

na 9, p
naaien 22h
naam, de 2, p
naar 2, p
naartoe 12, p
naast 18, p, 6h
nacht, de 6w
nachtjapon, de 15w
nadat 23w
nagerecht, het 9w
najaar, het 13w, 19w
nakijken 22
namelijk 16, p
namens 23
namiddag, de 6w
narcose, de 19w
naslagwerk, het 8s
nat 10
nationaliteit, de 2w
natuurkunde, de 4w
natuurlijk 4s, p
natuurwetenschappen, de 4w
nauwelijks 12, p
nauwkeurig 14w
N.C.R.V., de 14w
Nederland, het 2, p, 2w
Nederlander, de 2, p, 2w
Nederlands, het 2, p, 2w, 4w
Nederlands (adj.) 12s, 2w, 11w
Nederlandse, de 2, p, 2w
nee 2, p
neef, de 12w
neerzetten 13, p, 20w
negen 5, p, 4w
negentien 11, p, 4w
negentig 4w
nek, de 10w
nemen 7s, p
nergens 15
net, het 14, 14w
net (adj.) 15
net (- als) 4s, p
net (adv.) 5, p
netjes 9
netnummer, het 23, 23w
neus, de 10w
nevel, de 22w
nicht, de 12w
niemand 19, p, 10h
niet 4s, p
niets 9, p
nieuw 8, p
nieuws, het 9h
nieuwjaarsdag, de 13w
nieuwsdienst, de 3w
nieuwsgierig 20s
nieuwsuitzending, de 14w
Nieuw-Zeeland, het 2w
Nigerië, het 2w
nodig 11, p
noemen 23s
nog (steeds) 9, p
nog (een) 3, p
nogal 5s, p
nogmaals 17
noodrem, de 7w
nooit 9, p
Noord 16, 5w
Noorwegen, het 11, 2w
normaal 20s, 22w

Woordindex

N.O.S., de 14w
notariaat, het 4w
notaris, de 3w, 4w
notenschrift, het 14w
notulen, de 3w
nou 7, p
nou ja 24
novelle, de 8w
november 13w
N.R.C.-Handelsblad 16w
nu 3, p
nul 19, p, 4w
nummer, het 6, p, 8w, 16w, 23w
N.V., de 23w

o! 3, p
ober, de 6, p
och! 23
ochtend, de 6w
ochtendblad, het 16w
october 13w
of 9, p, 5w
officieel 13w
ogenblik, het 8, p
oké 17
olie, de 17w
Olympiaweg, de 21
om (+ tijd) 4s, p
om (+ doel) 13, p
oma, de 12w
omdat 17, p
omdraaien 17w
omroep, de 14w
omroepvereniging, de 14w
omstandigheden, de 20
onafgebroken 23w
onbevestigd 16w
onbewaakt 7w
onder 5, p
onder andere(n) 8s, p
onder nummer 16w
onderarm, de 10w
onderbreking, de 23w
onderbroek, de 15w
ondergoed, het 15w
onderjurk, de 15w
onderrok, de 15w
onderstreept 8w
onderweg 17s
onderwerp, het 14h
onderwijs, het 24w
onderwijzer, de 20, 3w, 24w
onderwijzeres, de 24w, 3w
ongeduldig 24
ongeveer 7w, 22w
onnatuurlijk 14
ononderbroken 14s
onregelmatig 6
ons (pers. vnw.) 16, p
ons (bez. vnw.) 7, p
ons, het 11w
ontbijt, het 9w
ontbijten 9w
ontdekken 21
ontmoeten 3, p
ontspanningscentrum, het 13w
ontvangen 18, 3w
onveilig 20h
onvoldoende 24w
onweer, het 22s, 22w
onweren 22, 22w
oog, het 10w
oogarts, de 20, 10w
ook 2, p
oom, de 10, 12w
oor, het 10w
oorbel, de 15w
oorlog, de 20
oorontsteking, de 10w
oorring, de 15w

oostelijk, 22w
Oostenrijk, het 2w
op (vz.) 2, p
op (adv.) 10, p
opa, de 12w
opbellen 13, p, 3w, 23w
opblijven 13w
opeens 7s
open 8, p
open haard, de 18w
openbaar 5w
opendoen 18, p
openluchttheater, het 13w
openslaande deuren, de 21w
opera, de 14, 14w
operatie, de 19w
operatiekamer, de 19h
operette, de 14w
opeten 19w
opklapbed, het 18w
opklaring, de 22w
opklimmen 21
opknappen 20s, 18h
opleveren 16s
oplossing, de 16w
opname, de 19w
opnemen 11s
opnieuw 23w, 19h
opnoemen 14h
oppas, de 14h
oppassen 16h
opruimen 18
opschieten 16h
opschrijven 12
opslag, de 23w
opstaan 14
opsturen 13h
optreden 13w
optrekken 17w
opvallen 20s
opvoedkunde, de 4w
opvoering, de 13w
opvolgen 24s
opvolger, de 24
opzien (tegen), 24h
oranje 11w
orde (in – komen) 23h
organisatie, de 20h
organist(e), de 14w
orgel, het 14, 14w
orgelconcert, het 14
orgelmuziek, de 14
orkaan, de 22w
orkest, het 14w
oud 6s, p
oudejaarsdag, de 13w
ouderdomspensioen, het 12
ouderdomswet, de 12
ouders, de 7s, p, 12w
oven, de 21w
over 6s, p
overal 15, p
overdag 19s, p, 6w
overdoen 24w
overdrijven 22, 18h
overeenstemming, de 24s
overgaan 23w, 24w
overgeven 10w
overgooier, de 15w
overgordijn, het 18w
overgrootouders, de 12w
overhemd, het 11, 15w
overkant, de 16
overmorgen 24, 22w
overnemen 17, p
overschrijven 6w
overstappen 7w
overweg, de 7w

paar, het 10

paar (een) 9, p, 18w
paars 11w
paasdag, de 13w
paasvakantie, de 24w
pagina, de 8w, 16w
pak, het 11w
pakje, het 11, 6w, 13w
pakken 15, 7w
pakket, het 11
paleis, het 6, p
pan, de 21w
pannekoek, de 10h
pantomime, de 13w
panty, de 15w
paprika, de 9w
paradijs, het 20h
pardon 4, p
parket, het 13w, 18w
Parool, Het 16w
parterre, de 13w
pas (adv.) 7s, p
Pasen 13w
paspoort, het 11, 24w
passeren 16s, 17w
patat, de 9, 9w
patiënt, de 19, p, 19w, 18h
pauze, de 13w
pech, de 16s, p, 17w
pedagogiek, de 4w
pedel, de 20w
peer, de 19w
pen, de 16w, 15h
pensioen, het 24
pension, het 24w
per 18s, p
personeel, het 20w, 23w
personeelschef, de 23w
personentrein, de 7w
Perzië, het 2w
perzik, de 19w
pet, de 15w
pianist(e), de 14w
piano, de 14w
Picasso 6
pick-up, de 14w
pil, de 10w
pils, de/het 22w
pindakaas, de 9w
pink, de 10w
Pinksterdag, de 13w
Pinksteren 13w
pinkstervakantie, de 24w
plaat, de 24, 8w, 14w
plaats, de 6, p, 8w, 13w
plaats (in – van) 4s
plafond, het 18w
plakken 21, 11h
plan, het 7s
planeet, de 22w
plank, de 19, 21w
plannen 15h
plant, de 18w, 15h
plat, het 21w
platenzaak, de 17w
plattegrond, de 24w
plein, het 13, 4w
pleister, de 10w
plekje, het 24, 19h
plenzen 22
pocket, de 8w
poeder, de 10w
poëzie, de 8w
Polen, het 2w
polikliniek, de 20
politicologie, de 4w
politie, de 6, p
politiek, de 3w
politieman, de 6s
pols, de 10w
pomp, de 17

pond, het 11w
pont, de 5w
poosje, het 20s
port(wijn), de 22w
port, de/het 7h
portaal, het 7w, 21w
portemonnee, de 9
portier, de 3w
portier, het 17w
Portugal, het 2w
posten 6w
postgiro, de 6w
postkamer, de 23w
postkantoor, het 6, p, 6w
postspaarbank, de 6w
posttarief, het 6w
postwissel, de 6w
postzegel, de 11, 6w
pot, de 11w
potlood, het 17w
praatje, het 17h
prachtig 14
practicum, het 3w, 20w
praktisch 19, p, 19w
praktijk, de 20
praten 7, p
precies 4, p
predikant, de 3w
prehistorie, de 4w
preken 3w
première, de 13w
prettig 6, p
priester, de 3w
prik, de 19w
prima 17, 13h
proberen 17, 23w
probleem, het 20w
productie, de 23w
proefschrift, het 20w
prof, de 16w
professor, de 3w, 20w
programma, het 19, 14w
programmablad, het 14w
proloog, de 8w
promotie, de 20
promoveren 20w
propedeutisch 20w
propjes, het 20w
proza, het 8w
pruim, de 19w
prijs, de 17, 11w
psychologie, de 4w
P.T.T., de 6w
publiek, het 22, 18h
pudding, de 9w
punt, het 9
pyjama, de 15w
pijn, de 10w
pijp, de 15w

quiz, de 14w

raam, het 21, 18w
radio, de 19, 14w
radioprogramma, het 19
rakker, de 21
rang, de 13w
rapport, het 24w
ratelen 5w
recensie, de 13, 16w
recept, het 10w
receptie, de 12
receptionist(e), de 3w
rechtdoor 13, p
rechten 4w
rechter, de 3w, 4w
rechts 8, p
rechtsaf 13, p
rechtsgeleerdheid, de 4w
rechtspreken 3w

reclame, de 11w
redacteur, de 3w
redactie. de 16w
redactrice, de 3w
regel, de 18, 23w
regelen 13, p
regen, de 22w
regenen 10, 22w
regenjas, de 15w
regie, de 13w
regisseur, de 13w
register, het 8w
reis, de 7, 7w
reizen 7w, 24w
rekenen 3w, 24w
rekening, de 11w
remlicht, het 17w
remmen 17w
rempedaal, het 17
rennen 20
repareren, 18h
repetitie, de 13w
reportage, de 14, 14w, 16w
rest, de 21
restaurant, het 7, p
restauratie, de 7w
restaureren 19h
retour, het 7, p, 7w
revolutie, de 20h
rib, de 10w
richting, de 22w
richtingaanwijzer, de 17w
riem, de 15w
ring, de 15w
rits(sluiting), de 15w
Roemenië, het 2w
roepen 19, p, 5h
rok, de 15w
roken 5, 7w
rol, de 13w
rollen 21h
roman, de 24, 8w
rommel, de 18
romp, de 10w
rondkomen 20
rondkijken 16h
rondleiden 19
rondleiding, de 22
röntgenafdeling, de 19h
röntgenfoto, de 19w
rood 15, p, 11w
roosje, het 15
rose 11w
Rotterdam 6, p, 52, 7w
route, de 24h
rug, de 10w
rugzak, de 24w
ruilen 11w, 6h
ruimte, de 21
ruitenwisser, de 17w
rum, de 22w
rundvlees, het 9w
Rusland, het 2w
rust, de 19
rustig 8, p, 21h
rijbewijs, het 11s
rijden 16, p, 3w, 5w, 17w
Rijksmuseum, het 2w
rijst, de 9w
rijtuig, het 7w

sage, de 8w
salaris, het 24, 23w
salontafel, de 19h
samen 10, p
sanitair, het 17w
satire, de 13w
saus, de 9w
's avonds 6, p, 6w
scène, de 13w

schaal, de 9, 21w
schaar, de 19
schaatsen 16w
schaduw, de 22w
schakelen 17w
schaken 16w
schamen (zich –), 22h
schat, de 7, p
scheenbeen, het 10w
scheikunde, de 4w
schemerlamp, de 18w
schilder, de 3w
schilderen 3w
schilderes, de 3w
schilderkunst, de 4w
schilderij, de/het 18w
schitterend 19h
schoen, de 10, p, 15w
schoenmaker, de 3w
schoenwinkel, de 17w
school, de 20w, 24w
schooluitzending, de 14w
schoon 21
schoondochter, de 12, 12w
schoonmaken 17, p, 3w
schoonmaker, de 3w
schoonmoeder, de 12w
schoonouders, de 12w
schoonvader, de 12w
schoonzoon, de 12w
schoonzus, de 12w
schoorsteen, de 18, 18w, 21w
schoorsteenmantel, de 18w
schoorsteenveger, de 18h
schotel, de 21w
schouder, de 10w
schouwburg, de 13, 13w
schram, de 19w
schrift, het 17w
schriftelijk 20w
schrijven 13, 6w, 20w, 24w
schrijver, de 8, 8w
schuifdeur, de 21w
schuur, de 21w
schijnen 22w, 17h, 21h
scooter, de 5w
scriptie, de 20w
seconde, de 5w
secondewijzer, de 5w
secretaris, de 3w, 23w
secretaresse, de 23, 3w, 23w
sein, het 7w
semi-prof, de 16w
september 24, 13w
serie, de 14w
serre, de 21
servies, het 21w
shagje, het 2h
sherry, de 9, p, 17w, 22w
show, de 13w
sieraad, het 15w
sigarenwinkel, de 17w
sigaret, de 5
simpel 21h
sinaasappel, de 19w
sinaasappelsap, het 22w
sinds 17, p
sinterklaas 13w
Sint Nicolaas 13w
situatie, de 4s, p, 3h
sjaal, de 15w
sla, de 9, 9w
slaan 5w
slaapkamer, de 21, 21w
slaapwagen, de 7w
slaapzak, de 15h
slachten 3w
slager, de 3w, 17w
slapen 10h
slecht 10

sleepkabel, de 17w
sleutel, de 15, 18w, 13h
slipje, het 15w
sloop, het 19w
slot, het 18w
slijter, de 172
smering, de 17w
's middags 6, p, 6w, 9w, 14w
's morgens 6, p, 6w, 9w, 14w
's nachts 6, 6w, 14w
snackbar, de 9s
snee, de 10w, 19w
sneeuw, de 22w
sneeuwen 22w, 17h
snel 23w, 20h
sneltrein, de 7, 7w
snipperdag, de 23w
's ochtends 6w
sociaal 4w
sociologie, de 4w
soep, de 9w
sok, de 10, 15w
solist(e), de 13w, 14w
solliciteren 24h
sommige 9w, 19w
soms 6, p
soms? 11, p
soort, de/het 19w
sopraan, de 14w
sorry 22
Spaans, het 2w, 4w
spaarbank, de 6w
spaarbankboekje, het 6w
spaghetti, de 9w
Spanje, het 2w
spannend 17h
sparen 19, 11h
spatbord, het 17w
Spa-water, het 22w
speciaal 6w, 16w
specialiseren, zich 20
specialist, de 10w, 19w
speculatie, de 23w
speelgoed, het 17w
speelkamer, de 21w
spelen 5, p
spellen 23
sperziebonen, de 9w
spiegel, de 18w
Spiegelgracht, de 16
spier, de 10w
spit, het 9
spoor, het 7, 7w
spoorboekje, het 7w
spoorbomen, de 7w
Spoorwegen, de 7h
sport, de 3w, 16w
sporthal, de 19h
sportveld, het 16w
spreekuur, het 20, 10w, 19h
spreiden 19
spreken 2, p, 2w, 4w
sprookje, het 8w
spruitjes, de 9w
spullen, de 21w
spijten 16, p
staan 3s, p
staanplaats, de 7w
stad, de 9, p, 16w
stadion, het 16w
staf, de 20w
stafkaart, de 24w
stalles, de 13w
stand, de 19
stappen 19
starten 17w
station, het 7, 5w, 7w, 24w
stationschef, de 7w
steeds 16, p
steeg, de 4w

stelling, de 20w
stempel, het 6w
stenograferen 3w
steno-typist(e), de 3w, 23w
ster, de 22w
stereo 14w
sterk 22
Sterreclame, de 14w
sterrenbeeld, het 22w
sterrenkunde, de 4w
sticker, de 21h
stilletjes 24
stoel, de 15, p, 18w, 11h
stoep, de 21w
stof, de 11h
stokbrood, het 9w
stopcontact, het 18w
stoppen 6, p
stoppen in 15
stoptrein, de 7, 7w
storen 23s
storm, de 22w, 10p
stormen 10, 22w
storten 6w
stoven 21w
straaljager, de 5w
straat, de 13, p, 4w
straks 23, p
strand, het 20
stress, de 20h
strip, de 16w
stropdas, de 15w
studeerkamer, de 21w
student, de 2, p, 3w, 20w
student-assistent, de 20w
studeren 2, p, 4w, 20w
studie, de 20, 20w, 4h
studieboek, het 8w
studierichting, de 4w, 20w
studietoets, de 20w
studiezaal, de 8w
stuk, het 17, p, 16w
stuur, het 17w
succes, het 16h
sudderen 21w
suiker, de 4
super 19
supermarkt, de 17w, 11w
Suriname, het 20
surprise, de 13w
's zomers 22, 19w

taal, de 2, 4w, 24w
taalwetenschap, de 4w
tablet, de/het 23, 10w
tachtig 6, 4w
tafel, de 15, p, 18w
tand, de 10w
tandarts, de 3w, 10w
tanken 17, 17w
tankstation, het 17w
tante, de 12w
tapijt, het 18w
tas, de 15, 24w
tasje, het 9, p
taxi, de 17, 5w
taxichauffeur, de 20
te (adv.) 10, p
te (vz.) 9, p
technicus, de 3w
technisch 20w
teen, de 10w
T.E.E.-trein, de 7w
tegelijk 19w
tegen 4s, 4w
tegenwoordig 19w
tekenaar, de 3w
tekenares, de 3w
tekenen 3w, 24w
tekenfilm, de 17h

Woordindex

tekening, de 8, p, 18w
telefoneren 3w, 23w
telefonisch 13s, 6w
telefonist(e), de 3w, 23w
telefoon, de 16, p, 6w, 23w
telefoonabonnee, de 23w
telefoonboek, het 23w
telefooncel, de 13, p
telefoongids, de 23s, 23w
telefoonkantoor, het 23w
telefoonnet, het 23w
telefoontje, het 24
Telegraaf, De 16w
telegraaf, de 6w
telegram, het 6w
televisie, de 14, 14w
tellen 16w
telwoord, het 4w
temperatuur, de 10w
tenminste 10s, p
tennis, het 16w
tenor, de 14w
tenslotte 15s, p
tent, de 24w, 15h
tentamen, het 3w, 20w
tentamenkaart, de 20w
tentoonstelling, de 7, p
test, de 20w
tevreden 21s
terras(je), het 6, p, 21w, 4h
terug 13, p, 7w, 4h
teruggaan 17s
teruggeven 11w
terugkomen 23
terugkrijgen 11s
terugweg, de 16h
teveel 24w, 14h
theater, het 13w
thee, de 5, p, 9w, 22w
theedoek, de 21w
thema, de 20w
theologie, de 4w
thermometer, de 10w
thuis 5, p
thuiskomst, de 13s
tien 8, p, 4w
tienduizend 4w
tientje, het 11
tikken 5w
timmeren 3w
timmerman, de 3w
titel, de 8, p, 8w
tja! 18
toch 4s, p
toch? 5, p
toe 9w
toe (– zijn aan) 12
toen (adv.) 12, p
toen (vw.) 20, p
toernooi, het 16w
toeslag, de 11
toestel, het 14, p, 23w
toetje, het 9w
toevallig 3h
toilet, het 21w, 15h
tomaat, de 9w
tomatensap, het 22w
tomatensoep, de 9w
toneel, het 13w
toneelspelen 3w
toneelspeler, de 3w
toneelspeelster, de 3w
toneelstuk, het 13w
tong, de 10w
toon, de 23w
toonbank, de 11w
tot 3, p
tragedie, de 13w
trakteren 9h
tram, de 6, p, 5h

tramhalte, de 6
transport, het 23w
trap, de 21, 21w
trek, de 24, 16w
trein, de 7, 5w, 7w
tropen, de 20
T.R.O.S., de 14w
Trouw 16w
trouwen 12, p
trouwens 14s
trouwreceptie, de 12s
trouwring, de 15w
trui, de 15w
Tsjecho-Slowakije, het 2w
T.T.-races, de 14s
tuin, de 5, 18w, 21w
tuincentrum, het 19h
tuinder, de 3w
tuindeur, de 21w
tuinieren 3w
tuinman, de 3w
Tunesië, het 2w
Turkije, het 2w
tussen 9, p, 19w, 2h
TV, de 14, 14w, 16w
TV-programma, het 14s
twaalf 18, p, 4w
twaalfde 21
twaalfhonderd 4w
twee 2, p, 4w
tweede 13, p, 7w, 13w, 17w
tweedehands 13s, p, 11h
tweeduizend 4w
tweeëntwintig 13, 4w
tweehonderd 4w
tweepersoonsbed, het 18w
Twentestraat, de 16
twintig 13, 4w
Tijd, De 8h
tijd, de 10, p, 18h
tijd (op –) 4, p
tijdens 10, p, 18h
tijdperk, het 20h
tijdschrift, het 8w
typen 3w
typist(e), de 3w, 23w

u 2, p
ui, de 9w
uit 4, p
uitbetalen 6w
uitdelen 22h
uitdoen 4, p
uiteraard 20
uitgaan
uitgang, de 7w
uitgeven 3w
uitgever, de 3w, 8w
uitgeefster, de 3w
uitgeverij, de 8w
uitgebreid 8w
uithalen 21s
uitlaat, de 17w
uitleggen 12s, p
uitlenen 8
uitlening, de 8w
uitnodigen 13, 9h
uitrekenen 21
uitslag, de 10w
uitsluitend 21s
uitstappen 7w, 6h
uitstekend 4, p
uitstellen 13
uitverkocht 9h
uitverkoop, de 11w
uitvoering, de 13w
uitzenden 19, 14w
uitzendbureau, het 14h
uitzending, de 14w
uitzicht het 21, 19h

uitzoeken 18, p
universiteit, de 3w, 20w
Utrecht 3
uur, het 7, p, 5w, 7w
uur (om 5 –) 3, p, 5w
uurwerk, het 5w
uw 2, p

vaak 5, p
vaas, de 19
vaatdoek, de 21w
vader, de 2, p, 12w
vaderlandse geschiedenis, de 24w
vakantie, de 6, p
vakgroep, de 20w
Valeriusstraat, de 12
vallen 24s, 19h
vals 14w
van 3, p
van alles 20
vanavond 6, p, 6w
vandaag 7, p, 6w
vandaan 12, p
vanmiddag 6, p, 6w
vanmorgen 6, p, 6w
vannacht 6w
vanochtend 6w
V.A.R.A., de 14w
varen 5w
varen, de 18w
varkensvlees, het 9w
vast (intussen) 9
vast (zeer waarschijnlijk) 15, p, 12h
vastenavond, de 13w
vasthouden 13
veearts, de 3w
veeartsenijkunde, de 4w
veel 4, p
veertien 4w
veertig 7, 4w
vennootschap, de 23w
vensterbank, de 18w
ventiel, het 17w
ver 6, p
veranderen 20h
verantwoordelijk 24
verbaasd 12s, p
verband, het 10w, 19w
verbinden 23
verbinding, de 23w
verder 10s, p
verderop 13, p
verdienen 20, 10w
verdieping, de 21
verdoving, de 19w
verdwalen 10h
verf, de 18h
vergadering, de 7, 3w
vergeten 21h
vergissen, zich 22
verhaal, het 20s, p, 8w
verhoging, de 10w
verhuiskaart, de 6w
verhuizen 12, p
verhuizer, de 21
verhuizing, de 21
verhuren 16, p
vering, de 17w
verjaardag, de 24
verkeerd 13
verkleden 15s
verkoop, de 23w
verkoopster, de 11w, 8h, 3w
verkopen 9, p, 3w, 17w
verkoper, de 3w, 11w
verkorten 20h
verkouden 10w
verlof, het 23w
verloofde, de 12

verloskamer, de 19w
verloskundige, de 19w
vermaken (zich –) 22h
vermouth, de 21w
Veronica 13w
verpleegster, de 19s, p, 3w, 10w, 19w
verplegen 3w
verpleger, de 19w, 3w
verschillend 19, 17h
verschrikkelijk 14s, p
verschijningsdatum, de 8w
verslag, het 14w, 16w
verslaggever, de 16w
verslaggeefster, de 16w
versnelling, de 17w
vertaling, de 20w
vertegenwoordigen 3w
vertegenwoordiger, de 3w
vertellen 6s, p
vertragen 20s
vertraging, de 7w
vertrekken 4s, p
vertrektijd, de 7w
vervelen, zich 22
vervelend 5, p
verven 18, 18w
vervoer, het 5w
vervolgens 14s, p
vervolgverhaal, het 16w
vervroegd 24
verwachten 22w
verwachting, de 16s
verwarmen 21
verwarming, de 18, p, 14h
verwisselen 17
verwijzen 20s
verzekering, de 10w
verzenden 6w
verzetten 13s
verzorgen 19
vest, het 14w
vestigen, zich 20s
veter, de 14w
vier 3, p, 4w
vierde 16s, p, 17w
vieren (met z'n –) 9
vieren 18h
vies 18h
vinden (menen) 4, p
vinden (~zoeken) 8, p
vinger, de 10w
violet 11w
violist(e), de 4w
viool, de 14w, 17h
vis, de 9w
vissen 3w
visser, de 3w
visum, het 24w
vitrage, de 18w
vla, de 9w
vlag, de 11w
vlak (– bij) 13s
vlees, het 9w
vliegen 6w
vliegtuig, het 24s, 5w
vliegveld, het 24w
vloed, de 22w
vloer, de 18w
vlug 22
voeren 23w
voet, de 10w
voetbal, het 14w, 16w
voetballen 16
voetbalveld, het 16
voetlicht, het 13w
voetnoot, de 8w
vogel, de 10h
vol 17
voldoende 16w

volgend(e) 14, p
volgens 14s, p
volkomen 22
volkorenbrood, het 9w
Volkskrant, De 16w
volle maan, de 22w
volleybal, het 16w
Vondelpark, het 3
vondst, de 19
voor 4, p
voor elkaar 22
vooraf 9w
vooral 21, p
voorbank, de 17w
voorbij 16
voorbijganger, de 6
voordat 21s
voordelig 11w
voordeur, de 21w
voorfilm, de 13w
voorgaan 18
voorgerecht, het 9w
voorjaar, het 13w
voorkamer, de 21w
voorlopen 5w
voornamelijk 14
voorschrijven 20s, p
voorspellen 22s
voorstellen 12, p
voorstelling, de 13, 13w
vooruit 18
voortgezet 24w
voorwoord, het 8w
voren (van te –) 13s
vorig 10, p
vork, de 21w
vorm, de 2h
vorst, de 22w
V.P.R.O., de 14w
vraag, de 2h
vragen 2s, p
vreemd 13, p
vreselijk 20s
vriend, de 3, p
vriendin, de 7, p
vriezen 22w
vroeger 8, p
vrolijk 11
vrouw, de 7, 14w
vrouw, de (echtgenote) 6, p, 12w
vrij 6, p
vrij (tamelijk) 22w
vrijdag, de 8
Vrije Volk, Het 16w
vrijwel 9
vuil, het 19h
vuilnisbak, de 18w
vuilnisman, de 3w
vuilniszak, de 18w
vuur, het 14
vuurtje, het 9h
vijf 5, p, 4w
vijfde 16s
vijftien 5, p, 4w
vijftig 4w
Vijzelstraat, de 16

waaien 22w
waar? 4, p
waar (rel) 24
waar (adj.) 6s, p
waard 22
waarde, de 11
Waarheid, De 16w
waarom? 5, p

waar (+ vz.) 14, p
wachten 7, p, 23w, 4h
wachtkamer, de 7, 7w
wakker 14h
wandelen 24s, 10h
wandeling, de 24
wandmeubel, het 18w
wang, de 10w
wanneer? 13
wanneer (vw.) 24s
want 2s, p
warm 19
was, de 15, p
wasautomaat, de 21w
waslijn, de 21w
wassen 16, p, 21w
wasserij, de 19
wastafel, de 18, 18w
wat? 2, p
wat (+ adj.) 3, p
wat (iets, beetje) 6s, p
wat betreft 14s, p
wat voor? 18, 11h
water, het 18, p, 21w
waterpolo, het 16w
w.c., de 19, 21w
we 5, p
wedde, de 23w
wedstrijd, de 16w
week, de 9, p, 10w
weekblad, het 8w
weekend, het 9, 7w
weer, het 10, 22w
weer (adv.) 5, p, 4h
weerbericht, het 22, 14w, 22w
weeroverzicht, het 14w
weet je wat 9
weg, de 6, 4w
weg (adv.) 4, p
wegbrengen 22s
wegenkaart, de 24w
wegenwacht, de 17
weggaan 24
wegvallen 14
weinig 4, p
wekker, de 5, p
wel (≠ niet) 5, p
wel 8, p
wel eens 9, p
welk 6, p
welnee 7, p
welterusten 4, p
Wenen 2w
wensen 11, p
wereldoorlog, de 20
werk, het 6, p, 5h
werkcollege, het 20w
werkdag, de 8s, 14w
werkeloos 14h
werken 2, p
werkgroep, de 20w
werking, de 21
werkstudent(e), de 20
West-Europa 23w
wet, de 12
weten 6, p
wetenschap, de 4w
wetenschappelijk medewerkster, de 20w
whisky, de 22w
wie? 3, p
wie (hij die) 24w
wiel, het 17, 17w
wielrennen 16w
willen 5, p

wind, de 22w
winkel, de 11, p, 11w, 17w
winkelen 10s, 11w
winkelier, de 3w
winkeljuffrouw, de 24s
winkelsluiting, de 11w
winter, de 13w
wintersport, de 18h
wiskunde, de 4w
wisselen 17, 24w
wit 11, p, 9w, 11w
witlof, de 9w
witten 22h
woensdag, de 8
wolk, de 22w
wond, de 10w, 19w
wonen 2, p, 4w
woord, het 17s, 2h
woordenboek, het 8
worden (kopp.) 10s, p
worden (hulpw.) 19, p
wordt vervolgd 16w
worst, de 9w
worteltjes, de 9w
wij 5, p
wijn, de 9, 13w, 22w
wijsbegeerte, de 4w
wijzen 23h
wijzer, de 5w

yoghurt, de 9w

ijs, het 20, p, 9w, 22w
ijsbaan, de 16w
ijshockey, het 16w
ijskoud 22h
ijsje, het 24
IJsland, het 2w
ijzel, de 22w
ijzelen 22w

zaal, de 20, p, 13w
zak, de 11w
zakdoek, de 15, 15w
zakken (door iets –), 11h
zang, de 14w
zanger(es), de 14w
zaterdag, de 8, p
ze (sg.) 3, p
ze (pl.) 5, p
ze (onbep.) 16, p
zeep, de 21w
zeer 19
zeg! 4, p
zegel, de 11, 11w
zeggen 2, p
zeil, het 18w
zeker (echt) 17
zeker (minstens) 7, p
zeker? 6, p
zeker (een –e) 23s
zelf 5s, p
zelfbediening, de 11w
zelfbedieningswinkel, de 11w
zelfde 12
zelfs 14s, p
zender, de 19, 14w
zenuw, de 10w
zes 5, p, 4w
zespersoons 19
zestien 6, 4w
zestig 4w
zetten (thee, etc.) 19
zetten 15, p
zetter, de 16w
zeuren 22h

zeven 8, p, 4w
zeventien 4w
zeventienhonderd 8
zeventig 11, 4w
zich 3, p
ziek 9, p, 10w
ziekenfonds, het 10w
ziekenhuis, het 3, p, 19w
ziekte, de 10s, 10w
ziekteverlof, het 23w
ziekteverzekering, de 10w
zien 5, p
zien (er uit –) 12, p
ziens (tot –) 3, p
zin, de 9, p
zingen 14, 3w, 24w
zitkamer, de 21w
zitplaats, de 7w
zitten 4, p
zitten (in) 15, 7h
zo! 5, p
zo (+ adj.) 6, p
zo (meteen) 7, p
zo (danig) 8, p
zo (op die manier) 20, p
zo'n 8, p
zo nu en dan 20
zoals 17w, 21w
zoek (op –) 24
zoeken 7, p
zogenaamd 19
zoiets 15s, p
zolder, de 18, 21w
zolderkamer, de 21w
zomer, de 13w
zomervakantie, de 24w
zomerzegel, de 6w
zon, de 18, p, 22w
zondag 8
zondags 14w
zonder 15s, p
zonnig 22w
zonsondergang, de 21h
zool, de 14w
zoon, de 3, p, 12w
zorgen 9, p
zoveel 21
zover 24
Zuid 6
Zuid-Afrika, het 2w
zuiden, het 18
zuil, de 14w
zuivelhandel, de 17w
zuiver 14w
zulk 10
zullen 9, p
zus, de 7, p, 12w
zuster, de 19, 3w, 10w, 19w
zuurkool, de 9w
zwager, de 12w
zwak 22w
zwart 15, 11w
Zweden, het 2w
zweer, de 10w
zwembad, het 16w
zwembroek, de 15w
zwemmen 16w
Zwitserland, het 2w
Zwolle 18
zij (sg.) 15, p
zijde, de 23w
zijn (bez. vnw.) 2s, p
zijn (kopp.) 2, p
zijn (zelfst. ww.) 4, p
zijn (hulpw.) 10, p

Antwoorden op het huiswerk

Les 2

1 1. is 2. woont 3. is 4. is 5. spreekt 6. woon
7. ben 8. studeer

2 1. Komt u eens langs!
2. Wat is uw taal?
3. Hé, dat is Kees.
4. John spreekt heel goed Nederlands.
5. Bent u geen journalist?
6. Londen is de hoofdstad van Engeland.
7. Zweden ligt in Europa.
8. John woont ook in Amsterdam.

Les 3

1 3. mijn 4. Hij 5. zich 6. zijn 7. Ze 8. Ze
9. Haar; hij 10. Ik 11. mijn 14. Hij

Les 4

1 2. wil 3. wil 4. wil 6. Wilt 7. wil 8. wil

2 1. je 2. u 3. je 4. je 6. je 8. je 10. uw 11. je
13. je 14. je 15. u

3 1. Mevrouw De Vries heeft een krant.
2. Anneke drinkt een kopje koffie.
3. Hij werkt al een half jaar in Utrecht.
4. De kinderen zeggen 'welterusten'.
5. Mag ik mijn jas alstublieft?
6. Hoe lang werkt u al hier?
7. Hij komt precies op tijd op college.
8. Ik moet gauw weg.
9. Waar bent u geboren?
10. Hij komt morgen op bezoek.

Les 5

1 1. woont 2. werkt 3. staat 4. gaat 5. gaan 6. spelen
7. fietsen 8. moet 9. heeft 10. roept 11. zijn
12. ben 13. is 14. ben 15. hebben 16. hebben
17. komen

2 1. op; bij; in 2. met 3. om; van 4. van 5. met; naar
6. naar 7. om; op/bij 8. op 9. in/bij 10. in

3 1. Nee, ik heb geen tuin.
2. Nee, ik ben morgen niet thuis.
3. Nee, ik heb geen auto.
4. Nee, ik kom niet vaak in Engeland.
5. Nee, dat is het station niet.
6. Nee, ik ga niet met de trein.
7. Nee, ik werk niet hard.
8. Nee, ik rook niet.
9. Nee, ik wil geen melk.
10. Nee, ik doe mijn jas niet uit.
11. Nee, de kinderen zijn niet thuis.
12. Nee, de buurman heeft geen balkon.
13. Nee, ik heb geen honger.

Les 6

1 2. Welke 4. Welk 6. Welk 10. Welke 12. welke

2 1. Heb 2. wil 3. Ga 4. is 5. Wil 6. drink 7. Geef
8. hebt 10. heb 11. hebben 12. werkt 13. heb
15. bent 16. hebt 17. heb 19. wil 20. zeg 21. Doe

Les 7

1 1. hun 3. Hun 4. je 5. Onze 7. haar 8. Hun
9. hun 10. onze 11. mijn 12. mijn 13. haar

2 1. wil 2. Geeft 3. moet 5. wil 6. Wilt 7. zijn
8. zijn 9. kom 10. hebben 11. Geeft 12. spreekt
13. praat 14. krijgt

3 1. Nee, ik ga vanavond niet naar een museum/Nee, vanavond ga ik niet naar een museum.
2. Nee, ik heb vannacht geen vergadering/Nee, vannacht
heb ik geen vergadering.
3. Nee, ik ga morgen niet naar België/ Nee, morgen ga ik
niet naar België.
4. Nee, ik werk niet bij de Spoorwegen.
5. Nee, ik heb geen spoorboekje.
6. Nee, ik reis niet eerste klas.
7. Nee, ik mag niet gratis in de trein.
8. Nee, ik heb geen abonnement.
9. Nee, ik eet vandaag niet in een restaurant/ Nee, vandaag
eet ik niet in een restaurant.

Les 8

1 2. dat 3. Dat 4. Die 5. die 7. die 8. Die 9. dat
10. dat 11. dat 12. dat 14. die; deze 17. Dit; dit/dat
18. deze/die 19. Die

2 5. Kun/Kan 6. weet 7. Kun/Kan 9. kan 10. kunnen
11. ken 12. Ken 14. weten 15. weten 16. kunnen
18. kan

Les 9

1 2. je/jou 3. jou 7. me 8. het 9. je 11. het; haar
12. je 14. me 17. hem 19. hem; je 21. je 22. me
23. je

2 2. Zullen 3. zal 4. zult/zal 5. zal 7. zal 8. zullen
10. Zullen

3 1. Ik geef een fles wijn aan Jan/ Ik geef aan Jan een fles
wijn.
2. Ik schrijf een brief aan mijn ouders/ Ik schrijf aan mijn
ouders een brief.
3. Ik leen haar mijn dictaat.
4. Herman trakteert ons op gebak.
5. Ik stuur je een kaart.
6. Mijn zus geeft hem het cadeautje.
7. Hij vraagt me een vuurtje.
8. Ik breng je goed nieuws.
9. Piet geeft me het boek.
10. Ik wens je het beste.

Les 10

1   1. is . . . geweest
    2. zijn . . . gegaan
    3. hebben . . . gewandeld
    4. gemaakt
    5. hebben . . . gezien
    6. heeft . . . geregend
    7. zijn . . . verdwaald
    8. heeft . . . gekeken
    9. hebben . . . gezocht
   10. hebben . . . gevonden
   11. hebben . . . gezien
   12. hebben . . . gegeten
   13. zijn . . . gegaan
   14. hebben . . . gehad
   15. heeft . . . geslapen

2   2. is er   4. Er   6. er is   7. er zijn   8. er is   9. er zijn
   10. er   12. Is er   14. er is   15. Er is

Les 11

1   2. mooi   3. goed   5. nieuwe   7. oude   9. witte; wit
   10. leuke   12. dure   14. nieuwe   16. Blauw   17. wit;
  blauw   18. bruin; oranje   19. bruine   20. wit   22. leuke
  25. goedkoop

2   1. zullen   2. laten   4. Zal   6. zal   8. zullen   9. laten
  10. zal

Les 12

1   8. waar   10. daar   12. daar   14. Waar . . . vandaan
  16. daar   18. daar   21. Waar . . . naartoe   23. Waar
  25. Daar . . . vandaan

2   3. betekent   4. betekent   6. bedoelt   7. bedoel
  9. Meent   10. meen   11. betekent   12. betekent

Les 13

1   4. hem   5. hem   6. hem   8. het; er   10. er   12. er
  13. Er; er   15. er   16. er

2   1. aanvragen
   2. uitgesteld
   3. verhuisd
   4. belt . . . op
   6. invullen
   7. opsturen
   8. komt . . . langs
   9. af . . . halen
   10. Stuurt . . . op
   11. vul . . . in
   12. inlevert
   13. afhalen

Les 14

1   2. Wat   4. Waarom   6. Wat   8. Hoe   11. welke
  13. Waar   16. Welke   18. Hoe   21. Hoe   23. wat

2   1. Er   2. daar   3. daar   6. Daar   7. Waar   9. Er   11. er
  13. daar   15. Waar   17. Daar   20. er

3   1. heb ik   2. ben ik   3. blijf ik   4. ga ik   5. kom ik
  6. zet ik   7. ben ik   8. kom ik

Les 15

1   4. je   7. onze   8. die . . . ons   10. jullie   12. onze
  15. jullie   18. mijn   19. zijn   20. zijn   21. zijn
  22. jullie

2   1. op/met; naar
   2. tegen
   3. van
   4. met
   5. met
   6. op
   7. van
   8. voor
   10. in/op/onder/achter; in/op/onder/achter
   11. in; tussen/achter/ onder/op
   13. met; naar
   14. op
   15. met

Les 16

1   2. ben . . . doen
   3. ben . . . maken
   4. hebben . . . gekocht
   5. Schiet . . . op
   6. moet
   7. heeft
   8. past op
   9. is . . . schrijven
   10. is . . . studeren
   11. doet
   12. heeft
   13. kunnen

2   1. zijn   2. zijn   3. hebben   4. hebben   5. zijn   6. hebben
  7. hebben   8. zijn   9. hebben

Les 17

1   1. het   2. Het   3. dat/het   4. het   5. het   8. dat/ het
  9. dat   12. die   13. dat   14. Dat   17. Die   20. Dat; het
  21. het   23. die; die

2   2. oude   3. aardig   4. prachtig; klein   5. gezellig
  6. nieuwe   7. goed   8. speciale   9. vorige; bijzonder
  10. iedere   11. Nederlandse   12. spannende
  13. belangrijke   14. verschillende   15. grote

Les 18

1   1. dat   2. Dat   3. die   4. die; dat   5. dat   6. Dat
  7. dat   8. dat   9. dat   10. die   11. die   12. Dat
  13. die   14. dat

2   1. . . . om het te bekijken
   2. . . . om het te kraken
   3. . . . om ze te helpen
   4. . . . om op te ruimen
   5. . . . om hem op te knappen
   6. . . . om hem te repareren
   7. . . . om hem schoon te maken
   8. . . . om te verhuizen
   9. . . . om het te vieren

Antwoorden op het huiswerk

Les 19

1 4. mooiste 5. oudste 6. meeste 7. laatste 12. hoogste 14. modernste 15. bovenste 17. leukst(e) 19. makkelijkst(e)

2 2. Ze 3. die; haar 4. hij/ze 5. hij/ze 6. dat 9. Ze; die 11. ze 12. haar 14. die 15. Ze 16. Haar 17. Ze 18. zijn 19. hij 20. die 21. dat

Les 20

1 2. woonden; werd 3. was 6. was 7. kende; had 8. hielpen 9. kon; was 11. was 12. was 13. kon 14. had 15. deed 16. hield 18. waren 19. zouden 20. ging; was 21. bleek 22. werden 23. bleef

2. 1. Nee, dokter Van Duin/hij heeft niet snel gestudeerd.
2. Nee, zijn vader had niet veel geld.
3. Nee, overdag werkte hij niet/ Nee, hij werkte overdag niet.
4. Nee, hij kon niet in Suriname blijven/ In Suriname kon hij niet blijven.
5. Nee, hij praat niet gezellig met zijn patiënten.
6. Nee, ik was gisteren niet ziek/ Nee, gisteren was ik niet ziek.
7. Nee, ik loop niet elke dag college.
8. Nee, het is niet makkelijk om een baantje te vinden.

Les 21

1 2. beter 4. fijner 5. vaker 6. minder 7. meer 8. rustiger 10. gevarieerder 11. eenvoudiger 13. meeste 14. simpeler 15. minder 16. beste 17. kleinste 19. mooiste 20. liefst(e) 21. minder

2 1. Nee, ze zijn even breed / Nee, deze (kamer) is net zo/ even breed als die andere.
2. Nee hoor, ze zijn even licht / Nee hoor, mijn ene schoen is net zo/even licht als mijn andere.
3. Nee, ze zijn even oud / Nee, haar man is net zo/even oud als zij.
4. Welnee, ze zijn even lang / Welnee, mijn linker broekspijp is net zo/even lang als mijn rechter (broekspijp).
5. . . . , ze zijn even dik / . . . , mijn boek is net zo/even dik als dat van jou.
6. Maar ze zijn even lang / Maar de heenweg is net zo/even lang als de terugweg.

3 1. toen
2. als . . . dan
3. toen
4. als . . . dan . . . dan
5. als . . . dan . . . dan

Les 22

1 2. staat 3. staat 4. zit 5. zit 6. staat/loopt 7. staat 8. loopt/staat 9. staat/zit 10. ligt/zit

2 1. Gelukkig hoeft hij niet te verhuizen.
2. . . . , want hij hoeft niet te rijden.
3. Hij hoeft niet iedere dag een kaartje te kopen.
4. Ik hoef nu niet hard te werken.
5. We hoeven geen Engels te praten.
6. Nee, je hoeft het (nog) niet terug te brengen.
7. . . . , dus ze hoeven geen plaatsen te bespreken.

3 1. je 2. me 4. zich 6. zich 7. je 9. me 12. zich 13. ons 15. zich 16. zich

Les 23

1 2. Kan 3. wil/wou 4. kan 6. Wilt/Wou 8. Zou 9. Kunt/Wilt 11. Mag 12. wil/wou 13. Zou 14. wilt/wou/moet 16. komt 17. zal 18. wil/wou 19. kunt/kan 20. zal

2 1. Nee, de dokter zegt dat hij/John niet erg ziek is.
2. Nee, ik denk dat hij/Robert morgen niet komt.
3. Nee, het weerbericht zegt dat het geen mooi weer wordt.
4. Nee, Jet zegt dat ze/Irene geen groot huis heeft.
5. Nee, Maria zegt dat ze/haar moeder geen Engels spreekt.
6. Nee, ik heb gehoord dat hij/Jaap niet met de auto gaat.
7. Nee, hij zegt dat hij niet naar Engeland gaat.
8. Nee, ik zie dat hij/de telefooncel niet vrij is.

Les 24

1 2. waar 3. dat 5. daar/er 6. waar 7. die 9. die 11. die 12. waar 13. dat/waarin 14. waar 15. daar 16. er

2 1. leren 2. mogen/kunnen 3. moeten 4. willen/moeten 5. laten 6. laten 7. gaan 8. mogen/moeten 9. willen; kunnen 10. gaan; willen/kunnen